1

LEY 9/2017,

DE CONTRATOS DEL SECTOR PÚBLICO

Texto actualizado a 10 de septiembre de 2018

LEY 9/2017, DE CONTRATOS DEL SECTOR PÚBLICO

ÍNDICE

PREÁMBULO...**23**

TÍTULO PRELIMINAR Disposiciones generales.....................................*41*
  CAPÍTULO I *Objeto y ámbito de aplicación de la Ley*...................................*41*
    Sección 1.ª Objeto y ámbito de aplicación *41*
      Artículo 1. Objeto y finalidad. *41*
      Artículo 2. Ámbito de aplicación. *41*
      Artículo 3. Ámbito subjetivo. *42*
    Sección 2.ª Negocios y contratos excluidos *44*
      Artículo 4. Régimen aplicable a los negocios jurídicos excluidos. *44*
      Artículo 5. Negocios jurídicos y contratos excluidos en el ámbito de la Defensa
      y de la Seguridad. *45*
      Artículo 6. Convenios y encomiendas de gestión. *46*
      Artículo 7. Negocios jurídicos y contratos excluidos en el ámbito internacional.
      ....*47*
      Artículo 8. Negocios y contratos excluidos en el ámbito de la Investigación, el
      Desarrollo y la Innovación. *47*
      Artículo 9. Relaciones jurídicas, negocios y contratos excluidos en el ámbito del
      dominio público y en el ámbito patrimonial.................................*48*
      Artículo 10. Negocios y contratos excluidos en el ámbito financiero. *48*
      Artículo 11. Otros negocios o contratos excluidos. *49*
  CAPÍTULO II *Contratos del sector público*...*50*
    Sección 1.ª Delimitación de los tipos contractuales *50*
      Artículo 12. Calificación de los contratos......................................*50*
      Artículo 13. Contrato de obras. *50*
      Artículo 14. Contrato de concesión de obras. *51*
      Artículo 15. Contrato de concesión de servicios. *52*
      Artículo 16. Contrato de suministro. *52*
      Artículo 17. Contrato de servicios. *53*
      Artículo 18. Contratos mixtos. *53*
    Sección 2.ª Contratos sujetos a una regulación armonizada *54*
      Artículo 19. Delimitación general. *54*
      Artículo 20. Contratos de obras, de concesión de obras y de concesión de
      servicios sujetos a una regulación armonizada: Umbral. *57*
      Artículo 21. Contratos de suministro sujetos a una regulación armonizada:
      Umbral. *57*

Artículo 22. Contratos de servicios sujetos a una regulación armonizada: umbral. 58

Artículo 23. Contratos subvencionados sujetos a una regulación armonizada.. 58

Sección 3.ª Contratos administrativos y contratos privados 59

Artículo 24. Régimen jurídico aplicable a los contratos del sector público...... 59

Artículo 25. Contratos administrativos. 59

Artículo 26. Contratos privados. 60

Artículo 27. Jurisdicción competente. 61

LIBRO PRIMERO CONFIGURACIÓN GENERAL DE LA CONTRATACIÓN DEL SECTOR PÚBLICO Y ELEMENTOS ESTRUCTURALES DE LOS CONTRATOS **62**

TÍTULO I DISPOSICIONES GENERALES SOBRE LA CONTRATACIÓN DEL SECTOR PÚBLICO.. 62

CAPÍTULO I *Racionalidad y consistencia de la contratación del sector público* **62**

Artículo 28. Necesidad e idoneidad del contrato y eficiencia en la contratación. 62

Artículo 29. Plazo de duración de los contratos y de ejecución de la prestación. 63

Artículo 30. Ejecución directa de prestaciones por la Administración Pública con la colaboración de empresarios particulares o a través de medios propios no personificados. 66

Artículo 31. Potestad de auto organización y sistemas de cooperación pública vertical y horizontal. 68

Artículo 32. Encargos de los poderes adjudicadores a medios propios personificados. 69

Artículo 33. Encargos de entidades pertenecientes al sector público que no tengan la consideración de poder adjudicador a medios propios personificados. 74

CAPÍTULO II *Libertad de pactos y contenido mínimo del contrato* **75**

Artículo 34. Libertad de pactos. 75

Artículo 35. Contenido mínimo del contrato. 75

CAPÍTULO III *Perfección y forma del contrato* **76**

Artículo 36. Perfección de los contratos. 76

Artículo 37. Carácter formal de la contratación del sector público. 77

CAPÍTULO IV *Régimen de invalidez* **77**

Artículo 38. Supuestos de invalidez. 77

Artículo 39. Causas de nulidad de derecho administrativo. 77

Artículo 40. Causas de anulabilidad de derecho administrativo. 78

Artículo 41. Revisión de oficio. 79

Artículo 42. Efectos de la declaración de nulidad y efectos en supuestos de anulabilidad. 80

Artículo 43. Causas de invalidez de derecho civil. 81

CAPÍTULO V *Del recurso especial* **81**

Artículo 44. Recurso especial en materia de contratación: actos recurribles. 81

Artículo 45. Órgano competente para la resolución del recurso en la Administración General del Estado. 83

Artículo 46. Órgano competente para la resolución del recurso en las Comunidades Autónomas y Entidades Locales..84

Artículo 47. Recursos contra actos de poderes adjudicadores que no sean Administración Pública y en relación con contratos subvencionados. 85

Artículo 48. Legitimación. 86

Artículo 49. Solicitud de medidas cautelares. 86

Artículo 50. Iniciación del procedimiento y plazo. 87

Artículo 51. Forma y lugar de interposición del recurso especial. 89

Artículo 52. Acceso al expediente. 90

Artículo 53. Efectos derivados de la interposición del recurso. 90

Artículo 54. Comunicaciones y notificaciones. 91

Artículo 55. Inadmisión. 91

Artículo 56. Tramitación del procedimiento. 91

Artículo 57. Resolución del recurso especial. 93

Artículo 58. Indemnizaciones y multas. 93

Artículo 59. Efectos de la resolución del recurso especial...............................94

Artículo 60. Emplazamiento de las partes ante los órganos de la jurisdicción contencioso-administrativa..94

TÍTULO II PARTES EN EL CONTRATO 95

CAPÍTULO I *Órgano de contratación* **95**

Artículo 61. Competencia para contratar. 95

Artículo 62. Responsable del contrato. 95

Artículo 63. Perfil de contratante..96

Artículo 64. Lucha contra la corrupción y prevención de los conflictos de intereses. 98

CAPÍTULO II *Capacidad y solvencia del empresario* **99**

Sección 1.ª Aptitud para contratar con el sector público 99

Artículo 65. Condiciones de aptitud. 99

Artículo 66. Personas jurídicas...99

Artículo 67. Empresas comunitarias o de Estados signatarios del Acuerdo sobre el Espacio Económico Europeo. 100

Artículo 68. Empresas no comunitarias. 100

Artículo 69. Uniones de empresarios. 100

Artículo 70. Condiciones especiales de compatibilidad...............................103

Artículo 71. Prohibiciones de contratar. 104

Artículo 72. Apreciación de la prohibición de contratar. Competencia y procedimiento...107

7

Artículo 73. Efectos de la declaración de la prohibición de contratar. 110

Artículo 74. Exigencia de solvencia. 111

Artículo 75. Integración de la solvencia con medios externos. 112

Artículo 76. Concreción de las condiciones de solvencia. 112

Artículo 77. Exigencia y efectos de la clasificación. 113

Artículo 78. Exención de la exigencia de clasificación. 115

Artículo 79. Criterios aplicables y condiciones para la clasificación. 115

Artículo 80. Acuerdos o decisiones de clasificación: competencia, eficacia,
recurso y clasificaciones divergentes. 116

Artículo 81. Inscripción registral de la clasificación. 117

Artículo 82. Plazo de vigencia y revisión de las clasificaciones. 118

Artículo 83. Comprobación de los elementos de la clasificación. 118

Sección 2.ª Acreditación de la aptitud para contratar 118

Artículo 84. Acreditación de la capacidad de obrar. 119

Artículo 85. Prueba de la no concurrencia de una prohibición de contratar... 119

Artículo 86. Medios de acreditar la solvencia. 119

Artículo 87. Acreditación de la solvencia económica y financiera. 120

Artículo 88. Solvencia técnica en los contratos de obras. 123

Artículo 89. Solvencia técnica en los contratos de suministro. 124

Artículo 90. Solvencia técnica o profesional en los contratos de servicios. 126

Artículo 91. Solvencia técnica o profesional en los restantes contratos. 128

Artículo 92. Concreción de los requisitos y criterios de solvencia. 128

Artículo 93. Acreditación del cumplimiento de las normas de garantía de la
calidad. 129

Artículo 94. Acreditación del cumplimiento de las normas de gestión
medioambiental. 129

Artículo 95. Documentación e información complementaria. 130

Artículo 96. Certificaciones de Registros de Licitadores. 130

Artículo 97. Certificados comunitarios de empresarios autorizados para
contratar. 131

CAPÍTULO III *Sucesión en la persona del contratista* 131

Artículo 98. Supuestos de sucesión del contratista. 131

TÍTULO III OBJETO, PRESUPUESTO BASE DE LICITACIÓN, VALOR ESTIMADO,
PRECIO DEL CONTRATO Y SU REVISIÓN 132

CAPÍTULO I *Normas generales* 132

Artículo 99. Objeto del contrato. 132

Artículo 100. Presupuesto base de licitación. 134

Artículo 101. Valor estimado. 135

Artículo 102. Precio. 138

CAPÍTULO II *Revisión de precios en los contratos de las entidades del Sector Público*
.... 140

Artículo 103. Procedencia y límites. 140

8

Artículo 104. Revisión en casos de demora en la ejecución. 142

Artículo 105. Pago del importe de la revisión...142

TÍTULO IV GARANTÍAS EXIGIBLES EN LA CONTRATACIÓN DEL SECTOR

PÚBLICO 143

CAPÍTULO I Garantías exigibles en los contratos celebrados con las Administraciones

Públicas **143**

Sección 1.ª Garantía provisional 143

Artículo 106. Exigencia y régimen de la garantía provisional. 143

Sección 2.ª Garantía definitiva..144

Artículo 107. Exigencia de la garantía definitiva...144

Artículo 108. Garantías definitivas admisibles. 145

Artículo 109. Constitución, reposición y reajuste de garantías. 146

Artículo 110. Responsabilidades a que están afectas las garantías. 147

Artículo 111. Devolución y cancelación de las garantías definitivas. 147

Sección 3.ª Garantías prestadas por terceros y preferencia en la ejecución de

garantías 148

Artículo 112. Régimen de las garantías prestadas por terceros. 148

Artículo 113. Preferencia en la ejecución de garantías. 149

CAPÍTULO II Garantías exigibles en otros contratos del sector público **149**

Artículo 114. Supuestos y régimen...149

LIBRO SEGUNDO DE LOS CONTRATOS DE LAS

ADMINISTRACIONES PÚBLICAS...**150**

TÍTULO I DISPOSICIONES GENERALES 150

CAPÍTULO I De las actuaciones relativas a la contratación de las Administraciones

Públicas **150**

Sección 1.ª De la preparación de los contratos de las Administraciones Públicas

....150

Artículo 115. Consultas preliminares del mercado.......................................150

Artículo 116. Expediente de contratación: iniciación y contenido................151

Artículo 117. Aprobación del expediente..152

Artículo 118. Expediente de contratación en contratos menores. 153

Artículo 119. Tramitación urgente del expediente. 153

Artículo 120. Tramitación de emergencia..155

Artículo 121. Pliegos de cláusulas administrativas generales. 155

Artículo 122. Pliegos de cláusulas administrativas particulares.....................156

Artículo 123. Pliego de prescripciones técnicas generales. 157

Artículo 124. Pliego de prescripciones técnicas particulares. 157

Artículo 125. Definición de determinadas prescripciones técnicas................158

Artículo 126. Reglas para el establecimiento de prescripciones técnicas.........159

Artículo 127. Etiquetas...161

Artículo 128. Informes de pruebas, certificación y otros medios de prueba. ..163

9

Artículo 129. Información sobre las obligaciones relativas a la fiscalidad, protección del medio ambiente, empleo y condiciones laborales y de contratar a un porcentaje específico de personas con discapacidad. 163

Artículo 130. Información sobre las condiciones de subrogación en contratos de trabajo. 164

Sección 2.ª De la adjudicación de los contratos de las Administraciones Públicas 165

Artículo 131. Procedimiento de adjudicación. 166

Artículo 132. Principios de igualdad, transparencia y libre competencia. 166

Artículo 133. Confidencialidad. 167

Artículo 134. Anuncio de información previa. 168

Artículo 135. Anuncio de licitación. 169

Artículo 136. Plazos de presentación de las solicitudes de participación y de las proposiciones. 170

Artículo 137. Reducción de plazos en caso de tramitación urgente. 171

Artículo 138. Información a interesados. 171

Artículo 139. Proposiciones de los interesados. 172

Artículo 140. Presentación de la documentación acreditativa del cumplimiento de los requisitos previos. 173

Artículo 141. Declaración responsable y otra documentación. 175

Artículo 142. Admisibilidad de variantes. 175

Artículo 143. Subasta electrónica. 176

Artículo 144. Sucesión en el procedimiento. 178

Artículo 145. Requisitos y clases de criterios de adjudicación del contrato. ... 179

Artículo 146. Aplicación de los criterios de adjudicación. 182

Artículo 147. Criterios de desempate. 184

Artículo 148. Definición y cálculo del ciclo de vida. 185

Artículo 149. Ofertas anormalmente bajas. 186

Artículo 150. Clasificación de las ofertas y adjudicación del contrato. 189

Artículo 151. Resolución y notificación de la adjudicación. 190

Artículo 152. Decisión de no adjudicar o celebrar el contrato y desistimiento del procedimiento de adjudicación por la Administración. 191

Artículo 153. Formalización de los contratos. 192

Artículo 154. Anuncio de formalización de los contratos. 193

Artículo 155. Comunicación a los candidatos y a los licitadores. 194

Artículo 156. Delimitación, plazos para la presentación de proposiciones y plazo de publicación del anuncio de licitación. 195

Artículo 157. Examen de las proposiciones y propuesta de adjudicación. 196

Artículo 158. Adjudicación. 197

Artículo 159. Procedimiento abierto simplificado. 198

Artículo 160. Caracterización. 202

Artículo 161. Solicitudes de participación. 202

Artículo 162. Selección de candidatos. 203

10

Artículo 163. Contenido de las invitaciones e información a los candidatos...**203**

Artículo 164. Proposiciones. **204**

Artículo 165. Adjudicación. **205**

Artículo 166. Caracterización y delimitación de la materia objeto de negociación. **205**

Artículo 167. Supuestos de aplicación del procedimiento de licitación con negociación. **206**

Artículo 168. Supuestos de aplicación del procedimiento negociado sin publicidad. **207**

Artículo 169. Tramitación del procedimiento de licitación con negociación...**209**

Artículo 171. Información a los licitadores. **211**

Artículo 172. Caracterización. **211**

Artículo 173. Primas o compensaciones. **211**

Artículo 174. Apertura del procedimiento y solicitudes de participación........**212**

Artículo 175. Diálogo con los candidatos. **213**

Artículo 176. Presentación, examen de las ofertas y adjudicación. **214**

Artículo 177. Caracterización del procedimiento de asociación para la innovación. **215**

Artículo 178. Selección de candidatos. **215**

Artículo 179. Negociación y adjudicación de la asociación. **216**

Artículo 180. Estructura de la asociación para la innovación. **217**

Artículo 181. Adquisiciones derivadas del procedimiento de asociación para la innovación. **217**

Artículo 182. Configuración y seguimiento de la asociación para la innovación por parte del órgano de contratación. **218**

Artículo 183. Ámbito de aplicación. **218**

Artículo 184. Bases del concurso. **219**

Artículo 185. Participantes. **219**

Artículo 186. Publicidad. **221**

Artículo 187. Jurado y decisión del concurso. **221**

Sección 3.ª De los efectos, cumplimiento y extinción de los contratos administrativos **222**

Artículo 188. Régimen jurídico. **222**

Artículo 189. Vinculación al contenido contractual. **222**

Artículo 190. Enumeración. **223**

Artículo 191. Procedimiento de ejercicio. **223**

Artículo 192. Incumplimiento parcial o cumplimiento defectuoso. **224**

Artículo 193. Demora en la ejecución. **224**

Artículo 194. Daños y perjuicios e imposición de penalidades.....................**225**

Artículo 195. Resolución por demora y ampliación del plazo de ejecución de los contratos..**225**

Artículo 196. Indemnización de daños y perjuicios causados a terceros. **226**

Artículo 197. Principio de riesgo y ventura. **226**

11

Artículo 198. Pago del precio. 227

Artículo 199. Procedimiento para hacer efectivas las deudas de las
Administraciones Públicas. 228

Artículo 200. Transmisión de los derechos de cobro. 229

Artículo 201. Obligaciones en materia medioambiental, social o laboral. 229

Artículo 202. Condiciones especiales de ejecución del contrato de carácter
social, ético, medioambiental o de otro orden. 230

Artículo 203. Potestad de modificación del contrato. 231

Artículo 204. Modificaciones previstas en el pliego de cláusulas administrativas
particulares. 232

Artículo 205. Modificaciones no previstas en el pliego de cláusulas
administrativas particulares: prestaciones adicionales, circunstancias
imprevisibles y modificaciones no sustanciales. 233

Artículo 206. Obligatoriedad de las modificaciones del contrato. 235

Artículo 207. Especialidades procedimentales. 235

Artículo 208. Suspensión de los contratos. 236

Artículo 209. Extinción de los contratos. 236

Artículo 210. Cumplimiento de los contratos y recepción de la prestación. 237

Artículo 211. Causas de resolución. 237

Artículo 212. Aplicación de las causas de resolución. 239

Artículo 213. Efectos de la resolución. 240

Artículo 214. Cesión de los contratos. 241

Artículo 215. Subcontratación. 242

Artículo 216. Pagos a subcontratistas y suministradores. 245

Artículo 217. Comprobación de los pagos a los subcontratistas o
suministradores. 246

CAPÍTULO II *Racionalización técnica de la contratación* 247

Sección 1.ª Normas generales 247

Artículo 218. Sistemas para la racionalización de la contratación de las
Administraciones Públicas. 247

Sección 2.ª Acuerdos marco 247

Artículo 219. Funcionalidad y límites. 247

Artículo 220. Procedimiento de celebración de acuerdos marco. 248

Artículo 221. Adjudicación de contratos basados en un acuerdo marco. 248

Artículo 222. Modificación de los acuerdos marco y de los contratos basados en
un acuerdo marco. 250

Sección 3.ª Sistemas dinámicos de adquisición 251

Artículo 223. Delimitación. 251

Artículo 224. Implementación. 251

Artículo 225. Incorporación de empresas al sistema. 252

Artículo 226. Adjudicación de los contratos específicos en el marco de un
sistema dinámico de adquisición. 253

Sección 4.ª Centrales de contratación 254

Artículo 227. Funcionalidad y principios de actuación. **254**

Artículo 228. Creación de centrales de contratación por las Comunidades Autónomas y Entidades Locales..**255**

Artículo 229. Régimen general..**255**

Artículo 230. Adquisición centralizada de equipos y sistemas para el tratamiento de la información. **257**

TÍTULO II DE LOS DISTINTOS TIPOS DE CONTRATOS DE LAS ADMINISTRACIONES PÚBLICAS **258**

CAPÍTULO I *Del contrato de obras*..**258**

Sección 1.ª Actuaciones preparatorias del contrato de obras **258**

Artículo 231. Proyecto de obras. **258**

Artículo 232. Clasificación de las obras...**258**

Artículo 234. Presentación del proyecto por el empresario.....................**260**

Artículo 235. Supervisión de proyectos...**261**

Artículo 236. Replanteo del proyecto..**262**

Sección 2.ª Ejecución del contrato de obras **262**

Artículo 237. Comprobación del replanteo. **262**

Artículo 238. Ejecución de las obras y responsabilidad del contratista. **263**

Artículo 239. Fuerza mayor. **263**

Artículo 240. Certificaciones y abonos a cuenta. **263**

Artículo 241. Obras a tanto alzado y obras con precio cerrado..................**264**

Sección 3.ª Modificación del contrato de obras......................................**265**

Artículo 242. Modificación del contrato de obras. **265**

Sección 4.ª Cumplimiento del contrato de obras....................................**267**

Artículo 243. Recepción y plazo de garantía.......................................**267**

Artículo 244. Responsabilidad por vicios ocultos. **269**

Sección 5.ª Resolución del contrato de obras **269**

Artículo 245. Causas de resolución. **269**

Artículo 246. Efectos de la resolución. **269**

CAPÍTULO II *Del contrato de concesión de obras* **270**

Sección 1.ª Actuaciones preparatorias del contrato de concesión de obras **270**

Artículo 247. Estudio de viabilidad..**270**

Artículo 248. Anteproyecto de construcción y explotación de las obras. **272**

Artículo 249. Proyecto de las obras y replanteo de este. **274**

Artículo 250. Pliegos de cláusulas administrativas particulares..................**274**

Sección 2.ª Efectos, cumplimiento y extinción de las concesiones..................**276**

Artículo 251. Efectos, cumplimiento y extinción. **276**

Sección 3.ª Construcción de las obras objeto de concesión **276**

Artículo 252. Modalidades de ejecución de las obras.............................**276**

Artículo 253. Responsabilidad en la ejecución de las obras por terceros. **277**

Artículo 254. Principio de riesgo y ventura en la ejecución de las obras.........**277**

Artículo 255. Modificación del proyecto. **278**

Artículo 256. Comprobación de las obras. 278

Sección 4.ª Derechos y obligaciones del concesionario y prerrogativas de la
Administración concedente 278

Artículo 257. Derechos del concesionario. 278

Artículo 258. Obligaciones del concesionario. 279

Artículo 259. Uso y conservación de las obras. 280

Artículo 260. Zonas complementarias de explotación comercial. 280

Artículo 261. Prerrogativas y derechos de la Administración. 281

Artículo 262. Modificación de las obras. 282

Artículo 263. Secuestro o intervención de la concesión. 282

Artículo 264. Penalidades por incumplimiento del concesionario. 283

Sección 5.ª Régimen económico financiero de la concesión 284

Artículo 265. Financiación de las obras. 284

Artículo 266. Aportaciones Públicas a la construcción y garantías a la
financiación. 284

Artículo 267. Retribución por la utilización de las obras. 285

Artículo 268. Aportaciones públicas a la explotación. 286

Artículo 269. Obras diferenciadas. 286

Artículo 270. Mantenimiento del equilibrio económico del contrato. 286

Sección 6.ª Financiación privada 288

Artículo 271. Emisión de obligaciones y otros títulos. 288

Artículo 272. Incorporación a títulos negociables de los derechos de crédito del
concesionario. 289

Artículo 273. Objeto de la hipoteca de la concesión y pignoración de derechos.
.... 290

Artículo 274. Derechos del acreedor hipotecario. 291

Artículo 275. Ejecución de la hipoteca. 292

Artículo 277. Créditos participativos. 293

Sección 7.ª Extinción de las concesiones 294

Artículo 278. Prórroga del plazo de las concesiones y extinción de la concesión
por transcurso del plazo. 294

Artículo 279. Causas de resolución. 294

Artículo 280. Efectos de la resolución. 295

Artículo 281. Nuevo proceso de adjudicación en concesión de obras en los
casos en los que la resolución obedezca a causas no imputables a la
Administración. 296

Artículo 282. Determinación del tipo de licitación de la concesión de obras en
los casos en los que la resolución obedezca a causas no imputables a la
Administración. 297

Artículo 283. Destino de las obras a la extinción de la concesión. 298

CAPÍTULO III Del contrato de concesión de servicios 299

Sección 1.ª Delimitación del contrato de concesión de servicios 299

Artículo 284. Ámbito del contrato de concesión de servicios. 299

Sección 2.ª Régimen jurídico 299

    Artículo 285. Pliegos y anteproyecto de obra y explotación. 300

    Artículo 286. Efectos, cumplimiento y extinción. 301

Sección 3.ª Ejecución del contrato de concesión de servicios 301

    Artículo 287. Ejecución del contrato de concesión de servicios. 301

    Artículo 288. Obligaciones generales. 302

    Artículo 289. Prestaciones económicas. 302

Sección 4.ª Modificación del contrato de concesión de servicios 303

    Artículo 290. Modificación del contrato y mantenimiento de su equilibrio

    económico. 303

Sección 5.ª Cumplimiento y efectos del contrato de concesión de servicios 304

    Artículo 291. Reversión. 304

    Artículo 292. Falta de entrega de contraprestaciones económicas y medios

    auxiliares. 305

    Artículo 293. Incumplimiento del concesionario. 305

Sección 6.ª Resolución del contrato de concesión de servicios 305

    Artículo 294. Causas de resolución. 305

    Artículo 295. Efectos de la resolución. 306

Sección 7.ª Subcontratación del contrato de concesión de servicios 307

    Artículo 296. Subcontratación. 307

Sección 8.ª Regulación supletoria del contrato de concesión de servicios 307

    Artículo 297. Regulación supletoria. 307

CAPÍTULO IV Del contrato de suministro **307**

Sección 1.ª Regulación de determinados contratos de suministro 307

    Artículo 298. Arrendamiento. 307

    Artículo 299. Contratos de fabricación. 307

Sección 2.ª Ejecución del contrato de suministro 308

    Artículo 300. Entrega y recepción. 308

    Artículo 301. Pago del precio. 308

    Artículo 302. Pago en metálico y en otros bienes. 308

    Artículo 303. Facultades de la Administración en el proceso de fabricación. .309

Sección 3.ª Cumplimiento del contrato de suministro 310

    Artículo 304. Gastos de entrega y recepción. 310

    Artículo 305. Vicios o defectos durante el plazo de garantía. 310

    Artículo 306. Causas de resolución. 310

    Artículo 307. Efectos de la resolución. 311

CAPÍTULO V Del contrato de servicios **311**

Sección 1.ª Disposiciones generales 311

    Artículo 308. Contenido y límites. 311

    Artículo 309. Determinación del precio. 312

    Artículo 310. Régimen de contratación para actividades docentes. 313

Sección 2.ª Ejecución de los contratos de servicios 313

Artículo 311. Ejecución, responsabilidad del contratista y cumplimiento de los contratos de servicios. 313

Artículo 312. Especialidades de los contratos de servicios que conlleven prestaciones directas a favor de la ciudadanía. 314

Sección 3.ª Resolución de los contratos de servicios 315

Artículo 313. Causas y efectos de la resolución. 315

Sección 4.ª De la subsanación de errores, indemnizaciones y responsabilidades en el contrato de elaboración de proyectos de obras 316

Artículo 314. Subsanación de errores y corrección de deficiencias. 316

Artículo 315. Indemnizaciones por desviaciones en la ejecución de obras y responsabilidad por defectos o errores del proyecto. 317

LIBRO TERCERO DE LOS CONTRATOS DE OTROS ENTES DEL SECTOR PÚBLICO..**318**

TÍTULO I CONTRATOS DE LOS PODERES ADJUDICADORES QUE NO TENGAN LA CONDICIÓN DE ADMINISTRACIONES PÚBLICAS 318

Artículo 316. Régimen jurídico. 318

Artículo 317. Preparación y adjudicación de los contratos sujetos a regulación armonizada. 318

Artículo 318. Adjudicación de contratos no sujetos a regulación armonizada. 318

Artículo 319. Efectos y extinción. 318

Artículo 320. De la responsabilidad del contratista por defectos o errores del proyecto. 319

TÍTULO II CONTRATOS DE LAS ENTIDADES DEL SECTOR PÚBLICO QUE NO TENGAN EL CARÁCTER DE PODERES ADJUDICADORES 320

Artículo 321. Adjudicación de contratos de las entidades del sector público que no tengan el carácter de poderes adjudicadores. 320

Artículo 322. Efectos, modificación y extinción de los contratos. Responsabilidad del contratista por defectos o errores del proyecto. 321

LIBRO CUARTO ORGANIZACIÓN ADMINISTRATIVA PARA LA GESTIÓN DE LA CONTRATACIÓN **322**

TÍTULO I ÓRGANOS COMPETENTES EN MATERIA DE CONTRATACIÓN 322

CAPÍTULO I Órganos de contratación... *322*

Artículo 323. Órganos de contratación estatales. 322

Artículo 324. Autorización para contratar. 324

Artículo 325. Desconcentración. 326

CAPÍTULO II Órganos de asistencia... *326*

Artículo 326. Mesas de contratación. 326

Artículo 327. Mesa especial del diálogo competitivo o del procedimiento de asociación para la innovación. 328

CAPÍTULO III Órganos consultivos... *328*

Artículo 328. Junta Consultiva de Contratación Pública del Estado. **328**

Artículo 329. Comité de cooperación en materia de contratación pública. **330**

Artículo 330. Órganos consultivos en materia de contratación pública de las

Comunidades Autónomas y de las Ciudades Autónomas de Ceuta y Melilla. .**334**

Artículo 331. Aportación de información por las Comunidades Autónomas y de

las Ciudades Autónomas de Ceuta y Melilla. **334**

Artículo 332. Oficina Independiente de Regulación y Supervisión de la

Contratación. **335**

Artículo 333. La Oficina Nacional de Evaluación. **339**

Artículo 334. Estrategia Nacional de Contratación Pública. **342**

CAPÍTULO IV Elaboración y remisión de información **345**

Artículo 335. Remisión de contratos al Tribunal de Cuentas. **345**

Artículo 336. Informes específicos sobre los procedimientos para la

adjudicación de los contratos. **346**

TÍTULO II REGISTROS OFICIALES **347**

CAPÍTULO I Registros Oficiales de Licitadores y Empresas Clasificadas **347**

Artículo 337. Registro Oficial de Licitadores y Empresas Clasificadas del Sector

Público. **347**

Artículo 338. Inscripciones y publicaciones de oficio. **348**

Artículo 339. Inscripciones a solicitud de los interesados. **349**

Artículo 340. Competencia para la inscripción en el Registro Oficial de

Licitadores y Empresas Clasificadas del Sector Público. **350**

Artículo 341. Registros de licitadores y empresas clasificadas de las

Comunidades Autónomas. **350**

Artículo 342. Voluntariedad de la inscripción. **351**

Artículo 343. Actualización de la información registral. **351**

Artículo 344. Publicidad. **352**

Artículo 345. Colaboración entre Registros. **352**

CAPÍTULO II Registro de Contratos del Sector Público **352**

Artículo 346. Registro de Contratos del Sector Público. **352**

TÍTULO III GESTIÓN DE LA PUBLICIDAD CONTRACTUAL POR MEDIOS

ELECTRÓNICOS, INFORMÁTICOS Y TELEMÁTICOS. **354**

Artículo 347. Plataforma de Contratación del Sector Público. **354**

Disposición adicional primera. Contratación en el extranjero. **355**

Disposición adicional segunda. Competencias en materia de contratación en las

Entidades Locales. **358**

Disposición adicional tercera. Normas específicas de contratación pública en las

Entidades Locales. **361**

Disposición adicional cuarta. Contratos reservados. **363**

Disposición adicional quinta. Publicación de anuncios. **364**

Disposición adicional sexta. Disposiciones aplicables a las Universidades

Públicas. **365**

Disposición adicional séptima. Bienes integrantes del Patrimonio Histórico

Español. 365
Disposición adicional octava. Contratos celebrados en los sectores del agua, de
la energía, de los transportes y de los servicios postales. 365
Disposición adicional novena. Normas especiales para la contratación del acceso
a bases de datos y la suscripción a publicaciones. 366
Disposición adicional décima. Modificaciones de cuantías, plazos y otras
derivadas de los anexos de directivas comunitarias. 367
Disposición adicional undécima. Actualización de cifras fijadas por la Unión
Europea. 367
Disposición adicional duodécima. Cómputo de plazos. 367
Disposición adicional decimotercera. Referencias al Impuesto sobre el Valor
Añadido. 367
Disposición adicional decimocuarta. Sustitución de letrados en las Mesas de
contratación. 368
Disposición adicional decimoquinta. Normas relativas a los medios de
comunicación utilizables en los procedimientos regulados en esta Ley. 368
Disposición adicional decimosexta. Uso de medios electrónicos, informáticos y
telemáticos en los procedimientos regulados en la Ley. 371
Disposición adicional decimoséptima. Requisitos específicos relativos a las
herramientas y los dispositivos de recepción electrónica de documentos. 373
Disposición adicional decimoctava. Garantía de accesibilidad para personas con
discapacidad. 374
Disposición adicional decimonovena. Conciertos para la prestación de asistencia
sanitaria celebrados por la Mutualidad General de Funcionarios Civiles del
Estado, la Mutualidad General Judicial y el Instituto Social de las Fuerzas
Armadas. 374
Disposición adicional vigésima. Reglas especiales sobre competencia para
adquirir equipos y sistemas para el tratamiento de la información y de las
comunicaciones. 374
Disposición adicional vigésima primera. Contratos de suministro con empresas
extranjeras. 375
Disposición adicional vigésima segunda. Adjudicación de contratos de
concesión de obras y de concesión de servicios a sociedades de economía mixta.
.... 375
Disposición adicional vigésima tercera. Coordinación entre los órganos de
resolución de recursos especiales en materia de contratación. 376
Disposición adicional vigésima cuarta. Régimen jurídico de la «Empresa de
Transformación Agraria, S. A., S. M. E., M. P.» (TRAGSA), y de su filial
«Tecnologías y Servicios Agrarios, S. A., S. M. E., M. P.» (TRAGSATEC).... 376
Disposición adicional vigésima quinta. Protección de datos de carácter personal.
.... 379
Disposición adicional vigésima sexta. Agrupaciones europeas de cooperación
territorial. 380
Disposición adicional vigésima séptima. Adquisición Centralizada de

18

medicamentos, productos y servicios sanitarios con miras al Sistema Nacional de Salud. 380

Disposición adicional vigésima octava. Responsabilidad de las autoridades y del personal al servicio de las Administraciones Públicas. 382

Disposición adicional vigésima novena. Régimen de los órganos competentes para resolver los recursos de la Administración General del Estado y Entidades Contratantes adscritas a ella. 382

Disposición adicional trigésima. Autorización del Consejo de Ministros en concesiones de autopistas de competencia estatal. 383

Disposición adicional trigésima primera. Formalización conjunta de acuerdos marco para la contratación de servicios que faciliten la intermediación laboral. 383

Disposición adicional trigésima segunda. Obligación de presentación de facturas en un registro administrativo e identificación de órganos. 383

Disposición adicional trigésima tercera. Contratos de suministros y servicios en función de las necesidades. 384

Disposición adicional trigésima cuarta. Referencias a contratos de gestión de servicios públicos. 384

Disposición adicional trigésima quinta. Publicación de datos en e-Certis e informe sobre la dirección del Registro Oficial de Licitadores y Empresas Clasificadas del Sector Público. 385

Disposición adicional trigésima sexta. Convocatoria de la licitación de contratos de concesión de servicios especiales del anexo IV. 385

Disposición adicional trigésima séptima. Contratos declarados secretos o reservados. 385

Disposición adicional trigésima octava. No incremento de gastos. 385

Disposición adicional trigésima novena. Régimen de contratación de Puertos del Estado y de las Autoridades Portuarias. 386

Disposición adicional cuadragésima. Operadores públicos del sector de las telecomunicaciones. 386

Disposición adicional cuadragésima primera. Normas específicas de contratación pública de servicios de arquitectura, ingeniería, consultoría y urbanismo. 386

Disposición adicional cuadragésima segunda. En relación con la actividad comercial del Museo Nacional del Prado y del Museo Nacional Centro de Arte Reina Sofía. 386

Disposición adicional cuadragésima tercera. Naturaleza jurídica de las contraprestaciones económicas por la explotación de obras públicas o la prestación de servicios públicos en régimen de Derecho privado. 387

Disposición adicional cuadragésima cuarta. Régimen de contratación de los órganos constitucionales del Estado y de los órganos legislativos y de control autonómicos. 387

Disposición adicional cuadragésima quinta. Remisión de contratos de concesión de obras y de concesión de servicios al Comité Técnico de Cuentas Nacionales.

19

.... 387

Disposición adicional cuadragésima sexta. Remisión de información relativa a contratación del Sector Público Autonómico y Local al Comité Técnico de Cuentas Nacionales. 388

Disposición adicional cuadragésima séptima. Principios aplicables a los contratos de concesión de servicios del anexo IV y a los contratos de servicios de carácter social, sanitario o educativo del anexo IV. 388

Disposición adicional cuadragésima octava. Reserva de ciertos contratos de servicios sociales, culturales y de salud a determinadas organizaciones. 389

Disposición adicional cuadragésima novena. Legislación de las Comunidades Autónomas relativa a instrumentos no contractuales para la prestación de servicios públicos de carácter social. 390

Disposición adicional quincuagésima. Paraísos Fiscales. 390

Disposición adicional quincuagésima primera. Pagos directos a los subcontratistas. 390

Disposición adicional quincuagésima segunda. Referencias en la Ley a las Ciudades Autónomas de Ceuta y Melilla. 391

Disposición adicional quincuagésima tercera. Servicio público de noticias de titularidad estatal. 391

Disposición transitoria primera. Expedientes iniciados y contratos adjudicados con anterioridad a la entrada en vigor de esta Ley. 392

Disposición transitoria segunda. Determinación de cuantías por los departamentos ministeriales respecto de las entidades que tengan la consideración de poder adjudicador y que estén adscritos a los primeros. 393

Disposición transitoria tercera. Inscripción en el Registro de Licitadores en el procedimiento abierto simplificado del artículo 159. 393

Disposición transitoria cuarta. Estatutos de los medios propios personificados. 393

Disposición transitoria quinta. Instrucciones internas de contratación. 393

Disposición derogatoria. Derogación normativa. 394

Disposición final primera. Títulos competenciales. 394

Disposición final segunda. Comunidad Foral de Navarra. 395

Disposición final tercera. Comunidad Autónoma del País Vasco. 396

Disposición final cuarta. Normas aplicables a los procedimientos regulados en esta Ley y a los medios propios personificados. 396

Disposición final quinta. Incorporación de derecho comunitario. 396

Disposición final sexta. Habilitación normativa en materia de uso de medios electrónicos, informáticos o telemáticos, y uso de factura electrónica. 397

Disposición final séptima. Fomento de la celebración de negocios y contratos en materia de Investigación, Desarrollo e Innovación. 397

Disposición final octava. Desarrollo reglamentario. 397

Disposición final novena. Modificación de la Ley 8/1989, de 13 de abril, del régimen jurídico de las tasas y los precios públicos. 397

Disposición final décima. Modificación de la Ley 37/1992, de 28 de diciembre, del Impuesto sobre el Valor Añadido. 398

Disposición final undécima. Modificación de la Disposición adicional primera
de la Ley 58/2003, de 17 de diciembre, General Tributaria. 401

Disposición final duodécima. Modificación del texto refundido de la Ley
Reguladora de las Haciendas Locales, aprobado mediante Real Decreto
Legislativo 2/2004, de 5 de marzo. 402

Disposición final decimotercera. Modificación de la Ley 37/2007, de 16 de
noviembre, sobre reutilización de la información del sector público..............402

Disposición final decimocuarta. Modificación del texto refundido de la Ley
General de derechos de las personas con discapacidad y de su inclusión social,
aprobado mediante Real Decreto Legislativo 1/2013, de 29 de noviembre. ..404

Disposición final decimoquinta. Modificación de la Ley 40/2015, de 1 de
octubre, de Régimen Jurídico del Sector Público. 405

Disposición final decimosexta. Entrada en vigor. 405

ANEXO I 407

ANEXO II 412

ANEXO III 416

ANEXO IV 426

ANEXO V 428

ANEXO VI 429

ÍNDICE ANALÍTICO **431**

FELIPE VI
REY DE ESPAÑA

A todos los que la presente vieren y entendieren.

Sabed: Que las Cortes Generales han aprobado y Yo vengo en sancionar la siguiente ley:

PREÁMBULO

I

La legislación de contratos públicos, de marcado carácter nacional, encuentra, no obstante, el fundamento de muchas de sus instituciones más allá de nuestras fronteras, en concreto, dentro de la actividad normativa de instituciones de carácter internacional, como es el caso de la OCDE, de UNCITRAL –en el ámbito de la ONU–, o, especialmente, de la Unión Europea. La exigencia de la adaptación de nuestro derecho nacional a esta normativa ha dado lugar, en los últimos treinta años, a la mayor parte de las reformas que se han ido haciendo en los textos legales españoles.

En concreto, la última Ley de Contratos del Sector Público encontró su justificación, entre otras razones, en la exigencia de incorporar a nuestro ordenamiento una nueva disposición comunitaria, como fue la Directiva 2004/18/CE del Parlamento Europeo y del Consejo, de 31 de marzo de 2004, sobre coordinación de los procedimientos de adjudicación de los contratos públicos de obras, de suministro y de servicios.

En la actualidad, nos encontramos ante un panorama legislativo marcado por la denominada «Estrategia Europa 2020», dentro de la cual, la contratación pública desempeña un papel clave, puesto que se configura como uno de los instrumentos basados en el mercado interior que deben ser utilizados para conseguir un crecimiento inteligente, sostenible e integrador, garantizando al mismo tiempo un uso con mayor racionalidad económica de los fondos públicos.

Con este fin, aparecen las tres nuevas Directivas comunitarias, como son la Directiva 2014/24/UE, sobre contratación pública; la Directiva 2014/25/UE, relativa a la contratación por entidades que operan en los sectores del agua, la energía, los transportes y los servicios postales, y la más novedosa, ya que carece de precedente en la normativa comunitaria, como es la Directiva 2014/23/UE, relativa a la adjudicación de contratos de concesión.

Estas Directivas constituyen la culminación de un proceso iniciado en el seno de la Unión Europea en el año 2010, que después de diversas propuestas y negociaciones primero en la Comisión, luego en el Consejo de la Unión Europea y finalmente, entre el Parlamento y el Consejo, fue finalmente aprobado por aquel, el 15 de enero de 2014, siendo publicadas estas normas en el DOUE el 28 de marzo de 2014.

Las nuevas directivas vienen a sustituir a la Directiva 2004/18/CE sobre coordinación de los procedimientos de adjudicación de los contratos públicos de obras, de suministro y de servicios y Directiva 2004/17/CE sobre la coordinación de los procedimientos de adjudicación de contratos en los sectores del agua, de la energía, de los transportes y de los servicios postales, aprobadas hace ahora una década, y que habían sido transpuestas al ordenamiento jurídico español a través de la Ley 30/2007, de 30 de octubre, de Contratos del Sector Público –posteriormente derogada y sustituida por el texto refundido de la Ley de Contratos del Sector Público, aprobado por Real Decreto Legislativo 3/2011, de 14 de noviembre–, y la Ley 31/2007 de 30 de octubre, sobre procedimientos de contratación en los sectores del agua, la energía, los transportes y los servicios postales, respectivamente.

Con esta normativa, la Unión Europea ha dado por concluido un proceso de revisión y modernización de las vigentes normas sobre contratación pública, que permitan incrementar la eficiencia del gasto público y facilitar, en particular, la participación de las pequeñas y medianas empresas (PYMES) en la contratación pública, así como permitir que los poderes públicos empleen la contratación en apoyo de objetivos sociales comunes. Asimismo, se hacía preciso aclarar determinadas nociones y conceptos básicos para garantizar la seguridad jurídica e incorporar diversos aspectos resaltados por la Jurisprudencia del Tribunal de Justicia de la Unión Europea relativa a la contratación pública, lo que también ha sido un logro de estas Directivas.

II

Los objetivos que inspiran la regulación contenida en la presente Ley son, en primer lugar, lograr una mayor transparencia en la contratación pública, y en segundo lugar el de conseguir una mejor relación calidad-precio.

Para lograr este último objetivo por primera vez se establece la obligación de los órganos de contratación de velar por que el diseño de los criterios de adjudicación permita obtener obras, suministros y servicios de gran calidad, concretamente mediante la inclusión de aspectos cualitativos, medioambientales, sociales e innovadores vinculados al objeto del contrato.

También se da satisfacción aquí a la necesidad de simplificación de los trámites y con ello, de imponer una menor burocracia para los licitadores y mejor acceso para las PYMES. El proceso de licitación debe resultar más simple, con la idea de reducir las cargas administrativas de todos los operadores económicos intervinientes en este ámbito, beneficiando así tanto a los licitadores, como a los órganos de contratación.

Se introducen normas más estrictas tanto en beneficio de las empresas como de sus trabajadores, de manera que las nuevas normas endurecen las disposiciones sobre esta materia en las denominadas ofertas «anormalmente bajas». Así se establece que los órganos de contratación rechazarán las ofertas si comprueban que son anormalmente bajas porque no cumplan las obligaciones aplicables en materia medioambiental, social o laboral.

Por último, conviene señalar que, mediante la presente Ley se incorporan al ordenamiento jurídico español las Directivas 2014/23/UE, de 26 de febrero de 2014, relativa a la adjudicación de contratos de concesión, institución de larga tradición jurídica en el derecho español, y la Directiva 2014/24/UE, de 26 de febrero de 2014, sobre contratación pública, dejando la transposición de la Directiva 2014/25/UE, de 26 de febrero de 2014, relativa a la contratación por entidades que operan en los sectores del agua, la energía, los transportes y los servicios postales a otra ley específica, que asimismo incorporará al ordenamiento jurídico español la parte de la Directiva 2014/23/UE que resulte de aplicación a los sectores citados.

Asimismo, también hay que destacar que, si bien el motivo determinante de la presente Ley es la transposición de las dos Directivas citadas, no es el único. Así, esta Ley, teniendo como punto de partida dicha transposición, no se limita a ello, sino que trata de diseñar un sistema de contratación pública, más eficiente, transparente e íntegro, mediante el cual se consiga un mejor cumplimiento de los objetivos públicos, tanto a través de la satisfacción de las necesidades de los órganos de contratación, como mediante una mejora de las condiciones de acceso y participación en las licitaciones públicas de los operadores económicos, y, por supuesto, a través de la prestación de mejores servicios a los usuarios de los mismos.

III

El sistema legal de contratación pública que se establece en la presente Ley persigue aclarar las normas vigentes, en aras de una mayor seguridad jurídica y trata de conseguir que se utilice la contratación pública como instrumento para implementar las políticas tanto europeas como nacionales en materia social, medioambiental, de innovación y desarrollo, de promoción de las PYMES, y de defensa de la competencia. Todas estas cuestiones se constituyen como verdaderos objetivos de la Ley, persiguiéndose en todo momento la eficiencia en el gasto público y el respeto a los principios de igualdad de trato, no discriminación, transparencia, proporcionalidad e integridad.

En este sistema, se sigue el esquema creado por la anterior regulación de 2007, que establece como uno de los ejes de la aplicación de la Ley el concepto de poder adjudicador, que se impone como consecuencia de la incorporación al derecho español de la anterior Directiva comunitaria de 2004. Así, tradicionalmente, la normativa de contratos públicos se hizo pivotar sobre el concepto de contrato de la Administración Pública. Sin embargo, la incorporación de las anteriores Directivas comunitarias, dio lugar a un cambio de planteamiento, que ahora se mantiene en la nueva Ley, salvo lo referente a las instrucciones internas de contratación, y que permitía distinguir los regímenes jurídicos de los contratos públicos según la entidad contratante fuera o no un poder adjudicador. No obstante, este cambio de planteamiento no impide que la regulación de los contratos de las Administraciones Públicas, tanto en sus disposiciones generales, como respecto de cada tipo de contrato, siga siendo la parte troncal de esta Ley y la referencia de cualquier contrato que se haga por una entidad del sector público.

Desde un punto de vista objetivo, el otro eje fundamental en el que se apoya el sistema de la regulación de los contratos públicos contenido en la presente Ley, como ya se hacía en la regulación anterior, es el relativo a la distinción entre los contratos sujetos a regulación armonizada y aquellos que no lo están, basada en la superación de ciertas cuantías económicas, o umbrales comunitarios, lo que nos permite, a su vez, diferenciar el régimen jurídico que se aplica a cada uno de ellos, proveniente de la anterior regulación de 2007 y que se mantiene en la actualidad.

IV

El articulado de esta Ley se ha estructurado en un Título Preliminar dedicado a recoger las disposiciones generales en esta materia y cuatro libros sucesivos, relativos a la configuración general de la contratación del sector público y los elementos estructurales de los contratos (Libro I), la preparación de los contratos administrativos, la selección del contratista y la adjudicación de estos contratos, así como los efectos, cumplimiento y extinción de estos contratos (Libro II), los contratos de otros entes del sector público (Libro III), y, por último, la organización administrativa para la gestión de la contratación (Libro IV).

Las principales novedades que presenta esta Ley se han introducido a lo largo de todo su articulado, si bien queda a salvo el régimen jurídico específico correspondiente al contrato de obras, al de suministro y al contrato de servicios, en cuyas disposiciones no se han incluido, salvo en cuestiones muy concretas, excesivas reformas.

En el Título Preliminar, relativo a las disposiciones generales, se mantiene la existencia de tres niveles de aplicabilidad de la Ley respecto de las entidades del sector público que configuran su ámbito, y asimismo se mantiene la tradicional configuración negativa o de exclusión de los contratos y negocios no regulados en la misma.

Respecto de la delimitación de los diferentes tipos de contratos, las principales novedades en este ámbito se han introducido en la regulación del contrato de concesión, en el contrato mixto y en el contrato de colaboración público privada que se suprime.

En el ámbito de las concesiones, desaparece la figura del contrato de gestión de servicio público y, con ello, la regulación de los diferentes modos de gestión indirecta de los servicios públicos que se hacía en el artículo 277 del anterior texto refundido. Surge en su lugar, y en virtud de la nueva Directiva relativa a la adjudicación de contratos de concesión, la nueva figura de la concesión de servicios, que se añade dentro de la categoría de las concesiones a la ya existente figura de la concesión de obras.

Sin perjuicio de lo anterior, se mantiene la posibilidad de que se adjudique directamente a una sociedad de economía mixta un contrato de concesión de obras o de concesión de servicios en los términos recogidos en la Disposición adicional vigésima segunda, siguiendo el criterio recogido por el Tribunal de Justicia de la Unión Europea en la Sentencia 196/08 en el caso ACOSET, y en la Comunicación Interpretativa de la Comisión Europea relativa a la aplicación del derecho comunitario en materia de contratación pública y concesiones a la colaboración público-privada institucionalizada de 5 de febrero de 2008.

En lo que respecta a los contratos de concesión de obras y de concesión de servicios, merece destacarse que en ambas figuras necesariamente debe haber una transferencia del riesgo operacional de la Administración al concesionario, delimitándose en el artículo 14 de la Ley, en línea con lo establecido en la nueva Directiva de adjudicación de contratos de concesión, los casos en que se considerará que el concesionario asume dicho riesgo operacional.

Por otra parte, como es sabido, el contrato de gestión de servicios públicos hasta la regulación de esta Ley era un supuesto de gestión indirecta del servicio, lo que implicaba que mediante este contrato, la Administración le encomendaba a un tercero, el empresario (normalmente, el concesionario), que gestionase un determinado servicio público. El que gestionaba el servicio, por lo tanto, era el empresario o el concesionario, por lo que en todo lo relativo a la utilización del servicio suponía el establecimiento de una relación directa entre el concesionario y el usuario del mismo.

Por ello, en la medida en que el que gestionaba el servicio público y, por tanto, se relacionaba con el usuario era el concesionario, era preciso determinar previamente el régimen jurídico básico de ese servicio, que atribuyera las competencias y determinara las prestaciones a favor de los administrados. Igualmente había que establecer que la actividad que realizaba el concesionario quedaba asumida por la Administración respectiva, puesto que no era la Administración la que prestaba directamente ese servicio.

En definitiva, había dos tipos de relaciones, la que se establecía entre la Administración y el empresario, concesionario, que era contractual (contrato de gestión de servicios públicos), y la que se establecía entre el concesionario y el usuario del servicio, que se regulaba por la normativa propia del servicio que se prestaba.

Por el contrario, en las prestaciones susceptibles de ser objeto de un contrato de servicios, quien las prestaba, y, por tanto, se relacionaba con el usuario era la Administración, quien, en el caso de insuficiencia de medios, celebraba un contrato (contrato de servicios), con un empresario particular.

Pues bien, en este esquema incide la regulación de la Directiva 2014/23/UE, de 26 de febrero de 2014, relativa a la adjudicación de contratos de concesión. Para esta Directiva el criterio delimitador del contrato de concesión de servicios respecto del contrato de servicios es, como se ha dicho antes, quién asume el riesgo operacional. En el caso de que lo asuma el contratista, el contrato será de concesión de servicios. Por el contrario, cuando el riesgo operacional lo asuma la Administración, estaremos ante un contrato de servicios.

Este criterio delimitador del contrato de concesión de servicios respecto del contrato de servicios ha sido asumido por la presente Ley. Por ello, determinados contratos que con arreglo al régimen jurídico hasta ahora vigente se calificaban como de gestión de servicios públicos, pero en los que el empresario no asumía el riesgo operacional, pasan ahora a ser contratos de servicios. Ahora bien, este cambio de calificación no supone una variación en la estructura de las relaciones jurídicas que resultan de este contrato: mediante el mismo el empresario pasa a gestionar un servicio de titularidad de una Administración Pública, estableciéndose las relaciones directamente entre el empresario y el usuario del servicio.

Por esta razón, en la medida que la diferencia entre el contrato al que se refiere el párrafo anterior y el contrato de concesión de servicios es la asunción o no del riesgo operacional por el empresario, es preciso que todo lo relativo al régimen de la prestación del servicio sea similar. Por ello, se ha introducido un artículo, el 312, donde se recogen las normas específicas del antiguo contrato de gestión de servicios públicos relativas al régimen sustantivo del servicio público que se contrata y que en la nueva regulación son comunes tanto al contrato de concesión de servicios cuando estos son servicios públicos, lo que será el caso más general, como al contrato de servicios, cuando se refiera a un servicio público que presta directamente el empresario al usuario del servicio.

Para identificar a estos contratos que con arreglo a la legislación anterior eran contratos de gestión de servicios públicos y en esta Ley pasan a ser contratos de servicios, se ha acudido a una de las características de los mismos: que la relación se establece directamente entre el empresario y el usuario del servicio, por ello se denominan contratos de servicios que conlleven prestaciones directas a favor de los ciudadanos.

Por último a este respecto, la Ley, siguiendo la Directiva 2014/23/UE, no limita la concesión de servicios a los servicios que se puedan calificar como servicios públicos. En consecuencia, se establece la aplicación específica y diferenciada de determinadas normas a la concesión de servicios cuando esta se refiera a servicios públicos. Así, por ejemplo, la aplicación de las normas específicas de estos servicios a las que se hacía referencia anteriormente, esto es, el establecimiento de su régimen jurídico y, entre otras cuestiones, los aspectos jurídicos, económicos y administrativos relativos a la prestación del servicio (lo que se viene a denominar su «publicatio»); la imposibilidad de embargo de los bienes afectos; el secuestro o la intervención del servicio público; el rescate del mismo; o el ejercicio de poderes de policía en relación con la buena marcha del servicio público de que se trate.

Por otra parte, debe señalarse que los poderes públicos siguen teniendo libertad para prestar por sí mismos determinadas categorías de servicios, en concreto los servicios que se conocen como servicios a las personas, como ciertos servicios sociales, sanitarios, incluyendo los farmacéuticos, y educativos u organizar los mismos de manera que no sea necesario celebrar contratos públicos, por ejemplo, mediante la simple financiación de estos servicios o la concesión de licencias o autorizaciones a todos los operadores económicos que cumplan las condiciones previamente fijadas por el poder adjudicador, sin límites ni cuotas, siempre que dicho sistema garantice una publicidad suficiente y se ajuste a los principios de transparencia y no discriminación.

En la regulación del contrato mixto, se distingue entre la preparación y adjudicación del contrato, donde se recogen las normas que establecen las Directivas, y los efectos y extinción. Respecto de la preparación y adjudicación, la regla general es que al contrato mixto se le aplican, según los casos, las normas del contrato cuya prestación sea la principal o cuyo valor estimado sea más elevado. En cuanto a los efectos y extinción, la Ley hace remisión a lo que se establezca en los correspondientes pliegos de cláusulas administrativas.

Por otra parte, se suprime la figura del contrato de colaboración público privada, como consecuencia de la escasa utilidad de esta figura en la práctica. La experiencia ha demostrado que el objeto de este contrato se puede realizar a través de otras modalidades contractuales, como es, fundamentalmente, el contrato de concesión.

En lo que respecta a los contratos de obras, suministros y servicios celebrados en el ámbito de la Defensa y Seguridad, estos seguirán rigiéndose por su correspondiente Ley específica, en los supuestos en ella determinados. Sin embargo, las concesiones de obras y servicios celebradas en estos mismos ámbitos sí se sujetan a esta Ley.

Por último, en lo que respecta a los procedimientos de contratación que tengan por objeto contratos en los sectores del agua, la energía, los transportes y los servicios postales, se ha pretendido establecer un esquema lógico y consecuente con las correspondientes Directivas a efectos de la aplicación a aquellos bien de la presente Ley, o bien de la Ley de procedimientos de contratación en los citados sectores. Así, todos los contratos que celebren las entidades que tengan la consideración de Administraciones Públicas, independientemente del sector al que se refieran, se regirán por la presente Ley.

Por su parte, los contratos que celebren las entidades que no gocen de la consideración de Administraciones Públicas se regirán por la Ley de procedimientos de contratación en los sectores del agua, la energía, los transportes y los servicios postales cuando operen en estos ámbitos y los contratos superen los umbrales establecidos en la citada Ley de procedimientos de contratación en dichos sectores. Si por el contrario, las entidades que no gocen de la consideración de Administraciones Públicas celebran contratos que no superen los mencionados umbrales, aunque la actividad se refiera a los sectores del agua, la energía, los transportes y los servicios postales, se les aplicará la presente Ley.

En el Libro I, relativo a la configuración general de la contratación del sector público y elementos estructurales de los contratos, aparece en primer lugar una nueva regulación del llamado «medio propio» de la Administración, encomiendas de gestión o aplicación práctica de la técnica denominada «in house», que pasa ahora a llamarse «encargos a medios propios». Así, nos encontramos los casos de encargos entre entidades del sector público, como supuestos de ejecución directa de prestaciones a través de medios propios personificados, distinguiéndose entre el encargo hecho por un poder adjudicador, de aquel que se hubiera realizado por otra entidad que no tenga la consideración de poder adjudicador, manteniéndose los casos de la ejecución directa de prestaciones por la Administración Pública con la colaboración de empresarios particulares o a través de medios propios no personificados. En la Ley, siguiendo las directrices de la nueva Directiva de contratación, han aumentado las exigencias que deben cumplir estas entidades, con lo que se evitan adjudicaciones directas que pueden menoscabar el principio de libre competencia. Se encuentran aquí requisitos tales como que la entidad que tenga el carácter de «medio propio» disponga de medios personales y materiales adecuados para cumplir el encargo que se le haga, que haya recabado autorización del poder adjudicador del que dependa, que no tenga participación de una empresa privada y que no pueda realizar libremente en el mercado más de un 20 por ciento de su actividad.

Dentro del Libro I se suprime la cuestión de nulidad, si bien sus causas podrán hacerse valer a través del recurso especial en materia de contratación; y se mantiene la regulación del régimen de invalidez de los contratos del sector público y del recurso especial en materia de contratación.

Se amplía el ámbito de aplicación de este recurso, sin que dicha ampliación afecte a la necesaria agilidad que debe tener el sistema en la resolución de estos recursos, dejando de estar vinculado a los contratos sujetos a regulación armonizada, de tal manera que se puede interponer en el caso de contratos de obras, concesiones de obras y de servicios cuyo valor estimado supere los tres millones y contratos de servicios y de suministros cuyo valor supere los cien mil euros.

El recurso, que mantiene el carácter potestativo que tiene en la actualidad, tendrá efectos suspensivos automáticos siempre que el acto recurrido sea el de adjudicación, salvo en el caso de contratos basados en un acuerdo marco o de contratos específicos en el marco de un sistema dinámico de adquisición. Esta última salvedad encuentra su fundamento en que en este tipo de contratos un plazo suspensivo obligatorio podría afectar a los aumentos de eficiencia que se pretende obtener con estos procedimientos de licitación, tal y como establece el considerando 9 de la Directiva 2007/66/CE, por la que se modifican las Directivas 89/665/CEE y 92/13/CEE en lo que respecta a la mejora de la eficacia en los procedimientos de recurso en materia de adjudicación de contratos públicos.

Para concluir la referencia al recurso especial, este se podrá interponer contra los anuncios de licitación, pliegos, documentos contractuales que establezcan las condiciones que deban regir la contratación, actos de trámite que cumplan los requisitos de esta Ley, acuerdos de adjudicación adoptados por poderes adjudicadores, así como modificaciones contractuales, encargos a medios propios siempre que no cumplan las condiciones previstas en esta Ley y acuerdos de rescate de concesiones.

También dentro del Libro I se introduce una norma especial relativa a la lucha contra la corrupción y prevención de los conflictos de intereses, mediante la cual se impone a los órganos de contratación la obligación de tomar las medidas adecuadas para luchar contra el fraude, el favoritismo y la corrupción, y prevenir, detectar y solucionar de modo efectivo los conflictos de intereses que puedan surgir en los procedimientos de licitación. En línea con las medidas para luchar contra la corrupción, se hace una nueva regulación de las prohibiciones de contratar que aumenta los casos de prohibición modificando la competencia, el procedimiento y los efectos de una declaración de este tipo; al tiempo que transpone las denominadas por las Directivas Comunitarias como «medidas de autocorrección», de manera que determinadas prohibiciones de contratar bien no se declararán o bien no se aplicarán, según el caso, cuando la empresa hubiera adoptado medidas de cumplimiento destinadas a reparar los daños causados por su conducta ilícita, en las condiciones que se regulan en esta Ley.

Destaca también dentro de este Libro la regulación del régimen de clasificación empresarial, en el que se incluyen las últimas novedades legislativas existentes en esta materia hasta ahora.

Asimismo, se han revisado a efectos de su homogeneización las diversas expresiones que se utilizaban en el texto refundido anterior para referirse al valor de los contratos, por ejemplo «cuantía» o «importe del contrato», reconduciéndose en la mayor parte de los casos al concepto de «valor estimado» del contrato, que resulta ser el correcto. Este concepto queda perfectamente delimitado en la nueva Ley, al igual que lo están el de «presupuesto base de licitación» y el de «precio del contrato», evitándose, de esta forma, cualquier posible confusión entre ellos.

Por otra parte, se acomodan las normas correspondientes a la revisión de precios en los contratos públicos, a lo dispuesto en la Ley 2/2015, de 30 de marzo, de desindexación de la economía española, de manera que la revisión de precios no se hará con índices generales, sino en función de índices específicos, que operarán a través de fórmulas que reflejen los componentes de coste de la prestación contratada.

En el Libro II, dentro de la parte correspondiente a la preparación de los contratos, se incorpora la regulación de las consultas preliminares del mercado, con la finalidad de preparar correctamente la licitación e informar a los operadores económicos acerca de los planes de contratación del órgano correspondiente y de los requisitos que exigirá para concurrir al procedimiento.

Se extiende la regulación de nuevos medios de acreditación que confirmen que las obras, productos, servicios, procesos o procedimientos de que se trata cumplen determinados requisitos, para ello se incorporan aquí las nuevas etiquetas, informes de pruebas, certificaciones y otros medios. Por otra parte, se incorpora el régimen comunitario de publicidad de los contratos establecidos en las nuevas Directivas, el cual, dentro del margen permitido por estas, se ha intentado simplificar lo más posible para facilitar la labor de los órganos de contratación a la hora de publicar los distintos anuncios relativos a los contratos que celebren.

En la regulación de la adjudicación de los contratos de las Administraciones Públicas destaca especialmente la regulación de la declaración responsable, cuyo contenido recoge lo establecido en la nueva Directiva de Contratación y guarda coherencia con el formulario del Documento europeo único de contratación establecido en el Reglamento de Ejecución (UE) 2016/7 de la Comisión, de 5 de enero de 2016; así como la definición y cálculo del coste del ciclo de vida y de las ofertas anormalmente bajas.

En la parte correspondiente a los procedimientos de adjudicación, además de los procedimientos existentes hasta la actualidad, como el abierto, el negociado, el dialogo competitivo y el restringido, que es un procedimiento, este último, especialmente apto para la adjudicación de los contratos cuyo objeto tenga prestaciones de carácter intelectual, como los servicios de ingeniería y arquitectura, se introduce un nuevo procedimiento denominado asociación para la innovación, al que más adelante se hará referencia.

En el ámbito del procedimiento abierto, se crea la figura del procedimiento abierto simplificado, que resultará de aplicación hasta unos umbrales determinados, y nace con la vocación de convertirse en un procedimiento muy ágil que por su diseño debería permitir que el contrato estuviera adjudicado en el plazo de un mes desde que se convocó la licitación. Sus trámites se simplifican al máximo, por ejemplo, se presentará la documentación en un solo sobre; no se exigirá la constitución de garantía provisional; resultará obligatoria la inscripción en el Registro de Licitadores; y la fiscalización del compromiso del gasto se realizará en un solo momento, antes de la adjudicación.

Respecto del procedimiento negociado, se suprime la posibilidad del uso del procedimiento negociado con y sin publicidad por razón de la cuantía y se suprime la aplicación de este procedimiento respecto a las obras y servicios complementarios; y aparece una nueva regulación de las primas y compensaciones que se pueden entregar a los licitadores en el diálogo competitivo.

Respecto de la parte correspondiente a la ejecución de los contratos, hay que hacer una especial referencia a la novedad que supone el régimen de modificación del contrato, en línea con lo establecido en las Directivas comunitarias, que por primera vez regulan esta materia, a la subcontratación y a las medidas de racionalización técnica de la contratación, estructuradas en dos elementos, los acuerdos marco y los sistemas dinámicos de adquisición, destacando aquí el nuevo régimen que se establece en esta Ley respecto de la contratación centralizada. Toda esta materia, la racionalización técnica de la contratación, se regula en un capítulo específico dentro del Título I del Libro Segundo, diferente a las normas referidas a la preparación y a la adjudicación de los contratos, por cuanto aquella tiene sustantividad propia, y aunque muchos de los artículos que la regulan entrarían dentro de esa preparación y adjudicación de los contratos, también hay otros que regulan aspectos referidos a los efectos y extinción.

En el Libro III se recoge la regulación de los contratos de poderes adjudicadores no Administración Pública, en donde la principal novedad es la supresión de las instrucciones de contratación, así como del resto de entes del sector público que no tengan el carácter de poderes adjudicadores, estableciéndose claramente la regulación que les resulta aplicable. En efecto, como se ha dicho antes, se suprimen para los contratos no sujetos a regulación armonizada las instrucciones en el caso de los poderes adjudicadores no Administraciones Públicas, debiendo adjudicar estos contratos por los mismos procedimientos establecidos para dichas Administraciones Públicas, si bien se les permite utilizar de forma indistinta cualesquiera de ellos, a excepción del negociado sin publicidad, que solo se podrá hacer uso de él, en los mismos supuestos que las citadas Administraciones. Por otra parte, cabe destacar la introducción de la necesaria autorización, previo dictamen del Consejo de Estado, de la Administración de tutela o adscripción para modificaciones superiores al 20 por ciento del precio inicial del contrato, IVA excluido, en el caso de contratos de importe superior a seis millones de euros.

En el Libro IV se establece un ambicioso esquema de tres órganos colegiados a nivel estatal con el doble objetivo de dar cumplimiento a las obligaciones de gobernanza que establecen las Directivas Comunitarias y de combatir las irregularidades en la aplicación de la legislación sobre contratación pública.

En primer lugar, la Junta Consultiva de Contratación Pública del Estado, que es designada como el punto de referencia para la cooperación con la Comisión Europea y, en consecuencia, se le atribuye la obligación de remisión de los informes que establecen las Directivas Comunitarias, y que continúa siendo el órgano específico de regulación y consulta en materia de contratación pública del sector público estatal.

Por otra parte, se crea en el seno de la Junta Consultiva el denominado Comité de Cooperación en materia de contratación pública, principalmente, para articular un espacio de coordinación y cooperación en áreas de acción común con las Comunidades Autónomas y con las Entidades Locales, así como para elaborar la propuesta de Estrategia Nacional de Contratación Pública, sin que ello impida la aprobación de estrategias, coherentes con la primera, por parte de las Comunidades Autónomas para sus respectivos ámbitos territoriales.

En tercer lugar, se crea la Oficina de Supervisión de la Contratación, también a nivel estatal, con plena independencia orgánica y funcional, integrada por un Presidente y cuatro vocales que gozan de la condición de independientes e inamovibles, que debe rendir cuentas anualmente a las Cortes Generales y al Tribunal de Cuentas sobre sus actuaciones. La misma deberá coordinar la supervisión en materia de contratación púbica de los poderes adjudicadores del conjunto del sector público con la finalidad de velar por la correcta aplicación de la legislación en esta materia, dado que las Comunidades Autónomas pueden crear sus propias Oficinas de Supervisión. La Oficina está facultada para dar traslado a la Fiscalía u órganos judiciales o administrativos competentes de hechos de los que tenga conocimiento y que sean constitutivos de delito o infracción. Adicionalmente, es el órgano competente para la aprobación de la ya mencionada Estrategia Nacional, en cuya ejecución se verán involucrados los tres órganos que se han relacionado, así como sus equivalentes a nivel autonómico.

Adicionalmente en el Libro IV se hace una nueva regulación de la Mesa de contratación y de la obligación de remisión de información de fiscalización al Tribunal de Cuentas u órgano correspondiente de la Comunidad Autónoma.

Por último en este apartado, se incluye en el Anexo III del texto la información que debe figurar en los distintos anuncios, la cual ha sido normalizada por la Comisión Europea en el Reglamento de Ejecución 2015/1986, de la Comisión, de 11 de noviembre de 2015, por el que se establecen formularios normalizados para la publicación de anuncios en el ámbito de la contratación pública y se deroga el Reglamento de Ejecución (UE) 842/2011.

V

Por lo que respecta al contenido, tomando como referencia las Directivas europeas y los principios que han guiado la elaboración de esta Ley, las principales novedades que presenta afectan, en primer lugar, a su ámbito de aplicación, dentro del cual se ha extendido el ámbito subjetivo, con la idea de aplicar estas normas a entidades no sujetas.

Así, se han incluido los partidos políticos, las organizaciones sindicales y las empresariales, así como las fundaciones y asociaciones vinculadas a cualquiera de ellos siempre que se cumplan determinadas circunstancias como que su financiación sea mayoritariamente pública y respecto de los contratos sometidos a regulación armonizada. Por otra parte, se ha adaptado la tipología de las entidades incluidas dentro del ámbito subjetivo a la establecida en la nueva Ley de Régimen Jurídico del Sector Público, Ley 40/2015, de 1 de octubre. En el ámbito objetivo de aplicación, se han estructurado de forma más definida los supuestos de contratos y negocios jurídicos no incluidos en la legislación contractual, aclarándose algunos supuestos, como los contratos patrimoniales y añadiéndose algún caso nuevo, como los contratos que tengan por objeto la realización de campañas políticas, que no seguirán las normas de esta Ley.

Se incluyen en los contratos públicos consideraciones de tipo social, medioambiental y de innovación y desarrollo. Estas consideraciones podrán incluirse tanto al diseñarse los criterios de adjudicación, como criterios cualitativos para evaluar la mejor relación calidad-precio, o como condiciones especiales de ejecución, si bien su introducción está supeditada a que se relacionen con el objeto del contrato a celebrar. En particular, en el caso de las condiciones especiales de ejecución, la Ley impone la obligación al órgano de contratación de establecer en el pliego al menos una de las condiciones especiales de ejecución de tipo medioambiental, social o relativas al empleo que se listan en el artículo 202.

En el ámbito medioambiental, se exigen certificados de gestión medioambiental a las empresas licitadoras, como condición de solvencia técnica, esto es, para acreditar la experiencia o el «buen hacer» de esa empresa en el ámbito de la protección del medio ambiente. Respecto de los temas sociales, se siguen regulando los contratos reservados a centros especiales de empleo o la posibilidad de reservar su ejecución en el marco de programas de empleo protegido, extendiéndose dicha reserva a las empresas de inserción y exigiéndoles a todas las entidades citadas que tengan en plantilla el porcentaje de trabajadores discapacitados que se establezca en su respectiva regulación. En el ámbito de la discapacidad, se recoge como causa de prohibición de contratar con las entidades del sector público el no cumplir el requisito de que al menos el 2 por ciento de los empleados de las empresas de 50 o más trabajadores sean trabajadores con discapacidad, cuestión ya adelantada mediante la modificación del hasta ahora vigente texto refundido de la Ley de Contratos del Sector Público por la Ley 40/2015, de 1 de octubre, del Régimen Jurídico del Sector Público.

Además, con el ánimo de favorecer el respeto hacia los derechos humanos, y en especial hacia los derechos laborales básicos de las personas trabajadoras y de los pequeños productores de países en vías de desarrollo, se introduce la posibilidad de que tanto los criterios de adjudicación como las condiciones especiales de ejecución incorporen aspectos sociales del proceso de producción y comercialización referidos a las obras, suministros o servicios que hayan de facilitarse con arreglo al contrato de que se trate, y en especial podrá exigirse que dicho proceso cumpla los principios de comercio justo que establece la Resolución del Parlamento Europeo sobre comercio justo y desarrollo (2005/2245(INI)) en su apartado 2.

En el ámbito de la innovación y desarrollo, con la idea de favorecer a las empresas más innovadoras, destaca especialmente la introducción del nuevo procedimiento de asociación para la innovación, el cual se ha previsto expresamente para aquellos casos en que resulte necesario realizar actividades de investigación y desarrollo respecto de obras, servicios y productos innovadores, para su posterior adquisición por la Administración. Se trata, por tanto, de supuestos en que las soluciones disponibles en el mercado no satisfagan las necesidades del órgano de contratación.

En relación con este nuevo procedimiento, la nueva Directiva perfila un proceso en el que tras una convocatoria de licitación, cualquier empresario puede formular una solicitud de participación, tras lo cual, los candidatos que resulten seleccionados podrán formular ofertas, convirtiéndose así en licitadores, en el marco de un proceso de negociación. Este podrá desarrollarse en fases sucesivas, y culminará con la creación de la asociación para la innovación. Esta asociación para la innovación se estructurará a su vez en fases sucesivas, pero ya no tendrá lugar entre el órgano de contratación y los licitadores, sino entre aquel y uno o más socios; y generalmente culminará con la adquisición de los suministros, servicios u obras resultantes.

Se trata, por tanto, de un procedimiento en el que podrían distinguirse, esquemáticamente, cuatro momentos diferenciados: selección de candidatos, negociación con los licitadores, la asociación con los socios, y la adquisición del producto resultante. A este esquema responden los artículos de la Ley dedicados a la regulación de este nuevo procedimiento.

Con independencia de las normas llamadas a facilitar la lucha contra el fraude y la corrupción, se incluyen nuevas normas tendentes al fomento de la transparencia en los contratos. Así, debe mencionarse, entre otras cuestiones, la introducción de una novedad significativa: la supresión del supuesto de aplicación del procedimiento negociado sin publicidad por razón de cuantía.

Dicho procedimiento, muy utilizado en la práctica, resultaba muy ágil pero adolecía de un déficit de transparencia, al carecer de publicidad, corriendo el riesgo de generar desigualdades entre licitadores. Para paliar estas deficiencias, se crea en la Ley un nuevo procedimiento de adjudicación, el denominado Procedimiento Abierto Simplificado, ya citado anteriormente al aludirse a los procedimientos de adjudicación, en el que el proceso de contratación está concebido para que su duración sea muy breve y la tramitación muy sencilla, pero sin descuidar, sin embargo, la necesaria publicidad y transparencia en el procedimiento de licitación del contrato. En este procedimiento se habilita además una tramitación especialmente sumaria para contratos de escasa cuantía que ha de suponer la consolidación de la publicidad y la eficiencia en cualquier contrato público, reduciendo la contratación directa a situaciones extraordinarias.

A todo lo anterior, debe añadirse la nueva regulación de la figura del perfil de contratante, más exhaustiva que la anterior, que le otorga un papel principal como instrumento de publicidad de los distintos actos y fases de la tramitación de los contratos de cada entidad, así como la regulación del Registro de Contratos del Sector Público, en el que se inscribirán todos los contratos adjudicados por las entidades del sector público, siendo obligatoria, a dichos efectos, la comunicación de los datos relativos a todos los contratos celebrados por importe igual o superior a cinco mil euros.

Con el objetivo de conseguir una simplificación y reducción de las cargas administrativas, se mantiene el uso de la declaración responsable, pero se amplía el espectro de casos en los que se utiliza y se regula pormenorizadamente su contenido según lo establecido en la nueva Directiva de Contratación y de forma coherente, como ya se ha señalado, con el formulario del Documento europeo único de contratación aprobado por la Comisión Europea.

Junto a todo lo anteriormente señalado, debe necesariamente aludirse a la decidida apuesta que el nuevo texto legal realiza en favor de la contratación electrónica, estableciéndola como obligatoria en los términos señalados en él, desde su entrada en vigor, anticipándose, por tanto, a los plazos previstos a nivel comunitario.

Como medidas en beneficio de las PYMES, se incluyen en este texto legal las medidas que ya aparecían dentro de la Ley 14/2013, de 27 de septiembre, de apoyo a los emprendedores y su internacionalización, con lo que pasan a estar comprendidas dentro de su ámbito natural de aplicación; y se da un paso más allá al establecerse la obligación para el órgano de contratación, en los contratos que más frecuentemente acuden a la subcontratación, como son los de obras y de servicios de un determinado importe, de comprobar el estricto cumplimiento de los pagos que el contratista principal hace al subcontratista, así como el régimen más rigorista que respecto de los plazos de pago debe cumplir tanto la Administración como el contratista principal, con el fin de evitar la lacra de la morosidad que pesa sobre las Administraciones Públicas, cumpliendo así lo dispuesto dentro de la Directiva 2011/7/UE del Parlamento europeo y del Consejo, de 16 de febrero de 2011, por la que se establecen medidas de lucha contra la morosidad en las operaciones comerciales.

Además de las anteriores, se encuentran aquí como medidas de apoyo a las PYMES todas las medidas de simplificación del procedimiento y reducción de cargas administrativas, introducidas con el objetivo de dar un decidido impulso a las empresas. Como medidas más específicas, se ha introducido una nueva regulación de la división en lotes de los contratos (invirtiéndose la regla general que se utilizaba hasta ahora, debiendo justificarse ahora en el expediente la no división del contrato en lotes, lo que facilitará el acceso a la contratación pública a un mayor número de empresas); y se incluye, de forma novedosa, como criterio de solvencia que tendrá que justificar el adjudicatario del contrato, el cumplir con los plazos establecidos por la normativa vigente sobre pago a proveedores, medida que pretende contribuir a que las PYMES con las que subcontrate el adjudicatario cobren sus servicios en plazo.

Debe recordarse que la política de fomento de la contratación pública con pequeñas y medianas empresas impregna las nuevas Directivas de contratación pública, ya desde sus primeros Considerandos, medida destacada en la Estrategia Europa 2020, en la que la contratación pública desempeña un papel esencial y que se traslada al ordenamiento jurídico español mediante el presente texto legal.

Por último, no pueden dejar de mencionarse las medidas incorporadas en la Ley en materia de defensa de la competencia, pretendiendo que se produzca un avance significativo en este ámbito, con medidas que persiguen su realización efectiva. Así, por ejemplo, se contempla la obligación de poner a disposición de la Comisión Nacional de los Mercados y la Competencia una mayor información en materia de contratación pública (por ejemplo, se remitirá a la misma copia del informe de supervisión que en la materia ha de enviarse cada tres años a la Comisión Europea).

Especialmente destacable resulta, además, la regulación que realiza el artículo 150.1 de la Ley al prever que las mesas de contratación puedan trasladar, con carácter previo a la adjudicación del contrato, a la Comisión Nacional de los Mercados y la Competencia o, en su caso, a la autoridad de competencia autonómica correspondiente, indicios fundados de conductas colusorias en el procedimiento de contratación. El procedimiento a través del cual se pronunciarán aquellas será sumarísimo y será definido reglamentariamente. Sí se contemplan en la Ley, sin embargo, los efectos suspensivos en el procedimiento de contratación de dicho traslado.

VI

La Ley en sus disposiciones finales modifica la regulación establecida en determinadas normas tributarias.

Así, se aclara la naturaleza jurídica de las tarifas que abonan los usuarios por la utilización de las obras o la recepción de los servicios, tanto en los casos de gestión directa de estos, a través de la propia Administración, como en los supuestos de gestión indirecta, a través de concesionarios, como prestaciones patrimoniales de carácter público no tributario. A estos efectos, se le da nueva redacción a la disposición adicional primera de la Ley 58/2013, de 17 de diciembre, General Tributaria; al artículo 20 del texto refundido de la Ley Reguladora de las Haciendas Locales, aprobado mediante Real Decreto Legislativo 2/2004, de 5 de marzo, añadiéndole un nuevo apartado 6, y al artículo 2 de la Ley 8/1989, de 13 de abril, del régimen jurídico de las tasas y los precios públicos añadiéndole una nueva letra c).

Igualmente, es precisa la modificación de la Ley 37/1992, de 28 de diciembre, del Impuesto sobre el Valor Añadido, con la finalidad de aclarar la no sujeción al impuesto de determinadas operaciones realizadas por entes públicos, así como clarificar el concepto de subvención vinculada a precio a efecto de su inclusión en la base imponible del IVA.

La Ley 28/2014, de 27 de noviembre, modificó el artículo 7.8.º de la Ley del IVA con el objetivo de establecer la no sujeción de las operaciones que las Administraciones Públicas realicen sin contraprestación o con contraprestación de naturaleza tributaria, así como de los servicios que las entidades del sector público prestan en el ámbito interno a las Administraciones Públicas de las que dependen.

No obstante, la normativa comunitaria establece expresamente una serie de sectores de actividad que, en todo caso, deben quedar sujetos al Impuesto aunque sean realizados por una Administración Pública, y que se señalan en la propia Ley. Dentro de estas actividades, el mismo acomodo a la normativa y jurisprudencia comunitarias (sentencia de 22 de junio de 2016, del Tribunal de Justicia de la Unión Europea, recaída en el asunto Cesky Rozhlas) exige clarificar el régimen de sujeción de la actividad de radiotelevisión efectuadas por las entidades del sector público que solo deben quedar sujetas al Impuesto y ser generadores del derecho a la deducción cuando tengan carácter comercial.

Por todo lo anterior se da una nueva redacción al número 8.º del artículo 7 de la Ley del IVA.

Por otra parte, se hace necesario excluir desde la entrada en vigor de esta modificación normativa, de la consideración de subvenciones vinculadas al precio de las operaciones que constituyen la base imponible de las operaciones sujetas al IVA, aquellas aportaciones financieras que las Administraciones Públicas realizan al operador de determinados servicios de competencia pública cuando no existe distorsión de la competencia, generalmente porque al tratarse de actividades financiadas total o parcialmente por la Administración no se prestan en régimen de libre concurrencia, como por ejemplo, los servicios de transporte municipal o, determinadas actividades culturales financiadas con estas aportaciones.

Estas aportaciones financieras que no constituyen subvenciones vinculadas al precio de las operaciones no limitarán el derecho a la deducción del Impuesto soportado por estos operadores.

Con independencia de lo anterior, parece razonable excluir del concepto de subvención vinculada al precio las aportaciones efectuadas por la Administración Pública para financiar actividades de interés general cuyo destinatario es el conjunto de la sociedad, al no existir un destinatario identificable ni tampoco usuarios que satisfagan contraprestación alguna. Este sería el caso de las aportaciones efectuadas para financiar actividades de investigación, desarrollo e innovación o los servicios de radiodifusión pública, en las condiciones señaladas, sin perjuicio de las consecuencias que de ello se puedan derivar en cuanto al ejercicio del derecho a la deducción.

Con independencia de lo anterior, y con el objetivo de facilitar la determinación del régimen de deducción de las entidades del sector público que realizan simultáneamente operaciones sujetas y no sujetas al Impuesto, se da nueva redacción al artículo 93. Cinco.

Procede adaptar el vigente régimen de financiación del servicio público de noticias de titularidad estatal, prestado por la sociedad mercantil estatal Agencia EFE, SAU, a las exigencias del artículo 106 del Tratado de Funcionamiento de la Unión Europea de conformidad con la Decisión de la Comisión Europea de 9 de diciembre de 2016. La adaptación, sujeta a reserva de Ley en virtud de lo dispuesto en artículo 128, apartado 2 de la Constitución Española, exige regular los requisitos básicos de este servicio público, definiendo su función y el método para el cálculo de las modalidades de compensación con cargo a los Presupuestos Generales del Estado.

TÍTULO PRELIMINAR Disposiciones generales

CAPÍTULO I Objeto y ámbito de aplicación de la Ley

Sección 1.ª Objeto y ámbito de aplicación

Artículo 1. Objeto y finalidad.

1. La presente Ley tiene por objeto regular la contratación del sector público, a fin de garantizar que la misma se ajusta a los principios de libertad de acceso a las licitaciones, publicidad y transparencia de los procedimientos, y no discriminación e igualdad de trato entre los licitadores; y de asegurar, en conexión con el objetivo de estabilidad presupuestaria y control del gasto, y el principio de integridad, una eficiente utilización de los fondos destinados a la realización de obras, la adquisición de bienes y la contratación de servicios mediante la exigencia de la definición previa de las necesidades a satisfacer, la salvaguarda de la libre competencia y la selección de la oferta económicamente más ventajosa.

2. Es igualmente objeto de esta Ley la regulación del régimen jurídico aplicable a los efectos, cumplimiento y extinción de los contratos administrativos, en atención a los fines institucionales de carácter público que a través de los mismos se tratan de realizar.

3. En toda contratación pública se incorporarán de manera transversal y preceptiva criterios sociales y medioambientales siempre que guarde relación con el objeto del contrato, en la convicción de que su inclusión proporciona una mejor relación calidad-precio en la prestación contractual, así como una mayor y mejor eficiencia en la utilización de los fondos públicos. Igualmente se facilitará el acceso a la contratación pública de las pequeñas y medianas empresas, así como de las empresas de economía social.

Artículo 2. Ámbito de aplicación.

1. Son contratos del sector público y, en consecuencia, están sometidos a la presente Ley en la forma y términos previstos en la misma, los contratos onerosos, cualquiera que sea su naturaleza jurídica, que celebren las entidades enumeradas en el artículo 3.

Se entenderá que un contrato tiene carácter oneroso en los casos en que el contratista obtenga algún tipo de beneficio económico, ya sea de forma directa o indirecta.

2. Están también sujetos a la presente Ley, en los términos que en ella se señalan, los contratos subvencionados por entidades que tengan la consideración de poderes adjudicadores que celebren otras personas físicas

o jurídicas en los supuestos previstos en el artículo 23 relativo a los contratos subvencionados sujetos a una regulación armonizada.

3. La aplicación de esta Ley a los contratos que celebren las Comunidades Autónomas y las entidades que integran la Administración Local, o los organismos dependientes de las mismas, así como a los contratos subvencionados por cualquiera de estas entidades, se efectuará en los términos previstos en la Disposición final primera de la presente Ley relativa a los títulos competenciales.

4. A los efectos de identificar las prestaciones que son objeto de los contratos regulados en esta Ley, se utilizará el «Vocabulario común de contratos públicos», aprobado por el Reglamento (CE) n.º 2195/2002 del Parlamento Europeo y del Consejo de 5 de noviembre de 2002, por el que se aprueba el Vocabulario común de contratos públicos (CPV), o normativa comunitaria que le sustituya.

Artículo 3. Ámbito subjetivo.

1. A los efectos de esta Ley, se considera que forman parte del sector público las siguientes entidades:

a) La Administración General del Estado, las Administraciones de las Comunidades Autónomas, las Ciudades Autónomas de Ceuta y Melilla y las Entidades que integran la Administración Local.

b) Las Entidades Gestoras y los Servicios Comunes de la Seguridad Social.

c) Los Organismos Autónomos, las Universidades Públicas y las autoridades administrativas independientes.

d) Los consorcios dotados de personalidad jurídica propia a los que se refiere la Ley 40/2015, de 1 de octubre, de Régimen Jurídico del Sector Público, y la legislación de régimen local, así como los consorcios regulados por la legislación aduanera.

e) Las fundaciones públicas. A efectos de esta Ley, se entenderá por fundaciones públicas aquellas que reúnan alguno de los siguientes requisitos:

1.º Que se constituyan de forma inicial, con una aportación mayoritaria, directa o indirecta, de una o varias entidades integradas en el sector público, o bien reciban dicha aportación con posterioridad a su constitución.

2.º Que el patrimonio de la fundación esté integrado en más de un 50 por ciento por bienes o derechos aportados o cedidos por sujetos integrantes del sector público con carácter permanente.

3.º Que la mayoría de derechos de voto en su patronato corresponda a representantes del sector público.

f) Las Mutuas colaboradoras con la Seguridad Social.

g) Las Entidades Públicas Empresariales a las que se refiere la Ley 40/2015, de 1 de octubre, de Régimen Jurídico del Sector Público, y cualesquiera entidades de derecho público con personalidad jurídica propia vinculadas a un sujeto que pertenezca al sector público o dependientes del mismo.

h) Las sociedades mercantiles en cuyo capital social la participación, directa o indirecta, de entidades de las mencionadas en las letras a), b), c), d), e), g) y h) del presente apartado sea superior al 50 por 100, o en los casos en que sin superar ese porcentaje, se encuentre respecto de las referidas entidades en el supuesto previsto en el artículo 5 del texto refundido de la Ley del Mercado de Valores, aprobado por Real Decreto Legislativo 4/2015, de 23 de octubre.

i) Los fondos sin personalidad jurídica.

j) Cualesquiera entidades con personalidad jurídica propia, que hayan sido creadas específicamente para satisfacer necesidades de interés general que no tengan carácter industrial o mercantil, siempre que uno o varios sujetos pertenecientes al sector público financien mayoritariamente su actividad, controlen su gestión, o nombren a más de la mitad de los miembros de su órgano de administración, dirección o vigilancia.

k) Las asociaciones constituidas por las entidades mencionadas en las letras anteriores.

l) A los efectos de esta Ley, se entiende que también forman parte del sector público las Diputaciones Forales y las Juntas Generales de los Territorios Históricos del País Vasco en lo que respecta a su actividad de contratación.

2. Dentro del sector público, y a los efectos de esta Ley, tendrán la consideración de Administraciones Públicas las siguientes entidades:

a) Las mencionadas en las letras a), b), c), y l) del apartado primero del presente artículo.

b) Los consorcios y otras entidades de derecho público, en las que dándose las circunstancias establecidas en la letra d) del apartado siguiente para poder ser considerados poder adjudicador y estando vinculados a una o varias Administraciones Públicas o dependientes de las mismas, no se financien mayoritariamente con ingresos de mercado. Se entiende que se financian mayoritariamente con ingresos de mercado cuando tengan la consideración de productor de mercado de conformidad con el Sistema Europeo de Cuentas.

3. Se considerarán poderes adjudicadores, a efectos de esta Ley, las siguientes entidades:

a) Las Administraciones Públicas.

b) Las fundaciones públicas.

c) Las Mutuas colaboradoras con la Seguridad Social.

d) Todas las demás entidades con personalidad jurídica propia distintas de las expresadas en las letras anteriores que hayan sido creadas específicamente para satisfacer necesidades de interés general que no tengan carácter industrial o mercantil, siempre que uno o varios sujetos que deban considerarse poder adjudicador de acuerdo con los criterios de este apartado 3, bien financien mayoritariamente su actividad; bien controlen su gestión; o bien nombren a más de la mitad de los miembros de su órgano de administración, dirección o vigilancia.

e) Las asociaciones constituidas por las entidades mencionadas en las letras anteriores.

4. Los partidos políticos, en el sentido definido en el artículo 1 de la Ley Orgánica 8/2007, de Financiación de los Partidos Políticos; así como las organizaciones sindicales reguladas en la Ley Orgánica 11/1985, de 2 de agosto, de Libertad Sindical, y las organizaciones empresariales y asociaciones profesionales a las que se refiere la Ley 19/1977, de 1 de abril, sobre regulación del derecho de asociación sindical, además de las fundaciones y asociaciones vinculadas a cualquiera de ellos, cuando cumplan los requisitos para ser poder adjudicador de acuerdo con la letra d) del apartado 3 del presente artículo, y respecto de los contratos sujetos a regulación armonizada deberán actuar conforme a los principios de publicidad, concurrencia, transparencia, igualdad y no discriminación sin perjuicio del respeto a la autonomía de la voluntad y de la confidencialidad cuando sea procedente.

Los sujetos obligados deberán aprobar unas instrucciones internas en materia de contratación que se adecuarán a lo previsto en el párrafo anterior y a la normativa comunitaria, y que deberán ser informadas antes de su aprobación por el órgano al que corresponda su asesoramiento jurídico. Estas instrucciones deberán publicarse en sus respectivas páginas web.

5. Asimismo, quedarán sujetos a esta Ley las Corporaciones de derecho público cuando cumplan los requisitos para ser poder adjudicador de acuerdo con el apartado tercero, letra d) del presente artículo.

Sección 2.ª Negocios y contratos excluidos

Artículo 4. Régimen aplicable a los negocios jurídicos excluidos.

Las relaciones jurídicas, negocios y contratos citados en esta sección quedan excluidos del ámbito de la presente Ley, y se regirán por sus normas especiales, aplicándose los principios de esta Ley para resolver las dudas y lagunas que pudieran presentarse.

Artículo 5. Negocios jurídicos y contratos excluidos en el ámbito de la Defensa y de la Seguridad.

1. Quedan excluidos del ámbito de la presente Ley los convenios incluidos en el ámbito del artículo 346 del Tratado de Funcionamiento de la Unión Europea que se concluyan en el sector de la defensa y la seguridad.

2. Se excluyen, asimismo, del ámbito de la presente Ley los contratos de obras, suministros y servicios que se celebren en el ámbito de la seguridad o de la defensa que estén comprendidos dentro del ámbito de aplicación de la Ley 24/2011, de 1 de agosto, de contratos del sector público en los ámbitos de la defensa y de la seguridad; así como los contratos a los que no resulte de aplicación la citada Ley en virtud de su artículo 7.

Quedan también excluidos los contratos de concesiones de obras y concesiones de servicios, que se celebren en el ámbito de la seguridad y de la defensa, en los que concurra alguna de las circunstancias siguientes:

a) Que sean adjudicados en el marco de un programa de cooperación basado en la investigación y el desarrollo de un nuevo producto y, en su caso, también relacionados con el ciclo de vida del mismo o partes de dicho ciclo, siempre que participen en el programa al menos dos Estados miembros de la Unión Europea.

b) Los que se adjudiquen en un tercer Estado no miembro de la Unión Europea para efectuar compras, incluidas las de carácter civil, cuando las Fuerzas Armadas estén desplegadas fuera del territorio de la Unión y las necesidades operativas hagan necesario que estos contratos se concluyan con empresarios situados en la zona de operaciones. A los efectos de esta Ley, se entenderán incluidos en la zona de operaciones los territorios de influencia de esta y las bases logísticas avanzadas.

c) Las concesiones que se adjudiquen a otro Estado en relación con obras y servicios directamente relacionados con el equipo militar sensible, u obras y servicios específicamente con fines militares, u obras y servicios sensibles.

3. Lo establecido en los dos apartados anteriores se aplicará aún en el supuesto de que parte de las prestaciones correspondientes estén sometidas a la presente Ley, y no se haya optado por adjudicar un contrato separado por cada una de las distintas prestaciones que constituyan el objeto del contrato.

No obstante, constituirá una condición necesaria para la aplicación de lo señalado en el párrafo anterior el hecho de que la opción entre adjudicar un único contrato o varios contratos por separado no se ejerza con el objetivo de excluir el contrato o contratos del ámbito de aplicación de la presente Ley.

4. Quedan excluidos, también, del ámbito de la presente Ley los contratos y convenios que se celebren en los ámbitos de la defensa o de la

seguridad y que deban adjudicarse de conformidad con un procedimiento de contratación específico que haya sido establecido de alguna de las siguientes maneras:

a) En virtud de un acuerdo o convenio internacional celebrado de conformidad con el Tratado de Funcionamiento de la Unión Europea con uno o varios Estados no signatarios de este último, relativo a las obras, suministros o servicios que resulten necesarios para la explotación o el desarrollo conjunto de un proyecto por los Estados firmantes.

b) En virtud de un acuerdo o convenio internacional relativo al estacionamiento de tropas y que se refiera a las empresas de un Estado Miembro de la Unión Europea o de un tercer Estado.

c) En virtud de las normas de contratación establecidas por una organización internacional o por una institución financiera internacional, cuando además los contratos que se adjudiquen estén financiados íntegramente o en su mayor parte por esa institución.

Artículo 6. Convenios y encomiendas de gestión.

1. Quedan excluidos del ámbito de la presente Ley los convenios, cuyo contenido no esté comprendido en el de los contratos regulados en esta Ley o en normas administrativas especiales celebrados entre sí por la Administración General del Estado, las Entidades Gestoras y los Servicios Comunes de la Seguridad Social, las Universidades Públicas, las Comunidades Autónomas y las Ciudades Autónomas de Ceuta y Melilla, las Entidades locales, las entidades con personalidad jurídico pública de ellas dependientes y las entidades con personalidad jurídico privada, siempre que, en este último caso, tengan la condición de poder adjudicador.

Su exclusión queda condicionada al cumplimiento de las siguientes condiciones:

a) Las entidades intervinientes no han de tener vocación de mercado, la cual se presumirá cuando realicen en el mercado abierto un porcentaje igual o superior al 20 por ciento de las actividades objeto de colaboración. Para el cálculo de dicho porcentaje se tomará en consideración el promedio del volumen de negocios total u otro indicador alternativo de actividad apropiado, como los gastos soportados considerados en relación con la prestación que constituya el objeto del convenio en los tres ejercicios anteriores a la adjudicación del contrato. Cuando, debido a la fecha de creación o de inicio de actividad o a la reorganización de las actividades, el volumen de negocios u otro indicador alternativo de actividad apropiado, como los gastos, no estuvieran disponibles respecto de los tres ejercicios anteriores o hubieran perdido su vigencia, será suficiente con demostrar que el cálculo del nivel de actividad se corresponde con la realidad, en especial, mediante proyecciones de negocio.

b) Que el convenio establezca o desarrolle una cooperación entre las entidades participantes con la finalidad de garantizar que los servicios públicos que les incumben se prestan de modo que se logren los objetivos que tienen en común.

c) Que el desarrollo de la cooperación se guíe únicamente por consideraciones relacionadas con el interés público.

2. Estarán también excluidos del ámbito de la presente Ley los convenios que celebren las entidades del sector público con personas físicas o jurídicas sujetas al derecho privado, siempre que su contenido no esté comprendido en el de los contratos regulados en esta Ley o en normas administrativas especiales.

3. Asimismo, quedan excluidas del ámbito de la presente Ley las encomiendas de gestión reguladas en la legislación vigente en materia de régimen jurídico del sector público.

Artículo 7. Negocios jurídicos y contratos excluidos en el ámbito internacional.

1. Se excluyen del ámbito de la presente Ley los acuerdos que celebre el Estado con otros Estados o con otros sujetos de derecho internacional.

2. Estarán también excluidos del ámbito de la presente Ley los contratos que deban adjudicarse de conformidad con un procedimiento de contratación específico que haya sido establecido en virtud de un instrumento jurídico, celebrado de conformidad con el Tratado de Funcionamiento de la Unión Europea con uno o varios Estados no signatarios de este último, que cree obligaciones de derecho internacional relativo a las obras, suministros o servicios que resulten necesarios para la ejecución o la realización conjunta de un proyecto por sus signatarios.

3. Asimismo, quedarán excluidos del ámbito de la presente Ley los contratos que deban adjudicarse de conformidad con un procedimiento de contratación específico que haya sido establecido en virtud de las normas de contratación aprobadas por una organización internacional o por una institución financiera internacional, siempre y cuando estén financiados íntegramente o mayoritariamente por esa institución.

Artículo 8. Negocios y contratos excluidos en el ámbito de la Investigación, el Desarrollo y la Innovación.

Quedan excluidos de la presente Ley los contratos de investigación y desarrollo, excepto aquellos que además de estar incluidos en los códigos CPV 73000000-2 (servicios de investigación y desarrollo y servicios de consultoría conexos); 73100000-3 (servicio de investigación y desarrollo experimental); 73110000-6 (servicios de investigación); 73111000-3 (servicios de laboratorio de investigación); 73112000-0 (servicios de investigación marina); 73120000-9 (servicios de desarrollo experimental); 73300000-5 (diseño y ejecución en materia de investigación y desarrollo); 73420000-2 (estudio de previabilidad y demostración tecnológica) y 73430000-5 (ensayo y evaluación), cumplan las dos condiciones siguientes:

a) Que los beneficios pertenezcan exclusivamente al poder adjudicador para su utilización en el ejercicio de su propia actividad.

b) Que el servicio prestado sea remunerado íntegramente por el poder adjudicador.

Artículo 9. Relaciones jurídicas, negocios y contratos excluidos en el ámbito del dominio público y en el ámbito patrimonial.

1. Se encuentran excluidas de la presente Ley las autorizaciones y concesiones sobre bienes de dominio público y los contratos de explotación de bienes patrimoniales distintos a los definidos en el artículo 14, que se regularán por su legislación específica salvo en los casos en que expresamente se declaren de aplicación las prescripciones de la presente Ley.

2. Quedan, asimismo, excluidos de la presente Ley los contratos de compraventa, donación, permuta, arrendamiento y demás negocios jurídicos análogos sobre bienes inmuebles, valores negociables y propiedades incorporales, a no ser que recaigan sobre programas de ordenador y deban ser calificados como contratos de suministro o servicios, que tendrán siempre el carácter de contratos privados y se regirán por la legislación patrimonial. En estos contratos solo podrán incluirse prestaciones que sean propias de los contratos típicos regulados en la Sección 1.ª del Capítulo II del Título Preliminar, si el valor estimado de las mismas no es superior al 50 por 100 del importe total del negocio y, a su vez, mantienen con la prestación característica del contrato patrimonial relaciones de vinculación y complementariedad en los términos previstos en el artículo 34.2.

Artículo 10. Negocios y contratos excluidos en el ámbito financiero.

Están excluidos del ámbito de la presente Ley los contratos relativos a servicios financieros relacionados con la emisión, compra, venta o transferencia de valores o de otros instrumentos financieros en el sentido de la Directiva 2004/39/CE, del Parlamento Europeo y del Consejo, de 21 de abril de 2004, relativa a los mercados de instrumentos financieros, por la que se modifican las Directivas 85/611/CEE y 93/6/CEE, del Consejo y la Directiva 2000/12/CE, del Parlamento Europeo y del Consejo y se deroga la Directiva 93/22/ CEE, del Consejo. Asimismo quedan excluidos los servicios prestados por el Banco de España y las operaciones realizadas con la Facilidad Europea de Estabilización Financiera y el Mecanismo Europeo de Estabilidad y los contratos de préstamo y operaciones de tesorería, estén o no relacionados con la emisión, venta, compra o transferencia de valores o de otros instrumentos financieros.

Artículo 11. Otros negocios o contratos excluidos.

1. La relación de servicio de los funcionarios públicos y los contratos regulados en la legislación laboral queda excluida del ámbito de la presente Ley.

2. Se excluyen, asimismo, de la presente Ley las relaciones jurídicas consistentes en la prestación de un servicio público cuya utilización por los usuarios requiera el abono de una tarifa, tasa o precio público de aplicación general.

3. Los contratos relativos a servicios de arbitraje y conciliación quedan excluidos de la presente Ley.

4. Asimismo, están excluidos los contratos por los que una entidad del sector público se obligue a entregar bienes o derechos o a prestar algún servicio, sin perjuicio de que el adquirente de los bienes o el receptor de los servicios, si es una entidad del sector público sujeta a esta Ley, deba ajustarse a sus prescripciones para la celebración del correspondiente contrato.

5. Se encuentran, asimismo, excluidos los contratos que tengan por objeto servicios relacionados con campañas políticas, incluidos en los códigos CPV 79341400-0, 92111230-3 y 92111240-6, cuando sean adjudicados por un partido político.

6. Queda excluida de la presente Ley la prestación de servicios sociales por entidades privadas, siempre que esta se realice sin necesidad de celebrar contratos públicos, a través, entre otros medios, de la simple financiación de estos servicios o la concesión de licencias o autorizaciones a todas las entidades que cumplan las condiciones previamente fijadas por el poder adjudicador, sin límites ni cuotas, y que dicho sistema garantice una publicidad suficiente y se ajuste a los principios de transparencia y no discriminación.

CAPÍTULO II Contratos del sector público

Sección 1.ª Delimitación de los tipos contractuales

Artículo 12. Calificación de los contratos.

1. Los contratos de obras, concesión de obras, concesión de servicios, suministro y servicios que celebren las entidades pertenecientes al sector público se calificarán de acuerdo con las normas contenidas en la presente sección.

2. Los restantes contratos del sector público se calificarán según las normas de derecho administrativo o de derecho privado que les sean de aplicación.

Artículo 13. Contrato de obras.

1. Son contratos de obras aquellos que tienen por objeto uno de los siguientes:

a) La ejecución de una obra, aislada o conjuntamente con la redacción del proyecto, o la realización de alguno de los trabajos enumerados en el Anexo I.

b) La realización, por cualquier medio, de una obra que cumpla los requisitos fijados por la entidad del sector público contratante que ejerza una influencia decisiva en el tipo o el proyecto de la obra.

2. Por «obra» se entenderá el resultado de un conjunto de trabajos de construcción o de ingeniería civil, destinado a cumplir por sí mismo una función económica o técnica, que tenga por objeto un bien inmueble.

También se considerará «obra» la realización de trabajos que modifiquen la forma o sustancia del terreno o de su vuelo, o de mejora del medio físico o natural.

3. Los contratos de obras se referirán a una obra completa, entendiendo por esta la susceptible de ser entregada al uso general o al servicio correspondiente, sin perjuicio de las ampliaciones de que posteriormente pueda ser objeto y comprenderá todos y cada uno de los elementos que sean precisos para la utilización de la obra.

No obstante lo anterior, podrán contratarse obras definidas mediante proyectos independientes relativos a cada una de las partes de una obra completa, siempre que estas sean susceptibles de utilización independiente, en el sentido del uso general o del servicio, o puedan ser sustancialmente definidas y preceda autorización administrativa del órgano de contratación que funde la conveniencia de la referida contratación.

Se podrán celebrar contratos de obras sin referirse a una obra completa en los supuestos previstos en el apartado 4 del artículo 30 de la presente Ley cuando la responsabilidad de la obra completa corresponda a la Administración por tratarse de un supuesto de ejecución de obras por la propia Administración Pública.

Artículo 14. Contrato de concesión de obras.

1. La concesión de obras es un contrato que tiene por objeto la realización por el concesionario de algunas de las prestaciones a que se refiere el artículo anterior, incluidas las de restauración y reparación de construcciones existentes, así como la conservación y mantenimiento de los elementos construidos, y en el que la contraprestación a favor de aquel consiste, o bien únicamente en el derecho a explotar la obra en el sentido del apartado cuarto siguiente, o bien en dicho derecho acompañado del de percibir un precio.

2. El contrato podrá comprender, además, el siguiente contenido:

a) La adecuación, reforma y modernización de la obra para adaptarla a las características técnicas y funcionales requeridas para la correcta prestación de los servicios o la realización de las actividades económicas a las que sirve de soporte material.

b) Las actuaciones de reposición y gran reparación que sean exigibles en relación con los elementos que ha de reunir cada una de las obras para mantenerse apta a fin de que los servicios y actividades a los que aquellas sirven puedan ser desarrollados adecuadamente de acuerdo con las exigencias económicas y las demandas sociales.

3. El contrato de concesión de obras podrá también prever que el concesionario esté obligado a proyectar, ejecutar, conservar, reponer y reparar aquellas obras que sean accesorias o estén vinculadas con la principal y que sean necesarias para que esta cumpla la finalidad determinante de su construcción y que permitan su mejor funcionamiento y explotación, así como a efectuar las actuaciones ambientales relacionadas con las mismas que en ellos se prevean. En el supuesto de que las obras vinculadas o accesorias puedan ser objeto de explotación o aprovechamiento económico, estos corresponderán al concesionario conjuntamente con la explotación de la obra principal, en la forma determinada por los pliegos respectivos.

4. El derecho de explotación de las obras, a que se refiere el apartado primero de este artículo, deberá implicar la transferencia al concesionario de un riesgo operacional en la explotación de dichas obras abarcando el riesgo de demanda o el de suministro, o ambos. Se entiende por riesgo de demanda el que se debe a la demanda real de las obras o servicios objeto del contrato y riesgo de suministro el relativo al suministro de las obras o servicios objeto del contrato, en particular el riesgo de que la prestación de los servicios no se ajuste a la demanda.

Se considerará que el concesionario asume un riesgo operacional cuando no esté garantizado que, en condiciones normales de funcionamiento, el mismo vaya a recuperar las inversiones realizadas ni a cubrir los costes en que hubiera incurrido como consecuencia de la explotación de las obras que sean objeto de la concesión. La parte de los riesgos transferidos al concesionario debe suponer una exposición real a las incertidumbres del mercado que implique que cualquier pérdida potencial estimada en que incurra el concesionario no es meramente nominal o desdeñable.

Artículo 15. Contrato de concesión de servicios.

1. El contrato de concesión de servicios es aquel en cuya virtud uno o varios poderes adjudicadores encomiendan a título oneroso a una o varias personas, naturales o jurídicas, la gestión de un servicio cuya prestación sea de su titularidad o competencia, y cuya contrapartida venga constituida bien por el derecho a explotar los servicios objeto del contrato o bien por dicho derecho acompañado del de percibir un precio.

2. El derecho de explotación de los servicios implicará la transferencia al concesionario del riesgo operacional, en los términos señalados en el apartado cuarto del artículo anterior.

Artículo 16. Contrato de suministro.

1. Son contratos de suministro los que tienen por objeto la adquisición, el arrendamiento financiero, o el arrendamiento, con o sin opción de compra, de productos o bienes muebles.

2. Sin perjuicio de lo dispuesto en la letra b) del apartado 3 de este artículo respecto de los contratos que tengan por objeto programas de ordenador, no tendrán la consideración de contrato de suministro los contratos relativos a propiedades incorporales o valores negociables.

3. En todo caso, se considerarán contratos de suministro los siguientes:

a) Aquellos en los que el empresario se obligue a entregar una pluralidad de bienes de forma sucesiva y por precio unitario sin que la cuantía total se defina con exactitud al tiempo de celebrar el contrato, por estar subordinadas las entregas a las necesidades del adquirente.

b) Los que tengan por objeto la adquisición y el arrendamiento de equipos y sistemas de telecomunicaciones o para el tratamiento de la información, sus dispositivos y programas, y la cesión del derecho de uso de estos últimos, en cualquiera de sus modalidades de puesta a disposición, a excepción de los contratos de adquisición de programas de ordenador desarrollados a medida, que se considerarán contratos de servicios.

c) Los de fabricación, por los que la cosa o cosas que hayan de ser entregadas por el empresario deban ser elaboradas con arreglo a características peculiares fijadas previamente por la entidad contratante, aun cuando esta se obligue a aportar, total o parcialmente, los materiales precisos.

d) Los que tengan por objeto la adquisición de energía primaria o energía transformada.

Artículo 17. Contrato de servicios.

Son contratos de servicios aquellos cuyo objeto son prestaciones de hacer consistentes en el desarrollo de una actividad o dirigidas a la obtención de un resultado distinto de una obra o suministro, incluyendo aquellos en que el adjudicatario se obligue a ejecutar el servicio de forma sucesiva y por precio unitario.

No podrán ser objeto de estos contratos los servicios que impliquen ejercicio de la autoridad inherente a los poderes públicos.

Artículo 18. Contratos mixtos.

1. Se entenderá por contrato mixto aquel que contenga prestaciones correspondientes a otro u otros de distinta clase.

Únicamente podrán celebrarse contratos mixtos en las condiciones establecidas en el artículo 34.2 de la presente Ley.

El régimen jurídico de la preparación y adjudicación de los contratos mixtos se determinará de conformidad con lo establecido en este artículo; y el de sus efectos, cumplimiento y extinción se determinará de acuerdo con lo dispuesto en el artículo 122.2.

Para la determinación de las normas que regirán la adjudicación de los contratos mixtos cuyo objeto contenga prestaciones de varios contratos regulados en esta Ley, se estará a las siguientes reglas:

a) Cuando un contrato mixto comprenda prestaciones propias de dos o más contratos de obras, suministros o servicios se atenderá al carácter de la prestación principal.

En el caso de los contratos mixtos que comprendan en parte servicios especiales del anexo IV, y en parte otros servicios, o en el caso de los contratos mixtos compuestos en parte por servicios y en parte por suministros, el objeto principal se determinará en función de cuál sea el mayor de los valores estimados de los respectivos servicios o suministros.

b) Cuando el contrato mixto contenga prestaciones de los contratos de obras, suministros o servicios, por una parte, y contratos de concesiones de obra o concesiones de servicios, de otra, se actuará del siguiente modo:

1.º Si las distintas prestaciones no son separables se atenderá al carácter de la prestación principal.

2.º Si las distintas prestaciones son separables y se decide adjudicar un contrato único, se aplicarán las normas relativas a los contratos de obras, suministros o servicios cuando el valor estimado de las prestaciones correspondientes a estos contratos supere las cuantías establecidas en los artículos 20, 21 y 22 de la presente Ley, respectivamente. En otro caso, se aplicarán las normas relativas a los contratos de concesión de obras y concesión de servicios.

2. Cuando el contrato mixto contemple prestaciones de contratos regulados en esta Ley con prestaciones de otros contratos distintos de los regulados en la misma, para determinar las normas aplicables a su adjudicación se atenderá a las siguientes reglas:

a) Si las distintas prestaciones no son separables se atenderá al carácter de la prestación principal.

b) Si las prestaciones son separables y se decide celebrar un único contrato, se aplicará lo dispuesto en esta Ley.

3. No obstante lo establecido en el apartado 1, en los casos en que un elemento del contrato mixto sea una obra y esta supere los 50.000 euros, deberá elaborarse un proyecto y tramitarse de conformidad con los artículos 231 y siguientes de la presente Ley.

En el supuesto de que el contrato mixto contenga elementos de una concesión de obras o de una concesión de servicios, deberá acompañarse del correspondiente estudio de viabilidad y, en su caso, del anteproyecto de construcción y explotación de las obras previstos en los artículos 247, 248 y 285 de la presente Ley.

Sección 2.ª Contratos sujetos a una regulación armonizada

Artículo 19. Delimitación general.

1. Son contratos sujetos a una regulación armonizada los contratos de obras, los de concesión de obras, los de concesión de servicios, los de suministro, y los de servicios, cuyo valor estimado, calculado conforme a las reglas que se establecen en el artículo 101, sea igual o superior a las cuantías que se indican en los artículos siguientes, siempre que la entidad contratante tenga el carácter de poder adjudicador. Tendrán también la consideración de contratos sujetos a regulación armonizada los contratos subvencionados por estas entidades a los que se refiere el artículo 23.

2. No obstante lo señalado en el apartado anterior, no se consideran sujetos a regulación armonizada, cualquiera que sea su valor estimado, los contratos siguientes:

a) Los que tengan por objeto la adquisición, el desarrollo, la producción o la coproducción de programas destinados a servicios de comunicación audiovisual o servicios de comunicación radiofónica, que sean adjudicados por proveedores del servicio de comunicación audiovisual o radiofónica, o los relativos al tiempo de radiodifusión o al suministro de programas que sean adjudicados a proveedores del servicio de comunicación audiovisual o radiofónica. A efectos de la presente letra, por «servicio de comunicación audiovisual» y «proveedor del servicio de comunicación» se entenderá, respectivamente, lo mismo que en el artículo 1, apartado 1, letras a) y d), de la Directiva 2010/13/UE, del Parlamento Europeo y del Consejo, de 10 de marzo de 2010, sobre la coordinación de determinadas disposiciones legales, reglamentarias y administrativas de los Estados miembros relativas a la prestación de servicios de comunicación audiovisual. Por «programa» se entenderá lo mismo que en el artículo 1, apartado 1, letra b), de dicha Directiva, si bien se incluirán también los programas radiofónicos y los contenidos de los programas radiofónicos. Además, a efectos de la presente disposición, «contenidos del programa» tendrá el mismo significado que «programa».

b) Los incluidos dentro del ámbito definido por el artículo 346 del Tratado de Funcionamiento de la Unión Europea que se concluyan en el sector de la defensa.

c) Los declarados secretos o reservados, o aquellos cuya ejecución deba ir acompañada de medidas de seguridad especiales conforme a la legislación vigente, o en los que lo exija la protección de intereses esenciales para la seguridad del Estado, cuando la protección de los intereses esenciales de que se trate no pueda garantizarse mediante la aplicación de las normas que rigen los contratos sujetos a regulación armonizada en esta Ley.

La declaración de que concurre la circunstancia relativa a la protección de intereses esenciales para la seguridad del Estado deberá hacerse de forma expresa en cada caso por el titular del Departamento ministerial del que dependa el órgano de contratación en el ámbito de la Administración General del Estado, sus Organismos Autónomos, Entidades Gestoras y Servicios Comunes de la Seguridad Social y demás entidades públicas integrantes del sector público estatal, por el órgano competente de las Comunidades Autónomas, de las Ciudades Autónomas de Ceuta y Melilla, o por el órgano al que esté atribuida la competencia para celebrar el correspondiente contrato en las Entidades locales. La competencia para efectuar esta declaración no será susceptible de delegación, salvo que una ley expresamente lo autorice.

d) Aquellos cuyo objeto principal sea permitir a los órganos de contratación la puesta a disposición o la explotación de redes públicas de comunicaciones o la prestación al público de uno o varios servicios de comunicaciones electrónicas. A efectos del presente apartado «red pública de comunicaciones» y «servicio de comunicaciones electrónicas» tendrán el mismo significado que el que figura en la Directiva 2002/21/CE, del Parlamento Europeo y del Consejo, de 7 de marzo de 2002, relativa a un marco regulador común de las redes y los servicios de comunicaciones electrónicas.

e) Aquellos que tengan por objeto cualquiera de los siguientes servicios jurídicos:

1.º La representación y defensa legal de un cliente por un procurador o un abogado, ya sea en un arbitraje o una conciliación celebrada en un Estado o ante una instancia internacional de conciliación o arbitraje, o ya sea en un procedimiento judicial ante los órganos jurisdiccionales o las autoridades públicas de un Estado o ante órganos jurisdiccionales o instituciones internacionales.

2.º El asesoramiento jurídico prestado como preparación de uno de los procedimientos mencionados en el apartado anterior de la presente letra, o cuando exista una probabilidad alta de que el asunto sobre el que se asesora será objeto de dichos procedimientos, siempre que el asesoramiento lo preste un abogado.

3.º Los servicios de certificación y autenticación de documentos que deban ser prestados por un notario público.

4.º Los servicios jurídicos prestados por administradores, tutores u otros servicios jurídicos cuyos prestadores sean designados por un órgano jurisdiccional o designados por ley para desempeñar funciones específicas bajo la supervisión de dichos órganos jurisdiccionales.

5.º Otros servicios jurídicos que estén relacionados, incluso de forma ocasional, con el ejercicio del poder público.

f) Los que tengan por objeto servicios de defensa civil, protección civil y prevención de riesgos laborales prestados por organizaciones o asociaciones sin ánimo de lucro e incluidos en los siguientes códigos CPV: 75250000-3, 75251000-0, 75251100-1, 75251110-4, 75251120-7, 75252000-7, 75222000- 8; 98113100-9; 85143000-3, salvo los servicios de transporte en ambulancia de pacientes.

g) Los que tengan por objeto servicios públicos de transporte de viajeros por ferrocarril o en metro, así como las concesiones de servicios de transporte de viajeros, sin perjuicio de la aplicación del Reglamento (UE) n.º 1370/2007, del Parlamento Europeo y del Consejo, de 23 de octubre de 2007, sobre los servicios públicos de transporte de viajeros por ferrocarril y carretera y por el que se derogan los Reglamentos (CEE) n. 1191/69 y (CEE) n.º 1107/70 del Consejo.

h) Los contratos de concesión adjudicados para:

1.º La puesta a disposición o la explotación de redes fijas destinadas a prestar un servicio al público en relación con la producción, el transporte o la distribución de agua potable;

2.º El suministro de agua potable a dichas redes.

Asimismo, tampoco se considerarán sujetos a regulación armonizada los contratos de concesión que se refieran a uno de los objetos siguientes o a ambos que estén relacionadas con una de las actividades contempladas en los números 1.º y 2.º anteriores:

I. Proyectos de ingeniería hidráulica, irrigación o drenaje, siempre que el volumen de agua destinado al abastecimiento de agua potable represente más del 20 por ciento del volumen total de agua disponible gracias a dichos proyectos o a dichas instalaciones de irrigación o drenaje, o

II. Eliminación o tratamiento de aguas residuales.

Artículo 20. Contratos de obras, de concesión de obras y de concesión de servicios sujetos a una regulación armonizada: Umbral.

1. Están sujetos a regulación armonizada los contratos de obras, de concesión de obras y de concesión de servicios cuyo valor estimado sea igual o superior a 5.548.000 euros.

2. En el supuesto previsto en el artículo 101.12 relativo al cálculo del valor estimado en los contratos de obras que se adjudiquen por lotes separados, cuando el valor acumulado de los lotes en que se divida la obra iguale o supere la cantidad indicada en el apartado anterior, se aplicarán las normas de la regulación armonizada a la adjudicación de cada lote.

No obstante lo dispuesto en el párrafo anterior, los órganos de contratación podrán exceptuar de estas normas a los lotes cuyo valor estimado sea inferior a un millón de euros, siempre que el importe acumulado de los lotes exceptuados no sobrepase el 20 por 100 del valor acumulado de la totalidad de los mismos.

Artículo 21. Contratos de suministro sujetos a una regulación armonizada: Umbral.

1. Están sujetos a regulación armonizada los contratos de suministro cuyo valor estimado sea igual o superior a las siguientes cantidades:

a) 144.000 euros, cuando se trate de contratos adjudicados por la Administración General del Estado, sus Organismos Autónomos, o las Entidades Gestoras y Servicios Comunes de la Seguridad Social. No obstante, cuando los contratos se adjudiquen por órganos de contratación que pertenezcan al sector de la defensa, este umbral solo se aplicará respecto de los contratos de suministro que tengan por objeto los productos enumerados en el anexo II.

b) 221.000 euros, cuando se trate de contratos de suministro distintos, por razón del sujeto contratante o por razón de su objeto, de los contemplados en la letra anterior.

2. En el supuesto previsto en el artículo 101.12 relativo al cálculo del valor estimado en los contratos que se adjudiquen por lotes separados, cuando el valor acumulado de los lotes en que se divida el suministro iguale o supere las cantidades indicadas en el apartado anterior, se aplicarán las normas de la regulación armonizada a la adjudicación de cada lote. No obstante, los órganos de contratación podrán exceptuar de estas normas a los lotes cuyo valor estimado sea inferior a 80.000 euros, siempre que el importe acumulado de los lotes exceptuados no sobrepase el 20 por 100 del valor acumulado de la totalidad de los mismos.

Artículo 22. Contratos de servicios sujetos a una regulación armonizada: umbral.

1. Están sujetos a regulación armonizada los contratos de servicios cuyo valor estimado sea igual o superior a las siguientes cantidades:

a) 144.000 euros, cuando los contratos hayan de ser adjudicados por la Administración General del Estado, sus Organismos Autónomos, o las Entidades Gestoras y Servicios Comunes de la Seguridad Social.

b) 221.000 euros, cuando los contratos hayan de adjudicarse por entidades del sector público distintas a la Administración General del Estado, sus Organismos Autónomos o las Entidades Gestoras y Servicios Comunes de la Seguridad Social.

c) 750.000 euros, cuando se trate de contratos que tengan por objeto los servicios sociales y otros servicios específicos enumerados en el anexo IV.

2. En el supuesto previsto en el artículo 101.12 relativo al cálculo del valor estimado en los contratos que se adjudiquen por lotes separados, cuando el valor acumulado de los lotes en que se divida la contratación de servicios iguale o supere los importes indicados en el apartado anterior, se aplicarán las normas de la regulación armonizada a la adjudicación de cada lote. No obstante, los órganos de contratación podrán exceptuar de estas normas a los lotes cuyo valor estimado sea inferior a 80.000 euros, siempre que el importe acumulado de los lotes exceptuados no sobrepase el 20 por 100 del valor acumulado de la totalidad de los mismos.

Artículo 23. Contratos subvencionados sujetos a una regulación armonizada.

1. Son contratos subvencionados sujetos a una regulación armonizada los contratos de obras y los contratos de servicios definidos conforme a lo previsto en los artículos 13 y 17, respectivamente, que sean subvencionados, de forma directa y en más de un 50 por 100 de su importe, por entidades

que tengan la consideración de poderes adjudicadores, siempre que pertenezcan a alguna de las categorías siguientes:

a) Contratos de obras que tengan por objeto actividades de ingeniería civil de la sección F, división 45, grupo 45.2 de la Nomenclatura General de Actividades Económicas de las Comunidades Europeas (NACE), o la construcción de hospitales, centros deportivos, recreativos o de ocio, edificios escolares o universitarios y edificios de uso administrativo, siempre que su valor estimado sea igual o superior a 5.548.000 euros.

b) Contratos de servicios vinculados a un contrato de obras de los definidos en la letra a), cuyo valor estimado sea igual o superior a 221.000 euros.

2. Las normas previstas para los contratos subvencionados se aplicarán a aquellos celebrados por particulares o por entidades del sector público que no tengan la consideración de poderes adjudicadores, en conjunción, en este último caso, con las establecidas en el Título II del Libro Tercero de esta Ley. Cuando el contrato subvencionado se adjudique por entidades del sector público que tengan la consideración de poder adjudicador, se aplicarán las normas de contratación previstas para estas entidades, de acuerdo con su naturaleza, salvo la relativa a la determinación de la competencia para resolver el recurso especial en materia de contratación y para adoptar medidas cautelares en el procedimiento de adjudicación, que se regirá, en todo caso, por la regla establecida en el apartado 2 del artículo 47.

Sección 3.ª Contratos administrativos y contratos privados

Artículo 24. Régimen jurídico aplicable a los contratos del sector público.

Los contratos del sector público podrán estar sometidos a un régimen jurídico de derecho administrativo o de derecho privado.

Artículo 25. Contratos administrativos.

1. Tendrán carácter administrativo los contratos siguientes, siempre que se celebren por una Administración Pública:

a) Los contratos de obra, concesión de obra, concesión de servicios, suministro y servicios. No obstante, tendrán carácter privado los siguientes contratos:

1.º Los contratos de servicios que tengan por objeto servicios financieros con número de referencia CPV de 66100000-1 a 66720000-3 y los que tengan por objeto la creación e interpretación artística y literaria y los de espectáculos con número de referencia CPV de 79995000-5 a

79995200-7, y de 92000000-1 a 92700000-8, excepto 92230000-2, 92231000-9 y 92232000-6.

2.º Aquellos cuyo objeto sea la suscripción a revistas, publicaciones periódicas y bases de datos.

b) Los contratos declarados así expresamente por una Ley, y aquellos otros de objeto distinto a los expresados en la letra anterior, pero que tengan naturaleza administrativa especial por estar vinculados al giro o tráfico específico de la Administración contratante o por satisfacer de forma directa o inmediata una finalidad pública de la específica competencia de aquella.

2. Los contratos administrativos se regirán, en cuanto a su preparación, adjudicación, efectos, modificación y extinción, por esta Ley y sus disposiciones de desarrollo; supletoriamente se aplicarán las restantes normas de derecho administrativo y, en su defecto, las normas de derecho privado. No obstante, a los contratos administrativos especiales a que se refiere la letra b) del apartado anterior les serán de aplicación, en primer término, sus normas específicas.

Artículo 26. Contratos privados.

1. Tendrán la consideración de contratos privados:

a) Los que celebren las Administraciones Públicas cuyo objeto sea distinto de los referidos en las letras a) y b) del apartado primero del artículo anterior.

b) Los celebrados por entidades del sector público que siendo poder adjudicador no reúnan la condición de Administraciones Públicas.

c) Los celebrados por entidades del sector público que no reúnan la condición de poder adjudicador.

2. Los contratos privados que celebren las Administraciones Públicas se regirán, en cuanto a su preparación y adjudicación, en defecto de normas específicas, por las Secciones 1.ª y 2.ª del Capítulo I del Título I del Libro Segundo de la presente Ley con carácter general, y por sus disposiciones de desarrollo, aplicándose supletoriamente las restantes normas de derecho administrativo o, en su caso, las normas de derecho privado, según corresponda por razón del sujeto o entidad contratante. En lo que respecta a su efectos, modificación y extinción, estos contratos se regirán por el derecho privado.

No obstante lo establecido en el párrafo anterior, a los contratos mencionados en los números 1.º y 2.º de la letra a) del apartado primero del artículo anterior, les resultarán de aplicación, además del Libro Primero de la presente Ley, el Libro Segundo de la misma en cuanto a su preparación y adjudicación. En cuanto a sus efectos y extinción les serán aplicables las normas de derecho privado, salvo lo establecido en los artículos de esta Ley relativos a las condiciones especiales de ejecución, modificación, cesión, subcontratación y resolución de los contratos, que les serán de aplicación cuando el contrato esté sujeto a regulación armonizada.

3. Los contratos privados que celebren los poderes adjudicadores que no pertenezcan a la categoría de Administraciones Públicas mencionados en la letra b) del apartado primero del presente artículo, cuyo objeto esté comprendido en el ámbito de la presente Ley, se regirán por lo dispuesto en el Título I del Libro Tercero de la misma, en cuanto a su preparación y adjudicación.

En cuanto a sus efectos y extinción les serán aplicables las normas de derecho privado, y aquellas normas a las que se refiere el párrafo primero del artículo 319 en materia medioambiental, social o laboral, de condiciones especiales de ejecución, de modificación del contrato, de cesión y subcontratación, de racionalización técnica de la contratación; y la causa de resolución del contrato referida a la imposibilidad de ejecutar la prestación en los términos inicialmente pactados, cuando no sea posible modificar el contrato conforme a los artículos 204 y 205.

4. Los contratos que celebren las Entidades del Sector Público que no posean la condición de poder adjudicador, se regirán por lo dispuesto en los artículos 321 y 322.

En lo que se refiere a sus efectos, modificación y extinción se regularán por las normas de derecho privado que les resulten de aplicación.

Artículo 27. Jurisdicción competente.

1. Serán competencia del orden jurisdiccional contencioso-administrativo las siguientes cuestiones:

a) Las relativas a la preparación, adjudicación, efectos, modificación y extinción de los contratos administrativos.

b) Las que se susciten en relación con la preparación y adjudicación de los contratos privados de las Administraciones Públicas.

Adicionalmente, respecto de los contratos referidos en los números 1.º y 2.º de la letra a) del apartado primero del artículo 25 de la presente Ley que estén sujetos a regulación armonizada, las impugnaciones de las modificaciones basadas en el incumplimiento de lo establecido en los artículos 204 y 205 de la presente Ley, por entender que la modificación debió ser objeto de una nueva adjudicación.

c) Las referidas a la preparación, adjudicación y modificaciones contractuales, cuando la impugnación de estas últimas se base en el incumplimiento de lo establecido en los artículos 204 y 205 de la presente Ley, cuando se entienda que dicha modificación debió ser objeto de una nueva adjudicación de los contratos celebrados por los poderes adjudicadores que no tengan la consideración de Administración Pública.

d) Las relativas a la preparación y adjudicación de los contratos de entidades del sector público que no tengan el carácter de poderes adjudicadores.

e) Los recursos interpuestos contra las resoluciones que se dicten por los órganos administrativos de resolución de los recursos previstos en el artículo 44 de esta Ley, así como en el artículo 321.5.

f) Las cuestiones que se susciten en relación con la preparación, adjudicación y modificación de los contratos subvencionados a que se refiere el artículo 23 de la presente Ley.

2. El orden jurisdiccional civil será el competente para resolver:

a) Las controversias que se susciten entre las partes en relación con los efectos y extinción de los contratos privados de las entidades que tengan la consideración de poderes adjudicadores, sean o no Administraciones Públicas, con excepción de las modificaciones contractuales citadas en las letras b) y c) del apartado anterior.

b) De las cuestiones referidas a efectos y extinción de los contratos que celebren las entidades del sector público que no tengan el carácter de poderes adjudicadores.

c) El conocimiento de las cuestiones litigiosas relativas a la financiación privada del contrato de concesión de obra pública o de concesión de servicios, salvo en lo relativo a las actuaciones en ejercicio de las obligaciones y potestades administrativas que, con arreglo a lo dispuesto en esta Ley, se atribuyen a la Administración concedente, y en las que será competente el orden jurisdiccional contencioso-administrativo.

LIBRO PRIMERO CONFIGURACIÓN GENERAL DE LA CONTRATACIÓN DEL SECTOR PÚBLICO Y ELEMENTOS ESTRUCTURALES DE LOS CONTRATOS

TÍTULO I Disposiciones generales sobre la contratación del sector público

CAPÍTULO I Racionalidad y consistencia de la contratación del sector público

Artículo 28. Necesidad e idoneidad del contrato y eficiencia en la contratación.

1. Las entidades del sector público no podrán celebrar otros contratos que aquellos que sean necesarios para el cumplimiento y realización de sus fines institucionales. A tal efecto, la naturaleza y extensión de las necesidades que pretenden cubrirse mediante el contrato proyectado, así

como la idoneidad de su objeto y contenido para satisfacerlas, cuando se adjudique por un procedimiento abierto, restringido o negociado sin publicidad, deben ser determinadas con precisión, dejando constancia de ello en la documentación preparatoria, antes de iniciar el procedimiento encaminado a su adjudicación.

2. Las entidades del sector público velarán por la eficiencia y el mantenimiento de los términos acordados en la ejecución de los procesos de contratación pública, favorecerán la agilización de trámites, valorarán la incorporación de consideraciones sociales, medioambientales y de innovación como aspectos positivos en los procedimientos de contratación pública y promoverán la participación de la pequeña y mediana empresa y el acceso sin coste a la información, en los términos previstos en la presente Ley.

3. De acuerdo con los principios de necesidad, idoneidad y eficiencia establecidos en este artículo, las entidades del sector público podrán, previo cumplimiento de los requisitos legalmente establecidos, celebrar contratos derivados de proyectos promovidos por la iniciativa privada, en particular con respecto a los contratos de concesión de obras y concesión de servicios, incluidos en su modalidad de sociedad de economía mixta.

4. Las entidades del sector público programarán la actividad de contratación pública, que desarrollarán en un ejercicio presupuestario o períodos plurianuales y darán a conocer su plan de contratación anticipadamente mediante un anuncio de información previa previsto en el artículo 134 que al menos recoja aquellos contratos que quedarán sujetos a una regulación armonizada.

Artículo 29. Plazo de duración de los contratos y de ejecución de la prestación.

1. La duración de los contratos del sector público deberá establecerse teniendo en cuenta la naturaleza de las prestaciones, las características de su financiación y la necesidad de someter periódicamente a concurrencia la realización de las mismas, sin perjuicio de las normas especiales aplicables a determinados contratos.

2. El contrato podrá prever una o varias prórrogas siempre que sus características permanezcan inalterables durante el período de duración de estas, sin perjuicio de las modificaciones que se puedan introducir de conformidad con lo establecido en los artículos 203 a 207 de la presente Ley.

La prórroga se acordará por el órgano de contratación y será obligatoria para el empresario, siempre que su preaviso se produzca al menos con dos meses de antelación a la finalización del plazo de duración del contrato, salvo que en el pliego que rija el contrato se establezca uno mayor. Quedan exceptuados de la obligación de preaviso los contratos cuya duración fuera inferior a dos meses.

En ningún caso podrá producirse la prórroga por el consentimiento tácito de las partes.

La prórroga del contrato establecida en este apartado no será obligatoria para el contratista en los casos en que en el contrato se dé la causa de resolución establecida en el artículo 198.6 por haberse demorado la Administración en el abono del precio más de seis meses.

3. Cuando se produzca demora en la ejecución de la prestación por parte del empresario, el órgano de contratación podrá conceder una ampliación del plazo de ejecución, sin perjuicio de las penalidades que en su caso procedan, resultando aplicables en el caso de los contratos administrativos lo previsto en los artículos 192 y siguientes de esta Ley.

4. Los contratos de suministros y de servicios de prestación sucesiva tendrán un plazo máximo de duración de cinco años, incluyendo las posibles prórrogas que en aplicación del apartado segundo de este artículo acuerde el órgano de contratación, respetando las condiciones y límites establecidos en las respectivas normas presupuestarias que sean aplicables al ente contratante.

Excepcionalmente, en los contratos de servicios se podrá establecer un plazo de duración superior al establecido en el párrafo anterior, cuando lo exija el período de recuperación de las inversiones directamente relacionadas con el contrato y estas no sean susceptibles de utilizarse en el resto de la actividad productiva del contratista o su utilización fuera antieconómica, siempre que la amortización de dichas inversiones sea un coste relevante en la prestación del servicio, circunstancias que deberán ser justificadas en el expediente de contratación con indicación de las inversiones a las que se refiera y de su período de recuperación. El concepto de coste relevante en la prestación del servicio será objeto de desarrollo reglamentario.

El contrato de servicios de mantenimiento que se concierte conjuntamente con el de la compra del bien a mantener, cuando dicho mantenimiento solo pueda ser prestado por razones de exclusividad por la empresa que suministró dicho bien, podrá tener como plazo de duración el de la vida útil del producto adquirido.

Asimismo podrá establecerse en los contratos de servicios relativos a los servicios a las personas un plazo de duración mayor cuando ello fuera necesario para la continuidad de aquellos tratamientos a los usuarios en los que el cambio del prestador pudiera repercutir negativamente.

No obstante lo establecido en los apartados anteriores, cuando al vencimiento de un contrato no se hubiera formalizado el nuevo contrato que garantice la continuidad de la prestación a realizar por el contratista como consecuencia de incidencias resultantes de acontecimientos imprevisibles para el órgano de contratación producidas en el procedimiento de adjudicación y existan razones de interés público para no interrumpir la prestación, se podrá prorrogar el contrato originario hasta que comience la ejecución del nuevo contrato y en todo caso por un periodo máximo de nueve meses, sin modificar las restantes condiciones del contrato, siempre que el anuncio de licitación del nuevo contrato se haya publicado con una antelación mínima de tres meses respecto de la fecha de finalización del contrato originario.

5. La duración de los contratos de arrendamiento de bienes muebles no podrá exceder, incluyendo las posibles prórrogas que en aplicación del apartado segundo de este artículo acuerde el órgano de contratación, de cinco años.

6. Los contratos de concesión de obras y de concesión de servicios tendrán un plazo de duración limitado, el cual se calculará en función de las obras y de los servicios que constituyan su objeto y se hará constar en el pliego de cláusulas administrativas particulares.

Si la concesión de obras o de servicios sobrepasara el plazo de cinco años, la duración máxima de la misma no podrá exceder del tiempo que se calcule razonable para que el concesionario recupere las inversiones realizadas para la explotación de las obras o servicios, junto con un rendimiento sobre el capital invertido, teniendo en cuenta las inversiones necesarias para alcanzar los objetivos contractuales específicos.

Las inversiones que se tengan en cuenta a efectos del cálculo incluirán tanto las inversiones iniciales como las realizadas durante la vida de la concesión.

En cualquier caso, la duración de los contratos de concesión de obras o de concesión de servicios a la que se refiere el segundo párrafo del presente apartado, no podrá exceder, incluyendo las posibles prórrogas, de:

a) Cuarenta años para los contratos de concesión de obras, y de concesión de servicios que comprendan la ejecución de obras y la explotación de servicio.

b) Veinticinco años en los contratos de concesión de servicios que comprendan la explotación de un servicio no relacionado con la prestación de servicios sanitarios.

c) Diez años en los contratos de concesión de servicios que comprendan la explotación de un servicio cuyo objeto consista en la prestación de servicios sanitarios siempre que no estén comprendidos en la letra a).

Los plazos fijados en los pliegos de condiciones solo podrán ser ampliados en un 15 por ciento de su duración inicial para restablecer el equilibrio económico del contrato en las circunstancias previstas en los artículos 270 y 290.

No se tendrán en cuenta a efectos del cómputo del plazo de duración de la concesión y del establecido para la ejecución de las obras aquellos períodos en los que estas deban suspenderse por una causa imputable a la Administración concedente o debida a fuerza mayor. Si el concesionario fuera responsable del retraso en la ejecución de las obras se estará a lo dispuesto en el régimen de penalidades contenido en el pliego de cláusulas administrativas particulares y en esta Ley, sin que haya lugar a la ampliación del plazo de la concesión.

7. No obstante lo dispuesto anteriormente, los contratos de servicios que sean complementarios de otros contratos de obras o de suministro podrán tener un plazo de vigencia superior al señalado en el apartado 4 que, en ningún caso, excederá del plazo de duración del contrato principal, salvo en los contratos que comprendan trabajos relacionados con la liquidación del contrato principal, cuyo plazo final excederá al del mismo en el tiempo necesario para realizarlos. La iniciación del contrato complementario a que se refiere este apartado quedará en suspenso, salvo causa justificada derivada de su objeto y contenido, hasta que comience la ejecución del correspondiente contrato principal.

Ha de entenderse por contratos complementarios aquellos que tienen una relación de dependencia respecto de otro, el principal, y cuyo objeto se considere necesario para la correcta realización de la prestación o prestaciones a las que se refiera dicho contrato principal.

8. Los contratos menores definidos en el apartado primero del artículo 118 no podrán tener una duración superior a un año ni ser objeto de prórroga.

9. El período de recuperación de la inversión a que se refieren los apartados 4 y 6 de este artículo será calculado de acuerdo con lo establecido en el Real Decreto al que se refieren los artículos 4 y 5 de la Ley 2/2015, de 30 de marzo, de desindexación de la economía española.

Artículo 30. Ejecución directa de prestaciones por la Administración Pública con la colaboración de empresarios particulares o a través de medios propios no personificados.

1. La ejecución de obras podrá realizarse por los servicios de la Administración Pública, ya sea empleando exclusivamente medios propios no personificados o con la colaboración de empresarios particulares cuando concurra alguna de estas circunstancias:

a) Que la Administración tenga montadas fábricas, arsenales, maestranzas o servicios técnicos o industriales suficientemente aptos para la realización de la prestación, en cuyo caso deberá normalmente utilizarse este sistema de ejecución.

b) Que la Administración posea elementos auxiliares utilizables, cuyo empleo suponga una economía superior al 5 por 100 del importe del presupuesto del contrato o una mayor celeridad en su ejecución, justificándose, en este caso, las ventajas que se sigan de la misma.

c) Que no haya habido ofertas de empresarios en la licitación previamente efectuada.

d) Cuando se trate de un supuesto de emergencia, de acuerdo con lo previsto en el artículo 120.

e) Cuando, dada la naturaleza de la prestación, sea imposible la fijación previa de un precio cierto o la de un presupuesto por unidades simples de trabajo.

f) Cuando sea necesario relevar al contratista de realizar algunas unidades de obra por no haberse llegado a un acuerdo en los precios contradictorios correspondientes.

g) Las obras de mera conservación y mantenimiento, definidas en el artículo 232.5.

h) Excepcionalmente, la ejecución de obras definidas en virtud de un anteproyecto, cuando no se aplique el artículo 146.2 relativo a la valoración de las ofertas con más de un criterio de adjudicación.

En los supuestos contemplados en las letras a), b), c), e) y f) anteriores, deberá redactarse el correspondiente proyecto, cuyo contenido se fijará reglamentariamente.

2. La fabricación de bienes muebles podrá efectuarse por los servicios de la Administración, ya sea empleando de forma exclusiva medios propios no personificados o con la colaboración de empresarios particulares cuando concurra alguna de las circunstancias previstas en las letras a), c), d) y e) del apartado anterior, o cuando, en el supuesto definido en la letra b) de este mismo apartado, el ahorro que pueda obtenerse sea superior al 20 por 100 del presupuesto del suministro o pueda obtenerse una mayor celeridad en su ejecución.

Se exceptúan de estas limitaciones aquellas fabricaciones de bienes muebles que, por razones de defensa o de interés militar, resulte conveniente que se ejecuten por la Administración.

3. La prestación de servicios se realizará normalmente por la propia Administración por sus propios medios. No obstante, cuando carezca de medios suficientes, previa la debida justificación en el expediente, se podrá contratar de conformidad con lo establecido en el Capítulo V del Título II del Libro II de la presente Ley.

4. Cuando, de conformidad con los apartados anteriores de este artículo, la ejecución de las obras o la fabricación de los bienes muebles se efectúe en colaboración con empresarios particulares, el régimen jurídico aplicable a estos contratos será el previsto para los contratos de obras o de suministro en la presente Ley. La selección del empresario colaborador se

efectuará por los procedimientos de adjudicación establecidos en el artículo 131, salvo en el caso previsto en la letra d) del apartado 1 del presente artículo.

En los supuestos de obras incluidas en las letras a) y b) del apartado 1 del presente artículo, la contratación con colaboradores no podrá sobrepasar el 60 por ciento del importe total del proyecto.

5. La autorización de la ejecución de obras y de la fabricación de bienes muebles y, en su caso, la aprobación del proyecto, corresponderá al órgano competente para la aprobación del gasto o al órgano que determinen las disposiciones orgánicas de las Comunidades Autónomas, en su respectivo ámbito.

Lo dispuesto en el párrafo anterior también resulta de aplicación a los encargos a medios propios personificados regulados en los artículos 32 y 33.

Artículo 31. Potestad de auto organización y sistemas de cooperación pública vertical y horizontal.

1. Las entidades pertenecientes al sector público podrán cooperar entre sí de alguna de las siguientes formas, sin que el resultado de esa cooperación pueda calificarse de contractual:

a) Mediante sistemas de cooperación vertical consistentes en el uso de medios propios personificados en el sentido y con los límites establecidos en el artículo 32 para los poderes adjudicadores, y en el artículo 33 para los entes del sector público que no tengan la consideración de poder adjudicador, en el ejercicio de su potestad de auto organización, mediante el oportuno acuerdo de encargo.

b) Mediante sistemas de cooperación horizontal entre entidades pertenecientes al sector público, previa celebración de los correspondientes convenios, en las condiciones y con los límites que se establecen en el apartado 1 del artículo 6.

2. A efectos de lo dispuesto en el apartado anterior, las entidades pertenecientes al sector público podrán en todo caso, acordar la realización conjunta de contrataciones específicas.

3. Cuando un procedimiento de contratación se desarrolle en su totalidad de forma conjunta en nombre y por cuenta de varias entidades, estas tendrán la responsabilidad conjunta del cumplimiento de sus obligaciones. Ello se aplicará también en aquellos casos en que una sola entidad administre el procedimiento, por cuenta propia y por cuenta de las demás entidades interesadas.

Cuando un procedimiento de contratación no se desarrolle en su totalidad en nombre y por cuenta de las entidades interesadas, estas solo tendrán la responsabilidad conjunta por aquellas partes que se hayan llevado a cabo conjuntamente. Cada entidad será única responsable del cumplimiento de sus obligaciones con respecto a las partes que lleve a cabo en su propio nombre y por cuenta propia.

Artículo 32. Encargos de los poderes adjudicadores a medios propios personificados.

1. Los poderes adjudicadores podrán organizarse ejecutando de manera directa prestaciones propias de los contratos de obras, suministros, servicios, concesión de obras y concesión de servicios, a cambio de una compensación tarifaria, valiéndose de otra persona jurídica distinta a ellos, ya sea de derecho público o de derecho privado, previo encargo a esta, con sujeción a lo dispuesto en este artículo, siempre y cuando la persona jurídica que utilicen merezca la calificación jurídica de medio propio personificado respecto de ellos de conformidad con lo dispuesto en los tres apartados siguientes, y sin perjuicio de los requisitos establecidos para los medios propios del ámbito estatal en la Ley 40/2015, de 1 de octubre, de Régimen Jurídico del Sector Público.

El encargo que cumpla dichos requisitos no tendrá la consideración de contrato.

2. Tendrán la consideración de medio propio personificado respecto de una única entidad concreta del sector público aquellas personas jurídicas, de derecho público o de derecho privado, que cumplan todos y cada uno de los requisitos que se establecen a continuación:

a) Que el poder adjudicador que pueda conferirle encargos ejerza sobre el ente destinatario de los mismos un control, directo o indirecto, análogo al que ostentaría sobre sus propios servicios o unidades, de manera que el primero pueda ejercer sobre el segundo una influencia decisiva sobre sus objetivos estratégicos y decisiones significativas.

En todo caso se entenderá que el poder adjudicador que puede conferirle encargos ostenta sobre el ente destinatario del mismo un control análogo al que ejerce sobre sus propios servicios o unidades cuando él mismo o bien otro u otros poderes adjudicadores o personas jurídicas controlados del mismo modo por el primero puedan conferirle encargos que sean de ejecución obligatoria para el ente destinatario del encargo por así establecerlo los estatutos o el acto de creación, de manera que exista una unidad de decisión entre ellos, de acuerdo con instrucciones fijadas unilateralmente por el ente que puede realizar el encargo.

La compensación se establecerá por referencia a tarifas aprobadas por la entidad pública de la que depende el medio propio personificado para las actividades objeto de encargo realizadas por el medio propio directamente y, en la forma que reglamentariamente se determine, atendiendo al coste efectivo soportado por el medio propio para las actividades objeto del encargo que se subcontraten con empresarios particulares en los casos en que este coste sea inferior al resultante de aplicar las tarifas a las actividades subcontratadas.

Dichas tarifas se calcularán de manera que representen los costes reales de realización de las unidades producidas directamente por el medio propio.

b) Que más del 80 por ciento de las actividades del ente destinatario del encargo se lleven a cabo en el ejercicio de los cometidos que le han sido confiados por el poder adjudicador que hace el encargo y que lo controla o por otras personas jurídicas controladas del mismo modo por la entidad que hace el encargo.

A estos efectos, para calcular el 80 por ciento de las actividades del ente destinatario del encargo se tomarán en consideración el promedio del volumen global de negocios, los gastos soportados por los servicios prestados al poder adjudicador en relación con la totalidad de los gastos en que haya incurrido el medio propio por razón de las prestaciones que haya realizado a cualquier entidad, u otro indicador alternativo de actividad que sea fiable, y todo ello referido a los tres ejercicios anteriores al de formalización del encargo.

Cuando debido a la fecha de creación o de inicio de actividad del poder adjudicador que hace el encargo, o debido a la reorganización de las actividades de este, el volumen global de negocios, u otro indicador alternativo de actividad, de acuerdo con lo establecido en el párrafo anterior, no estuvieran disponibles respecto de los tres ejercicios anteriores a la formalización del encargo o hubieran perdido su vigencia, será suficiente con justificar que el cálculo del nivel de actividad se corresponde con la realidad, en especial mediante proyecciones de negocio.

El cumplimiento efectivo del requisito establecido en la presente letra deberá quedar reflejado en la Memoria integrante de las Cuentas Anuales del ente destinatario del encargo y, en consecuencia, ser objeto de verificación por el auditor de cuentas en la realización de la auditoría de dichas cuentas anuales de conformidad con la normativa reguladora de la actividad de auditoría de cuentas.

c) Cuando el ente destinatario del encargo sea un ente de personificación jurídico-privada, además, la totalidad de su capital o patrimonio tendrá que ser de titularidad o aportación pública.

d) La condición de medio propio personificado de la entidad destinataria del encargo respecto del concreto poder adjudicador que hace el encargo deberá reconocerse expresamente en sus estatutos o actos de creación, previo cumplimiento de los siguientes requisitos:

1.º Conformidad o autorización expresa del poder adjudicador respecto del que vaya a ser medio propio.

2.º Verificación por la entidad pública de que dependa el ente que vaya a ser medio propio, de que cuenta con medios personales y materiales apropiados para la realización de los encargos de conformidad con su objeto social.

Los estatutos o acto de creación del ente destinatario del encargo deberá determinar: el poder adjudicador respecto del cual tiene esa condición; precisar el régimen jurídico y administrativo de los encargos que se les puedan conferir; y establecer la imposibilidad de que participen en licitaciones públicas convocadas por el poder adjudicador del que sean medio propio personificado, sin perjuicio de que, cuando no concurra ningún licitador, pueda encargárseles la ejecución de la prestación objeto de las mismas.

En todo caso, se presumirá que cumple el requisito establecido en el número 2.º de la presente letra cuando haya obtenido la correspondiente clasificación respecto a los Grupos, Subgrupos y Categorías que ostente.

3. El apartado 2 del presente artículo también se aplicará en los casos en que la persona jurídica controlada, siendo un poder adjudicador, realice un encargo al poder adjudicador que la controla o a otra persona jurídica controlada, directa o indirectamente, por el mismo poder adjudicador, siempre que no exista participación directa de capital privado en la persona jurídica a la que se realice el encargo.

4. Tendrán la consideración de medio propio personificado respecto de dos o más poderes adjudicadores que sean independientes entre sí aquellas personas jurídicas, de derecho público o de derecho privado, que cumplan todos y cada uno de los requisitos que se establecen a continuación:

a) Que los poderes adjudicadores que puedan conferirle encargos ejerzan sobre el ente destinatario del mismo un control conjunto análogo al que ostentarían sobre sus propios servicios o unidades.

Se entenderá que existe control conjunto cuando se cumplan todas las condiciones siguientes:

1.º Que en los órganos decisorios del ente destinatario del encargo estén representados todos los entes que puedan conferirle encargos, pudiendo cada representante representar a varios de estos últimos o a la totalidad de ellos.

2.º Que estos últimos puedan ejercer directa y conjuntamente una influencia decisiva sobre los objetivos estratégicos y sobre las decisiones significativas del ente destinatario del encargo.

3.º Que el ente destinatario del encargo no persiga intereses contrarios a los intereses de los entes que puedan conferirle encargos.

La compensación se establecerá, por referencia a tarifas aprobadas por la entidad pública de la que depende el medio propio personificado para las actividades objeto de encargo realizadas por el medio propio directamente y, en la forma que reglamentariamente se determine, atendiendo al coste efectivo soportado por el medio propio para las actividades objeto del encargo que se subcontraten con empresarios particulares en los casos en que este coste sea inferior al resultante de aplicar las tarifas a las actividades subcontratadas.

Dichas tarifas se calcularán de manera que representen los costes reales de realización de las unidades producidas directamente por el medio propio.

b) Que más del 80 por ciento de las actividades del ente destinatario del encargo se lleven a cabo en el ejercicio de los cometidos que le han sido confiados por los poderes adjudicadores que lo controlan o por otras personas jurídicas controladas por los mismos poderes adjudicadores. El cálculo del 80 por ciento se hará de acuerdo con lo establecido en la letra b) del apartado 2 de este artículo.

El cumplimiento del requisito establecido en la presente letra deberá quedar reflejado en la Memoria integrante de las Cuentas Anuales del ente destinatario del encargo, y, en consecuencia, ser objeto de verificación por el auditor de cuentas en la realización de la auditoría de dichas cuentas anuales de conformidad con la normativa reguladora de la actividad de auditoría de cuentas.

c) Que cumplan los requisitos que establece este artículo en su apartado 2 letras c) y d).

5. El incumplimiento sobrevenido de cualquiera de los requisitos establecidos en los apartados 2 o 4, según corresponda en cada caso, comportará la perdida de la condición de medio propio personificado y, en consecuencia, la imposibilidad de seguir efectuando encargos a la persona jurídica afectada; sin perjuicio de la conclusión de los encargos que estuvieran en fase de ejecución.

6. Los encargos que realicen las entidades del sector público a un ente que, de acuerdo con los apartados segundo, tercero o cuarto de este artículo, pueda ser calificado como medio propio personificado del primero o primeros, no tendrán la consideración jurídica de contrato, debiendo únicamente cumplir las siguientes normas:

a) El medio propio personificado deberá haber publicado en la Plataforma de Contratación correspondiente su condición de tal; respecto de qué poderes adjudicadores la ostenta; y los sectores de actividad en los que, estando comprendidos en su objeto social, sería apto para ejecutar las prestaciones que vayan a ser objeto de encargo.

b) El encargo deberá ser objeto de formalización en un documento que será publicado en la Plataforma de Contratación correspondiente en los supuestos previstos del artículo 63.6. El documento de formalización establecerá el plazo de duración del encargo.

c) Los órganos de las entidades del sector público estatal que tengan la condición de poder adjudicador en virtud de lo dispuesto en el artículo 3.3 de esta Ley, necesitarán autorización del Consejo de Ministros cuando el importe del gasto que se derive del encargo, sea igual o superior a doce millones de euros.

La autorización del Consejo de Ministros a que se refiere el párrafo anterior deberá obtenerse antes de la suscripción del encargo por el órgano competente. Una vez obtenida la autorización, corresponderá a los órganos competentes la aprobación del gasto y suscripción del encargo, de conformidad con lo dispuesto en las respectivas normas.

A efectos de obtener la citada autorización, los órganos competentes deberán remitir al menos los siguientes documentos: el texto del encargo; el informe del servicio jurídico; así como el certificado de existencia de crédito o, tratándose de poderes adjudicadores con presupuesto estimativo, los documentos equivalentes que acrediten la existencia de financiación.

Requerirán igualmente la previa autorización del Consejo de Ministros las modificaciones de encargos autorizados por el Consejo de Ministros, cuando superen el 20 por cien del importe del encargo.

La autorización que otorgue el Consejo de Ministros será genérica para la suscripción del encargo, sin que en ningún caso implique una validación de los trámites realizados, ni exima de la responsabilidad que corresponda a las partes respecto de la correcta tramitación y realización del encargo.

7. A los negocios jurídicos que los entes destinatarios del encargo celebren en ejecución del encargo recibido de conformidad con el presente artículo, se le aplicarán las siguientes reglas:

a) El contrato quedará sometido a esta Ley, en los términos que sean procedentes, de acuerdo con la naturaleza de la entidad que los celebre y el tipo y valor estimado de los mismos y, en todo caso, cuando el medio propio no sea un poder adjudicador se le aplicarán las normas contenidas en el Título I del Libro Tercero de la presente Ley.

b) El importe de las prestaciones parciales que el medio propio pueda contratar con terceros no excederá del 50 por ciento de la cuantía del encargo. No se considerarán prestaciones parciales aquellas que el medio propio adquiera a otras empresas cuando se trate de suministros o servicios auxiliares o instrumentales que no constituyen una parte autónoma y diferenciable de la prestación principal, aunque sean parte del proceso necesario para producir dicha prestación.

No será aplicable lo establecido en esta letra a los contratos de obras que celebren los medios propios a los que se les haya encargado una concesión, ya sea de obras o de servicios. Igualmente no será de aplicación en los supuestos en los que la gestión del servicio público se efectúe mediante la creación de entidades de derecho público destinadas a este fin, ni a aquellos en que la misma se atribuya a una sociedad de derecho privado cuyo capital sea, en su totalidad, de titularidad pública.

Tampoco será aplicable a los contratos que celebren los medios propios a los que se les haya encargado la prestación de servicios informáticos y tecnológicos a la Administración Pública con el fin de garantizar la compatibilidad, la comunicabilidad y la seguridad de redes y sistemas, así como la integridad, fiabilidad y confidencialidad de la información.

Excepcionalmente podrá superarse dicho porcentaje de contratación siempre que el encargo al medio propio se base en razones de seguridad, en la naturaleza de la prestación que requiera un mayor control en la ejecución de la misma, o en razones de urgencia que demanden una mayor celeridad en su ejecución. La justificación de que concurren estas circunstancias se acompañará al documento de formalización del encargo y se publicará en la Plataforma de Contratación correspondiente conjuntamente con éste.

Artículo 33. Encargos de entidades pertenecientes al sector público que no tengan la consideración de poder adjudicador a medios propios personificados.

1. Las entidades del sector público que no tengan la consideración de poder adjudicador podrán ejecutar de manera directa prestaciones propias de los contratos de obras, suministros, servicios, concesión de obras y concesión de servicios a cambio de una compensación valiéndose de otra persona jurídica distinta a ellos, previo encargo a esta, con sujeción a lo dispuesto en este artículo, siempre y cuando la persona jurídica que utilicen merezca la calificación jurídica de medio propio personificado respecto de ellos, de conformidad con lo dispuesto en el apartado siguiente. El encargo que cumpla estos requisitos no tendrá la consideración de contrato.

2. Tendrán la consideración de medio propio personificado respecto de una entidad perteneciente al sector público que no tenga la consideración de poder adjudicador, aquellas personas jurídicas, de derecho público o de derecho privado, que cumplan todos y cada uno de los requisitos siguientes:

a) Que el ente que hace el encargo ostente control, directo o indirecto, en el sentido del artículo 42 del Código de Comercio, sobre el ente destinatario del mismo.

b) Que la totalidad del capital social o patrimonio del ente destinatario del encargo sea de titularidad pública.

c) Que más del 80 por ciento de las actividades del ente destinatario del encargo se lleven a cabo en el ejercicio de los cometidos que le han sido confiados por la entidad que realiza el encargo y que lo controla o por otras personas jurídicas controladas del mismo modo por la entidad que realiza el encargo.

El cumplimiento efectivo del requisito establecido en la presente letra deberá quedar reflejado en la Memoria integrante de las Cuentas Anuales del ente destinatario del encargo y, en consecuencia, ser objeto de verificación por el auditor de cuentas en la realización de la auditoría de dichas cuentas anuales de conformidad con la normativa reguladora de la actividad de auditoría de cuentas.

3. El apartado 2 del presente artículo también se aplicará en los casos en que una persona jurídica del sector público estatal realice un encargo a otra persona jurídica del sector público estatal, siempre que una de ellas, ya sea la que realiza el encargo o la que lo recibe, ejerza el control de la otra o participe directa o indirectamente en su capital social.

CAPÍTULO II Libertad de pactos y contenido mínimo del contrato

Artículo 34. Libertad de pactos.

1. En los contratos del sector público podrán incluirse cualesquiera pactos, cláusulas y condiciones, siempre que no sean contrarios al interés público, al ordenamiento jurídico y a los principios de buena administración.

2. Solo podrán fusionarse prestaciones correspondientes a diferentes contratos en un contrato mixto cuando esas prestaciones se encuentren directamente vinculadas entre sí y mantengan relaciones de complementariedad que exijan su consideración y tratamiento como una unidad funcional dirigida a la satisfacción de una determinada necesidad o a la consecución de un fin institucional propio de la entidad contratante.

Artículo 35. Contenido mínimo del contrato.

1. Los documentos en los que se formalicen los contratos que celebren las entidades del sector público, salvo que ya se encuentren recogidas en los pliegos, deberán incluir, necesariamente, las siguientes menciones:

a) La identificación de las partes.

b) La acreditación de la capacidad de los firmantes para suscribir el contrato.

c) Definición del objeto y tipo del contrato, teniendo en cuenta en la definición del objeto las consideraciones sociales, ambientales y de innovación.

d) Referencia a la legislación aplicable al contrato.

e) La enumeración de los documentos que integran el contrato. Si así se expresa en el contrato, esta enumeración podrá estar jerarquizada, ordenándose según el orden de prioridad acordado por las partes, en cuyo supuesto, y salvo caso de error manifiesto, el orden pactado se utilizará para determinar la prevalencia respectiva, en caso de que existan contradicciones entre diversos documentos.

f) El precio cierto, o el modo de determinarlo.

g) La duración del contrato o las fechas estimadas para el comienzo de su ejecución y para su finalización, así como la de la prórroga o prórrogas, si estuviesen previstas.

h) Las condiciones de recepción, entrega o admisión de las prestaciones.

i) Las condiciones de pago.

j) Los supuestos en que procede la modificación, en su caso.

k) Los supuestos en que procede la resolución.

l) El crédito presupuestario o el programa o rúbrica contable con cargo al que se abonará el precio, en su caso.

m) La extensión objetiva y temporal del deber de confidencialidad que, en su caso, se imponga al contratista.

n) La obligación de la empresa contratista de cumplir durante todo el periodo de ejecución de contrato las normas y condiciones fijadas en el convenio colectivo de aplicación.

2. El documento contractual no podrá incluir estipulaciones que establezcan derechos y obligaciones para las partes distintos de los previstos en los pliegos, concretados, en su caso, en la forma que resulte de la proposición del adjudicatario, o de los precisados en el acto de adjudicación del contrato de acuerdo con lo actuado en el procedimiento, de no existir aquellos.

CAPÍTULO III Perfección y forma del contrato

Artículo 36. Perfección de los contratos.

1. Los contratos que celebren los poderes adjudicadores, a excepción de los contratos menores y de los contratos basados en un acuerdo marco y los contratos específicos en el marco de un sistema dinámico de adquisición a los que se refiere el apartado 3 de este artículo, se perfeccionan con su formalización.

2. Los contratos subvencionados que, de conformidad con lo dispuesto en el artículo 23 de esta Ley, deban considerarse sujetos a regulación armonizada, se perfeccionarán de conformidad con la legislación por la que se rijan. Las partes deberán notificar su formalización al órgano que otorgó la subvención.

3. Los contratos basados en un acuerdo marco y los contratos específicos en el marco de un sistema dinámico de adquisición, se perfeccionan con su adjudicación.

4. Salvo que se indique otra cosa en su clausulado, los contratos del sector público se entenderán celebrados en el lugar donde se encuentre la sede del órgano de contratación.

Artículo 37. Carácter formal de la contratación del sector público.

1. Las entidades del sector público no podrán contratar verbalmente, salvo que el contrato tenga, conforme a lo señalado en el artículo 120.1, carácter de emergencia.

2. Los contratos que celebren las Administraciones Públicas se formalizarán de acuerdo con lo previsto en el artículo 153, sin perjuicio de lo señalado para los contratos menores en el artículo 118.

3. Los contratos que celebren los poderes adjudicadores que no tengan la consideración de Administraciones Públicas cuando sean susceptibles de recurso especial en materia de contratación conforme al artículo 44 deberán formalizarse en los plazos establecidos en el artículo 153.

CAPÍTULO IV Régimen de invalidez

Artículo 38. Supuestos de invalidez.

Los contratos celebrados por los poderes adjudicadores, incluidos los contratos subvencionados a que se refiere el artículo 23, serán inválidos:

a) Cuando concurra en ellos alguna de las causas que los invalidan de conformidad con las disposiciones del derecho civil.

b) Cuando lo sea alguno de sus actos preparatorios o del procedimiento de adjudicación, por concurrir en los mismos alguna de las causas de derecho administrativo a que se refieren los artículos siguientes.

c) En aquellos casos en que la invalidez derive de la ilegalidad de su clausulado.

Artículo 39. Causas de nulidad de derecho administrativo.

1. Son causas de nulidad de derecho administrativo las indicadas en el artículo 47 de la Ley 39/2015, de 1 de octubre, del Procedimiento Administrativo Común de las Administraciones Públicas.

2. Serán igualmente nulos de pleno derecho los contratos celebrados por poderes adjudicadores en los que concurra alguna de las causas siguientes:

a) La falta de capacidad de obrar o de solvencia económica, financiera, técnica o profesional; o la falta de habilitación empresarial o profesional cuando sea exigible para la realización de la actividad o prestación que constituya el objeto del contrato; o la falta de clasificación, cuando esta proceda, debidamente acreditada, del adjudicatario; o el estar este incurso en alguna de las prohibiciones para contratar señaladas en el artículo 71.

b) La carencia o insuficiencia de crédito, de conformidad con lo establecido en la Ley 47/2003, de 26 de noviembre, General Presupuestaria, o en las normas presupuestarias de las restantes Administraciones Públicas sujetas a esta Ley, salvo los supuestos de emergencia.

c) La falta de publicación del anuncio de licitación en el perfil de contratante alojado en la Plataforma de Contratación del Sector Público o en los servicios de información similares de las Comunidades Autónomas, en el «Diario Oficial de la Unión Europea» o en el medio de publicidad en que sea preceptivo, de conformidad con el artículo 135.

d) La inobservancia por parte del órgano de contratación del plazo para la formalización del contrato siempre que concurran los dos siguientes requisitos:

1.º Que por esta causa el licitador se hubiese visto privado de la posibilidad de interponer recurso contra alguno de los actos del procedimiento de adjudicación y,

2.º Que, además, concurra alguna infracción de los preceptos que regulan el procedimiento de adjudicación de los contratos que le hubiera impedido obtener esta.

e) Haber llevado a efecto la formalización del contrato, en los casos en que se hubiese interpuesto el recurso especial en materia de contratación a que se refieren los artículos 44 y siguientes, sin respetar la suspensión automática del acto recurrido en los casos en que fuera procedente, o la medida cautelar de suspensión acordada por el órgano competente para conocer del recurso especial en materia de contratación que se hubiera interpuesto.

f) El incumplimiento de las normas establecidas para la adjudicación de los contratos basados en un acuerdo marco celebrado con varios empresarios o de los contratos específicos basados en un sistema dinámico de adquisición en el que estuviesen admitidos varios empresarios, siempre que dicho incumplimiento hubiera determinado la adjudicación del contrato de que se trate a otro licitador.

g) El incumplimiento grave de normas de derecho de la Unión Europea en materia de contratación pública que conllevara que el contrato no hubiera debido adjudicarse al contratista, declarado por el TJUE en un procedimiento con arreglo al artículo 260 del Tratado de Funcionamiento de la Unión Europea.

Artículo 40. Causas de anulabilidad de derecho administrativo.

Son causas de anulabilidad de derecho administrativo las demás infracciones del ordenamiento jurídico y, en especial, las de las reglas contenidas en la presente Ley, de conformidad con lo establecido en el artículo 48 de la Ley 39/2015, de 1 de octubre, del Procedimiento Administrativo Común de las Administraciones Públicas.

En particular, se incluyen entre las causas de anulabilidad a las que se refiere el párrafo anterior, las siguientes:

a) El incumplimiento de las circunstancias y requisitos exigidos para la modificación de los contratos en los artículos 204 y 205.

b) Todas aquellas disposiciones, resoluciones, cláusulas o actos emanados de cualquier poder adjudicador que otorguen, de forma directa o indirecta, ventajas a las empresas que hayan contratado previamente con cualquier Administración.

c) Los encargos que acuerden los poderes adjudicadores para la ejecución directa de prestaciones a través de medios propios, cuando no observen alguno de los requisitos establecidos en los apartados 2, 3 y 4 del artículo 32, relativos a la condición de medio propio.

Artículo 41. Revisión de oficio.

1. La revisión de oficio de los actos preparatorios y de los actos de adjudicación de los contratos se efectuará de conformidad con lo establecido en el Capítulo I del Título V de la Ley 39/2015, de 1 de octubre, del Procedimiento Administrativo Común de las Administraciones Públicas.

2. A los exclusivos efectos de la presente Ley, tendrán la consideración de actos administrativos los actos preparatorios y los actos de adjudicación de los contratos de las entidades del sector público que no sean Administraciones Públicas, así como los actos preparatorios y los actos de adjudicación de los contratos subvencionados a que se refiere el artículo 23 de la presente Ley. La revisión de oficio de dichos actos se efectuará de conformidad con lo dispuesto en el apartado anterior.

3. Sin perjuicio de lo que, para el ámbito de las Comunidades Autónomas establezcan sus normas respectivas que, en todo caso, deberán atribuir esta competencia a un órgano cuyas resoluciones agoten la vía administrativa, serán competentes para declarar la nulidad o lesividad de los actos a que se refieren los apartados anteriores el órgano de contratación, cuando se trate de contratos de una Administración Pública, o el titular del departamento, órgano, ente u organismo al que esté adscrita la entidad contratante o al que corresponda su tutela, cuando esta no tenga el carácter de Administración Pública. En este último caso, si la entidad contratante estuviera vinculada a más de una Administración, será competente el órgano correspondiente de la que ostente el control o participación mayoritaria.

En el supuesto de contratos subvencionados, la competencia corresponderá al titular del departamento, presidente o director de la entidad que hubiese otorgado la subvención, o al que esté adscrita la entidad que la hubiese concedido, cuando esta no tenga el carácter de Administración Pública. En el supuesto de concurrencia de subvenciones por parte de distintos sujetos del sector público, la competencia se determinará atendiendo a la subvención de mayor cuantía y, a igualdad de importe, atendiendo a la subvención primeramente concedida.

4. Salvo determinación expresa en contrario, la competencia para declarar la nulidad o la lesividad se entenderá delegada conjuntamente con la competencia para contratar. No obstante, la facultad de acordar una indemnización por perjuicios en caso de nulidad no será susceptible de delegación, debiendo resolver sobre la misma, en todo caso, el órgano delegante; a estos efectos, si se estimase pertinente reconocer una indemnización, se elevará el expediente al órgano delegante, el cual, sin necesidad de avocación previa y expresa, resolverá lo procedente sobre la declaración de nulidad conforme a lo previsto en la Ley 39/2015, de 1 de octubre, del Procedimiento Administrativo Común de las Administraciones Públicas.

5. En los supuestos de nulidad y anulabilidad, y en relación con la suspensión de la ejecución de los actos de los órganos de contratación, se estará a lo dispuesto en el artículo 108 de la Ley 39/2015, de 1 de octubre, del Procedimiento Administrativo Común de las Administraciones Públicas.

Artículo 42. Efectos de la declaración de nulidad y efectos en supuestos de anulabilidad.

1. La declaración de nulidad de los actos preparatorios del contrato o de la adjudicación, cuando sea firme, llevará en todo caso consigo la del mismo contrato, que entrará en fase de liquidación, debiendo restituirse las partes recíprocamente las cosas que hubiesen recibido en virtud del mismo y si esto no fuese posible se devolverá su valor. La parte que resulte culpable deberá indemnizar a la contraria de los daños y perjuicios que haya sufrido.

2. La nulidad de los actos que no sean preparatorios solo afectará a estos y sus consecuencias.

3. Si la declaración administrativa de nulidad de un contrato produjese un grave trastorno al servicio público, podrá disponerse en el mismo acuerdo la continuación de los efectos de aquel y bajo sus mismas cláusulas, hasta que se adopten las medidas urgentes para evitar el perjuicio.

4. Los efectos establecidos en los apartados anteriores podrán ser acordados por la sentencia que ponga fin al recurso contencioso-administrativo interpuesto previa declaración de lesividad, de conformidad con lo previsto en el artículo 71 de la Ley 29/1998, de 13 de julio, reguladora de la Jurisdicción Contencioso-administrativa.

Artículo 43. Causas de invalidez de derecho civil.

La invalidez de los contratos por causas reconocidas en el derecho civil, en cuanto resulten de aplicación a los contratos a que se refiere el artículo 38, se sujetará a los requisitos y plazos de ejercicio de las acciones establecidos en el ordenamiento civil, pero el procedimiento para hacerlas valer, cuando el contrato se haya celebrado por una Administración Pública, se someterá a lo previsto en los artículos anteriores para los actos y contratos administrativos anulables.

CAPÍTULO V Del recurso especial

Artículo 44. Recurso especial en materia de contratación: actos recurribles.

1. Serán susceptibles de recurso especial en materia de contratación, los actos y decisiones relacionados en el apartado 2 de este mismo artículo, cuando se refieran a los siguientes contratos que pretendan concertar las Administraciones Públicas o las restantes entidades que ostenten la condición de poderes adjudicadores:

a) Contratos de obras cuyo valor estimado sea superior a tres millones de euros, y de suministro y servicios, que tenga un valor estimado superior a cien mil euros.

b) Acuerdos marco y sistemas dinámicos de adquisición que tengan por objeto la celebración de alguno de los contratos tipificados en la letra anterior, así como los contratos basados en cualquiera de ellos.

c) Concesiones de obras o de servicios cuyo valor estimado supere los tres millones de euros.

Serán igualmente recurribles los contratos administrativos especiales, cuando, por sus características no sea posible fijar su precio de licitación o, en otro caso, cuando su valor estimado sea superior a lo establecido para los contratos de servicios.

Asimismo serán susceptibles de recurso especial en materia de contratación los contratos subvencionados a que se refiere el artículo 23, y los encargos cuando, por sus características no sea posible fijar su importe o, en otro caso, cuando este, atendida su duración total más las prórrogas, sea igual o superior a lo establecido para los contratos de servicios.

2. Podrán ser objeto del recurso las siguientes actuaciones:

a) Los anuncios de licitación, los pliegos y los documentos contractuales que establezcan las condiciones que deban regir la contratación.

b) Los actos de trámite adoptados en el procedimiento de adjudicación, siempre que estos decidan directa o indirectamente sobre la adjudicación, determinen la imposibilidad de continuar el procedimiento o produzcan indefensión o perjuicio irreparable a derechos o intereses legítimos. En todo caso se considerará que concurren las circunstancias anteriores en los actos de la mesa o del órgano de contratación por los que se acuerde la admisión o inadmisión de candidatos o licitadores, o la admisión o exclusión de ofertas, incluidas las ofertas que sean excluidas por resultar anormalmente bajas como consecuencia de la aplicación del artículo 149.

c) Los acuerdos de adjudicación.

d) Las modificaciones basadas en el incumplimiento de lo establecido en los artículos 204 y 205 de la presente Ley, por entender que la modificación debió ser objeto de una nueva adjudicación.

e) La formalización de encargos a medios propios en los casos en que estos no cumplan los requisitos legales.

f) Los acuerdos de rescate de concesiones.

3. Los defectos de tramitación que afecten a actos distintos de los contemplados en el apartado 2 podrán ser puestos de manifiesto por los interesados al órgano al que corresponda la instrucción del expediente o al órgano de contratación, a efectos de su corrección con arreglo a derecho, y sin perjuicio de que las irregularidades que les afecten puedan ser alegadas por los interesados al recurrir el acto de adjudicación.

4. No se dará este recurso en relación con los procedimientos de adjudicación que se sigan por el trámite de emergencia.

5. Contra las actuaciones mencionadas en el presente artículo como susceptibles de ser impugnadas mediante el recurso especial, no procederá la interposición de recursos administrativos ordinarios.

6. Los actos que se dicten en los procedimientos de adjudicación de contratos de las Administraciones Públicas que no reúnan los requisitos del apartado 1 podrán ser objeto de recurso de conformidad con lo dispuesto en la Ley 39/2015, de 1 de octubre, del Procedimiento Administrativo Común de las Administraciones Públicas; así como en la Ley 29/1998, de 13 de julio, Reguladora de la Jurisdicción Contencioso-administrativa.

En el caso de actuaciones realizadas por poderes adjudicadores que no tengan la condición de Administraciones Públicas, aquellas se impugnarán en vía administrativa de conformidad con lo dispuesto en la Ley 39/2015, de 1 de octubre, del Procedimiento Administrativo Común de las Administraciones Públicas ante el titular del departamento, órgano, ente u organismo al que esté adscrita la entidad contratante o al que corresponda su tutela. Si la entidad contratante estuviera vinculada a más de una Administración, será competente el órgano correspondiente de la que ostente el control o participación mayoritaria.

7. La interposición del recurso especial en materia de contratación tendrá carácter potestativo y será gratuito para los recurrentes.

Artículo 45. Órgano competente para la resolución del recurso en la Administración General del Estado.

1. En el ámbito de los poderes adjudicadores del sector público estatal, el conocimiento y resolución de los recursos a que se refiere el artículo anterior estará encomendado al Tribunal Administrativo Central de Recursos Contractuales, órgano especializado que actuará con plena independencia funcional en el ejercicio de sus competencias. Dicho órgano estará adscrito al Ministerio de Hacienda y Función Pública, y estará compuesto por un Presidente y un mínimo de dos vocales. Mediante Acuerdo del Consejo de Ministros, podrá incrementarse el número de vocales que hayan de integrar el Tribunal cuando el volumen de asuntos sometidos a su conocimiento lo aconseje.

2. Podrán ser designados vocales de este Tribunal los funcionarios de carrera de cuerpos y escalas a los que se acceda con título de licenciado o de grado y que hayan desempeñado su actividad profesional por tiempo superior a diez años, preferentemente en el ámbito del derecho administrativo relacionado directamente con la contratación pública.

3. El Presidente del Tribunal deberá ser funcionario de carrera, de cuerpo o escala para cuyo acceso sea requisito necesario el título de licenciado o grado en derecho y haber desempeñado su actividad profesional por tiempo superior a quince años, preferentemente en el ámbito del derecho administrativo relacionado directamente con la contratación pública.

En el caso de que los Vocales o el Presidente fueran designados entre funcionarios de carrera incluidos en el ámbito de aplicación del Real Decreto Legislativo 5/2015, de 30 de octubre, por el que se aprueba el texto refundido de la Ley del Estatuto Básico del Empleado Público, estos deberán pertenecer a cuerpos o escalas clasificados en el Subgrupo A1 del artículo 76 de dicha Ley.

4. La designación del Presidente y los Vocales de este Tribunal se realizará por el Gobierno a propuesta conjunta del Ministro de Hacienda y Función Pública y del Ministro de Justicia. Los designados tendrán carácter independiente e inamovible, y no podrán ser removidos de sus puestos sino por las causas siguientes:

a) Por expiración de su mandato.

b) Por renuncia aceptada por el Gobierno.

c) Por pérdida de la nacionalidad española.

d) Por incumplimiento grave de sus obligaciones.

e) Por condena mediante sentencia firme a pena privativa de libertad o de inhabilitación absoluta o especial para empleo o cargo público por razón de delito.

f) Por incapacidad sobrevenida para el ejercicio de su función.

La remoción por las causas previstas en las letras c), d), e) y f) anteriores se acordará por el Gobierno previo expediente.

5. La duración del nombramiento efectuado de conformidad con este apartado será de seis años y no podrá prorrogarse. Durante el tiempo en que se hallen prestando servicio en el Tribunal, tanto el Presidente como los Vocales pasarán a la situación de Servicios Especiales dentro de su cuerpo de origen.

6. En cualquier caso, cesado un miembro del Tribunal, este continuará en el ejercicio de sus funciones hasta que tome posesión de su cargo el que lo haya de sustituir.

7. Formará parte del Tribunal, con voz pero sin voto, el Secretario General del mismo.

El Tribunal contará con los servicios administrativos precisos para su funcionamiento.

El nombramiento del Secretario General y el del personal integrante de los servicios administrativos se harán en los términos previstos en la legislación reguladora de la Función Pública.

8. Serán de aplicación al régimen de constitución y funcionamiento del Tribunal las disposiciones relativas a órganos colegiados contenidas en la Ley 40/2015, de 1 de octubre, de Régimen Jurídico del Sector Público.

Artículo 46. Órgano competente para la resolución del recurso en las Comunidades Autónomas y Entidades Locales.

1. En el ámbito de las Comunidades Autónomas, la competencia para resolver los recursos será establecida por sus normas respectivas, debiendo crear un órgano independiente cuyo titular, o en el caso de que fuera colegiado al menos su Presidente, ostente cualificaciones jurídicas y profesionales que garanticen un adecuado conocimiento de las materias que sean de su competencia. El nombramiento de los miembros de esta instancia independiente y la terminación de su mandato estarán sujetos en lo relativo a la autoridad responsable de su nombramiento, la duración de su mandato y su revocabilidad a condiciones que garanticen su independencia e inamovilidad.

2. Podrán las Comunidades Autónomas, asimismo, atribuir la competencia para la resolución de los recursos al Tribunal Administrativo Central de Recursos Contractuales. A tal efecto, deberán celebrar el correspondiente convenio con la Administración General del Estado, en el que se estipulen las condiciones en que la Comunidad sufragará los gastos derivados de esta asunción de competencias.

3. Las Ciudades Autónomas de Ceuta y Melilla podrán designar sus propios órganos independientes ajustándose a los requisitos establecidos en este apartado para los órganos de las Comunidades Autónomas, o bien

atribuir la competencia al Tribunal Administrativo Central de Recursos Contractuales celebrando al efecto un convenio en los términos previstos en el apartado anterior.

4. En lo relativo a la contratación en el ámbito de las Corporaciones Locales, la competencia para resolver los recursos será establecida por las normas de las Comunidades Autónomas cuando estas tengan atribuida competencia normativa y de ejecución en materia de régimen local y contratación.

En el supuesto de que no exista previsión expresa en la legislación autonómica y sin perjuicio de lo dispuesto en el párrafo siguiente, la competencia para resolver los recursos corresponderá al mismo órgano al que las Comunidades Autónomas en cuyo territorio se integran las Corporaciones Locales hayan atribuido la competencia para resolver los recursos de su ámbito.

En todo caso, los Ayuntamientos de los municipios de gran población a los que se refiere el artículo 121 de la Ley 7/1985, de 2 de abril, Reguladora de las Bases del Régimen Local, y las Diputaciones Provinciales podrán crear un órgano especializado y funcionalmente independiente que ostentará la competencia para resolver los recursos. Su constitución y funcionamiento y los requisitos que deben reunir sus miembros, su nombramiento, remoción y la duración de su mandato se regirá por lo que establezca la legislación autonómica, o, en su defecto, por lo establecido en el artículo 45 de esta Ley. El Pleno de la Corporación será el competente para acordar su creación y nombrar y remover a sus miembros. El resto de los Ayuntamientos podrán atribuir la competencia para resolver el recurso al órgano creado por la Diputación de la provincia a la que pertenezcan.

5. En lo relativo a la contratación en el ámbito de los Territorios Históricos Forales, la competencia para resolver los recursos podrá corresponder a los órganos y Tribunales administrativos forales de Recursos Contractuales.

Artículo 47. Recursos contra actos de poderes adjudicadores que no sean Administración Pública y en relación con contratos subvencionados.

1. Cuando se trate de los recursos interpuestos contra actos de los poderes adjudicadores que no tengan la consideración de Administraciones Públicas, la competencia estará atribuida al órgano independiente que la ostente respecto de la Administración a que esté vinculada la entidad autora del acto recurrido.

Si la entidad contratante estuviera vinculada con más de una Administración, el órgano competente para resolver el recurso será aquel que tenga atribuida la competencia respecto de la que ostente el control o participación mayoritaria y, en caso de que todas o varias de ellas, ostenten una participación igual, ante el órgano que elija el recurrente de entre los que resulten competentes con arreglo a las normas de este apartado.

2. En los contratos subvencionados la competencia corresponderá al órgano independiente que ejerza sus funciones respecto de la Administración a que esté adscrito el ente u organismo que hubiese otorgado la subvención, o al que esté adscrita la entidad que la hubiese concedido, cuando esta no tenga el carácter de Administración Pública. En el supuesto de concurrencia de subvenciones por parte de distintos sujetos del sector público, la competencia se determinará atendiendo a la subvención de mayor cuantía y, a igualdad de importe, al órgano ante el que el recurrente decida interponer el recurso de entre los que resulten competentes con arreglo a las normas de este apartado.

Artículo 48. Legitimación.

Podrá interponer el recurso especial en materia de contratación cualquier persona física o jurídica cuyos derechos o intereses legítimos, individuales o colectivos, se hayan visto perjudicados o puedan resultar afectados, de manera directa o indirecta, por las decisiones objeto del recurso.

Estarán también legitimadas para interponer este recurso, contra los actos susceptibles de ser recurridos, las organizaciones sindicales cuando de las actuaciones o decisiones recurribles pudiera deducirse fundadamente que estas implican que en el proceso de ejecución del contrato se incumplan por el empresario las obligaciones sociales o laborales respecto de los trabajadores que participen en la realización de la prestación. En todo caso se entenderá legitimada la organización empresarial sectorial representativa de los intereses afectados.

Artículo 49. Solicitud de medidas cautelares.

1. Antes de interponer el recurso especial, las personas legitimadas para ello podrán solicitar ante el órgano competente para resolver el recurso la adopción de medidas cautelares. Tales medidas irán dirigidas a corregir infracciones de procedimiento o impedir que se causen otros perjuicios a los intereses afectados, y podrán estar incluidas, entre ellas, las destinadas a suspender o a hacer que se suspenda el procedimiento de adjudicación del contrato en cuestión o la ejecución de cualquier decisión adoptada por los órganos de contratación.

2. El órgano competente para resolver el recurso deberá adoptar decisión en forma motivada sobre las medidas cautelares dentro de los cinco días hábiles siguientes a la presentación del escrito en que se soliciten.

A estos efectos, el órgano que deba resolver, en el mismo día en que se reciba la petición de la medida cautelar, comunicará la misma al órgano de contratación, que dispondrá de un plazo de dos días hábiles, para presentar las alegaciones que considere oportunas referidas a la adopción de las medidas solicitadas o a las propuestas por el propio órgano decisorio. Si transcurrido este plazo no se formulasen alegaciones se continuará el procedimiento.

Si antes de dictar resolución se hubiese interpuesto el recurso, el órgano competente para resolverlo acumulará a este la solicitud de medidas cautelares.

Contra las resoluciones dictadas en este procedimiento no cabrá recurso alguno, sin perjuicio de los que procedan contra las resoluciones que se dicten en el procedimiento principal.

3. Cuando de la adopción de las medidas cautelares puedan derivarse perjuicios de cualquier naturaleza, la resolución podrá imponer la constitución de caución o garantía suficiente para responder de ellos, sin que aquellas produzcan efectos hasta que dicha caución o garantía sea constituida.

Reglamentariamente se determinará la cuantía y forma de la garantía a constituir así como los requisitos para su devolución que en todo caso deberán atender al principio de proporcionalidad y tener en cuenta el sujeto y el objeto afectados.

4. Salvo que se acuerde lo contrario por el órgano competente, la suspensión del procedimiento que pueda acordarse cautelarmente no afectará al plazo concedido para la presentación de ofertas o proposiciones por los interesados.

5. Las medidas cautelares que se soliciten y acuerden con anterioridad a la presentación del recurso especial en materia de contratación decaerán una vez transcurra el plazo establecido para su interposición sin que el interesado lo haya deducido.

Artículo 50. Iniciación del procedimiento y plazo.

1. El procedimiento de recurso se iniciará mediante escrito que deberá presentarse en el plazo de quince días hábiles. Dicho plazo se computará:

a) Cuando se interponga contra el anuncio de licitación, el plazo comenzará a contarse a partir del día siguiente al de su publicación en el perfil de contratante.

b) Cuando el recurso se interponga contra el contenido de los pliegos y demás documentos contractuales, el cómputo se iniciará a partir del día siguiente a aquel en que se haya publicado en el perfil de contratante el anuncio de licitación, siempre que en este se haya indicado la forma en que los interesados pueden acceder a ellos. Cuando no se hiciera esta indicación el plazo comenzará a contar a partir del día siguiente a aquel en que se le hayan entregado al interesado los mismos o este haya podido acceder a su contenido a través del perfil de contratante.

En el caso del procedimiento negociado sin publicidad el cómputo del plazo comenzará desde el día siguiente a la remisión de la invitación a los candidatos seleccionados.

En los supuestos en que, de conformidad con lo establecido en el artículo 138.2 de la presente Ley, los pliegos no pudieran ser puestos a disposición por medios electrónicos, el plazo se computará a partir del día siguiente en que se hubieran entregado al recurrente.

Con carácter general no se admitirá el recurso contra los pliegos y documentos contractuales que hayan de regir una contratación si el recurrente, con carácter previo a su interposición, hubiera presentado oferta o solicitud de participación en la licitación correspondiente, sin perjuicio de lo previsto para los supuestos de nulidad de pleno derecho.

c) Cuando se interponga contra actos de trámite adoptados en el procedimiento de adjudicación o contra un acto resultante de la aplicación del procedimiento negociado sin publicidad, el cómputo se iniciará a partir del día siguiente a aquel en que se haya tenido conocimiento de la posible infracción.

d) Cuando se interponga contra la adjudicación del contrato el cómputo se iniciará a partir del día siguiente a aquel en que se haya notificado esta de conformidad con lo dispuesto en la disposición adicional decimoquinta a los candidatos o licitadores que hubieran sido admitidos en el procedimiento.

e) Cuando el recurso se interponga en relación con alguna modificación basada en el incumplimiento de lo establecido en los artículos 204 y 205 de la presente Ley, por entender que la modificación debió ser objeto de una nueva adjudicación, desde el día siguiente a aquel en que se haya publicado en el perfil de contratante.

f) Cuando el recurso se interponga contra un encargo a medio propio por no cumplir los requisitos establecidos en el artículo 32 de la presente Ley, desde el día siguiente a aquel en que se haya publicado en el perfil de contratante.

g) En todos los demás casos, el plazo comenzará a contar desde el día siguiente al de la notificación realizada de conformidad con lo dispuesto en la Disposición adicional decimoquinta.

2. No obstante lo dispuesto en el párrafo anterior, cuando el recurso se funde en alguna de las causas de nulidad previstas en el apartado 2, letras c), d), e) o f) del artículo 39, el plazo de interposición será el siguiente:

a) Treinta días a contar desde la publicación de la formalización del contrato en la forma prevista en esta Ley, incluyendo las razones justificativas por las que no se ha publicado en forma legal la convocatoria de la licitación o desde la notificación a los candidatos o licitadores afectados, de los motivos del rechazo de su candidatura o de su proposición y de las características de la proposición del adjudicatario que fueron determinantes de la adjudicación a su favor.

b) En los restantes casos, antes de que transcurran seis meses a contar desde la formalización del contrato.

Artículo 51. Forma y lugar de interposición del recurso especial.

1. En el escrito de interposición se hará constar el acto recurrido, el motivo que fundamente el recurso, los medios de prueba de que pretenda valerse el recurrente y, en su caso, las medidas de la misma naturaleza que las mencionadas en el artículo 49, cuya adopción solicite, acompañándose también:

a) El documento que acredite la representación del compareciente, salvo si figurase unido a las actuaciones de otro recurso pendiente ante el mismo órgano, en cuyo caso podrá solicitarse que se expida certificación para su unión al procedimiento.

b) El documento o documentos que acrediten la legitimación del actor cuando la ostente por habérsela transmitido otro por herencia o por cualquier otro título.

c) La copia o traslado del acto expreso que se recurra, o indicación del expediente en que haya recaído o del boletín oficial o perfil de contratante en que se haya publicado.

d) El documento o documentos en que funde su derecho.

e) Una dirección de correo electrónico «habilitada» a la que enviar, de conformidad con la disposición adicional decimoquinta, las comunicaciones y notificaciones.

2. Para la subsanación de los defectos que puedan afectar al escrito de recurso, se requerirá al interesado a fin de que, en un plazo de tres días hábiles desde el siguiente a su notificación, subsane la falta o acompañe los documentos preceptivos, con indicación de que, si así no lo hiciera, se le tendrá por desistido de su petición, quedando suspendida la tramitación del expediente con los efectos previstos en la Ley 39/2015, de 1 de octubre, del Procedimiento Administrativo Común de las Administraciones Públicas. La presentación de documentación subsanada se hará, necesariamente, en el registro del órgano competente para la resolución del recurso.

3. El escrito de interposición podrá presentarse en los lugares establecidos en el artículo 16.4 de la Ley 39/2015, de 1 de octubre, del Procedimiento Administrativo Común de las Administraciones Públicas. Asimismo, podrá presentarse en el registro del órgano de contratación o en el del órgano competente para la resolución del recurso.

Los escritos presentados en registros distintos de los dos citados específicamente en el párrafo anterior, deberán comunicarse al Tribunal de manera inmediata y de la forma más rápida posible.

4. El órgano competente para la resolución del recurso hará públicas a través de su página web, mediante resolución de su Presidente, las direcciones de registro en las que debe hacerse la presentación de los escritos para entenderla efectuada ante el propio Tribunal.

Artículo 52. Acceso al expediente.

1. Si el interesado desea examinar el expediente de contratación de forma previa a la interposición del recurso especial, deberá solicitarlo al órgano de contratación, el cual tendrá la obligación de ponerlo de manifiesto sin perjuicio de los límites de confidencialidad establecidos en la Ley.

2. Los interesados podrán hacer la solicitud de acceso al expediente dentro del plazo de interposición del recurso especial, debiendo el órgano de contratación facilitar el acceso en los cinco días hábiles siguientes a la recepción de la solicitud. La presentación de esta solicitud no paralizará en ningún caso el plazo para la interposición del recurso especial.

3. El incumplimiento de las previsiones contenidas en el apartado 1 anterior no eximirá a los interesados de la obligación de interponer el recurso especial dentro del plazo legalmente establecido. Ello no obstante, el citado incumplimiento podrá ser alegado por el recurrente en su recurso, en cuyo caso el órgano competente para resolverlo deberá conceder al recurrente el acceso al expediente de contratación en sus oficinas por plazo de diez días, con carácter previo al trámite de alegaciones, para que proceda a completar su recurso. En este supuesto concederá un plazo de dos días hábiles al órgano de contratación para que emita el informe correspondiente y cinco días hábiles a los restantes interesados para que efectúen las alegaciones que tuvieran por conveniente.

Artículo 53. Efectos derivados de la interposición del recurso.

Una vez interpuesto el recurso quedará en suspenso la tramitación del procedimiento cuando el acto recurrido sea el de adjudicación, salvo en el supuesto de contratos basados en un acuerdo marco o de contratos específicos en el marco de un sistema dinámico de adquisición, sin perjuicio de las medidas cautelares que en relación a estos últimos podrían adoptarse en virtud de lo señalado en el artículo 56.3.

Artículo 54. Comunicaciones y notificaciones.

Las comunicaciones y el intercambio de documentación entre los órganos competentes para la resolución de los recursos, los órganos de contratación y los interesados en el procedimiento se harán por medios electrónicos.

Artículo 55. Inadmisión.

El órgano encargado de resolver el recurso, tras la reclamación y examen del expediente administrativo, podrá declarar su inadmisión cuando constare de modo inequívoco y manifiesto cualquiera de los siguientes supuestos:

a) La incompetencia del órgano para conocer del recurso.

b) La falta de legitimación del recurrente o de acreditación de la representación de la persona que interpone el recurso en nombre de otra, mediante poder que sea suficiente a tal efecto.

c) Haberse interpuesto el recurso contra actos no susceptibles de impugnación de conformidad con lo dispuesto en el artículo 44.

d) La interposición del recurso, una vez finalizado el plazo establecido para su interposición.

Si el órgano encargado de resolverlo apreciara que concurre alguno de ellos, sin perjuicio de lo previsto en el artículo 51.2, dictará resolución acordando la inadmisión del recurso.

Artículo 56. Tramitación del procedimiento.

1. El procedimiento para tramitar los recursos especiales en materia de contratación se regirá por las disposiciones de la Ley 39/2015, de 1 de octubre, del Procedimiento Administrativo Común de las Administraciones Públicas, con las especialidades que se recogen en los apartados siguientes.

2. Interpuesto el recurso, el órgano competente para la resolución del recurso lo notificará en el mismo día al órgano de contratación con remisión de la copia del escrito de interposición y reclamará el expediente de contratación a la entidad, órgano o servicio que lo hubiese tramitado, quien deberá remitirlo dentro de los dos días hábiles siguientes acompañado del correspondiente informe.

Si el recurso se hubiera interpuesto ante el órgano de contratación autor del acto impugnado, este deberá remitirlo al órgano competente para la resolución del recurso dentro de los dos días hábiles siguientes a su recepción acompañado del expediente administrativo y del informe a que se refiere el párrafo anterior.

3. Sin perjuicio de lo dispuesto en el artículo 52 con respecto al acceso al expediente por parte del recurrente, dentro de los cinco días hábiles siguientes a la interposición, el órgano competente para la resolución del recurso dará traslado del mismo a los restantes interesados, concediéndoles un plazo de cinco días hábiles para formular alegaciones, que deberán presentarse necesariamente, en el registro del órgano competente para la resolución del recurso.

De forma simultánea a este trámite, decidirá, en el plazo de cinco días hábiles, acerca de las medidas cautelares, si se hubiese solicitado la adopción de alguna en el escrito de interposición del recurso o se hubiera procedido a la acumulación, en el caso de que la solicitud de tales medidas se hubiera realizado con anterioridad a la presentación del recurso.

Asimismo en este plazo, resolverá, en su caso, sobre si procede o no el mantenimiento de la suspensión automática prevista en el artículo 53, entendiéndose vigente esta en tanto no se dicte resolución expresa acordando el levantamiento. Si las medidas cautelares se hubieran solicitado después de la interposición del recurso, el órgano competente resolverá sobre ellas en los términos previstos en el párrafo anterior sin suspender el procedimiento principal.

En todo caso, las medidas cautelares podrán acordarse de oficio por el órgano competente en cualquier fase del procedimiento dando audiencia sobre ello al órgano de contratación autor del acto impugnado, por plazo de dos días.

4. Los hechos relevantes para la decisión del recurso podrán acreditarse por cualquier medio de prueba admisible en derecho. Cuando los interesados lo soliciten o el órgano encargado de la resolución del recurso no tenga por ciertos los hechos alegados por los interesados o la naturaleza del procedimiento lo exija, podrá acordarse la apertura del período de prueba por plazo de diez días hábiles, a fin de que puedan practicarse cuantas juzgue pertinentes.

El órgano competente para la resolución del recurso podrá rechazar las pruebas propuestas por los interesados cuando sean manifiestamente improcedentes o innecesarias, mediante resolución motivada.

La práctica de las pruebas se anunciará con antelación suficiente a los interesados.

5. El órgano competente para la resolución del recurso deberá, en todo caso, garantizar la confidencialidad y el derecho a la protección de los secretos comerciales en relación con la información contenida en el expediente de contratación, sin perjuicio de que pueda conocer y tomar en consideración dicha información a la hora de resolver. Corresponderá a dicho órgano resolver acerca de cómo garantizar la confidencialidad y el secreto de la información que obre en el expediente de contratación, sin que

por ello, resulten perjudicados los derechos de los demás interesados a la protección jurídica efectiva y al derecho de defensa en el procedimiento.

Artículo 57. Resolución del recurso especial.

1. Una vez recibidas las alegaciones de los interesados, o transcurrido el plazo señalado para su formulación, y el de la prueba, en su caso, el órgano competente deberá resolver el recurso dentro de los cinco días hábiles siguientes, notificándose a continuación la resolución a todos los interesados.

2. La resolución del recurso estimará en todo o en parte o desestimará las pretensiones formuladas o declarará su inadmisión, decidiendo motivadamente cuantas cuestiones se hubiesen planteado. En todo caso, la resolución será congruente con la petición y, de ser procedente, se pronunciará sobre la anulación de las decisiones no conformes a derecho adoptadas durante el procedimiento de adjudicación, incluyendo la supresión de las características técnicas, económicas o financieras discriminatorias contenidas en el anuncio de licitación, anuncio indicativo, pliegos, condiciones reguladoras del contrato o cualquier otro documento relacionado con la licitación o adjudicación, así como, si procede, sobre la retroacción de actuaciones. En todo caso la estimación del recurso que conlleve anulación de cláusulas o condiciones de los pliegos o documentación contractual de naturaleza análoga, determinará la anulación de los actos del expediente de contratación relacionados con su aprobación.

3. La resolución deberá acordar el levantamiento de la suspensión del acto de adjudicación si en el momento de dictarla continuase suspendido, así como de las restantes medidas cautelares que se hubieran acordado y la devolución de las garantías cuya constitución se hubiera exigido para la efectividad de las mismas, si procediera.

4. En caso de estimación total o parcial del recurso, el órgano de contratación deberá dar conocimiento al órgano que hubiera dictado la resolución, de las actuaciones adoptadas para dar cumplimiento a la misma.

5. Transcurridos dos meses contados desde el siguiente a la interposición del recurso sin que se haya notificado su resolución, el interesado podrá considerarlo desestimado a los efectos de interponer recurso contencioso-administrativo.

Artículo 58. Indemnizaciones y multas.

1. El órgano competente para la resolución del recurso, a solicitud del interesado, podrá imponer a la entidad contratante la obligación de indemnizar a la persona interesada por los daños y perjuicios que le haya podido ocasionar la infracción legal que hubiese dado lugar al recurso,

resarciéndole, cuando menos, de los gastos ocasionados por la preparación de la oferta o la participación en el procedimiento de contratación. La cuantía de la indemnización se fijará atendiendo en lo posible a los criterios establecidos en el Capítulo IV del Título Preliminar de la Ley 40/2015, de 1 de octubre, de Régimen Jurídico del Sector Público.

2. En caso de que el órgano competente aprecie temeridad o mala fe en la interposición del recurso o en la solicitud de medidas cautelares, podrá acordar la imposición de una multa al responsable de la misma.

El importe de la multa será de entre 1.000 y 30.000 euros, determinándose su cuantía en función de la mala fe apreciada y el perjuicio ocasionado al órgano de contratación y a los restantes licitadores, así como del cálculo de los beneficios obtenidos.

El importe de la multa impuesta se ingresará en todo caso en el Tesoro Público.

Las cuantías indicadas en este apartado podrán ser actualizadas por Orden del Ministro de Hacienda y Función Pública.

Artículo 59. Efectos de la resolución del recurso especial.

1. Contra la resolución dictada en este procedimiento solo cabrá la interposición de recurso contencioso-administrativo conforme a lo dispuesto en el artículo 10, letras k) y l) del apartado 1 y en el artículo 11, letra f) de su apartado 1 de la Ley 29/1998, de 13 de julio, reguladora de la Jurisdicción Contencioso-administrativa.

2. Sin perjuicio de lo dispuesto en el apartado anterior, la resolución será directamente ejecutiva.

3. No procederá la revisión de oficio de la resolución ni de ninguno de los actos dictados por los órganos competentes para la resolución del recurso. Tampoco estarán sujetos a fiscalización por los órganos de control interno de las Administraciones a que cada uno de ellos se encuentre adscrito.

Los órganos competentes para la resolución del recurso podrán rectificar en cualquier momento, de oficio o a instancia de los interesados, los errores materiales, de hecho o aritméticos existentes en sus actos, incluida la resolución del recurso.

Artículo 60. Emplazamiento de las partes ante los órganos de la jurisdicción contencioso-administrativa.

1. Cuando contra una resolución del órgano competente para la resolución del recurso se interponga recurso contencioso administrativo, aquel, una vez recibida la diligencia del Tribunal jurisdiccional reclamando el expediente administrativo, procederá a emplazar para su comparecencia

ante la Sala correspondiente al órgano de contratación autor del acto que hubiera sido objeto del recurso y a los restantes comparecidos en el procedimiento.

2. El emplazamiento indicado en el párrafo anterior se hará en la forma prevista en el artículo 49 de la Ley 29/1998, de 13 de julio, reguladora de la Jurisdicción Contencioso-administrativa.

TÍTULO II Partes en el contrato

CAPÍTULO I Órgano de contratación

Artículo 61. Competencia para contratar.

1. La representación de las entidades del sector público en materia contractual corresponde a los órganos de contratación, unipersonales o colegiados que, en virtud de norma legal o reglamentaria o disposición estatutaria, tengan atribuida la facultad de celebrar contratos en su nombre.

2. Los órganos de contratación podrán delegar o desconcentrar sus competencias y facultades en esta materia con cumplimiento de las normas y formalidades aplicables en cada caso para la delegación o desconcentración de competencias, en el caso de que se trate de órganos administrativos, o para el otorgamiento de poderes, cuando se trate de órganos societarios o de una fundación.

Artículo 62. Responsable del contrato.

1. Con independencia de la unidad encargada del seguimiento y ejecución ordinaria del contrato que figure en los pliegos, los órganos de contratación deberán designar un responsable del contrato al que corresponderá supervisar su ejecución y adoptar las decisiones y dictar las instrucciones necesarias con el fin de asegurar la correcta realización de la prestación pactada, dentro del ámbito de facultades que aquellos le atribuyan. El responsable del contrato podrá ser una persona física o jurídica, vinculada a la entidad contratante o ajena a él.

2. En los contratos de obras, las facultades del responsable del contrato serán ejercidas por el Director Facultativo conforme con lo dispuesto en los artículos 237 a 246.

3. En los casos de concesiones de obra pública y de concesiones de servicios, la Administración designará una persona que actúe en defensa del interés general, para obtener y para verificar el cumplimiento de las obligaciones del concesionario, especialmente en lo que se refiere a la calidad en la prestación del servicio o de la obra.

Artículo 63. Perfil de contratante.

1. Los órganos de contratación difundirán exclusivamente a través de Internet su perfil de contratante, como elemento que agrupa la información y documentos relativos a su actividad contractual al objeto de asegurar la transparencia y el acceso público a los mismos. La forma de acceso al perfil de contratante deberá hacerse constar en los pliegos y documentos equivalentes, así como en los anuncios de licitación en todos los casos. La difusión del perfil de contratante no obstará la utilización de otros medios de publicidad adicionales en los casos en que así se establezca.

El acceso a la información del perfil de contratante será libre, no requiriendo identificación previa. No obstante, podrá requerirse esta para el acceso a servicios personalizados asociados al contenido del perfil de contratante tales como suscripciones, envío de alertas, comunicaciones electrónicas y envío de ofertas, entre otras. Toda la información contenida en los perfiles de contratante se publicará en formatos abiertos y reutilizables, y permanecerá accesible al público durante un periodo de tiempo no inferior a 5 años, sin perjuicio de que se permita el acceso a expedientes anteriores ante solicitudes de información.

2. El perfil de contratante podrá incluir cualesquiera datos y documentos referentes a la actividad contractual de los órganos de contratación. En cualquier caso, deberá contener tanto la información de tipo general que puede utilizarse para relacionarse con el órgano de contratación como puntos de contacto, números de teléfono y de fax, dirección postal y dirección electrónica, informaciones, anuncios y documentos generales, tales como las instrucciones internas de contratación y modelos de documentos, así como la información particular relativa a los contratos que celebre.

3. En el caso de la información relativa a los contratos, deberá publicarse al menos la siguiente información:

a) La memoria justificativa del contrato, el informe de insuficiencia de medios en el caso de contratos de servicios, la justificación del procedimiento utilizado para su adjudicación cuando se utilice un procedimiento distinto del abierto o del restringido, el pliego de cláusulas administrativas particulares y el de prescripciones técnicas que hayan de regir el contrato o documentos equivalentes, en su caso, y el documento de aprobación del expediente.

b) El objeto detallado del contrato, su duración, el presupuesto base de licitación y el importe de adjudicación, incluido el Impuesto sobre el Valor Añadido.

c) Los anuncios de información previa, de convocatoria de las licitaciones, de adjudicación y de formalización de los contratos, los anuncios de modificación y su justificación, los anuncios de concursos de proyectos y de resultados de concursos de proyectos, con las excepciones establecidas en las normas de los negociados sin publicidad.

d) Los medios a través de los que, en su caso, se ha publicitado el contrato y los enlaces a esas publicaciones.

e) El número e identidad de los licitadores participantes en el procedimiento, así como todas las actas de la mesa de contratación relativas al procedimiento de adjudicación o, en el caso de no actuar la mesa, las resoluciones del servicio u órgano de contratación correspondiente, el informe de valoración de los criterios de adjudicación cuantificables mediante un juicio de valor de cada una de las ofertas, en su caso, los informes sobre las ofertas incursas en presunción de anormalidad a que se refiere el artículo 149.4 y, en todo caso, la resolución de adjudicación del contrato.

Igualmente serán objeto de publicación en el perfil de contratante la decisión de no adjudicar o celebrar el contrato, el desistimiento del procedimiento de adjudicación, la declaración de desierto, así como la interposición de recursos y la eventual suspensión de los contratos con motivo de la interposición de recursos.

4. La publicación de la información relativa a los contratos menores deberá realizarse al menos trimestralmente. La información a publicar para este tipo de contratos será, al menos, su objeto, duración, el importe de adjudicación, incluido el Impuesto sobre el Valor Añadido, y la identidad del adjudicatario, ordenándose los contratos por la identidad del adjudicatario.

Quedan exceptuados de la publicación a la que se refiere el párrafo anterior, aquellos contratos cuyo valor estimado fuera inferior a cinco mil euros, siempre que el sistema de pago utilizado por los poderes adjudicadores fuera el de anticipo de caja fija u otro sistema similar para realizar pagos menores.

5. Deberán ser objeto de publicación en el perfil de contratante, asimismo, los procedimientos anulados, la composición de las mesas de contratación que asistan a los órganos de contratación, así como la designación de los miembros del comité de expertos o de los organismos técnicos especializados para la aplicación de criterios de adjudicación que dependan de un juicio de valor en los procedimientos en los que sean necesarios.

En todo caso deberá publicarse el cargo de los miembros de las mesas de contratación y de los comités de expertos, no permitiéndose alusiones genéricas o indeterminadas o que se refieran únicamente a la Administración, organismo o entidad a la que representen o en la que prestasen sus servicios.

6. La formalización de los encargos a medios propios cuyo importe fuera superior a 50.000 euros, IVA excluido, serán objeto, asimismo, de publicación en el perfil de contratante.

La información relativa a los encargos de importe superior a 5.000 euros deberá publicarse al menos trimestralmente. La información a publicar para este tipo de encargos será, al menos, su objeto, duración, las tarifas aplicables y la identidad del medio propio destinatario del encargo, ordenándose los encargos por la identidad del medio propio.

7. El sistema informático que soporte el perfil de contratante deberá contar con un dispositivo que permita acreditar fehacientemente el momento de inicio de la difusión pública de la información que se incluya en el mismo.

8. Podrán no publicarse determinados datos relativos a la celebración del contrato en los supuestos que establece el artículo 154.7.

En todo caso, cada vez que el órgano de contratación decida excluir alguna información de acuerdo con lo dispuesto en el párrafo anterior, deberá justificarlo en el expediente.

Artículo 64. Lucha contra la corrupción y prevención de los conflictos de intereses.

1. Los órganos de contratación deberán tomar las medidas adecuadas para luchar contra el fraude, el favoritismo y la corrupción, y prevenir, detectar y solucionar de modo efectivo los conflictos de intereses que puedan surgir en los procedimientos de licitación con el fin de evitar cualquier distorsión de la competencia y garantizar la transparencia en el procedimiento y la igualdad de trato a todos los candidatos y licitadores.

2. A estos efectos el concepto de conflicto de intereses abarcará, al menos, cualquier situación en la que el personal al servicio del órgano de contratación, que además participe en el desarrollo del procedimiento de licitación o pueda influir en el resultado del mismo, tenga directa o indirectamente un interés financiero, económico o personal que pudiera parecer que compromete su imparcialidad e independencia en el contexto del procedimiento de licitación.

Aquellas personas o entidades que tengan conocimiento de un posible conflicto de interés deberán ponerlo inmediatamente en conocimiento del órgano de contratación.

CAPÍTULO II Capacidad y solvencia del empresario

Sección 1.ª Aptitud para contratar con el sector público

Subsección 1.ª Normas generales y normas especiales sobre capacidad

Artículo 65. Condiciones de aptitud.

1. Solo podrán contratar con el sector público las personas naturales o jurídicas, españolas o extranjeras, que tengan plena capacidad de obrar, no estén incursas en alguna prohibición de contratar, y acrediten su solvencia económica y financiera y técnica o profesional o, en los casos en que así lo exija esta Ley, se encuentren debidamente clasificadas.

Cuando, por así determinarlo la normativa aplicable, se le requirieran al contratista determinados requisitos relativos a su organización, destino de sus beneficios, sistema de financiación u otros para poder participar en el correspondiente procedimiento de adjudicación, estos deberán ser acreditados por el licitador al concurrir en el mismo.

2. Los contratistas deberán contar, asimismo, con la habilitación empresarial o profesional que, en su caso, sea exigible para la realización de las prestaciones que constituyan el objeto del contrato.

3. En los contratos subvencionados a que se refiere el artículo 23 de esta Ley, el contratista deberá acreditar su solvencia y no podrá estar incurso en la prohibición de contratar a que se refiere la letra a) del apartado 1 del artículo 71.

Artículo 66. Personas jurídicas.

1. Las personas jurídicas solo podrán ser adjudicatarias de contratos cuyas prestaciones estén comprendidas dentro de los fines, objeto o ámbito de actividad que, a tenor de sus estatutos o reglas fundacionales, les sean propios.

2. Quienes concurran individual o conjuntamente con otros a la licitación de una concesión de obras o de servicios, podrán hacerlo con el compromiso de constituir una sociedad que será la titular de la concesión. La constitución y, en su caso, la forma de la sociedad deberán ajustarse a lo

que establezca, para determinados tipos de concesiones, la correspondiente legislación específica.

Artículo 67. Empresas comunitarias o de Estados signatarios del Acuerdo sobre el Espacio Económico Europeo.

1. Tendrán capacidad para contratar con el sector público, en todo caso, las empresas no españolas de Estados miembros de la Unión Europea o de los Estados signatarios del Acuerdo sobre el Espacio Económico Europeo que, con arreglo a la legislación del Estado en que estén establecidas, se encuentren habilitadas para realizar la prestación de que se trate.

2. Cuando la legislación del Estado en que se encuentren establecidas estas empresas exija una autorización especial o la pertenencia a una determinada organización para poder prestar en él el servicio de que se trate, deberán acreditar que cumplen este requisito.

Artículo 68. Empresas no comunitarias.

1. Sin perjuicio de la aplicación de las obligaciones de España derivadas de acuerdos internacionales, las personas físicas o jurídicas de Estados no pertenecientes a la Unión Europea o de Estados signatarios del Acuerdo sobre el Espacio Económico Europeo deberán justificar mediante informe que el Estado de procedencia de la empresa extranjera admite a su vez la participación de empresas españolas en la contratación con los entes del sector público asimilables a los enumerados en el artículo 3, en forma sustancialmente análoga. Dicho informe será elaborado por la correspondiente Oficina Económica y Comercial de España en el exterior y se acompañará a la documentación que se presente. En los contratos sujetos a regulación armonizada se prescindirá del informe sobre reciprocidad en relación con las empresas de Estados signatarios del Acuerdo sobre Contratación Pública de la Organización Mundial de Comercio.

2. Adicionalmente, el pliego de cláusulas administrativas particulares podrá exigir a las empresas no comunitarias que resulten adjudicatarias de contratos de obras que abran una sucursal en España, con designación de apoderados o representantes para sus operaciones, y que estén inscritas en el Registro Mercantil.

Artículo 69. Uniones de empresarios.

1. Podrán contratar con el sector público las uniones de empresarios que se constituyan temporalmente al efecto, sin que sea necesaria la formalización de las mismas en escritura pública hasta que se haya efectuado la adjudicación del contrato a su favor.

2. Cuando en el ejercicio de sus funciones la mesa de contratación o, en su defecto, el órgano de contratación apreciaran posibles indicios de colusión entre empresas que concurran agrupadas en una unión temporal, los mismos requerirán a estas empresas para que, dándoles plazo suficiente, justifiquen de forma expresa y motivada las razones para concurrir agrupadas.

Cuando la mesa o el órgano de contratación, considerando la justificación efectuada por las empresas, estimase que existen indicios fundados de colusión entre ellas, los trasladará a la Comisión Nacional de los Mercados y la Competencia o, en su caso, a la autoridad de competencia autonómica correspondiente, a efectos de que, previa sustanciación del procedimiento sumarísimo a que se refiere el artículo 150.1, tercer párrafo, se pronuncie sobre aquellos.

3. Los empresarios que concurran agrupados en uniones temporales quedarán obligados solidariamente y deberán nombrar un representante o apoderado único de la unión con poderes bastantes para ejercitar los derechos y cumplir las obligaciones que del contrato se deriven hasta la extinción del mismo, sin perjuicio de la existencia de poderes mancomunados que puedan otorgar para cobros y pagos de cuantía significativa.

A efectos de la licitación, los empresarios que deseen concurrir integrados en una unión temporal deberán indicar los nombres y circunstancias de los que la constituyan y la participación de cada uno, así como que asumen el compromiso de constituirse formalmente en unión temporal en caso de resultar adjudicatarios del contrato.

4. La duración de las uniones temporales de empresarios será coincidente, al menos, con la del contrato hasta su extinción.

5. Para los casos en que sea exigible la clasificación y concurran en la unión empresarios nacionales, extranjeros que no sean nacionales de un Estado miembro de la Unión Europea ni de un Estado signatario del Acuerdo sobre el Espacio Económico Europeo y extranjeros que sean nacionales de un Estado miembro de la Unión Europea o de un Estado signatario del Acuerdo sobre el Espacio Económico Europeo, los que pertenezcan a los dos primeros grupos deberán acreditar su clasificación, y estos últimos su solvencia económica, financiera y técnica o profesional.

6. A los efectos de valorar y apreciar la concurrencia del requisito de clasificación, respecto de los empresarios que concurran agrupados se atenderá, en la forma que reglamentariamente se determine, a las características acumuladas de cada uno de ellos, expresadas en sus

respectivas clasificaciones. En todo caso, será necesario para proceder a esta acumulación que todas las empresas hayan obtenido previamente la clasificación como empresa de obras, sin perjuicio de lo establecido para los empresarios no españoles de Estados miembros de la Unión Europea y de Estados signatarios del Acuerdo sobre el Espacio Económico Europeo en el apartado 4 del presente artículo.

7. Los empresarios que estén interesados en formar las uniones a las que se refiere el presente artículo, podrán darse de alta en el Registro Oficial de Licitadores y Empresas Clasificadas del Sector Público, que especificará esta circunstancia. Si ya estuvieran inscritos en el citado Registro únicamente deberán comunicarle a este, en la forma que se establezca reglamentariamente, su interés en el sentido indicado.

8. Si durante la tramitación de un procedimiento y antes de la formalización del contrato se produjese la modificación de la composición de la unión temporal de empresas, esta quedará excluida del procedimiento. No tendrá la consideración de modificación de la composición la alteración de la participación de las empresas siempre que se mantenga la misma clasificación. Quedará excluida también del procedimiento de adjudicación del contrato la unión temporal de empresas cuando alguna o algunas de las empresas que la integren quedase incursa en prohibición de contratar.

Las operaciones de fusión, escisión y aportación o transmisión de rama de actividad de que sean objeto alguna o algunas empresas integradas en una unión temporal no impedirán la continuación de esta en el procedimiento de adjudicación. En el caso de que la sociedad absorbente, la resultante de la fusión, la beneficiaria de la escisión o la adquirente de la rama de actividad, no sean empresas integrantes de la unión temporal, será necesario que tengan plena capacidad de obrar, no estén incursas en prohibición de contratar y que se mantenga la solvencia, la capacidad o clasificación exigida.

9. Una vez formalizado el contrato con una unión temporal de empresas, se observarán las siguientes reglas:

a) Cuando la modificación de la composición de la unión temporal suponga el aumento del número de empresas, la disminución del mismo, o la sustitución de una o varias por otra u otras, se necesitará la autorización previa y expresa del órgano de contratación, debiendo haberse ejecutado el contrato al menos en un 20 por ciento de su importe o, cuando se trate de un contrato de concesión de obras o concesión de servicios, que se haya efectuado su explotación durante al menos la quinta parte del plazo de duración del contrato. En todo caso será necesario que se mantenga la solvencia o clasificación exigida y que en la nueva configuración de la unión temporal las empresas que la integren tengan plena capacidad de obrar y no estén incursas en prohibición de contratar.

b) Cuando tenga lugar respecto de alguna o algunas empresas integrantes de la unión temporal operaciones de fusión, escisión o transmisión de rama de actividad, continuará la ejecución del contrato con la unión temporal adjudicataria. En el caso de que la sociedad absorbente, la resultante de la fusión, la beneficiaria de la escisión o la adquirente de la rama de actividad, no sean empresas integrantes de la unión temporal, será necesario que tengan plena capacidad de obrar, no estén incursas en prohibición de contratar y que se mantenga la solvencia, la capacidad o clasificación exigida.

c) Cuando alguna o algunas de las empresas integrantes de la unión temporal fuesen declaradas en concurso de acreedores y aun cuando se hubiera abierto la fase de liquidación, continuará la ejecución del contrato con la empresa o empresas restantes siempre que estas cumplan los requisitos de solvencia o clasificación exigidos.

10. La información pública de los contratos adjudicados a estas uniones incluirá los nombres de las empresas participantes y la participación porcentual de cada una de ellas en la Unión Temporal de Empresas, sin perjuicio de la publicación en el Registro Especial de Uniones Temporales de Empresas.

Artículo 70. Condiciones especiales de compatibilidad.

1. El órgano de contratación tomará las medidas adecuadas para garantizar que la participación en la licitación de las empresas que hubieran participado previamente en la elaboración de las especificaciones técnicas o de los documentos preparatorios del contrato o hubieran asesorado al órgano de contratación durante la preparación del procedimiento de contratación, no falsee la competencia. Entre esas medidas podrá llegar a establecerse que las citadas empresas, y las empresas a ellas vinculadas, entendiéndose por tales las que se encuentren en alguno de los supuestos previstos en el artículo 42 del Código de Comercio, puedan ser excluidas de dichas licitaciones, cuando no haya otro medio de garantizar el cumplimiento del principio de igualdad de trato.

En todo caso, antes de proceder a la exclusión del candidato o licitador que participó en la preparación del contrato, deberá dársele audiencia para que justifique que su participación en la fase preparatoria no puede tener el efecto de falsear la competencia o de dispensarle un trato privilegiado con respecto al resto de las empresas licitadoras.

Entre las medidas a las que se refiere el primer párrafo del presente apartado, se encontrarán la comunicación a los demás candidatos o licitadores de la información intercambiada en el marco de la participación en la preparación del procedimiento de contratación o como resultado de ella, y el establecimiento de plazos adecuados para la presentación de ofertas.

Las medidas adoptadas se consignarán en los informes específicos previstos en el artículo 336.

2. Los contratos que tengan por objeto la vigilancia, supervisión, control y dirección de la ejecución de cualesquiera contratos, así como la coordinación en materia de seguridad y salud, no podrán adjudicarse a las mismas empresas adjudicatarias de los correspondientes contratos, ni a las empresas a estas vinculadas, en el sentido establecido en el apartado anterior.

Subsección 2.ª Prohibiciones de contratar

Artículo 71. Prohibiciones de contratar.

1. No podrán contratar con las entidades previstas en el artículo 3 de la presente Ley con los efectos establecidos en el artículo 73, las personas en quienes concurra alguna de las siguientes circunstancias:

a) Haber sido condenadas mediante sentencia firme por delitos de terrorismo, constitución o integración de una organización o grupo criminal, asociación ilícita, financiación ilegal de los partidos políticos, trata de seres humanos, corrupción en los negocios, tráfico de influencias, cohecho, fraudes, delitos contra la Hacienda Pública y la Seguridad Social, delitos contra los derechos de los trabajadores, prevaricación, malversación, negociaciones prohibidas a los funcionarios, blanqueo de capitales, delitos relativos a la ordenación del territorio y el urbanismo, la protección del patrimonio histórico y el medio ambiente, o a la pena de inhabilitación especial para el ejercicio de profesión, oficio, industria o comercio.

La prohibición de contratar alcanzará a las personas jurídicas que sean declaradas penalmente responsables, y a aquellas cuyos administradores o representantes, lo sean de hecho o de derecho, vigente su cargo o representación y hasta su cese, se encontraran en la situación mencionada en este apartado.

b) Haber sido sancionadas con carácter firme por infracción grave en materia profesional que ponga en entredicho su integridad, de disciplina de mercado, de falseamiento de la competencia, de integración laboral y de igualdad de oportunidades y no discriminación de las personas con discapacidad, o de extranjería, de conformidad con lo establecido en la normativa vigente; o por infracción muy grave en materia medioambiental de conformidad con lo establecido en la normativa vigente, o por infracción muy grave en materia laboral o social, de acuerdo con lo dispuesto en el texto refundido de la Ley sobre Infracciones y Sanciones en el Orden Social, aprobado por el Real Decreto Legislativo 5/2000, de 4 de agosto, así como por la infracción grave prevista en el artículo 22.2 del citado texto.

c) Haber solicitado la declaración de concurso voluntario, haber sido declaradas insolventes en cualquier procedimiento, hallarse declaradas en concurso, salvo que en este haya adquirido eficacia un convenio o se haya iniciado un expediente de acuerdo extrajudicial de pagos, estar sujetos a intervención judicial o haber sido inhabilitados conforme a la Ley 22/2003, de 9 de julio, Concursal, sin que haya concluido el período de inhabilitación fijado en la sentencia de calificación del concurso.

d) No hallarse al corriente en el cumplimiento de las obligaciones tributarias o de Seguridad Social impuestas por las disposiciones vigentes, en los términos que reglamentariamente se determinen; o en el caso de empresas de 50 o más trabajadores, no cumplir el requisito de que al menos el 2 por ciento de sus empleados sean trabajadores con discapacidad, de conformidad con el artículo 42 del Real Decreto Legislativo 1/2013, de 29 de noviembre, por el que se aprueba el texto refundido de la Ley General de derechos de las personas con discapacidad y de su inclusión social, en las condiciones que reglamentariamente se determinen; o en el caso de empresas de más de 250 trabajadores, no cumplir con la obligación de contar con un plan de igualdad conforme a lo dispuesto en el artículo 45 de la Ley Orgánica 3/2007, de 22 de marzo, para la igualdad de mujeres y hombres.

En relación con el cumplimiento de sus obligaciones tributarias o con la Seguridad Social, se considerará que las empresas se encuentran al corriente en el mismo cuando las deudas estén aplazadas, fraccionadas o se hubiera acordado su suspensión con ocasión de la impugnación de tales deudas.

La acreditación del cumplimiento de la cuota de reserva de puestos de trabajo del 2 por ciento para personas con discapacidad y de la obligación de contar con un plan de igualdad a que se refiere el primer párrafo de esta letra se hará mediante la presentación de la declaración responsable a que se refiere el artículo 140.

No obstante lo dispuesto en el párrafo anterior, el Consejo de Ministros, mediante Real Decreto, podrá establecer una forma alternativa de acreditación que, en todo caso, será bien mediante certificación del órgano administrativo correspondiente, con vigencia mínima de seis meses, o bien mediante certificación del correspondiente Registro de Licitadores, en los casos en que dicha circunstancia figure inscrita en el mismo.

e) Haber incurrido en falsedad al efectuar la declaración responsable a que se refiere el artículo 140 o al facilitar cualesquiera otros datos relativos a su capacidad y solvencia, o haber incumplido, por causa que le sea imputable, la obligación de comunicar la información prevista en el artículo 82.4 y en el artículo 343.1.

f) Estar afectado por una prohibición de contratar impuesta en virtud de sanción administrativa firme, con arreglo a lo previsto en la Ley

38/2003, de 17 de noviembre, General de Subvenciones, o en la Ley 58/2003, de 17 de diciembre, General Tributaria.

La presente causa de prohibición de contratar dejará de aplicarse cuando el órgano de contratación, en aplicación de lo dispuesto en el artículo 72.1, compruebe que la empresa ha cumplido sus obligaciones de pago o celebrado un acuerdo vinculante con vistas al pago de las cantidades adeudadas, incluidos en su caso los intereses acumulados o las multas impuestas.

g) Estar incursa la persona física o los administradores de la persona jurídica en alguno de los supuestos de la Ley 3/2015, de 30 de marzo, reguladora del ejercicio del alto cargo de la Administración General del Estado o las respectivas normas de las Comunidades Autónomas, de la Ley 53/1984, de 26 de diciembre, de Incompatibilidades del Personal al Servicio de las Administraciones Públicas o tratarse de cualquiera de los cargos electivos regulados en la Ley Orgánica 5/1985, de 19 de junio, del Régimen Electoral General, en los términos establecidos en la misma.

La prohibición alcanzará a las personas jurídicas en cuyo capital participen, en los términos y cuantías establecidas en la legislación citada, el personal y los altos cargos a que se refiere el párrafo anterior, así como los cargos electos al servicio de las mismas.

La prohibición se extiende igualmente, en ambos casos, a los cónyuges, personas vinculadas con análoga relación de convivencia afectiva, ascendientes y descendientes, así como a parientes en segundo grado por consanguineidad o afinidad de las personas a que se refieren los párrafos anteriores, cuando se produzca conflicto de intereses con el titular del órgano de contratación o los titulares de los órganos en que se hubiere delegado la facultad para contratar o los que ejerzan la sustitución del primero.

h) Haber contratado a personas respecto de las que se haya publicado en el «Boletín Oficial del Estado» el incumplimiento a que se refiere el artículo 15.1 de la Ley 3/2015, de 30 de marzo, reguladora del ejercicio del alto cargo de la Administración General del Estado o en las respectivas normas de las Comunidades Autónomas, por haber pasado a prestar servicios en empresas o sociedades privadas directamente relacionadas con las competencias del cargo desempeñado durante los dos años siguientes a la fecha de cese en el mismo. La prohibición de contratar se mantendrá durante el tiempo que permanezca dentro de la organización de la empresa la persona contratada con el límite máximo de dos años a contar desde el cese como alto cargo.

2. Además de las previstas en el apartado anterior, son circunstancias que impedirán a los empresarios contratar con las entidades comprendidas en el artículo 3 de la presente Ley, en las condiciones establecidas en el artículo 73 las siguientes:

a) Haber retirado indebidamente su proposición o candidatura en un procedimiento de adjudicación, o haber imposibilitado la adjudicación del contrato a su favor por no cumplimentar lo establecido en el apartado 2 del artículo 150 dentro del plazo señalado mediando dolo, culpa o negligencia.

b) Haber dejado de formalizar el contrato, que ha sido adjudicado a su favor, en los plazos previstos en el artículo 153 por causa imputable al adjudicatario.

c) Haber incumplido las cláusulas que son esenciales en el contrato, incluyendo las condiciones especiales de ejecución establecidas de acuerdo con lo señalado en el artículo 202, cuando dicho incumplimiento hubiese sido definido en los pliegos o en el contrato como infracción grave, concurriendo dolo, culpa o negligencia en el empresario, y siempre que haya dado lugar a la imposición de penalidades o a la indemnización de daños y perjuicios.

d) Haber dado lugar, por causa de la que hubiesen sido declarados culpables, a la resolución firme de cualquier contrato celebrado con una entidad de las comprendidas en el artículo 3 de la presente Ley.

3. Las prohibiciones de contratar afectarán también a aquellas empresas de las que, por razón de las personas que las rigen o de otras circunstancias, pueda presumirse que son continuación o que derivan, por transformación, fusión o sucesión, de otras empresas en las que hubiesen concurrido aquellas.

Artículo 72. Apreciación de la prohibición de contratar. Competencia y procedimiento.

1. Las prohibiciones de contratar relativas a las circunstancias contenidas en las letras c), d), f), g) y h) del apartado 1 del artículo anterior, se apreciarán directamente por los órganos de contratación, subsistiendo mientras concurran las circunstancias que en cada caso las determinan.

2. La prohibición de contratar por las causas previstas en las letras a) y b) del apartado 1 del artículo anterior se apreciará directamente por los órganos de contratación, cuando la sentencia o la resolución administrativa se hubiera pronunciado expresamente sobre su alcance y duración, subsistiendo durante el plazo señalado en las mismas.

En el caso de que la sentencia o la resolución administrativa no contengan pronunciamiento sobre el alcance o duración de la prohibición de contratar; en los casos de la letra e) del apartado primero del artículo anterior; y en los supuestos contemplados en el apartado segundo, también del artículo anterior, el alcance y duración de la prohibición deberá determinarse mediante procedimiento instruido al efecto, de conformidad con lo dispuesto en este artículo.

3. La competencia para fijar la duración y alcance de la prohibición de contratar en el caso de las letras a) y b) del apartado 1 del artículo anterior, en los casos en que no figure en la correspondiente sentencia o resolución, y la competencia para la declaración de la prohibición de contratar en el caso de la letra e) del apartado primero del artículo anterior respecto de la obligación de comunicar la información prevista en el artículo 82.4 y en el artículo 343, corresponderá al Ministro de Hacienda y Función Pública previa propuesta de la Junta Consultiva de Contratación Pública del Estado, o a los órganos que resulten competentes en el ámbito de las Comunidades Autónomas en el caso de la letra e) citada.

A efectos de poder dar cumplimiento a lo establecido en el párrafo anterior, el órgano judicial o administrativo del que emane la sentencia o resolución administrativa deberá remitir de oficio testimonio de aquella o copia de esta a la Junta Consultiva de Contratación Pública del Estado, sin perjuicio de que por parte de este órgano, de tener conocimiento de su existencia y no habiendo recibido el citado testimonio de la sentencia o copia de la resolución administrativa, pueda solicitarlos al órgano del que emanaron.

En los supuestos previstos en la letra e) del apartado 1 del artículo anterior referido a casos en que se hubiera incurrido en falsedad al efectuar la declaración responsable a que se refiere el artículo 140, o al facilitar cualesquiera otros datos relativos a su capacidad y solvencia, y en los supuestos previstos en el apartado segundo del artículo 71, la declaración de la prohibición de contratar corresponderá al órgano de contratación.

4. La competencia para la declaración de la prohibición de contratar en los casos en que la entidad contratante no tenga el carácter de Administración Pública corresponderá al titular del departamento, presidente o director del organismo al que esté adscrita o del que dependa la entidad contratante o al que corresponda su tutela o control. Si la entidad contratante estuviera vinculada a más de una Administración, será competente el órgano correspondiente de la que ostente el control o participación mayoritaria.

5. Cuando conforme a lo señalado en este artículo, sea necesaria una declaración previa sobre la concurrencia de la prohibición, el alcance y duración de esta se determinarán siguiendo el procedimiento que en las normas de desarrollo de esta Ley se establezca.

No procederá, sin embargo, declarar la prohibición de contratar cuando, en sede del trámite de audiencia del procedimiento correspondiente, la persona incursa en la causa de prohibición acredite el pago o compromiso de pago de las multas e indemnizaciones fijadas por sentencia o resolución administrativa de las que derive la causa de prohibición de contratar, siempre y cuando las citadas personas hayan sido declaradas responsables del pago de la misma en la citada sentencia o resolución, y la adopción de medidas técnicas, organizativas y de personal apropiadas para evitar la comisión de futuras infracciones administrativas, entre las que quedará incluido el acogerse al programa de clemencia en materia de falseamiento de la competencia. Este párrafo no resultará de aplicación cuando resulte aplicable la causa de prohibición de contratar a que se refiere el artículo 71.1, letra a).

La prohibición de contratar, así declarada, podrá ser revisada en cualquier momento de su vigencia, cuando la persona que haya sido declarada en situación de prohibición de contratar acredite el cumplimiento de los extremos a que se refiere el párrafo anterior. El órgano competente para conocer de la citada revisión será el mismo que dictó la resolución de declaración de prohibición de contratar.

6. En los casos en que por sentencia penal firme así se prevea, la duración de la prohibición de contratar será la prevista en la misma. En los casos en los que esta no haya establecido plazo, esa duración no podrá exceder de cinco años desde la fecha de la condena por sentencia firme.

En el resto de los supuestos, el plazo de duración no podrá exceder de tres años, para cuyo cómputo se estará a lo establecido en el apartado tercero del artículo 73.

7. En el caso de la letra a) del apartado 1 del artículo anterior, el procedimiento, de ser necesario, no podrá iniciarse una vez transcurrido el plazo previsto para la prescripción de la correspondiente pena, y en el caso de la letra b) del apartado 2 del mismo artículo, si hubiesen transcurrido más de tres meses desde que se produjo la adjudicación.

En los restantes supuestos previstos en dicho artículo, el procedimiento para la declaración de la prohibición de contratar no podrá iniciarse si hubiesen transcurrido más de tres años contados a partir de las siguientes fechas:

a) Desde la firmeza de la resolución sancionadora, en el caso de la causa prevista en la letra b) del apartado 1 del artículo anterior;

b) Desde la fecha en que se hubieran facilitado los datos falsos o desde aquella en que hubiera debido comunicarse la correspondiente información, en los casos previstos en la letra e) del apartado 1 del artículo anterior;

c) Desde la fecha en que fuese firme la resolución del contrato, en el caso previsto en la letra d) del apartado 2 del artículo anterior;

d) En los casos previstos en la letra a) del apartado 2 del artículo anterior, desde la fecha en que se hubiese procedido a la adjudicación del contrato, si la causa es la retirada indebida de proposiciones o candidaturas; o desde la fecha en que hubiese debido procederse a la adjudicación, si la prohibición se fundamenta en el incumplimiento de lo establecido en el apartado segundo del artículo 150;

e) Desde que la entidad contratante tuvo conocimiento del incumplimiento de las condiciones especiales de ejecución del contrato en los casos previstos en la letra c) del apartado segundo del artículo 71.

Artículo 73. Efectos de la declaración de la prohibición de contratar.

1. En los supuestos en que se den las circunstancias establecidas en el apartado segundo del artículo 71 y en la letra e) del apartado primero del mismo artículo en lo referente a haber incurrido en falsedad al efectuar la declaración responsable del artículo 140 o al facilitar otros datos relativos a su capacidad y solvencia, la prohibición de contratar afectará al ámbito del órgano de contratación competente para su declaración.

Dicha prohibición se podrá extender al correspondiente sector público en el que se integre el órgano de contratación. En el caso del sector público estatal, la extensión de efectos corresponderá al Ministro de Hacienda y Función Pública, previa propuesta de la Junta Consultiva de Contratación Pública del Estado.

En los supuestos en que, de conformidad con lo establecido en el primer párrafo del apartado tercero del artículo anterior respecto a la letra e) del apartado primero del artículo 71, la competencia para la declaración de la prohibición de contratar corresponda a los órganos que resulten competentes en el ámbito de las Comunidades Autónomas, la citada prohibición de contratar afectará a todos los órganos de contratación del correspondiente sector público.

Excepcionalmente, y siempre que previamente se hayan extendido al correspondiente sector público territorial, los efectos de las prohibiciones de contratar a las que se refieren los párrafos anteriores se podrán extender al conjunto del sector público. Dicha extensión de efectos a todo el sector público se realizará por el Ministro de Hacienda y Función Pública, previa propuesta de la Junta Consultiva de Contratación Pública del Estado, y a solicitud de la Comunidad Autónoma o Entidad Local correspondiente en los casos en que la prohibición de contratar provenga de tales ámbitos.

En los casos en que la competencia para declarar la prohibición de contratar corresponda al Ministro de Hacienda y Función Pública, la misma producirá efectos en todo el sector público.

2. Todas las prohibiciones de contratar, salvo aquellas en que se den alguna de las circunstancias previstas en las letras c), d), g) y h) del apartado primero del artículo 71, una vez adoptada la resolución correspondiente, se comunicará sin dilación para su inscripción al Registro Oficial de Licitadores y Empresas Clasificadas del Sector Público o el equivalente en el

ámbito de las Comunidades Autónomas, en función del ámbito de la prohibición de contratar y del órgano que la haya declarado.

Los órganos de contratación del ámbito de las Comunidades Autónomas, de las Ciudades Autónomas de Ceuta y Melilla o de las entidades locales situadas en su territorio notificarán la prohibición de contratar a los Registros de Licitadores de las Comunidades Autónomas correspondientes, o si no existieran, al Registro Oficial de Licitadores y Empresas Clasificadas del Sector Público.

La inscripción de la prohibición de contratar en el Registro de Licitadores correspondiente caducará pasados 3 meses desde que termine su duración, debiendo procederse de oficio a su cancelación en dicho Registro tras el citado plazo.

3. Las prohibiciones de contratar contempladas en las letras a) y b) del apartado primero del artículo 71 producirán efectos desde la fecha en que devinieron firmes la sentencia o la resolución administrativa en los casos en que aquella o esta se hubieran pronunciado sobre el alcance y la duración de la prohibición.

En el resto de supuestos, los efectos se producirán desde la fecha de inscripción en el registro correspondiente.

No obstante lo anterior, en los supuestos previstos en las letras a) y b) del apartado primero del artículo 71 en los casos en que los efectos de la prohibición de contratar se produzcan desde la inscripción en el correspondiente registro, podrán adoptarse, en su caso, por parte del órgano competente para resolver el procedimiento de determinación del alcance y duración de la prohibición, de oficio, o a instancia de parte, las medidas provisionales que estime oportunas para asegurar la eficacia de la resolución que pudiera adoptarse.

4. Las prohibiciones de contratar cuya causa fuera la prevista en la letra f) del apartado primero del artículo 71, producirán efectos respecto de las Administraciones Públicas que se establezcan en la resolución sancionadora que las impuso, desde la fecha en que esta devino firme.

Subsección 3.ª Solvencia

Artículo 74. Exigencia de solvencia.

1. Para celebrar contratos con el sector público los empresarios deberán acreditar estar en posesión de las condiciones mínimas de solvencia económica y financiera y profesional o técnica que se determinen por el órgano de contratación. Este requisito será sustituido por el de la clasificación, cuando esta sea exigible conforme a lo dispuesto en esta Ley.

2. Los requisitos mínimos de solvencia que deba reunir el empresario y la documentación requerida para acreditar los mismos se indicarán en el

anuncio de licitación y se especificarán en el pliego del contrato, debiendo estar vinculados a su objeto y ser proporcionales al mismo.

Artículo 75. Integración de la solvencia con medios externos.

1. Para acreditar la solvencia necesaria para celebrar un contrato determinado, el empresario podrá basarse en la solvencia y medios de otras entidades, independientemente de la naturaleza jurídica de los vínculos que tenga con ellas, siempre que demuestre que durante toda la duración de la ejecución del contrato dispondrá efectivamente de esa solvencia y medios, y la entidad a la que recurra no esté incursa en una prohibición de contratar.

En las mismas condiciones, los empresarios que concurran agrupados en las uniones temporales a que se refiere el artículo 69, podrán recurrir a las capacidades de entidades ajenas a la unión temporal.

No obstante, con respecto a los criterios relativos a los títulos de estudios y profesionales que se indican en el artículo 90.1.e), o a la experiencia profesional pertinente, las empresas únicamente podrán recurrir a las capacidades de otras entidades si estas van a ejecutar las obras o prestar servicios para los cuales son necesarias dichas capacidades.

2. Cuando una empresa desee recurrir a las capacidades de otras entidades, demostrará al poder adjudicador que va a disponer de los recursos necesarios mediante la presentación a tal efecto del compromiso por escrito de dichas entidades.

El compromiso a que se refiere el párrafo anterior se presentará por el licitador que hubiera presentado la mejor oferta de conformidad con lo dispuesto en el artículo 145, previo requerimiento cumplimentado de conformidad con lo dispuesto en el apartado 2 del artículo 150, sin perjuicio de lo establecido en el apartado 3 del artículo 140.

3. Cuando una empresa recurra a las capacidades de otras entidades en lo que respecta a los criterios relativos a la solvencia económica y financiera, el poder adjudicador podrá exigir formas de responsabilidad conjunta entre aquella entidad y las otras en la ejecución del contrato, incluso con carácter solidario.

4. En el caso de los contratos de obras, los contratos de servicios, o los servicios o trabajos de colocación o instalación en el contexto de un contrato de suministro, los poderes adjudicadores podrán exigir que determinadas partes o trabajos, en atención a su especial naturaleza, sean ejecutadas directamente por el propio licitador o, en el caso de una oferta presentada por una unión de empresarios, por un participante en la misma, siempre que así se haya previsto en el correspondiente pliego con indicación de los trabajos a los que se refiera.

Artículo 76. Concreción de las condiciones de solvencia.

1. En los contratos de obras, de servicios, concesión de obras y concesión de servicios, así como en los contratos de suministro que incluyan servicios o trabajos de colocación e instalación, podrá exigirse a las personas jurídicas que especifiquen, en la oferta o en la solicitud de participación, los nombres y la cualificación profesional del personal responsable de ejecutar la prestación.

2. Los órganos de contratación podrán exigir a los candidatos o licitadores, haciéndolo constar en los pliegos, que además de acreditar su solvencia o, en su caso, clasificación, se comprometan a dedicar o adscribir a la ejecución del contrato los medios personales o materiales suficientes para ello. Estos compromisos se integrarán en el contrato, debiendo los pliegos o el documento contractual, atribuirles el carácter de obligaciones esenciales a los efectos previstos en el artículo 211, o establecer penalidades, conforme a lo señalado en el artículo 192.2 para el caso de que se incumplan por el adjudicatario.

En el caso de contratos que atendida su complejidad técnica sea determinante la concreción de los medios personales o materiales necesarios para la ejecución del contrato, los órganos contratación exigirán el compromiso a que se refiere el párrafo anterior.

3. La adscripción de los medios personales o materiales como requisitos de solvencia adicionales a la clasificación del contratista deberá ser razonable, justificada y proporcional a la entidad y características del contrato, de forma que no limite la participación de las empresas en la licitación.

Subsección 4.ª Clasificación de las empresas

Artículo 77. Exigencia y efectos de la clasificación.

1. La clasificación de los empresarios como contratistas de obras o como contratistas de servicios de los poderes adjudicadores será exigible y surtirá efectos para la acreditación de su solvencia para contratar en los siguientes casos y términos:

a) Para los contratos de obras cuyo valor estimado sea igual o superior a 500.000 euros será requisito indispensable que el empresario se encuentre debidamente clasificado como contratista de obras de los poderes adjudicadores. Para dichos contratos, la clasificación del empresario en el grupo o subgrupo que en función del objeto del contrato corresponda, con categoría igual o superior a la exigida para el contrato, acreditará sus condiciones de solvencia para contratar.

Para los contratos de obras cuyo valor estimado sea inferior a 500.000 euros la clasificación del empresario en el grupo o subgrupo que en función del objeto del contrato corresponda, y que será recogido en los pliegos del contrato, acreditará su solvencia económica y financiera y solvencia técnica para contratar. En tales casos, el empresario podrá acreditar su solvencia indistintamente mediante su clasificación como contratista de obras en el grupo o subgrupo de clasificación correspondiente al contrato o bien acreditando el cumplimiento de los requisitos específicos de solvencia exigidos en el anuncio de licitación o en la invitación a participar en el procedimiento y detallados en los pliegos del contrato. Si los pliegos no concretaran los requisitos de solvencia económica y financiera o los requisitos de solvencia técnica o profesional, la acreditación de la solvencia se efectuará conforme a los criterios, requisitos y medios recogidos en el segundo inciso del apartado 3 del artículo 87, que tendrán carácter supletorio de lo que al respecto de los mismos haya sido omitido o no concretado en los pliegos.

b) Para los contratos de servicios no será exigible la clasificación del empresario. En el anuncio de licitación o en la invitación a participar en el procedimiento y en los pliegos del contrato se establecerán los criterios y requisitos mínimos de solvencia económica y financiera y de solvencia técnica o profesional tanto en los términos establecidos en los artículos 87 y 90 de la Ley como en términos de grupo o subgrupo de clasificación y de categoría mínima exigible, siempre que el objeto del contrato esté incluido en el ámbito de clasificación de alguno de los grupos o subgrupos de clasificación vigentes, atendiendo para ello al código CPV del contrato, según el Vocabulario común de contratos públicos aprobado por Reglamento (CE) 2195/2002, del Parlamento Europeo y del Consejo, de 5 de noviembre de 2002.

En tales casos, el empresario podrá acreditar su solvencia indistintamente mediante su clasificación en el grupo o subgrupo de clasificación y categoría de clasificación correspondientes al contrato o bien acreditando el cumplimiento de los requisitos específicos de solvencia exigidos en el anuncio de licitación o en la invitación a participar en el procedimiento y detallados en los pliegos del contrato. Si los pliegos no concretaran los requisitos de solvencia económica y financiera o los requisitos de solvencia técnica o profesional, la acreditación de la solvencia se efectuará conforme a los criterios, requisitos y medios recogidos en el segundo inciso del apartado 3 del artículo 87, que tendrán carácter supletorio de lo que al respecto de los mismos haya sido omitido o no concretado en los pliegos.

c) La clasificación no será exigible para los demás tipos de contratos. Para dichos contratos, los requisitos específicos de solvencia exigidos se indicarán en el anuncio de licitación o en la invitación a participar en el procedimiento y se detallarán en los pliegos del contrato.

2. La clasificación será exigible igualmente al cesionario de un contrato en el caso en que hubiese sido requerida al cedente.

3. Por Real Decreto podrá exceptuarse la necesidad de clasificación para determinados tipos de contratos de obras en los que este requisito sea exigible, debiendo motivarse dicha excepción en las circunstancias especiales y excepcionales concurrentes en los mismos.

4. Cuando no haya concurrido ninguna empresa clasificada en un procedimiento de adjudicación de un contrato para el que se requiera clasificación, el órgano de contratación podrá excluir la necesidad de cumplir este requisito en el siguiente procedimiento que se convoque para la adjudicación del mismo contrato, siempre y cuando no se alteren sus condiciones, precisando en el pliego de cláusulas y en el anuncio, en su caso, los medios de acreditación de la solvencia que deban ser utilizados de entre los especificados en los artículos 87 y 88.

5. Las entidades del sector público que no tengan el carácter de poderes adjudicadores podrán acordar la aplicación del régimen dispuesto en el apartado 1 de este artículo.

Artículo 78. Exención de la exigencia de clasificación.

1. No será exigible la clasificación a los empresarios no españoles de Estados miembros de la Unión Europea o de Estados signatarios del Acuerdo sobre el Espacio Económico Europeo, ya concurran al contrato aisladamente o integrados en una unión, sin perjuicio de la obligación de acreditar su solvencia.

2. Excepcionalmente, cuando así sea conveniente para los intereses públicos, la contratación de la Administración General del Estado y los entes organismos y entidades de ella dependientes con personas que no estén clasificadas podrá ser autorizada por el Consejo de Ministros, previo informe de la Junta Consultiva de Contratación Pública del Estado. En el ámbito de las Comunidades Autónomas, la autorización será otorgada por los órganos que estas designen como competentes.

Artículo 79. Criterios aplicables y condiciones para la clasificación.

1. La clasificación de las empresas se hará en función de su solvencia, valorada conforme a los criterios reglamentariamente establecidos de entre los recogidos en los artículos 87, 88 y 90, y determinará los contratos a cuya adjudicación puedan concurrir u optar por razón de su objeto y de su cuantía. A estos efectos, los contratos se dividirán en grupos generales y subgrupos, por su peculiar naturaleza, y dentro de estos por categorías, en función de su cuantía.

La expresión de la cuantía se efectuará por referencia al valor estimado del contrato, cuando la duración de este sea igual o inferior a un año, y por referencia al valor medio anual del mismo, cuando se trate de contratos de duración superior.

2. Para proceder a la clasificación será necesario que el empresario acredite su personalidad y capacidad de obrar, así como que se encuentra legalmente habilitado para realizar la correspondiente actividad, por disponer de las correspondientes autorizaciones o habilitaciones empresariales o profesionales, y reunir los requisitos de colegiación o inscripción u otros semejantes que puedan ser necesarios, y que no está incurso en prohibiciones de contratar.

3. En el supuesto de personas jurídicas pertenecientes a un grupo de sociedades, y a efectos de la valoración de su solvencia económica, financiera, técnica o profesional, se podrá tener en cuenta a las sociedades pertenecientes al grupo, siempre y cuando la persona jurídica en cuestión acredite que tendrá efectivamente a su disposición, durante el plazo a que se refiere el apartado 2 del artículo 82, los medios de dichas sociedades necesarios para la ejecución de los contratos.

En el caso de puesta a disposición de medios personales, tal circunstancia deberá en todo caso ser compatible con las disposiciones aplicables en materia laboral y de derecho del trabajo, y contar con el consentimiento de los trabajadores afectados.

El supuesto previsto en el presente apartado no podrá conllevar, en ningún caso, la puesta a disposición exclusivamente de medios personales.

4. Se denegará la clasificación de aquellas empresas de las que, a la vista de las personas que las rigen o de otras circunstancias, pueda presumirse que son continuación o que derivan, por transformación, fusión o sucesión, de otras afectadas por una prohibición de contratar.

5. En aquellas obras cuya naturaleza se corresponda con algunos de los tipos establecidos como subgrupo y no presenten singularidades diferentes a las normales y generales a su clase, se exigirá solamente la clasificación en el subgrupo genérico correspondiente.

Cuando en el caso anterior, las obras presenten singularidades no normales o generales a las de su clase y sí, en cambio, asimilables a tipos de obra correspondientes a otros subgrupos diferentes del principal, la exigencia de clasificación se extenderá también a estos subgrupos con las limitaciones siguientes:

a) El número de subgrupos exigibles, salvo casos excepcionales, no podrá ser superior a cuatro.

b) El importe de la obra parcial que por su singularidad dé lugar a la exigencia de clasificación en el subgrupo correspondiente deberá ser superior al 20 por 100 del precio total del contrato, salvo casos excepcionales, que deberán acreditarse razonadamente en los pliegos.

Artículo 80. Acuerdos o decisiones de clasificación: competencia,

eficacia, recurso y clasificaciones divergentes.

1. Los acuerdos relativos a la clasificación de las empresas se adoptarán, con eficacia general frente a todos los órganos de contratación, por las Comisiones Clasificadoras de la Junta Consultiva de Contratación Pública del Estado. Estos acuerdos podrán ser objeto de recurso de alzada ante el Ministro de Hacienda y Función Pública.

2. Los órganos competentes de las Comunidades Autónomas podrán adoptar decisiones sobre clasificación de las empresas que serán eficaces, únicamente, a efectos de contratar con la Comunidad Autónoma que las haya adoptado, con las Entidades locales incluidas en su ámbito territorial, y con los entes, organismos y entidades del sector público dependientes de una y otras. En la adopción de estos acuerdos, deberán respetarse, en todo caso, las reglas y criterios establecidos en esta Ley y en sus disposiciones de desarrollo.

No obstante, una empresa no podrá disponer simultáneamente de clasificación en un determinado grupo o subgrupo otorgada por las Comisiones Clasificadoras de la Junta Consultiva de Contratación Pública del Estado y por una o más Comunidades Autónomas, o por dos o más Comunidades Autónomas, con distintas categorías de clasificación. A tal efecto, las empresas indicarán en sus solicitudes de clasificación o de revisión de clasificación las clasificaciones que tienen vigentes y que hayan sido otorgadas por otras Administraciones distintas de aquella a la que dirigen su solicitud, no pudiendo otorgarse a la empresa solicitante una categoría superior en subgrupo alguno a aquella de la que ya disponga, otorgada por cualquier otra Administración, en dicho subgrupo.

Reglamentariamente se articularán los mecanismos necesarios para evitar la coexistencia sobrevenida de clasificaciones en vigor contradictorias para una misma empresa en un mismo grupo o subgrupo de clasificación.

Artículo 81. Inscripción registral de la clasificación.

Los acuerdos relativos a la clasificación de las empresas adoptados por las Comisiones Clasificadoras de la Junta Consultiva de Contratación Pública del Estado se inscribirán de oficio en el Registro Oficial de Licitadores y Empresas Clasificadas del Sector Público.

Los acuerdos relativos a la clasificación de las empresas adoptados por los órganos competentes de las Comunidades Autónomas que hayan asumido dicha competencia serán inscritos de oficio en el Registro de Licitadores de la respectiva Comunidad Autónoma, si dispone de tal Registro, y comunicados por el órgano que los adoptó al Registro Oficial de Licitadores y Empresas Clasificadas del Sector Público para su inscripción.

Artículo 82. Plazo de vigencia y revisión de las clasificaciones.

1. La clasificación de las empresas tendrá una vigencia indefinida en tanto se mantengan por el empresario las condiciones y circunstancias en que se basó su concesión.

2. No obstante, y sin perjuicio de lo señalado en el apartado 3 de este artículo y en el artículo siguiente, para la conservación de la clasificación deberá justificarse anualmente el mantenimiento de la solvencia económica y financiera y, cada tres años, el de la solvencia técnica y profesional, a cuyo efecto el empresario aportará la correspondiente declaración responsable o en su defecto la documentación actualizada en los términos que se establezcan reglamentariamente.

La no aportación en los plazos reglamentariamente establecidos de las declaraciones o documentos a los que se refiere el párrafo anterior dará lugar a la suspensión automática de las clasificaciones ostentadas, así como a la apertura de expediente de revisión de clasificación. La suspensión de las clasificaciones se levantará por la aportación de dichas declaraciones o documentos, si aún no se ha comunicado al interesado el inicio del expediente de revisión, o por el acuerdo de revisión de clasificación adoptado por el órgano competente, en caso contrario.

3. La clasificación será revisable a petición de los interesados o de oficio por la Administración en cuanto varíen las circunstancias tomadas en consideración para concederla.

4. En todo caso, el empresario está obligado a poner en conocimiento del órgano competente en materia de clasificación cualquier variación en las circunstancias que hubiesen sido tenidas en cuenta para concederla que pueda dar lugar a una revisión de la misma. La omisión de esta comunicación hará incurrir al empresario en la prohibición de contratar prevista en la letra e) del apartado 1 del artículo 71.

Artículo 83. Comprobación de los elementos de la clasificación.

Los órganos competentes en materia de clasificación podrán solicitar en cualquier momento de las empresas clasificadas o pendientes de clasificación los documentos que estimen necesarios para comprobar las declaraciones y hechos manifestados por las mismas en los expedientes que tramiten, así como pedir informe a cualquier órgano de las Administraciones Públicas sobre estos extremos.

Sección 2.ª Acreditación de la aptitud para contratar

Subsección 1.ª Capacidad de obrar

Artículo 84. Acreditación de la capacidad de obrar.

1. La capacidad de obrar de los empresarios que fueren personas jurídicas se acreditará mediante la escritura o documento de constitución, los estatutos o el acta fundacional, en los que consten las normas por las que se regula su actividad, debidamente inscritos, en su caso, en el Registro público que corresponda, según el tipo de persona jurídica de que se trate.

2. La capacidad de obrar de los empresarios no españoles que sean nacionales de Estados miembros de la Unión Europea o de Estados signatarios del Acuerdo sobre el Espacio Económico Europeo se acreditará por su inscripción en el registro procedente de acuerdo con la legislación del Estado donde están establecidos, o mediante la presentación de una declaración jurada o un certificado, en los términos que se establezcan reglamentariamente, de acuerdo con las disposiciones comunitarias de aplicación.

3. Los demás empresarios extranjeros deberán acreditar su capacidad de obrar con informe de la Misión Diplomática Permanente de España en el Estado correspondiente o de la Oficina Consular en cuyo ámbito territorial radique el domicilio de la empresa.

Subsección 2.ª Prohibiciones de contratar

Artículo 85. Prueba de la no concurrencia de una prohibición de contratar.

Sin perjuicio de lo establecido en el segundo párrafo del apartado 3 del artículo 140, la prueba, por parte de los empresarios, de no estar incursos en prohibiciones para contratar podrá realizarse mediante testimonio judicial o certificación administrativa, según los casos.

Cuando dicho documento no pueda ser expedido por la autoridad competente, podrá ser sustituido por una declaración responsable otorgada ante una autoridad administrativa, notario público u organismo profesional cualificado.

Subsección 3.ª Solvencia

Artículo 86. Medios de acreditar la solvencia.

1. La solvencia económica y financiera y técnica o profesional para un contrato se acreditará mediante la aportación de los documentos que se determinen por el órgano de contratación de entre los previstos en los artículos 87 a 91 de la presente Ley.

Sin perjuicio de lo establecido en el párrafo siguiente, para los contratos que no estén sujetos a regulación armonizada el órgano de contratación, además de los documentos a los que se refiere el párrafo primero, podrá admitir de forma justificada otros medios de prueba de la solvencia distintos de los previstos en los artículos 87 a 91.

Cuando por una razón válida, el operador económico no esté en condiciones de presentar las referencias solicitadas por el órgano de contratación, se le autorizará a acreditar su solvencia económica y financiera por medio de cualquier otro documento que el poder adjudicador considere apropiado.

2. La solvencia económica y financiera y técnica o profesional para la clasificación de empresas se acreditará mediante la aportación de los documentos reglamentariamente establecidos de entre los previstos en los artículos 87 a 91 de la presente Ley.

La clasificación del empresario acreditará su solvencia para la celebración de contratos del mismo tipo e importe que aquellos para los que se haya obtenido y para cuya celebración no se exija estar en posesión de la misma.

3. En los contratos de concesión de obras y concesiones de servicios en los que puedan identificarse sucesivas fases en su ejecución que requieran medios y capacidades distintas, los pliegos podrán diferenciar requisitos de solvencia, distintos para las sucesivas fases del contrato, pudiendo los licitadores acreditar dicha solvencia con anterioridad al inicio de la ejecución de cada una de las fases.

En el caso de aquellos empresarios que acogiéndose a la posibilidad prevista en el párrafo anterior, no acreditaran su solvencia antes del inicio de la ejecución de la correspondiente fase, se resolverá el contrato por causas imputables al empresario.

Artículo 87. Acreditación de la solvencia económica y financiera.

1. La solvencia económica y financiera del empresario deberá acreditarse por uno o varios de los medios siguientes, a elección del órgano de contratación:

a) Volumen anual de negocios, o bien volumen anual de negocios en el ámbito al que se refiera el contrato, referido al mejor ejercicio dentro de los tres últimos disponibles en función de las fechas de constitución o de inicio de actividades del empresario y de presentación de las ofertas por importe igual o superior al exigido en el anuncio de licitación o en la invitación a participar en el procedimiento y en los pliegos del contrato o, en su defecto, al establecido reglamentariamente. El volumen de negocios mínimo anual exigido no excederá de una vez y media el valor estimado del contrato, excepto en casos debidamente justificados como los relacionados con los riesgos especiales vinculados a la naturaleza de las obras, los servicios o los suministros. El órgano de contratación indicará las principales razones de la imposición de dicho requisito en los pliegos de la contratación o en el informe específico a que se refiere el artículo 336.

Cuando un contrato se divida en lotes, el presente criterio se aplicará en relación con cada uno de los lotes. No obstante, el órgano de contratación podrá establecer el volumen de negocios mínimo anual exigido a los licitadores por referencia a grupos de lotes en caso de que al adjudicatario se le adjudiquen varios lotes que deban ejecutarse al mismo tiempo.

b) En los casos en que resulte apropiado, justificante de la existencia de un seguro de responsabilidad civil por riesgos profesionales por importe igual o superior al exigido en el anuncio de licitación o en la invitación a participar en el procedimiento y en los pliegos del contrato o, en su defecto, al establecido reglamentariamente.

c) Patrimonio neto, o bien ratio entre activos y pasivos, al cierre del último ejercicio económico para el que esté vencida la obligación de aprobación de cuentas anuales por importe igual o superior al exigido en el anuncio de licitación o en la invitación a participar en el procedimiento y en los pliegos del contrato o, en su defecto, al establecido reglamentariamente. La ratio entre activo y pasivo podrá tenerse en cuenta si el poder adjudicador especifica en los pliegos de la contratación los métodos y criterios que se utilizarán para valorar este dato. Estos métodos y criterios deberán ser transparentes, objetivos y no discriminatorios.

Como medio adicional a los previstos en las letras anteriores de este apartado, el órgano de contratación podrá exigir que el periodo medio de pago a proveedores del empresario, siempre que se trate de una sociedad que no pueda presentar cuenta de pérdidas y ganancias abreviada, no supere el límite que a estos efectos se establezca por Orden del Ministro de Hacienda y Función Pública teniendo en cuenta la normativa sobre morosidad.

d) Para los contratos de concesión de obras y de servicios, o para aquellos otros que incluyan en su objeto inversiones relevantes que deban ser financiadas por el contratista, el órgano de contratación podrá establecer medios de acreditación de la solvencia económica y financiera alternativos a los anteriores, siempre que aseguren la capacidad del contratista de aportar los fondos necesarios para la correcta ejecución del contrato.

2. La acreditación documental de la suficiencia de la solvencia económica y financiera del empresario se efectuará mediante la aportación de los certificados y documentos que para cada caso se determinen reglamentariamente, de entre los siguientes: certificación bancaria, póliza o certificado de seguro por riesgos profesionales, cuentas anuales y declaración del empresario indicando el volumen de negocios global de la empresa. En todo caso, la inscripción en el Registro Oficial de Licitadores y Empresas Clasificadas del Sector Público acreditará frente a todos los órganos de contratación del sector público, a tenor de lo en él reflejado y

salvo prueba en contrario, las condiciones de solvencia económica y financiera del empresario.

3. En el anuncio de licitación o invitación a participar en el procedimiento y en los pliegos del contrato se especificarán los medios, de entre los recogidos en este artículo, admitidos para la acreditación de la solvencia económica y financiera de los empresarios que opten a la adjudicación del contrato, con indicación expresa del importe mínimo, expresado en euros, de cada uno de ellos. Para los contratos no sujetos al requisito de clasificación, cuando los pliegos no concreten los criterios y requisitos mínimos para su acreditación los licitadores o candidatos que no dispongan de la clasificación que en su caso corresponda al contrato acreditarán su solvencia económica y financiera con los siguientes criterios, requisitos mínimos y medios de acreditación:

a) El criterio para la acreditación de la solvencia económica y financiera será el volumen anual de negocios del licitador o candidato, que referido al año de mayor volumen de negocio de los tres últimos concluidos deberá ser al menos una vez y media el valor estimado del contrato cuando su duración no sea superior a un año, y al menos una vez y media el valor anual medio del contrato si su duración es superior a un año.

El volumen anual de negocios del licitador o candidato se acreditará por medio de sus cuentas anuales aprobadas y depositadas en el Registro Mercantil, si el empresario estuviera inscrito en dicho registro, y en caso contrario por las depositadas en el registro oficial en que deba estar inscrito. Los empresarios individuales no inscritos en el Registro Mercantil acreditarán su volumen anual de negocios mediante sus libros de inventarios y cuentas anuales legalizados por el Registro Mercantil.

b) En los contratos cuyo objeto consista en servicios profesionales, en lugar del volumen anual de negocio, la solvencia económica y financiera se podrá acreditar mediante la disposición de un seguro de indemnización por riesgos profesionales, vigente hasta el fin del plazo de presentación de ofertas, por importe no inferior al valor estimado del contrato, aportando además el compromiso de su renovación o prórroga que garantice el mantenimiento de su cobertura durante toda la ejecución del contrato. Este requisito se entenderá cumplido por el licitador o candidato que incluya con su oferta un compromiso vinculante de suscripción, en caso de resultar adjudicatario, del seguro exigido, compromiso que deberá hacer efectivo dentro del plazo de diez días hábiles al que se refiere el apartado 2 del artículo 150 de esta Ley.

La acreditación de este requisito se efectuará por medio de certificado expedido por el asegurador, en el que consten los importes y riesgos asegurados y la fecha de vencimiento del seguro, y mediante el documento de compromiso vinculante de suscripción, prórroga o renovación del seguro, en los casos en que proceda.

4. La solvencia económica y financiera requerida deberá resultar proporcional al objeto contractual de conformidad con lo establecido en el artículo 74.2, no debiendo en ningún caso suponer un obstáculo a la participación de las pequeñas y medianas empresas.

Artículo 88. Solvencia técnica en los contratos de obras.

1. En los contratos de obras, la solvencia técnica del empresario deberá ser acreditada por uno o varios de los medios siguientes, a elección del órgano de contratación:

a) Relación de las obras ejecutadas en el curso de los cinco últimos años, avalada por certificados de buena ejecución; estos certificados indicarán el importe, las fechas y el lugar de ejecución de las obras y se precisará si se realizaron según las reglas por las que se rige la profesión y se llevaron normalmente a buen término; en su caso, dichos certificados serán comunicados directamente al órgano de contratación por la autoridad competente. Cuando sea necesario para garantizar un nivel adecuado de competencia, los poderes adjudicadores podrán indicar que se tendrán en cuenta las pruebas de las obras pertinentes efectuadas más de cinco años antes.

A estos efectos, las obras ejecutadas por una sociedad extranjera filial del contratista de obras tendrán la misma consideración que las directamente ejecutadas por el propio contratista, siempre que este último ostente directa o indirectamente el control de aquella en los términos establecidos en el artículo 42 del Código de Comercio. Cuando se trate de obras ejecutadas por una sociedad extranjera participada por el contratista sin que se cumpla dicha condición, solo se reconocerá como experiencia atribuible al contratista la obra ejecutada por la sociedad participada en la proporción de la participación de aquel en el capital social de esta.

b) Declaración indicando el personal técnico u organismos técnicos, estén o no integrados en la empresa, de los que esta disponga para la ejecución de las obras acompañada de los documentos acreditativos correspondientes cuando le sea requerido por los servicios dependientes del órgano de contratación.

c) Títulos académicos y profesionales del empresario y de los directivos de la empresa y, en particular, del responsable o responsables de las obras así como de los técnicos encargados directamente de la misma, siempre que no se evalúen como un criterio de adjudicación.

d) En los casos adecuados, indicación de las medidas de gestión medioambiental que el empresario podrá aplicar al ejecutar el contrato.

e) Declaración sobre la plantilla media anual de la empresa y del número de directivos durante los tres últimos años, acompañada de la documentación justificativa correspondiente cuando le sea requerido por los servicios dependientes del órgano de contratación.

f) Declaración indicando la maquinaria, material y equipo técnico del que se dispondrá para la ejecución de las obras, a la que se adjuntará la documentación acreditativa pertinente cuando le sea requerido por los servicios dependientes del órgano de contratación.

2. En los contratos cuyo valor estimado sea inferior a 500.000 euros, cuando el contratista sea una empresa de nueva creación, entendiendo por tal aquella que tenga una antigüedad inferior a cinco años, su solvencia técnica se acreditará por uno o varios de los medios a que se refieren las letras b) a f) anteriores, sin que en ningún caso sea aplicable lo establecido en la letra a), relativo a la ejecución de un número determinado de obras.

3. En el anuncio de licitación o invitación a participar en el procedimiento y en los pliegos del contrato se especificarán los medios, de entre los recogidos en este artículo, admitidos para la acreditación de la solvencia técnica de los empresarios que opten a la adjudicación del contrato, con indicación expresa, en su caso, de los valores mínimos exigidos para cada uno de ellos. En su defecto, y para cuando no sea exigible la clasificación, la acreditación de la solvencia técnica se efectuará mediante la relación de obras ejecutadas en los últimos cinco años, que sean del mismo grupo o subgrupo de clasificación que el correspondiente al contrato, o del grupo o subgrupo más relevante para el contrato si este incluye trabajos correspondientes a distintos subgrupos, cuyo importe anual acumulado en el año de mayor ejecución sea igual o superior al 70 por ciento de la anualidad media del contrato.

Artículo 89. Solvencia técnica en los contratos de suministro.

1. En los contratos de suministro la solvencia técnica de los empresarios deberá acreditarse por uno o varios de los siguientes medios, a elección del órgano de contratación:

a) Una relación de los principales suministros realizados de igual o similar naturaleza que los que constituyen el objeto del contrato en el curso de como máximo, los tres últimos años, en la que se indique el importe, la fecha y el destinatario, público o privado de los mismos; cuando sea necesario para garantizar un nivel adecuado de competencia, los poderes adjudicadores podrán indicar que se tendrán en cuenta las pruebas de los suministros pertinentes efectuados más de tres años antes. Cuando le sea requerido por los servicios dependientes del órgano de contratación, los suministros efectuados se acreditarán mediante certificados expedidos o visados por el órgano competente, cuando el destinatario sea una entidad del sector público; cuando el destinatario sea un sujeto privado, mediante un certificado expedido por este o, a falta de este certificado, mediante una declaración del empresario acompañado de los documentos obrantes en poder del mismo que acrediten la realización de la prestación; en su caso estos certificados serán comunicados directamente al órgano de contratación por la autoridad competente.

Para determinar que un suministro es de igual o similar naturaleza al que constituye el objeto del contrato, el pliego de cláusulas administrativas particulares podrá acudir además de al CPV, a otros sistemas de clasificación de actividades o productos como el Código normalizado de productos y servicios de las Naciones Unidas (UNSPSC), a la Clasificación central de productos (CPC) o a la Clasificación Nacional de Actividades Económicas (CNAE), que en todo caso deberá garantizar la competencia efectiva para la adjudicación del contrato. En defecto de previsión en el pliego se atenderá a los tres primeros dígitos de los respectivos códigos de la CPV. La Junta Consultiva de Contratación Pública del Estado podrá efectuar recomendaciones para indicar qué códigos de las respectivas clasificaciones se ajustan con mayor precisión a las prestaciones más habituales en la contratación pública.

b) Indicación del personal técnico o unidades técnicas, integradas o no en la empresa, de los que se disponga para la ejecución del contrato, especialmente los encargados del control de calidad.

c) Descripción de las instalaciones técnicas, de las medidas empleadas para garantizar la calidad y de los medios de estudio e investigación de la empresa.

d) Control efectuado por la entidad del sector público contratante o, en su nombre, por un organismo oficial competente del Estado en el cual el empresario está establecido, siempre que medie acuerdo de dicho organismo, cuando los productos a suministrar sean complejos o cuando, excepcionalmente, deban responder a un fin particular. Este control versará sobre la capacidad de producción del empresario y, si fuera necesario, sobre los medios de estudio e investigación con que cuenta, así como sobre las medidas empleadas para controlar la calidad.

e) Muestras, descripciones y fotografías de los productos a suministrar, cuya autenticidad pueda certificarse a petición de la entidad contratante.

f) Certificados expedidos por los institutos o servicios oficiales encargados del control de calidad, de competencia reconocida, que acrediten la conformidad de productos perfectamente detallada mediante referencias a determinadas especificaciones o normas técnicas.

g) Indicación de los sistemas de gestión de la cadena de suministro, incluidos los que garanticen el cumplimiento de las Convenciones fundamentales de la Organización Internacional del Trabajo, y de seguimiento que el empresario podrá aplicar al ejecutar el contrato.

h) En los contratos no sujetos a regulación armonizada, cuando el contratista sea una empresa de nueva creación, entendiendo por tal aquella que tenga una antigüedad inferior a cinco años, su solvencia técnica se acreditará por uno o varios de los medios a que se refieren las letras b) a g) anteriores, sin que en ningún caso sea aplicable lo establecido en la letra a), relativo a la ejecución de un número determinado de suministros.

2. En los contratos de suministro que requieran obras de colocación o instalación, la prestación de servicios o la ejecución de obras, la capacidad de los operadores económicos para prestar dichos servicios o ejecutar dicha instalación u obras podrá evaluarse teniendo en cuenta especialmente sus conocimientos técnicos, eficacia, experiencia y fiabilidad.

3. En el anuncio de licitación o invitación a participar en el procedimiento y en los pliegos del contrato se especificarán los medios, de entre los recogidos en este artículo, admitidos para la acreditación de la solvencia técnica de los empresarios que opten a la adjudicación del contrato, con indicación expresa, en su caso, de los valores mínimos exigidos para cada uno de ellos y, en su caso, de las normas o especificaciones técnicas respecto de las que se acreditará la conformidad de los productos. En su defecto, la acreditación de la solvencia técnica se efectuará mediante la relación de los principales suministros efectuados, en los tres últimos años, de igual o similar naturaleza que los que constituyen el objeto del contrato, cuyo importe anual acumulado en el año de mayor ejecución sea igual o superior al 70 por ciento de la anualidad media del contrato.

Artículo 90. Solvencia técnica o profesional en los contratos de servicios.

1. En los contratos de servicios, la solvencia técnica o profesional de los empresarios deberá apreciarse teniendo en cuenta sus conocimientos técnicos, eficacia, experiencia y fiabilidad, lo que deberá acreditarse, según el objeto del contrato, por uno o varios de los medios siguientes, a elección del órgano de contratación:

a) Una relación de los principales servicios o trabajos realizados de igual o similar naturaleza que los que constituyen el objeto del contrato en el curso de, como máximo los tres últimos años, en la que se indique el importe, la fecha y el destinatario, público o privado de los mismos; cuando sea necesario para garantizar un nivel adecuado de competencia los poderes adjudicadores podrán indicar que se tendrán en cuenta las pruebas de los servicios pertinentes efectuados más de tres años antes. Cuando le sea requerido por los servicios dependientes del órgano de contratación los servicios o trabajos efectuados se acreditarán mediante certificados expedidos o visados por el órgano competente, cuando el destinatario sea una entidad del sector público; cuando el destinatario sea un sujeto privado, mediante un certificado expedido por este o, a falta de este certificado, mediante una declaración del empresario acompañado de los documentos obrantes en poder del mismo que acrediten la realización de la prestación; en su caso, estos certificados serán comunicados directamente al órgano de contratación por la autoridad competente.

Para determinar que un trabajo o servicio es de igual o similar naturaleza al que constituye el objeto del contrato, el pliego de cláusulas administrativas particulares podrá acudir además de al CPV, a otros sistemas de clasificación de actividades o productos como el Código normalizado de productos y servicios de las Naciones Unidas (UNSPSC), a la Clasificación central de productos (CPC) o a la Clasificación Nacional de Actividades Económicas (CNAE), que en todo caso deberá garantizar la competencia efectiva para la adjudicación del contrato. En defecto de previsión en el pliego se atenderá a los tres primeros dígitos de los respectivos códigos de la CPV. La Junta Consultiva de Contratación Pública del Estado podrá efectuar recomendaciones para indicar qué códigos de las respectivas clasificaciones se ajustan con mayor precisión a las prestaciones más habituales en la contratación pública.

b) Indicación del personal técnico o de las unidades técnicas, integradas o no en la empresa, participantes en el contrato, especialmente aquellos encargados del control de calidad.

c) Descripción de las instalaciones técnicas, de las medidas empleadas por el empresario para garantizar la calidad y de los medios de estudio e investigación de la empresa.

d) Cuando se trate de servicios o trabajos complejos o cuando, excepcionalmente, deban responder a un fin especial, un control efectuado por el órgano de contratación o, en nombre de este, por un organismo oficial u homologado competente del Estado en que esté establecido el empresario, siempre que medie acuerdo de dicho organismo. El control versará sobre la capacidad técnica del empresario y, si fuese necesario, sobre los medios de estudio y de investigación de que disponga y sobre las medidas de control de la calidad.

e) Títulos académicos y profesionales del empresario y de los directivos de la empresa y, en particular, del responsable o responsables de la ejecución del contrato así como de los técnicos encargados directamente de la misma, siempre que no se evalúen como un criterio de adjudicación.

f) En los casos adecuados, indicación de las medidas de gestión medioambiental que el empresario podrá aplicar al ejecutar el contrato.

g) Declaración sobre la plantilla media anual de la empresa y del número de directivos durante los tres últimos años, acompañada de la documentación justificativa correspondiente cuando le sea requerido por los servicios dependientes del órgano de contratación.

h) Declaración indicando la maquinaria, material y equipo técnico del que se dispondrá para la ejecución de los trabajos o prestaciones, a la que se adjuntará la documentación acreditativa pertinente cuando le sea requerido por los servicios dependientes del órgano de contratación.

i) Indicación de la parte del contrato que el empresario tiene eventualmente el propósito de subcontratar.

2. En el anuncio de licitación o en la invitación a participar en el procedimiento y en los pliegos del contrato se especificarán los medios, de entre los recogidos en este artículo, admitidos para la acreditación de la solvencia técnica de los empresarios que opten a la adjudicación del contrato, con indicación expresa, en su caso, de los valores mínimos exigidos para cada uno de ellos y, en los casos en que resulte de aplicación, con especificación de las titulaciones académicas o profesionales, de los medios de estudio e investigación, de los controles de calidad, de los certificados de capacidad técnica, de la maquinaria, equipos e instalaciones, y de los certificados de gestión medioambiental exigidos. En su defecto, la acreditación de la solvencia técnica o profesional se efectuará mediante la relación de los principales servicios efectuados en los tres últimos años, de igual o similar naturaleza que los que constituyen el objeto del contrato, cuyo importe anual acumulado en el año de mayor ejecución sea igual o superior al 70 por ciento de la anualidad media del contrato.

3. Si el objeto contractual requiriese aptitudes específicas en materia social, de prestación de servicios de proximidad u otras análogas, en todo caso se exigirá como requisito de solvencia técnica o profesional la concreta experiencia, conocimientos y medios en las referidas materias, lo que deberá acreditarse por los medios que establece el apartado 1 de este artículo.

4. En los contratos no sujetos a regulación armonizada, cuando el contratista sea una empresa de nueva creación, entendiendo por tal aquella que tenga una antigüedad inferior a cinco años, su solvencia técnica se acreditará por uno o varios de los medios a que se refieren las letras b) a i) anteriores, sin que en ningún caso sea aplicable lo establecido en la letra a), relativo a la ejecución de un número determinado de servicios.

Artículo 91. Solvencia técnica o profesional en los restantes contratos.

La acreditación de la solvencia profesional o técnica en contratos distintos de los de obras, servicios o suministro podrá realizarse por los documentos y medios que se indican en el artículo anterior.

Artículo 92. Concreción de los requisitos y criterios de solvencia.

La concreción de los requisitos mínimos de solvencia económica y financiera y de solvencia técnica o profesional exigidos para un contrato, así como de los medios admitidos para su acreditación, se determinará por el órgano de contratación y se indicará en el anuncio de licitación o en la invitación a participar en el procedimiento y se detallará en los pliegos, en los que se concretarán las magnitudes, parámetros o ratios y los umbrales o rangos de valores que determinarán la admisión o exclusión de los licitadores o candidatos. En su ausencia serán de aplicación los establecidos en los artículos 87 a 90 para el tipo de contratos correspondiente, que tendrán igualmente carácter supletorio para los no concretados en los pliegos.

En todo caso, la clasificación del empresario en un determinado grupo o subgrupo se tendrá por prueba bastante de su solvencia para los contratos cuyo objeto esté incluido o se corresponda con el ámbito de actividades o trabajos de dicho grupo o subgrupo, y cuyo importe anual medio sea igual o inferior al correspondiente a su categoría de clasificación en el grupo o subgrupo. A tal efecto, en el anuncio de licitación o en la invitación a participar en el procedimiento y en los pliegos deberá indicarse el código o códigos del Vocabulario «Común de los Contratos Públicos» (CPV) correspondientes al objeto del contrato, los cuales determinarán el grupo o subgrupo de clasificación, si lo hubiera, en que se considera incluido el contrato.

Reglamentariamente podrá eximirse la exigencia de acreditación de la solvencia económica y financiera o de la solvencia técnica o profesional para los contratos cuyo importe no supere un determinado umbral.

Artículo 93. Acreditación del cumplimiento de las normas de garantía de la calidad.

1. En los contratos sujetos a una regulación armonizada, cuando los órganos de contratación exijan la presentación de certificados expedidos por organismos independientes que acrediten que el empresario cumple determinadas normas de garantías de calidad, en particular en materia de accesibilidad para personas con discapacidad, deberán hacer referencia a los sistemas de aseguramiento de la calidad basados en la serie de normas en la materia, certificados por organismos conformes a las normas europeas relativas a la certificación.

2. Los órganos de contratación reconocerán los certificados equivalentes expedidos por organismos establecidos en cualquier Estado miembro de la Unión Europea, y también aceptarán otras pruebas de medidas equivalentes de garantía de la calidad que presenten los empresarios.

Artículo 94. Acreditación del cumplimiento de las normas de gestión medioambiental.

1. En los contratos sujetos a una regulación armonizada, cuando los órganos de contratación exijan como medio para acreditar la solvencia técnica o profesional la presentación de certificados expedidos por organismos independientes que acrediten que el licitador cumple determinadas normas de gestión medioambiental, harán referencia al sistema comunitario de gestión y auditoría medioambientales (EMAS) de la Unión Europea, o a otros sistemas de gestión medioambiental reconocidos de conformidad con el artículo 45 del Reglamento (CE) n.º 1221/2009, de 25 de noviembre de 2009, o a otras normas de gestión medioambiental basadas en las normas europeas o internacionales pertinentes de organismos acreditados.

2. Los órganos de contratación reconocerán los certificados equivalentes expedidos por organismos establecidos en cualquier Estado miembro de la Unión Europea y también aceptarán otras pruebas de medidas equivalentes de gestión medioambiental que presente el licitador, y, en particular, una descripción de las medidas de gestión medioambiental ejecutadas, siempre que el licitador demuestre que dichas medidas son equivalentes a las exigidas con arreglo al sistema o norma de gestión medioambiental aplicable.

Artículo 95. Documentación e información complementaria.

El órgano de contratación o el órgano auxiliar de este podrá recabar del empresario aclaraciones sobre los certificados y documentos presentados en aplicación de los artículos anteriores o requerirle para la presentación de otros complementarios.

Subsección 4.ª Prueba de la clasificación y de la aptitud para contratar a través de Registros o listas oficiales de contratistas

Artículo 96. Certificaciones de Registros de Licitadores.

1. La inscripción en el Registro Oficial de Licitadores y Empresas Clasificadas del Sector Público acreditará frente a todos los órganos de contratación del sector público, a tenor de lo en él reflejado y salvo prueba en contrario, las condiciones de aptitud del empresario en cuanto a su personalidad y capacidad de obrar, representación, habilitación profesional o empresarial, solvencia económica y financiera y técnica o profesional, clasificación y demás circunstancias inscritas, así como la concurrencia o no concurrencia de las prohibiciones de contratar que deban constar en el mismo.

2. La inscripción en el Registro de Licitadores de una Comunidad Autónoma acreditará idénticas circunstancias a efectos de la contratación

con la misma, con las entidades locales incluidas en su ámbito territorial, y con los restantes entes, organismos o entidades del sector público dependientes de una y otras.

3. La prueba del contenido de los Registros de Licitadores se efectuará mediante certificación del órgano encargado del mismo, que podrá expedirse por medios electrónicos, informáticos o telemáticos. Los certificados deberán indicar las referencias que hayan permitido la inscripción del empresario en la lista o la expedición de la certificación, así como, en su caso, la clasificación obtenida.

Artículo 97. Certificados comunitarios de empresarios autorizados para contratar.

1. Los certificados de inscripción expedidos por los órganos competentes de la llevanza de las listas oficiales de empresarios autorizados para contratar establecidas por los Estados miembros de la Unión Europea, referidos a empresarios establecidos en el Estado miembro que expide el certificado, constituirán una presunción de aptitud con respecto a los requisitos de selección cualitativa que en ellos figuren.

2. Igual valor presuntivo surtirán, respecto de los extremos en ellos certificados, las certificaciones emitidas por organismos de certificación competentes que respondan a las normas europeas de certificación expedidas de conformidad con la legislación del Estado miembro en que esté establecido el empresario.

3. Los documentos a que se refiere el apartado anterior deberán indicar las referencias que hayan permitido la inscripción del empresario en la lista o la expedición de la certificación, así como la clasificación obtenida.

CAPÍTULO III Sucesión en la persona del contratista

Artículo 98. Supuestos de sucesión del contratista.

1. En los casos de fusión de empresas en los que participe la sociedad contratista, continuará el contrato vigente con la entidad absorbente o con la resultante de la fusión, que quedará subrogada en todos los derechos y obligaciones dimanantes del mismo. Igualmente, en los supuestos de escisión, aportación o transmisión de empresas o ramas de actividad de las mismas, continuará el contrato con la entidad a la que se atribuya el contrato, que quedará subrogada en los derechos y obligaciones dimanantes del mismo, siempre que reúna las condiciones de capacidad, ausencia de prohibición de contratar, y la solvencia exigida al acordarse al adjudicación o que las diversas sociedades beneficiarias de las mencionadas operaciones y, en caso de subsistir, la sociedad de la que provengan el patrimonio,

empresas o ramas segregadas, se responsabilicen solidariamente con aquellas de la ejecución del contrato. Si no pudiese producirse la subrogación por no reunir la entidad a la que se atribuya el contrato las condiciones de solvencia necesarias se resolverá el contrato, considerándose a todos los efectos como un supuesto de resolución por culpa del adjudicatario.

A los efectos anteriores la empresa deberá comunicar al órgano de contratación la circunstancia que se hubiere producido.

Cuando como consecuencia de las operaciones mercantiles a que se refiere el párrafo primero se le atribuyera el contrato a una entidad distinta, la garantía definitiva podrá ser, a criterio de la entidad otorgante de la misma, renovada o reemplazada por una nueva garantía que se suscriba por la nueva entidad teniéndose en cuenta las especiales características del riesgo que constituya esta última entidad. En este caso, la antigua garantía definitiva conservará su vigencia hasta que esté constituida la nueva garantía.

2. Cuando el contratista inicial sea una unión temporal de empresas, se estará a lo establecido en el artículo 69.

TÍTULO III Objeto, presupuesto base de licitación, valor estimado, precio del contrato y su revisión

CAPÍTULO I Normas generales

Artículo 99. Objeto del contrato.

1. El objeto de los contratos del sector público deberá ser determinado. El mismo se podrá definir en atención a las necesidades o funcionalidades concretas que se pretenden satisfacer, sin cerrar el objeto del contrato a una solución única. En especial, se definirán de este modo en aquellos contratos en los que se estime que pueden incorporarse innovaciones tecnológicas, sociales o ambientales que mejoren la eficiencia y sostenibilidad de los bienes, obras o servicios que se contraten.

2. No podrá fraccionarse un contrato con la finalidad de disminuir la cuantía del mismo y eludir así los requisitos de publicidad o los relativos al procedimiento de adjudicación que correspondan.

3. Siempre que la naturaleza o el objeto del contrato lo permitan, deberá preverse la realización independiente de cada una de sus partes mediante su división en lotes, pudiéndose reservar lotes de conformidad con lo dispuesto en la disposición adicional cuarta.

No obstante lo anterior, el órgano de contratación podrá no dividir en lotes el objeto del contrato cuando existan motivos válidos, que deberán justificarse debidamente en el expediente, salvo en los casos de contratos de concesión de obras.

En todo caso se considerarán motivos válidos, a efectos de justificar la no división en lotes del objeto del contrato, los siguientes:

a) El hecho de que la división en lotes del objeto del contrato conllevase el riesgo de restringir injustificadamente la competencia. A los efectos de aplicar este criterio, el órgano de contratación deberá solicitar informe previo a la autoridad de defensa de la competencia correspondiente para que se pronuncie sobre la apreciación de dicha circunstancia.

b) El hecho de que, la realización independiente de las diversas prestaciones comprendidas en el objeto del contrato dificultara la correcta ejecución del mismo desde el punto de vista técnico; o bien que el riesgo para la correcta ejecución del contrato proceda de la naturaleza del objeto del mismo, al implicar la necesidad de coordinar la ejecución de las diferentes prestaciones, cuestión que podría verse imposibilitada por su división en lotes y ejecución por una pluralidad de contratistas diferentes. Ambos extremos deberán ser, en su caso, justificados debidamente en el expediente.

4. Cuando el órgano de contratación proceda a la división en lotes del objeto del contrato, este podrá introducir las siguientes limitaciones, justificándolas debidamente en el expediente:

a) Podrá limitar el número de lotes para los que un mismo candidato o licitador puede presentar oferta.

b) También podrá limitar el número de lotes que pueden adjudicarse a cada licitador.

Cuando el órgano de contratación considere oportuno introducir alguna de las dos limitaciones a que se refieren las letras a) y b) anteriores, así deberá indicarlo expresamente en el anuncio de licitación y en el pliego de cláusulas administrativas particulares.

Cuando se introduzca la limitación a que se refiere la letra b) anterior, además deberán incluirse en los pliegos de cláusulas administrativas particulares los criterios o normas que se aplicarán cuando, como consecuencia de la aplicación de los criterios de adjudicación, un licitador pueda resultar adjudicatario de un número de lotes que exceda el máximo indicado en el anuncio y en el pliego. Estos criterios o normas en todo caso deberán ser objetivos y no discriminatorios.

Salvo lo que disponga el pliego de cláusulas administrativas particulares, a efectos de las limitaciones previstas en las letras a) y b) anteriores, en las uniones de empresarios serán estas y no sus componentes las consideradas candidato o licitador.

Podrá reservar alguno o algunos de los lotes para Centros Especiales de Empleo o para empresas de inserción, o un porcentaje mínimo de reserva de la ejecución de estos contratos en el marco de programas de empleo protegido, de conformidad con lo dispuesto en la Disposición adicional cuarta. Igualmente se podrán reservar lotes a favor de las entidades a que se refiere la Disposición adicional cuadragésima octava, en las condiciones establecidas en la citada disposición.

5. Cuando el órgano de contratación hubiera decidido proceder a la división en lotes del objeto del contrato y, además, permitir que pueda adjudicarse más de un lote al mismo licitador, aquel podrá adjudicar a una oferta integradora, siempre y cuando se cumplan todos y cada uno de los requisitos siguientes:

a) Que esta posibilidad se hubiere establecido en el pliego que rija el contrato y se recoja en el anuncio de licitación. Dicha previsión deberá concretar la combinación o combinaciones que se admitirá, en su caso, así como la solvencia y capacidad exigida en cada una de ellas.

b) Que se trate de supuestos en que existan varios criterios de adjudicación.

c) Que previamente se lleve a cabo una evaluación comparativa para determinar si las ofertas presentadas por un licitador concreto para una combinación particular de lotes cumpliría mejor, en conjunto, los criterios de adjudicación establecidos en el pliego con respecto a dichos lotes, que las ofertas presentadas para los lotes separados de que se trate, considerados aisladamente.

d) Que los empresarios acrediten la solvencia económica, financiera y técnica correspondiente, o, en su caso, la clasificación, al conjunto de lotes por los que licite.

6. Cuando se proceda a la división en lotes, las normas procedimentales y de publicidad que deben aplicarse en la adjudicación de cada lote o prestación diferenciada se determinarán en función del valor acumulado del conjunto, calculado según lo establecido en el artículo 101, salvo que se dé alguna de las excepciones a que se refieren los artículos 20.2, 21.2 y 22.2.

7. En los contratos adjudicados por lotes, y salvo que se establezca otra previsión en el pliego que rija el contrato, cada lote constituirá un contrato, salvo en casos en que se presenten ofertas integradoras, en los que todas las ofertas constituirán un contrato.

Artículo 100. Presupuesto base de licitación.

1. A los efectos de esta Ley, por presupuesto base de licitación se entenderá el límite máximo de gasto que en virtud del contrato puede comprometer el órgano de contratación, incluido el Impuesto sobre el Valor Añadido, salvo disposición en contrario.

2. En el momento de elaborarlo, los órganos de contratación cuidarán de que el presupuesto base de licitación sea adecuado a los precios del mercado. A tal efecto, el presupuesto base de licitación se desglosará

indicando en el pliego de cláusulas administrativas particulares o documento regulador de la licitación los costes directos e indirectos y otros eventuales gastos calculados para su determinación. En los contratos en que el coste de los salarios de las personas empleadas para su ejecución formen parte del precio total del contrato, el presupuesto base de licitación indicará de forma desglosada y con desagregación de género y categoría profesional los costes salariales estimados a partir del convenio laboral de referencia.

3. Con carácter previo a la tramitación de un acuerdo marco o de un sistema dinámico de adquisición no será necesario que se apruebe un presupuesto base de licitación.

Artículo 101. Valor estimado.

1. A todos los efectos previstos en esta Ley, el valor estimado de los contratos será determinado como sigue:

a) En el caso de los contratos de obras, suministros y servicios, el órgano de contratación tomará el importe total, sin incluir el Impuesto sobre el Valor Añadido, pagadero según sus estimaciones.

b) En el caso de los contratos de concesión de obras y de concesión de servicios, el órgano de contratación tomará el importe neto de la cifra de negocios, sin incluir el Impuesto sobre el Valor Añadido, que según sus estimaciones, generará la empresa concesionaria durante la ejecución del mismo como contraprestación por las obras y los servicios objeto del contrato, así como de los suministros relacionados con estas obras y servicios.

2. En el cálculo del valor estimado deberán tenerse en cuenta, como mínimo, además de los costes derivados de la aplicación de las normativas laborales vigentes, otros costes que se deriven de la ejecución material de los servicios, los gastos generales de estructura y el beneficio industrial. Asimismo deberán tenerse en cuenta:

a) Cualquier forma de opción eventual y las eventuales prórrogas del contrato.

b) Cuando se haya previsto abonar primas o efectuar pagos a los candidatos o licitadores, la cuantía de los mismos.

c) En el caso de que, de conformidad con lo dispuesto en el artículo 204, se haya previsto en el pliego de cláusulas administrativas particulares o en el anuncio de licitación la posibilidad de que el contrato sea modificado, se considerará valor estimado del contrato el importe máximo que este pueda alcanzar, teniendo en cuenta la totalidad de las modificaciones al alza previstas.

En los contratos de servicios y de concesión de servicios en los que sea relevante la mano de obra, en la aplicación de la normativa laboral vigente a que se refiere el párrafo anterior se tendrán especialmente en cuenta los costes laborales derivados de los convenios colectivos sectoriales de aplicación.

3. Adicionalmente a lo previsto en el apartado anterior, en el cálculo del valor estimado de los contratos de concesión de obras y de concesión de servicios se tendrán en cuenta, cuando proceda, los siguientes conceptos:

a) La renta procedente del pago de tasas y multas por los usuarios de las obras o servicios, distintas de las recaudadas en nombre del poder adjudicador.

b) Los pagos o ventajas financieras, cualquiera que sea su forma, concedidos al concesionario por el poder adjudicador o por cualquier otra autoridad pública, incluida la compensación por el cumplimiento de una obligación de servicio público y subvenciones a la inversión pública.

c) El valor de los subsidios o ventajas financieras, cualquiera que sea su forma, procedentes de terceros a cambio de la ejecución de la concesión.

d) El precio de la venta de cualquier activo que forme parte de la concesión.

e) El valor de todos los suministros y servicios que el poder adjudicador ponga a disposición del concesionario, siempre que sean necesarios para la ejecución de las obras o la prestación de servicios.

4. La elección del método para calcular el valor estimado no podrá efectuarse con la intención de sustraer el contrato a la aplicación de las normas de adjudicación que correspondan.

5. El método de cálculo aplicado por el órgano de contratación para calcular el valor estimado en todo caso deberá figurar en los pliegos de cláusulas administrativas particulares.

6. Cuando un órgano de contratación esté compuesto por unidades funcionales separadas, se tendrá en cuenta el valor total estimado para todas las unidades funcionales individuales.

No obstante lo anterior, cuando una unidad funcional separada sea responsable de manera autónoma respecto de su contratación o de determinadas categorías de ella, los valores pueden estimarse al nivel de la unidad de que se trate.

En todo caso, se entenderá que se da la circunstancia aludida en el párrafo anterior cuando dicha unidad funcional separada cuente con financiación específica y con competencias respecto a la adjudicación del contrato.

7. La estimación deberá hacerse teniendo en cuenta los precios habituales en el mercado, y estar referida al momento del envío del anuncio de licitación o, en caso de que no se requiera un anuncio de este tipo, al momento en que el órgano de contratación inicie el procedimiento de adjudicación del contrato.

8. En los contratos de obras el cálculo del valor estimado debe tener en cuenta el importe de las mismas así como el valor total estimado de los

suministros necesarios para su ejecución que hayan sido puestos a disposición del contratista por el órgano de contratación.

9. En los contratos de suministro que tengan por objeto el arrendamiento financiero, el arrendamiento o la venta a plazos de productos, el valor que se tomará como base para calcular el valor estimado del contrato será el siguiente:

a) En el caso de contratos de duración determinada, cuando su duración sea igual o inferior a doce meses, el valor total estimado para la duración del contrato; cuando su duración sea superior a doce meses, su valor total, incluido el importe estimado del valor residual.

b) En el caso de contratos cuya duración no se fije por referencia a un período de tiempo determinado, el valor mensual multiplicado por 48.

10. En los contratos de suministro o de servicios que tengan un carácter de periodicidad, o de contratos que se deban renovar en un período de tiempo determinado, se tomará como base para el cálculo del valor estimado del contrato alguna de las siguientes cantidades:

a) El valor real total de los contratos sucesivos similares adjudicados durante el ejercicio precedente o durante los doce meses previos, ajustado, cuando sea posible, en función de los cambios de cantidad o valor previstos para los doce meses posteriores al contrato inicial.

b) El valor estimado total de los contratos sucesivos adjudicados durante los doce meses siguientes a la primera entrega o en el transcurso del ejercicio, si este fuera superior a doce meses.

11. En los contratos de servicios, a los efectos del cálculo de su valor estimado, se tomarán como base, en su caso, las siguientes cantidades:

a) En los servicios de seguros, la prima pagadera y otras formas de remuneración.

b) En servicios bancarios y otros servicios financieros, los honorarios, las comisiones, los intereses y otras formas de remuneración.

c) En los contratos relativos a un proyecto, los honorarios, las comisiones pagaderas y otras formas de remuneración, así como las primas o contraprestaciones que, en su caso, se fijen para los participantes en el concurso.

d) En los contratos de servicios en que no se especifique un precio total, si tienen una duración determinada igual o inferior a cuarenta y ocho meses, el valor total estimado correspondiente a toda su duración. Si la duración es superior a cuarenta y ocho meses o no se encuentra fijada por referencia a un período de tiempo cierto, el valor mensual multiplicado por 48.

12. Cuando la realización de una obra, la contratación de unos servicios o la obtención de unos suministros destinados a usos idénticos o similares pueda dar lugar a la adjudicación simultánea de contratos por lotes

separados, se deberá tener en cuenta el valor global estimado de la totalidad de dichos lotes.

Igualmente, cuando una obra o un servicio propuestos puedan derivar en la adjudicación simultánea de contratos de concesión de obras o de concesión de servicios por lotes separados, deberá tenerse en cuenta el valor global estimado de todos los lotes.

13. Para los acuerdos marco y para los sistemas dinámicos de adquisición se tendrá en cuenta el valor máximo estimado, excluido el Impuesto sobre el Valor Añadido, del conjunto de contratos previstos durante la duración total del acuerdo marco o del sistema dinámico de adquisición.

14. En el procedimiento de asociación para la innovación se tendrá en cuenta el valor máximo estimado, excluido el Impuesto sobre el Valor Añadido, de las actividades de investigación y desarrollo que esté previsto que se realicen a lo largo de la duración total de la asociación, y de los suministros, servicios u obras que esté previsto que se ejecuten o adquieran al final de la asociación prevista.

Artículo 102. Precio.

1. Los contratos del sector público tendrán siempre un precio cierto, que se abonará al contratista en función de la prestación realmente ejecutada y de acuerdo con lo pactado. En el precio se entenderá incluido el importe a abonar en concepto de Impuesto sobre el Valor Añadido, que en todo caso se indicará como partida independiente.

2. Con carácter general el precio deberá expresarse en euros, sin perjuicio de que su pago pueda hacerse mediante la entrega de otras contraprestaciones en los casos en que esta u otras Leyes así lo prevean.

No obstante lo anterior, en los contratos podrá preverse que la totalidad o parte del precio sea satisfecho en moneda distinta del euro. En este supuesto se expresará en la correspondiente divisa el importe que deba satisfacerse en esa moneda, y se incluirá una estimación en euros del importe total del contrato.

3. Los órganos de contratación cuidarán de que el precio sea adecuado para el efectivo cumplimiento del contrato mediante la correcta estimación de su importe, atendiendo al precio general de mercado, en el momento de fijar el presupuesto base de licitación y la aplicación, en su caso, de las normas sobre ofertas con valores anormales o desproporcionados.

En aquellos servicios en los que el coste económico principal sean los costes laborales, deberán considerarse los términos económicos de los convenios colectivos sectoriales, nacionales, autonómicos y provinciales aplicables en el lugar de prestación de los servicios.

4. El precio del contrato podrá formularse tanto en términos de precios unitarios referidos a los distintos componentes de la prestación o a las unidades de la misma que se entreguen o ejecuten, como en términos de precios aplicables a tanto alzado a la totalidad o a parte de las prestaciones del contrato.

5. Los precios fijados en los contratos del sector público podrán ser revisados en los términos previstos en el Capítulo II de este Título, cuando deban ser ajustados, al alza o a la baja, para tener en cuenta las variaciones económicas de costes que acaezcan durante la ejecución del contrato.

6. Los contratos, cuando su naturaleza y objeto lo permitan, podrán incluir cláusulas de variación de precios en función del cumplimiento o incumplimiento de determinados objetivos de plazos o de rendimiento, debiendo establecerse con precisión los supuestos en que se producirán estas variaciones y las reglas para su determinación, de manera que el precio sea determinable en todo caso.

7. Excepcionalmente pueden celebrarse contratos con precios provisionales cuando, tras la tramitación de un procedimiento negociado, de un diálogo competitivo, o de un procedimiento de asociación para la innovación, se ponga de manifiesto que la ejecución del contrato debe comenzar antes de que la determinación del precio sea posible por la complejidad de las prestaciones o la necesidad de utilizar una técnica nueva, o que no existe información sobre los costes de prestaciones análogas y sobre los elementos técnicos o contables que permitan negociar con precisión un precio cierto.

En los contratos celebrados con precios provisionales el precio se determinará, dentro de los límites fijados para el precio máximo, en función de los costes en que realmente incurra el contratista y del beneficio que se haya acordado, para lo que, en todo caso, se detallarán en el contrato los siguientes extremos:

a) El procedimiento para determinar el precio definitivo, con referencia a los costes efectivos y a la fórmula de cálculo del beneficio.

b) Las reglas contables que el adjudicatario deberá aplicar para determinar el coste de las prestaciones.

c) Los controles documentales y sobre el proceso de producción que el adjudicador podrá efectuar sobre los elementos técnicos y contables del coste de producción.

En los contratos celebrados con precios provisionales no cabrá la revisión de precios.

8. Se prohíbe el pago aplazado del precio en los contratos de las Administraciones Públicas, excepto en los supuestos en que el sistema de pago se establezca mediante la modalidad de arrendamiento financiero o de arrendamiento con opción de compra, así como en los casos en que esta u otra Ley lo autorice expresamente.

CAPÍTULO II Revisión de precios en los contratos de las entidades del Sector Público

Artículo 103. Procedencia y límites.

1. Los precios de los contratos del sector público solo podrán ser objeto de revisión periódica y predeterminada en los términos establecidos en este Capítulo.

Salvo en los contratos no sujetos a regulación armonizada a los que se refiere el apartado 2 del artículo 19, no cabrá la revisión periódica no predeterminada o no periódica de los precios de los contratos.

Se entenderá por precio cualquier retribución o contraprestación económica del contrato, bien sean abonadas por la Administración o por los usuarios.

2. Previa justificación en el expediente y de conformidad con lo previsto en el Real Decreto al que se refieren los artículos 4 y 5 de la Ley 2/2015, de 30 de marzo, de desindexación de la economía española, la revisión periódica y predeterminada de precios solo se podrá llevar a cabo en los contratos de obra, en los contratos de suministros de fabricación de armamento y equipamiento de las Administraciones Públicas, en los contratos de suministro de energía y en aquellos otros contratos en los que el período de recuperación de la inversión sea igual o superior a cinco años. Dicho período se calculará conforme a lo dispuesto en el Real Decreto anteriormente citado.

No se considerarán revisables en ningún caso los costes asociados a las amortizaciones, los costes financieros, los gastos generales o de estructura ni el beneficio industrial. Los costes de mano de obra de los contratos distintos de los de obra, suministro de fabricación de armamento y equipamiento de las Administraciones Públicas, se revisarán cuando el período de recuperación de la inversión sea igual o superior a cinco años y la intensidad en el uso del factor trabajo sea considerada significativa, de acuerdo con los supuestos y límites establecidos en el Real Decreto.

3. En los supuestos en que proceda, el órgano de contratación podrá establecer el derecho a revisión periódica y predeterminada de precios y fijará la fórmula de revisión que deba aplicarse, atendiendo a la naturaleza de cada contrato y la estructura y evolución de los costes de las prestaciones del mismo.

4. El pliego de cláusulas administrativas particulares deberá detallar, en tales casos, la fórmula de revisión aplicable, que será invariable durante la vigencia del contrato y determinará la revisión de precios en cada fecha respecto a la fecha de formalización del contrato, siempre que la

formalización se produzca en el plazo de tres meses desde la finalización del plazo de presentación de ofertas, o respecto a la fecha en que termine dicho plazo de tres meses si la formalización se produce con posterioridad.

5. Salvo en los contratos de suministro de energía, cuando proceda, la revisión periódica y predeterminada de precios en los contratos del sector público tendrá lugar, en los términos establecidos en este Capítulo, cuando el contrato se hubiese ejecutado, al menos, en el 20 por ciento de su importe y hubiesen transcurrido dos años desde su formalización. En consecuencia, el primer 20 por ciento ejecutado y los dos primeros años transcurridos desde la formalización quedarán excluidos de la revisión.

No obstante, la condición relativa al porcentaje de ejecución del contrato no será exigible a efectos de proceder a la revisión periódica y predeterminada en los contratos de concesión de servicios.

6. El Consejo de Ministros podrá aprobar, previo informe de la Junta Consultiva de Contratación Pública del Estado y de la Comisión Delegada del Gobierno para Asuntos Económicos, fórmulas tipo de revisión periódica y predeterminada para los contratos previstos en el apartado 2.

A propuesta de la Administración Pública competente de la contratación, el Comité Superior de Precios de Contratos del Estado determinará aquellas actividades donde resulte conveniente contar con una fórmula tipo, elaborará las fórmulas y las remitirá para su aprobación al Consejo de Ministros.

Cuando para un determinado tipo de contrato, se hayan aprobado, por el procedimiento descrito, fórmulas tipo, el órgano de contratación no podrá incluir otra fórmula de revisión diferente a esta en los pliegos y contrato.

7. Las fórmulas tipo que se establezcan con sujeción a los principios y metodologías contenidos en el Real Decreto referido en el apartado 2 de la presente disposición reflejarán la ponderación en el precio del contrato de los componentes básicos de costes relativos al proceso de generación de las prestaciones objeto del mismo.

8. El Instituto Nacional de Estadística elaborará los índices mensuales de los precios de los componentes básicos de costes incluidos en las fórmulas tipo de revisión de precios de los contratos, los cuales serán aprobados por Orden del Ministro de Hacienda y Función Pública, previo informe del Comité Superior de Precios de Contratos del Estado.

Los índices reflejarán, al alza o a la baja, las variaciones reales de los precios de la energía y materiales básicos observadas en el mercado y podrán ser únicos para todo el territorio nacional o particularizarse por zonas geográficas.

Reglamentariamente se establecerá la relación de componentes básicos de costes a incluir en las fórmulas tipo referidas en este apartado, relación que podrá ser ampliada por Orden del Ministro de Hacienda y Función

Pública, previo informe de la Junta Consultiva de Contratación Pública del Estado cuando así lo exija la evolución de los procesos productivos o la aparición de nuevos materiales con participación relevante en el coste de determinados contratos o la creación de nuevas fórmulas tipo de acuerdo con lo dispuesto en esta Ley y su desarrollo.

Los indicadores o reglas de determinación de cada uno de los índices que intervienen en las fórmulas de revisión de precios serán establecidos por Orden del Ministerio de Hacienda y Función Pública, a propuesta del Comité Superior de Precios de Contratos del Estado.

9. Cuando resulte aplicable la revisión de precios mediante las fórmulas tipo referidas en el apartado 6 de la presente disposición, el resultado de aplicar las ponderaciones previstas en el apartado 7 a los índices de precios, que se determinen conforme al apartado 8, proporcionará en cada fecha, respecto a la fecha y períodos determinados en el apartado 4, un coeficiente que se aplicará a los importes líquidos de las prestaciones realizadas que tengan derecho a revisión a los efectos de calcular el precio que corresponda satisfacer.

10. Lo establecido en este artículo y en la Ley 2/2015, de 30 de marzo, de desindexación de la economía española, se entenderá, en todo caso, sin perjuicio de la posibilidad de mantener el equilibrio económico en las circunstancias previstas en los artículos 270 y 290.

Artículo 104. Revisión en casos de demora en la ejecución.

Cuando la cláusula de revisión se aplique sobre períodos de tiempo en los que el contratista hubiese incurrido en mora y sin perjuicio de las penalidades que fueren procedentes, los índices de precios que habrán de ser tenidos en cuenta serán aquellos que hubiesen correspondido a las fechas establecidas en el contrato para la realización de la prestación en plazo, salvo que los correspondientes al período real de ejecución produzcan un coeficiente inferior, en cuyo caso se aplicarán estos últimos.

Artículo 105. Pago del importe de la revisión.

El importe de las revisiones que procedan se hará efectivo, de oficio, mediante el abono o descuento correspondiente en las certificaciones o pagos parciales a cuyo efecto se tramitará a comienzo del ejercicio económico el oportuno expediente de gasto para su cobertura. Los posibles desajustes que se produjeran respecto del expediente de gasto aprobado en el ejercicio, tales como los derivados de diferencias temporales en la aprobación de los índices de precios aplicables al contrato, se podrán hacer efectivos en la certificación final o en la liquidación del contrato.

TÍTULO IV Garantías exigibles en la contratación del sector público

CAPÍTULO I Garantías exigibles en los contratos celebrados con las Administraciones Públicas

Sección 1.ª Garantía provisional

Artículo 106. Exigencia y régimen de la garantía provisional.

1. En el procedimiento de contratación no procederá la exigencia de garantía provisional, salvo cuando de forma excepcional el órgano de contratación, por motivos de interés público, lo considere necesario y lo justifique motivadamente en el expediente. En este último caso, se podrá exigir a los licitadores la constitución previa de una garantía que responda del mantenimiento de sus ofertas hasta la perfección del contrato.

2. En los casos en que el órgano de contratación haya acordado la exigencia de garantía provisional, en los pliegos de cláusulas administrativas particulares se determinará el importe de la misma, que no podrá ser superior a un 3 por 100 del presupuesto base de licitación del contrato, excluido el Impuesto sobre el Valor Añadido y el régimen de su devolución. La garantía provisional podrá prestarse en alguna o algunas de las formas previstas en el apartado 1 del artículo 108.

En el caso de división en lotes, la garantía provisional se fijará atendiendo exclusivamente al importe de los lotes para los que el licitador vaya a presentar oferta y no en función del importe del presupuesto total del contrato.

En los acuerdos marco y en los sistemas dinámicos de adquisición, el importe de la garantía provisional, de exigirse, se fijará a tanto alzado por la Administración Pública, sin que en ningún caso pueda superar el 3 por 100 del valor estimado del contrato.

3. Cuando se exijan garantías provisionales, estas se depositarán, en las condiciones que las normas de desarrollo de esta Ley establezcan, del modo siguiente:

a) En la Caja General de Depósitos o en sus sucursales encuadradas en las Delegaciones de Economía y Hacienda, o en la Caja o establecimiento público equivalente de las Comunidades Autónomas o Entidades locales contratantes ante las que deban surtir efecto cuando se trate de garantías en efectivo.

b) Ante el órgano de contratación, cuando se trate de certificados de inmovilización de valores anotados, de avales o de certificados de seguro de caución.

4. La garantía provisional se extinguirá automáticamente y será devuelta a los licitadores inmediatamente después de la perfección del contrato. En todo caso, la garantía provisional se devolverá al licitador seleccionado como adjudicatario cuando haya constituido la garantía definitiva, pudiendo aplicar el importe de la garantía provisional a la definitiva o proceder a una nueva constitución de esta última.

Sección 2.ª Garantía definitiva

Artículo 107. Exigencia de la garantía definitiva.

1. A salvo de lo dispuesto en los apartados 4 y 5, los licitadores que, en las licitaciones de los contratos que celebren las Administraciones Públicas, presenten las mejores ofertas de conformidad con lo dispuesto en el artículo 145, deberán constituir a disposición del órgano de contratación una garantía de un 5 por 100 del precio final ofertado por aquellos, excluido el Impuesto sobre el Valor Añadido. En el caso de los contratos con precios provisionales a que se refiere el apartado 7 del artículo 102, el porcentaje se calculará con referencia al precio máximo fijado, excluido el Impuesto sobre el Valor Añadido.

No obstante, atendidas las circunstancias concurrentes en el contrato, el órgano de contratación podrá eximir al adjudicatario de la obligación de constituir garantía definitiva, justificándolo adecuadamente en el pliego de cláusulas administrativas particulares, especialmente en el caso de suministros de bienes consumibles cuya entrega y recepción deba efectuarse antes del pago del precio, contratos que tengan por objeto la prestación de servicios sociales o la inclusión social o laboral de personas pertenecientes a colectivos en riesgo de exclusión social, así como en los contratos privados de la Administración a los que se refieren los puntos 1.º y 2.º de la letra a) del apartado 1 del artículo 25 de la presente Ley. Esta exención no será posible en el caso de contratos de obras, ni de concesión de obras.

2. En casos especiales, el órgano de contratación podrá establecer en el pliego de cláusulas administrativas particulares que, además de la garantía a que se refiere el apartado anterior, se preste una complementaria de hasta un 5 por 100 del precio final ofertado por el licitador que presentó la mejor oferta de conformidad con lo dispuesto en el artículo 145, excluido el Impuesto sobre el Valor Añadido, pudiendo alcanzar la garantía total un 10 por 100 del citado precio.

A estos efectos se considerará que constituyen casos especiales aquellos contratos en los que, debido al riesgo que en virtud de ellos asume el órgano de contratación, por su especial naturaleza, régimen de pagos o condiciones del cumplimiento del contrato, resulte aconsejable incrementar el porcentaje de la garantía definitiva ordinaria a que se refiere el apartado anterior, lo que deberá acordarse mediante resolución motivada. En particular, se podrá prever la presentación de esta garantía complementaria para los casos en que la oferta del adjudicatario resultara inicialmente incursa en presunción de anormalidad.

3. Cuando el precio del contrato se formule en función de precios unitarios, el importe de la garantía a constituir se fijará atendiendo al presupuesto base de licitación, IVA excluido.

4. En la concesión de obras y en la concesión de servicios el importe de la garantía definitiva se fijará en cada caso por el órgano de contratación en el pliego de cláusulas administrativas particulares, en función de la naturaleza, importancia y duración de la concesión de que se trate.

5. Los pliegos que rijan los acuerdos marco y los sistemas dinámicos de adquisición establecerán si la garantía definitiva se fija estimativamente por la Administración o se fija para cada contrato basado en relación con su importe de adjudicación.

Si se optara por la constitución de una garantía definitiva general del acuerdo marco o del sistema dinámico de adquisición fijada estimativamente por la Administración, cuando la suma de los importes, IVA excluido, de los contratos basados en los acuerdos marco o sistemas dinámicos de adquisición exceda del doble de la cantidad resultante de capitalizar al 5 por 100 el importe de la garantía definitiva, esta deberá ser incrementada en una cuantía equivalente.

La garantía definitiva a que se refieren los párrafos anteriores responderá respecto de los incumplimientos tanto del acuerdo marco y de los sistemas dinámicos de adquisición, como del contrato basado o específico de que se trate.

Artículo 108. Garantías definitivas admisibles.

1. Las garantías definitivas exigidas en los contratos celebrados con las Administraciones Públicas podrán prestarse en alguna o algunas de las siguientes formas:

a) En efectivo o en valores, que en todo caso serán de Deuda Pública, con sujeción, en cada caso, a las condiciones establecidas en las normas de desarrollo de esta Ley. El efectivo y los certificados de inmovilización de los valores anotados se depositarán en la Caja General de Depósitos o en sus sucursales encuadradas en las Delegaciones de Economía y Hacienda, o en las Cajas o establecimientos públicos equivalentes de las Comunidades Autónomas o Entidades locales contratantes ante las que deban surtir efectos, en la forma y con las condiciones que las normas de desarrollo de esta Ley establezcan, sin perjuicio de lo dispuesto para los contratos que se celebren en el extranjero.

b) Mediante aval, prestado en la forma y condiciones que establezcan las normas de desarrollo de esta Ley, por alguno de los bancos, cajas de ahorros, cooperativas de crédito, establecimientos financieros de crédito y sociedades de garantía recíproca autorizados para operar en España, que deberá depositarse en los establecimientos señalados en la letra a) anterior.

c) Mediante contrato de seguro de caución, celebrado en la forma y condiciones que las normas de desarrollo de esta Ley establezcan, con una entidad aseguradora autorizada para operar en el ramo. El certificado del seguro deberá entregarse en los establecimientos señalados en la letra a) anterior.

2. Cuando así se prevea en los pliegos de cláusulas administrativas particulares, la garantía definitiva en los contratos de obras, suministros y servicios, así como en los de concesión de servicios cuando las tarifas las abone la administración contratante, podrá constituirse mediante retención en el precio. En el pliego de cláusulas administrativas particulares se fijará la forma y condiciones de la retención.

3. La acreditación de la constitución de la garantía definitiva podrá hacerse mediante medios electrónicos.

Artículo 109. Constitución, reposición y reajuste de garantías.

1. El licitador que hubiera presentado la mejor oferta de conformidad con lo dispuesto en el artículo 145 deberá acreditar en el plazo señalado en el apartado 2 del artículo 150, la constitución de la garantía definitiva. De no cumplir este requisito por causas a él imputables, la Administración no efectuará la adjudicación a su favor, siendo de aplicación lo dispuesto en el penúltimo párrafo del apartado 2 del artículo 150.

2. En caso de que se hagan efectivas sobre la garantía definitiva las penalidades o indemnizaciones exigibles al contratista, este deberá reponer o ampliar aquella, en la cuantía que corresponda, en el plazo de quince días desde la ejecución, incurriendo en caso contrario en causa de resolución.

3. Cuando, como consecuencia de una modificación del contrato, experimente variación el precio del mismo, deberá reajustarse la garantía, para que guarde la debida proporción con el nuevo precio modificado, en el plazo de quince días contados desde la fecha en que se notifique al empresario el acuerdo de modificación. A estos efectos no se considerarán las variaciones de precio que se produzcan como consecuencia de una revisión del mismo conforme a lo señalado en el Capítulo II del Título III de este Libro.

4. Cuando la garantía definitiva se hubiere constituido mediante contrato de seguro de caución y la duración del contrato excediera los cinco años, el contratista podrá presentar como garantía definitiva un contrato de seguro de caución de plazo inferior al de duración del contrato, estando

obligado en este caso, con una antelación mínima de dos meses al vencimiento del contrato de seguro de caución, bien a prestar una nueva garantía, o bien a prorrogar el contrato de seguro de caución y a acreditárselo al órgano de contratación. En caso contrario se incautará la garantía definitiva por aplicación del artículo 110.c).

Artículo 110. Responsabilidades a que están afectas las garantías.

La garantía definitiva únicamente responderá de los siguientes conceptos:

a) De la obligación de formalizar el contrato en plazo, de conformidad con lo dispuesto en el artículo 153.

b) De las penalidades impuestas al contratista conforme al artículo 192 de la presente Ley.

c) De la correcta ejecución de las prestaciones contempladas en el contrato incluidas las mejoras que ofertadas por el contratista hayan sido aceptadas por el órgano de contratación, de los gastos originados a la Administración por la demora del contratista en el cumplimiento de sus obligaciones, y de los daños y perjuicios ocasionados a la misma con motivo de la ejecución del contrato o por su incumplimiento, cuando no proceda su resolución.

d) De la incautación que puede decretarse en los casos de resolución del contrato, de acuerdo con lo que en él o en esta Ley esté establecido.

e) Además, en los contratos de obras, de servicios y de suministros, la garantía definitiva responderá de la inexistencia de vicios o defectos de los bienes construidos o suministrados o de los servicios prestados durante el plazo de garantía que se haya previsto en el contrato.

Artículo 111. Devolución y cancelación de las garantías definitivas.

1. La garantía no será devuelta o cancelada hasta que se haya producido el vencimiento del plazo de garantía y cumplido satisfactoriamente el contrato de que se trate, o hasta que se declare la resolución de este sin culpa del contratista.

2. Aprobada la liquidación del contrato y transcurrido el plazo de garantía, si no resultaren responsabilidades se devolverá la garantía constituida o se cancelará el aval o seguro de caución.

El acuerdo de devolución deberá adoptarse y notificarse al interesado en el plazo de dos meses desde la finalización del plazo de garantía. Transcurrido el mismo, la Administración deberá abonar al contratista la cantidad adeudada incrementada con el interés legal del dinero correspondiente al período transcurrido desde el vencimiento del citado plazo hasta la fecha de la devolución de la garantía, si esta no se hubiera hecho efectiva por causa imputable a la Administración.

3. En el supuesto de recepción parcial solo podrá el contratista solicitar la devolución o cancelación de la parte proporcional de la garantía cuando así se autorice expresamente en el pliego de cláusulas administrativas particulares.

4. En los casos de cesión de contratos no se procederá a la devolución o cancelación de la garantía prestada por el cedente hasta que se halle formalmente constituida la del cesionario.

5. Transcurrido un año desde la fecha de terminación del contrato, y vencido el plazo de garantía, sin que la recepción formal y la liquidación hubiesen tenido lugar por causas no imputables al contratista, se procederá, sin más demora, a la devolución o cancelación de las garantías una vez depuradas las responsabilidades a que se refiere el artículo 110.

Cuando el valor estimado del contrato sea inferior a 1.000.000 de euros, si se trata de contratos de obras, o a 100.000 euros, en el caso de otros contratos, o cuando las empresas licitadoras reúnan los requisitos de pequeña o mediana empresa, definida según lo establecido en el Reglamento (CE) n.º 800/2008, de la Comisión, de 6 de agosto de 2008, por el que se declaran determinadas categorías de ayuda compatibles con el mercado común en aplicación de los artículos 107 y 108 del Tratado de Funcionamiento de la Unión Europea y no estén controladas directa o indirectamente por otra empresa que no cumpla tales requisitos, el plazo se reducirá a seis meses.

Sección 3.ª Garantías prestadas por terceros y preferencia en la ejecución de garantías

Artículo 112. Régimen de las garantías prestadas por terceros.

1. Las personas o entidades distintas del contratista que presten garantías a favor de este no podrán utilizar el beneficio de excusión a que se refieren los artículos 1.830 y concordantes del Código Civil.

2. El avalista o asegurador será considerado parte interesada en los procedimientos que afecten a la garantía prestada, en los términos previstos en la legislación vigente en materia de procedimiento administrativo común.

3. En el contrato de seguro de caución se aplicarán las siguientes normas:

a) Tendrá la condición de tomador del seguro el contratista y la de asegurado la Administración contratante.

b) La falta de pago de la prima, sea única, primera o siguientes, no dará derecho al asegurador a resolver el contrato, ni extinguirá el seguro, ni suspenderá la cobertura, ni liberará al asegurador de su obligación, en el caso de que este deba hacer efectiva la garantía.

c) El asegurador no podrá oponer al asegurado las excepciones que puedan corresponderle contra el tomador del seguro.

Artículo 113. Preferencia en la ejecución de garantías.

1. Para hacer efectivas las garantías, tanto provisionales como definitivas, la Administración contratante tendrá preferencia sobre cualquier otro acreedor, sea cual fuere la naturaleza del mismo y el título del que derive su crédito.

2. Cuando la garantía no sea bastante para cubrir las responsabilidades a las que está afecta, la Administración procederá al cobro de la diferencia mediante el procedimiento administrativo de apremio, con arreglo a lo establecido en las normas de recaudación.

3. Sin perjuicio de lo establecido en el artículo 90 de la Ley 22/2003, de 9 de julio, Concursal, en el caso de concurso los créditos derivados de las obligaciones ex lege o los surgidos en virtud de actos administrativos tendrán la consideración de créditos con privilegio general conforme a lo establecido en el artículo 91.4 de la Ley 22/2003.

CAPÍTULO II Garantías exigibles en otros contratos del sector público

Artículo 114. Supuestos y régimen.

1. En los contratos que celebren las entidades del sector público que no tengan la consideración de Administraciones Públicas, los órganos de contratación podrán exigir la prestación de una garantía a los licitadores o candidatos, para responder del mantenimiento de sus ofertas hasta la adjudicación y, en su caso, formalización del contrato o al adjudicatario, para asegurar la correcta ejecución de la prestación.

2. El importe de la garantía, que podrá presentarse en alguna de las formas previstas en el artículo 108, sin que resulte necesaria su constitución en la Caja General de Depósitos, así como el régimen de su devolución o cancelación serán establecidos por el órgano de contratación, atendidas las circunstancias y características del contrato, sin que pueda sobrepasar los límites que establecen los artículos 106.2 y 107.2, según el caso.

LIBRO SEGUNDO DE LOS CONTRATOS DE LAS ADMINISTRACIONES PÚBLICAS

TÍTULO I Disposiciones generales

CAPÍTULO I De las actuaciones relativas a la contratación de las Administraciones Públicas

Sección 1.ª De la preparación de los contratos de las Administraciones Públicas

Artículo 115. Consultas preliminares del mercado.

1. Los órganos de contratación podrán realizar estudios de mercado y dirigir consultas a los operadores económicos que estuvieran activos en el mismo con la finalidad de preparar correctamente la licitación e informar a los citados operadores económicos acerca de sus planes y de los requisitos que exigirán para concurrir al procedimiento. Para ello los órganos de contratación podrán valerse del asesoramiento de terceros, que podrán ser expertos o autoridades independientes, colegios profesionales, o, incluso, con carácter excepcional operadores económicos activos en el mercado. Antes de iniciarse la consulta, el órgano de contratación publicará en el perfil de contratante ubicado en la Plataforma de contratación del Sector Público o servicio de información equivalente a nivel autonómico, el objeto de la misma, cuando se iniciara esta y las denominaciones de los terceros que vayan a participar en la consulta, a efectos de que puedan tener acceso y posibilidad de realizar aportaciones todos los posibles interesados. Asimismo en el perfil del contratante se publicarán las razones que motiven la elección de los asesores externos que resulten seleccionados.

2. El asesoramiento a que se refiere el apartado anterior será utilizado por el órgano de contratación para planificar el procedimiento de licitación y, también, durante la sustanciación del mismo, siempre y cuando ello no tenga el efecto de falsear la competencia o de vulnerar los principios de no discriminación y transparencia.

De las consultas realizadas no podrá resultar un objeto contractual tan concreto y delimitado que únicamente se ajuste a las características técnicas de uno de los consultados. El resultado de los estudios y consultas debe, en su caso, concretarse en la introducción de características genéricas, exigencias generales o fórmulas abstractas que aseguren una mejor satisfacción de los intereses públicos, sin que en ningún caso, puedan las consultas realizadas comportar ventajas respecto de la adjudicación del contrato para las empresas participantes en aquellas.

3. Cuando el órgano de contratación haya realizado las consultas a que se refiere el presente artículo, hará constar en un informe las actuaciones realizadas. En el informe se relacionarán los estudios realizados y sus autores, las entidades consultadas, las cuestiones que se les han formulado y las respuestas a las mismas. Este informe estará motivado, formará parte del expediente de contratación, y estará sujeto a las mismas obligaciones de publicidad que los pliegos de condiciones, publicándose en todo caso en el perfil del contratante del órgano de contratación.

En ningún caso durante el proceso de consultas al que se refiere el presente artículo, el órgano de contratación podrá revelar a los participantes en el mismo las soluciones propuestas por los otros participantes, siendo las mismas solo conocidas íntegramente por aquel.

Con carácter general, el órgano de contratación al elaborar los pliegos deberá tener en cuenta los resultados de las consultas realizadas; de no ser así deberá dejar constancia de los motivos en el informe a que se refiere el párrafo anterior.

La participación en la consulta no impide la posterior intervención en el procedimiento de contratación que en su caso se tramite.

Subsección 1.ª Expediente de contratación

Artículo 116. Expediente de contratación: iniciación y contenido.

1. La celebración de contratos por parte de las Administraciones Públicas requerirá la previa tramitación del correspondiente expediente, que se iniciará por el órgano de contratación motivando la necesidad del contrato en los términos previstos en el artículo 28 de esta Ley y que deberá ser publicado en el perfil de contratante.

2. El expediente deberá referirse a la totalidad del objeto del contrato, sin perjuicio de lo previsto en el apartado 7 del artículo 99 para los contratos adjudicados por lotes.

3. Al expediente se incorporarán el pliego de cláusulas administrativas particulares y el de prescripciones técnicas que hayan de regir el contrato. En el caso de que el procedimiento elegido para adjudicar el contrato sea el de diálogo competitivo regulado en la subsección 5.ª, de la Sección 2.ª, del Capítulo I, del Título I, del Libro II, los pliegos de cláusulas administrativas y de prescripciones técnicas serán sustituidos por el documento descriptivo a que hace referencia el apartado 1 del artículo 174. En el caso de procedimientos para adjudicar los contratos basados en acuerdos marco invitando a una nueva licitación a las empresas parte del mismo, regulados en el artículo 221.4, los pliegos de cláusulas administrativas y de prescripciones técnicas serán sustituidos por el documento de licitación a que hace referencia el artículo 221.5 último párrafo.

Asimismo, deberá incorporarse el certificado de existencia de crédito o, en el caso de entidades del sector público estatal con presupuesto estimativo, documento equivalente que acredite la existencia de financiación, y la fiscalización previa de la intervención, en su caso, en los términos previstos en la Ley 47/2003, de 26 de noviembre, General Presupuestaria.

4. En el expediente se justificará adecuadamente:

a) La elección del procedimiento de licitación.

b) La clasificación que se exija a los participantes

c) Los criterios de solvencia técnica o profesional, y económica y financiera, y los criterios que se tendrán en consideración para adjudicar el contrato, así como las condiciones especiales de ejecución del mismo.

d) El valor estimado del contrato con una indicación de todos los conceptos que lo integran, incluyendo siempre los costes laborales si existiesen.

e) La necesidad de la Administración a la que se pretende dar satisfacción mediante la contratación de las prestaciones correspondientes; y su relación con el objeto del contrato, que deberá ser directa, clara y proporcional.

f) En los contratos de servicios, el informe de insuficiencia de medios.

g) La decisión de no dividir en lotes el objeto del contrato, en su caso.

5. Si la financiación del contrato ha de realizarse con aportaciones de distinta procedencia, aunque se trate de órganos de una misma Administración pública, se tramitará un solo expediente por el órgano de contratación al que corresponda la adjudicación del contrato, debiendo acreditarse en aquel la plena disponibilidad de todas las aportaciones y determinarse el orden de su abono, con inclusión de una garantía para su efectividad.

Artículo 117. Aprobación del expediente.

1. Completado el expediente de contratación, se dictará resolución motivada por el órgano de contratación aprobando el mismo y disponiendo la apertura del procedimiento de adjudicación. Dicha resolución implicará también la aprobación del gasto, salvo en el supuesto excepcional de que el presupuesto no hubiera podido ser establecido previamente, o que las normas de desconcentración o el acto de delegación hubiesen establecido lo contrario, en cuyo caso deberá recabarse la aprobación del órgano competente. Esta resolución deberá ser objeto de publicación en el perfil de contratante.

2. Los expedientes de contratación podrán ultimarse incluso con la adjudicación y formalización del correspondiente contrato, aun cuando su ejecución, ya se realice en una o en varias anualidades, deba iniciarse en el

ejercicio siguiente. A estos efectos podrán comprometerse créditos con las limitaciones que se determinen en las normas presupuestarias de las distintas Administraciones Públicas sujetas a esta Ley.

Artículo 118. Expediente de contratación en contratos menores.

1. Se consideran contratos menores los contratos de valor estimado inferior a 40.000 euros, cuando se trate de contratos de obras, o a 15.000 euros, cuando se trate de contratos de suministro o de servicios, sin perjuicio de lo dispuesto en el artículo 229 en relación con las obras, servicios y suministros centralizados en el ámbito estatal.

En los contratos menores la tramitación del expediente exigirá el informe del órgano de contratación motivando la necesidad del contrato. Asimismo se requerirá la aprobación del gasto y la incorporación al mismo de la factura correspondiente, que deberá reunir los requisitos que las normas de desarrollo de esta Ley establezcan.

2. En el contrato menor de obras, deberá añadirse, además, el presupuesto de las obras, sin perjuicio de que deba existir el correspondiente proyecto cuando normas específicas así lo requieran. Deberá igualmente solicitarse el informe de las oficinas o unidades de supervisión a que se refiere el artículo 235 cuando el trabajo afecte a la estabilidad, seguridad o estanqueidad de la obra.

3. En el expediente se justificará que no se está alterando el objeto del contrato para evitar la aplicación de las reglas generales de contratación, y que el contratista no ha suscrito más contratos menores que individual o conjuntamente superen la cifra que consta en el apartado primero de este artículo. El órgano de contratación comprobará el cumplimiento de dicha regla. Quedan excluidos los supuestos encuadrados en el artículo 168.a).2.º

4. Los contratos menores se publicarán en la forma prevista en el artículo 63.4.

Artículo 119. Tramitación urgente del expediente.

1. Podrán ser objeto de tramitación urgente los expedientes correspondientes a los contratos cuya celebración responda a una necesidad inaplazable o cuya adjudicación sea preciso acelerar por razones de interés público. A tales efectos el expediente deberá contener la declaración de urgencia hecha por el órgano de contratación, debidamente motivada.

2. Los expedientes calificados de urgentes se tramitarán siguiendo el mismo procedimiento que los ordinarios, con las siguientes especialidades:

a) Los expedientes gozarán de preferencia para su despacho por los distintos órganos que intervengan en la tramitación, que dispondrán de un plazo de cinco días para emitir los respectivos informes o cumplimentar los trámites correspondientes.

Cuando la complejidad del expediente o cualquier otra causa igualmente justificada impida cumplir el plazo antes indicado, los órganos que deban evacuar el trámite lo pondrán en conocimiento del órgano de contratación que hubiese declarado la urgencia. En tal caso el plazo quedará prorrogado hasta diez días.

b) Acordada la apertura del procedimiento de adjudicación, los plazos establecidos en esta Ley para la licitación, adjudicación y formalización del contrato se reducirán a la mitad, salvo los siguientes:

1.º El plazo de quince días hábiles establecido en el apartado 3 del artículo 153, como período de espera antes de la formalización del contrato.

2.º El plazo de presentación de proposiciones en el procedimiento abierto en los contratos de obras, suministros y servicios sujetos a regulación armonizada, que se podrá reducir de conformidad con lo indicado en la letra b) del apartado 3) del artículo 156.

3.º Los plazos de presentación de solicitudes y de proposiciones en los procedimientos restringido y de licitación con negociación en los contratos de obras, suministros y servicios sujetos a regulación armonizada, que se podrán reducir según lo establecido en el segundo párrafo del apartado 1 del artículo 161 y en la letra b) del apartado 1 del artículo 164, según el caso.

4.º Los plazos de presentación de solicitudes en los procedimientos de diálogo competitivo y de asociación para la innovación en contratos de obras, suministros y servicios sujetos a regulación armonizada, no serán susceptibles de reducirse.

5.º El plazo de 6 días a más tardar antes de que finalice el plazo fijado para la presentación de ofertas, para que los servicios dependientes del órgano de contratación faciliten al candidato o licitador la información adicional solicitada, será de 4 días a más tardar antes de que finalice el citado plazo en los contratos de obras, suministros y servicios sujetos a regulación armonizada siempre que se adjudiquen por procedimientos abierto y restringido.

La reducción anterior no se aplicará a los citados contratos cuando el procedimiento de adjudicación sea uno distinto del abierto o del restringido.

6.º Los plazos establecidos en el artículo 159 respecto a la tramitación del procedimiento abierto simplificado, de conformidad con lo señalado en el apartado 5 de dicho artículo.

Las reducciones de plazo establecidas en los puntos 2.º, 3.º y 5.º anteriores no se aplicarán en la adjudicación de los contratos de concesiones de obras y concesiones de servicios sujetos a regulación armonizada cualquiera que sea el procedimiento de adjudicación utilizado, no siendo los plazos a que se refieren dichos puntos, en estos contratos, susceptibles de reducción alguna.

c) El plazo de inicio de la ejecución del contrato no podrá exceder de un mes, contado desde la formalización.

Artículo 120. Tramitación de emergencia.

1. Cuando la Administración tenga que actuar de manera inmediata a causa de acontecimientos catastróficos, de situaciones que supongan grave peligro o de necesidades que afecten a la defensa nacional, se estará al siguiente régimen excepcional:

a) El órgano de contratación, sin obligación de tramitar expediente de contratación, podrá ordenar la ejecución de lo necesario para remediar el acontecimiento producido o satisfacer la necesidad sobrevenida, o contratar libremente su objeto, en todo o en parte, sin sujetarse a los requisitos formales establecidos en la presente Ley, incluso el de la existencia de crédito suficiente. En caso de que no exista crédito adecuado y suficiente, una vez adoptado el acuerdo, se procederá a su dotación de conformidad con lo establecido en la Ley General Presupuestaria.

b) Si el contrato ha sido celebrado por la Administración General del Estado, sus Organismos Autónomos, Entidades Gestoras y Servicios Comunes de la Seguridad Social o demás entidades públicas estatales, se dará cuenta de dichos acuerdos al Consejo de Ministros en el plazo máximo de treinta días.

c) El plazo de inicio de la ejecución de las prestaciones no podrá ser superior a un mes, contado desde la adopción del acuerdo previsto en la letra a). Si se excediese este plazo, la contratación de dichas prestaciones requerirá la tramitación de un procedimiento ordinario.

d) Ejecutadas las actuaciones objeto de este régimen excepcional, se observará lo dispuesto en esta Ley sobre cumplimiento de los contratos, recepción y liquidación de la prestación.

En el supuesto de que el libramiento de los fondos necesarios se hubiera realizado a justificar, transcurrido el plazo establecido en la letra c) anterior, se rendirá la cuenta justificativa del mismo, con reintegro de los fondos no invertidos.

2. Las restantes prestaciones que sean necesarias para completar la actuación acometida por la Administración y que no tengan carácter de emergencia se contratarán con arreglo a la tramitación ordinaria regulada en esta Ley.

Subsección 2.ª Pliegos de cláusulas administrativas y de prescripciones técnicas

Artículo 121. Pliegos de cláusulas administrativas generales.

1. El Consejo de Ministros, a iniciativa de los Ministerios interesados, a propuesta del Ministro de Hacienda y Función Pública, y previo dictamen del Consejo de Estado, podrá aprobar pliegos de cláusulas administrativas generales, que deberán ajustarse en su contenido a los preceptos de esta Ley y de sus disposiciones de desarrollo, para su utilización en los contratos que se celebren por los órganos de contratación de la Administración General del Estado, sus Organismos Autónomos, Entidades Gestoras y Servicios Comunes de la Seguridad Social y demás entidades que gocen de la condición de Administraciones Públicas integrantes del sector público estatal.

2. Las Comunidades Autónomas y las entidades que integran la Administración Local podrán aprobar pliegos de cláusulas administrativas generales, de acuerdo con sus normas específicas, previo dictamen del Consejo de Estado u órgano consultivo equivalente de la Comunidad Autónoma respectiva, si lo hubiera.

Artículo 122. Pliegos de cláusulas administrativas particulares.

1. Los pliegos de cláusulas administrativas particulares deberán aprobarse previamente a la autorización del gasto o conjuntamente con ella, y siempre antes de la licitación del contrato, o de no existir esta, antes de su adjudicación, y solo podrán ser modificados con posterioridad por error material, de hecho o aritmético. En otro caso, la modificación del pliego conllevará la retroacción de actuaciones.

2. En los pliegos de cláusulas administrativas particulares se incluirán los criterios de solvencia y adjudicación del contrato; las consideraciones sociales, laborales y ambientales que como criterios de solvencia, de adjudicación o como condiciones especiales de ejecución se establezcan; los pactos y condiciones definidores de los derechos y obligaciones de las partes del contrato; la previsión de cesión del contrato salvo en los casos en que la misma no sea posible de acuerdo con lo establecido en el segundo párrafo del artículo 214.1; la obligación del adjudicatario de cumplir las condiciones salariales de los trabajadores conforme al Convenio Colectivo sectorial de aplicación; y las demás menciones requeridas por esta Ley y sus normas de desarrollo. En el caso de contratos mixtos, se detallará el régimen jurídico aplicable a sus efectos, cumplimiento y extinción, atendiendo a las normas aplicables a las diferentes prestaciones fusionadas en ellos.

Los pliegos podrán también especificar si va a exigirse la transferencia de derechos de propiedad intelectual o industrial, sin perjuicio de lo establecido en el artículo 308 respecto de los contratos de servicios.

3. Los pliegos de cláusulas administrativas particulares podrán establecer penalidades, conforme a lo prevenido en el apartado 1 del

artículo 192, para los casos de incumplimiento o de cumplimiento defectuoso de la prestación que afecten a características de la misma, en especial cuando se hayan tenido en cuenta para definir los criterios de adjudicación, o atribuir a la puntual observancia de estas características el carácter de obligación contractual esencial a los efectos señalados en la letra f) del apartado 1 del artículo 211. Asimismo, para los casos de incumplimiento de lo prevenido en los artículos 130 y 201.

4. Los contratos se ajustarán al contenido de los pliegos de cláusulas administrativas particulares, cuyas cláusulas se consideran parte integrante de los mismos.

5. La aprobación de los pliegos de cláusulas administrativas particulares corresponderá al órgano de contratación, que podrá, asimismo, aprobar modelos de pliegos particulares para determinadas categorías de contratos de naturaleza análoga.

6. La Junta Consultiva de Contratación Pública del Estado deberá informar con carácter previo todos los pliegos de cláusulas administrativas particulares en que se proponga la inclusión de estipulaciones contrarias a los correspondientes pliegos generales.

7. En la Administración General del Estado, sus Organismos Autónomos, Entidades Gestoras y Servicios Comunes de la Seguridad Social y demás Administraciones Públicas integrantes del sector público estatal, la aprobación de los pliegos y de los modelos requerirá el informe previo del Servicio Jurídico respectivo. Este informe no será necesario cuando el pliego de cláusulas administrativas particulares se ajuste a un modelo de pliego que haya sido previamente objeto de este informe.

Artículo 123. Pliego de prescripciones técnicas generales.

Previo informe de la Junta Consultiva de Contratación Pública del Estado, el Consejo de Ministros, a propuesta del Ministro correspondiente, podrá establecer los pliegos de prescripciones técnicas generales a que hayan de ajustarse la Administración General del Estado, sus Organismos Autónomos, Entidades Gestoras y Servicios Comunes de la Seguridad Social y demás entidades que gocen de la condición de Administraciones Públicas integrantes del sector público estatal.

Artículo 124. Pliego de prescripciones técnicas particulares.

El órgano de contratación aprobará con anterioridad a la autorización del gasto o conjuntamente con ella, y siempre antes de la licitación del contrato, o de no existir esta, antes de su adjudicación, los pliegos y documentos que contengan las prescripciones técnicas particulares que hayan de regir la realización de la prestación y definan sus calidades, sus condiciones sociales y ambientales, de conformidad con los requisitos que para cada contrato establece la presente Ley, y solo podrán ser modificados con posterioridad por error material, de hecho o aritmético. En otro caso, la modificación del pliego conllevará la retroacción de actuaciones.

Artículo 125. Definición de determinadas prescripciones técnicas.

A efectos de la presente Ley se entenderá por:

1. «Prescripción o especificación técnica»:

a) Cuando se trate de contratos de obras, el conjunto de las prescripciones técnicas contenidas principalmente en los pliegos de la contratación, en las que se definan las características requeridas de un material, producto o suministro, y que permitan caracterizarlos de manera que respondan a la utilización a que los destine el poder adjudicador; asimismo, los procedimientos de aseguramiento de la calidad, el impacto social, laboral, ambiental y climático de dichos materiales, productos o actividades que se desarrollen durante la elaboración o utilización de los mismos, el diseño para todas las necesidades (incluida la accesibilidad universal y diseño universal o diseño para todas las personas), la terminología, los símbolos, las pruebas y métodos de prueba, el envasado, marcado y etiquetado, las instrucciones de uso y los procesos y métodos de producción en cualquier fase del ciclo de vida de las obras; incluyen asimismo las reglas de elaboración del proyecto y cálculo de las obras, las condiciones de prueba, control y recepción de las obras, así como las técnicas o métodos de construcción y todas las demás condiciones de carácter técnico que el poder adjudicador pueda prescribir, por vía de reglamentación general o específica, en lo referente a obras acabadas y a los materiales o elementos que las constituyan;

b) Cuando se trate de contratos de suministro o de servicios, aquella especificación que figure en un documento en la que se definan las características exigidas de un producto o de un servicio, como, por ejemplo, los niveles de calidad, los niveles de comportamiento ambiental y climático, el diseño para todas las necesidades (incluida la accesibilidad universal y diseño universal o diseño para todas las personas) y la evaluación de la conformidad, el rendimiento, la utilización del producto, su seguridad, o sus dimensiones; asimismo, los requisitos aplicables al producto en lo referente a la denominación de venta, la terminología, los símbolos, las pruebas y métodos de prueba, el envasado, marcado y etiquetado, las instrucciones de uso, los procesos y métodos de producción en cualquier fase del ciclo de vida del suministro o servicio, así como los procedimientos de evaluación de la conformidad.

2. «Norma»: una especificación técnica aprobada por un organismo de normalización reconocido para una aplicación repetida o continuada cuyo cumplimiento no sea obligatorio y que esté incluida en una de las categorías siguientes:

a) «Norma internacional»: Norma adoptada por un organismo internacional de normalización y puesta a disposición del público.

b) «Norma europea»: Norma adoptada por un organismo europeo de normalización y puesta a disposición del público.

c) «Norma nacional»: Norma adoptada por un organismo nacional de normalización y puesta a disposición del público.

3. «Evaluación técnica europea»: La evaluación documentada de las prestaciones de un producto de construcción en cuanto a sus características esenciales, con arreglo al correspondiente documento de evaluación europeo, tal como se define en el artículo 2, punto 12, del Reglamento (UE) n.º 305/2011, del Parlamento Europeo y del Consejo.

4. «Especificación técnica común»: la especificación técnica en el ámbito de las TIC elaborada de conformidad con los artículos 13 y 14 del Reglamento (UE) n.º 1025/2012.

5. «Referencia técnica»: Cualquier documento elaborado por los organismos europeos de normalización, distinto de las normas europeas, con arreglo a procedimientos adaptados a la evolución de las necesidades del mercado.

Artículo 126. Reglas para el establecimiento de prescripciones técnicas.

1. Las prescripciones técnicas a que se refieren los artículos 123 y 124, proporcionarán a los empresarios acceso en condiciones de igualdad al procedimiento de contratación y no tendrán por efecto la creación de obstáculos injustificados a la apertura de la contratación pública a la competencia.

2. Las prescripciones técnicas podrán referirse al proceso o método específico de producción o prestación de las obras, los suministros o los servicios requeridos, o a un proceso específico de otra fase de su ciclo de vida, según la definición establecida en el artículo 148, incluso cuando dichos factores no formen parte de la sustancia material de las obras, suministros o servicios, siempre que estén vinculados al objeto del contrato y guarden proporción con el valor y los objetivos de este.

3. Para toda contratación que esté destinada a ser utilizada por personas físicas, ya sea el público en general o el personal de la Administración Pública contratante, las prescripciones técnicas se redactarán, salvo en casos debidamente justificados, de manera que se tengan en cuenta la Convención de las Naciones Unidas sobre los derechos de las personas con

discapacidad, así como los criterios de accesibilidad universal y de diseño universal o diseño para todas las personas, tal y como son definidos estos términos en el texto refundido de la Ley General de derechos de las personas con discapacidad y de su inclusión social, aprobado mediante Real Decreto Legislativo 1/2013, de 29 de noviembre.

De no ser posible definir las prescripciones técnicas teniendo en cuenta criterios de accesibilidad universal y de diseño universal o diseño para todas las personas, deberá motivarse suficientemente esta circunstancia.

Sin perjuicio de lo anterior, siempre que existan requisitos de accesibilidad obligatorios adoptados por un acto jurídico de la Unión Europea, las especificaciones técnicas deberán ser definidas por referencia a esas normas en lo que respecta a los criterios de accesibilidad para las personas con discapacidad o el diseño para todos los usuarios.

4. Siempre que el objeto del contrato afecte o pueda afectar al medio ambiente, las prescripciones técnicas se definirán aplicando criterios de sostenibilidad y protección ambiental, de acuerdo con las definiciones y principios regulados en los artículos 3 y 4, respectivamente, de la Ley 16/2002, de 1 de julio, de Prevención y Control Integrados de la Contaminación.

5. Sin perjuicio de las instrucciones y reglamentos técnicos nacionales que sean obligatorios, siempre y cuando sean compatibles con el derecho de la Unión Europea, las prescripciones técnicas se formularán de una de las siguientes maneras:

a) En términos de rendimiento o de exigencias funcionales, incluidas las características medioambientales, siempre que los parámetros sean lo suficientemente precisos para permitir a los licitadores determinar el objeto del contrato y al órgano de contratación adjudicar el mismo;

b) Haciendo referencia, de acuerdo con el siguiente orden de prelación, a especificaciones técnicas contenidas en normas nacionales que incorporen normas europeas, a evaluaciones técnicas europeas, a especificaciones técnicas comunes, a normas internacionales, a otros sistemas de referencias técnicas elaborados por los organismos europeos de normalización o, en defecto de todos los anteriores, a normas nacionales, a documentos de idoneidad técnica nacionales o a especificaciones técnicas nacionales en materia de proyecto, cálculo y ejecución de obras y de uso de suministros; acompañando cada referencia de la mención «o equivalente»;

c) En términos de rendimiento o de exigencias funcionales según lo mencionado en la letra a), haciendo referencia, como medio de presunción de conformidad con estos requisitos de rendimiento o exigencias funcionales, a las especificaciones contempladas en la letra b);

d) Haciendo referencia a especificaciones técnicas mencionadas en la letra b) para determinadas características, y mediante referencia al rendimiento o exigencias funcionales mencionados en la letra a) para otras características.

6. Salvo que lo justifique el objeto del contrato, las prescripciones técnicas no harán referencia a una fabricación o una procedencia determinada, o a un procedimiento concreto que caracterice a los productos o servicios ofrecidos por un empresario determinado, o a marcas, patentes o tipos, o a un origen o a una producción determinados, con la finalidad de favorecer o descartar ciertas empresas o ciertos productos. Tal referencia se autorizará, con carácter excepcional, en el caso en que no sea posible hacer una descripción lo bastante precisa e inteligible del objeto del contrato en aplicación del apartado 5, en cuyo caso irá acompañada de la mención «o equivalente».

7. Cuando los órganos de contratación hagan uso de la opción prevista en el apartado 5, letra a), de formular prescripciones técnicas en términos de rendimiento o de exigencias funcionales, no podrán rechazar una oferta de obras, de suministros o de servicios que se ajusten a una norma nacional que transponga una norma europea, a un documento de idoneidad técnica europeo, a una especificación técnica común, a una norma internacional o a un sistema de referencias técnicas elaborado por un organismo europeo de normalización, si tales especificaciones tienen por objeto los requisitos de rendimiento o exigencias funcionales exigidos por las prescripciones técnicas, siempre que en su oferta, el licitador pruebe por cualquier medio adecuado, incluidos los medios de prueba mencionados en los artículos 127 y 128, que la obra, el suministro o el servicio conforme a la norma reúne los requisitos de rendimiento o exigencias funcionales establecidos por el órgano de contratación.

8. Cuando los órganos de contratación hagan uso de la opción de referirse a las especificaciones técnicas previstas en el apartado 5, letra b), no podrán rechazar una oferta basándose en que las obras, los suministros o los servicios ofrecidos no se ajustan a las especificaciones técnicas a las que han hecho referencia, siempre que en su oferta el licitador demuestre por cualquier medio adecuado, incluidos los medios de prueba mencionados en el artículo 128, que las soluciones que propone cumplen de forma equivalente los requisitos exigidos en las correspondientes prescripciones técnicas.

Artículo 127. Etiquetas.

1. A los efectos de esta Ley, se entenderá por «etiqueta»: cualquier documento, certificado o acreditación que confirme que las obras, productos, servicios, procesos o procedimientos de que se trate cumplen determinados requisitos.

2. Cuando los órganos de contratación tengan la intención de adquirir obras, suministros o servicios con características específicas de tipo medioambiental, social u otro, podrán exigir, en las prescripciones técnicas, en los criterios de adjudicación o en las condiciones de ejecución del contrato, una etiqueta específica como medio de prueba de que las obras, los servicios o los suministros cumplen las características exigidas, etiquetas de tipo social o medioambiental, como aquellas relacionadas con la agricultura o la ganadería ecológicas, el comercio justo, la igualdad de género o las que garantizan el cumplimiento de las Convenciones fundamentales de la Organización Internacional del Trabajo, siempre que se cumplan todas las condiciones siguientes:

a) Que los requisitos exigidos para la obtención de la etiqueta se refieran únicamente a criterios vinculados al objeto del contrato y sean adecuados para definir las características de las obras, los suministros o los servicios que constituyan dicho objeto.

b) Que los requisitos exigidos para la obtención de la etiqueta se basen en criterios verificables objetivamente y que no resulten discriminatorios.

c) Que las etiquetas se adopten con arreglo a un procedimiento abierto y transparente en el que puedan participar todas las partes concernidas, tales como organismos gubernamentales, los consumidores, los interlocutores sociales, los fabricantes, los distribuidores y las organizaciones no gubernamentales.

d) Que las etiquetas sean accesibles a todas las partes interesadas.

e) Que los requisitos exigidos para la obtención de la etiqueta hayan sido fijados por un tercero sobre el cual el empresario no pueda ejercer una influencia decisiva.

f) Que las referencias a las etiquetas no restrinjan la innovación.

Cuando una etiqueta cumpla las condiciones previstas en el apartado 2, letras b), c), d) y e), pero establezca requisitos no vinculados al objeto del contrato, los órganos de contratación no exigirán la etiqueta como tal, pero, en sustitución de esta, podrán definir las prescripciones técnicas por referencia a las especificaciones detalladas de esa etiqueta o, en su caso, a partes de esta, que estén vinculadas al objeto del contrato y sean adecuadas para definir las características de dicho objeto.

3. Los órganos de contratación que exijan una etiqueta específica deberán aceptar todas las etiquetas que verifiquen que las obras, suministros o servicios cumplen requisitos que sean equivalentes a aquellos que son exigidos para la obtención de aquella.

El órgano de contratación aceptará otros medios adecuados de prueba, incluidos los mencionados en el artículo 128, que demuestren que las obras, suministros o servicios que ha de prestar el futuro contratista cumplen los requisitos de la etiqueta específica exigida.

4. Cuando los órganos de contratación no requieran en los pliegos que las obras, suministros o servicios cumplan todos los requisitos exigidos para la obtención de una etiqueta, indicarán a cuáles de dichos requisitos se está haciendo referencia.

5. La indicación de una etiqueta específica en las prescripciones técnicas en ningún caso exime al órgano de contratación de su obligación de detallar con claridad en los pliegos las características y requisitos que desea imponer y cuyo cumplimiento la etiqueta específica exigida pretende probar.

6. La carga de la prueba de la equivalencia recaerá, en todo caso, en el candidato o licitador.

Artículo 128. Informes de pruebas, certificación y otros medios de prueba.

1. Los órganos de contratación podrán exigir que los operadores económicos proporcionen un informe de pruebas de un organismo de evaluación de la conformidad o un certificado expedido por este último, como medio de prueba del cumplimiento de las prescripciones técnicas exigidas, o de los criterios de adjudicación o de las condiciones de ejecución del contrato.

Cuando los órganos de contratación exijan la presentación de certificados emitidos por un organismo de evaluación de la conformidad determinado, los certificados de otros organismos de evaluación de la conformidad equivalentes también deberán ser aceptados por aquellos.

A efectos de lo dispuesto en esta Ley, se entenderá por «organismo de evaluación de la conformidad» aquel que desempeña actividades de calibración, ensayo, certificación e inspección, y que están acreditados de conformidad con el Reglamento (CE) n.º 765/2008, del Parlamento Europeo y del Consejo.

2. Supletoriamente los órganos de contratación deberán aceptar otros medios de prueba adecuados que no sean los contemplados en el apartado primero, como un informe técnico del fabricante, cuando el empresario de que se trate no tenga acceso a dichos certificados o informes de pruebas ni la posibilidad de obtenerlos en los plazos fijados, siempre que la falta de acceso no sea por causa imputable al mismo y que este sirva para demostrar que las obras, suministros o servicios que proporcionará cumplen con las prescripciones técnicas, los criterios de adjudicación o las condiciones de ejecución del contrato, según el caso.

Artículo 129. Información sobre las obligaciones relativas a la fiscalidad, protección del medio ambiente, empleo y condiciones laborales y de contratar a un porcentaje específico de personas con discapacidad.

1. El órgano de contratación podrá señalar en el pliego el organismo u organismos de los que los candidatos o licitadores puedan obtener la información pertinente sobre las obligaciones relativas a la fiscalidad, a la protección del medio ambiente, y a las disposiciones vigentes en materia de protección del empleo, igualdad de género, condiciones de trabajo y prevención de riesgos laborales e inserción sociolaboral de las personas con discapacidad, y a la obligación de contratar a un número o porcentaje específico de personas con discapacidad que serán aplicables a los trabajos efectuados en la obra o a los servicios prestados durante la ejecución del contrato.

2. Cuando se facilite la información a la que se refiere el apartado 1, el órgano de contratación solicitará a los licitadores o a los candidatos en un procedimiento de adjudicación de contratos que manifiesten haber tenido en cuenta en la elaboración de sus ofertas las obligaciones derivadas de las disposiciones vigentes en materia de fiscalidad, protección del medio ambiente, protección del empleo, igualdad de género, condiciones de trabajo, prevención de riesgos laborales e inserción sociolaboral de las personas con discapacidad, y a la obligación de contratar a un número o porcentaje especifico de personas con discapacidad, y protección del medio ambiente.

Esto no obstará para la aplicación de lo dispuesto en el artículo 149 sobre verificación de las ofertas que incluyan valores anormales o desproporcionados.

Artículo 130. Información sobre las condiciones de subrogación en contratos de trabajo.

1. Cuando una norma legal un convenio colectivo o un acuerdo de negociación colectiva de eficacia general, imponga al adjudicatario la obligación de subrogarse como empleador en determinadas relaciones laborales, los servicios dependientes del órgano de contratación deberán facilitar a los licitadores, en el propio pliego, la información sobre las condiciones de los contratos de los trabajadores a los que afecte la subrogación que resulte necesaria para permitir una exacta evaluación de los costes laborales que implicará tal medida, debiendo hacer constar igualmente que tal información se facilita en cumplimiento de lo previsto en el presente artículo.

A estos efectos, la empresa que viniese efectuando la prestación objeto del contrato a adjudicar y que tenga la condición de empleadora de los trabajadores afectados estará obligada a proporcionar la referida información al órgano de contratación, a requerimiento de este. Como parte de esta información en todo caso se deberán aportar los listados del personal objeto de subrogación, indicándose: el convenio colectivo de aplicación y los detalles de categoría, tipo de contrato, jornada, fecha de antigüedad, vencimiento del contrato, salario bruto anual de cada trabajador, así como todos los pactos en vigor aplicables a los trabajadores a los que afecte la subrogación. La Administración comunicará al nuevo empresario la información que le hubiere sido facilitada por el anterior contratista.

2. Lo dispuesto en este artículo respecto de la subrogación de trabajadores resultará igualmente de aplicación a los socios trabajadores de las cooperativas cuando estos estuvieran adscritos al servicio o actividad objeto de la subrogación.

Cuando la empresa que viniese efectuando la prestación objeto del contrato a adjudicar fuese un Centro Especial de Empleo, la empresa que resulte adjudicataria tendrá la obligación de subrogarse como empleador de todas las personas con discapacidad que vinieran desarrollando su actividad en la ejecución del referido contrato.

3. En caso de que una Administración Pública decida prestar directamente un servicio que hasta la fecha venía siendo prestado por un operador económico, vendrá obligada a la subrogación del personal que lo prestaba si así lo establece una norma legal, un convenio colectivo o un acuerdo de negociación colectiva de eficacia general.

4. El pliego de cláusulas administrativas particulares contemplará necesariamente la imposición de penalidades al contratista dentro de los límites establecidos en el artículo 192 para el supuesto de incumplimiento por el mismo de la obligación prevista en este artículo.

5. En el caso de que una vez producida la subrogación los costes laborales fueran superiores a los que se desprendieran de la información facilitada por el antiguo contratista al órgano de contratación, el contratista tendrá acción directa contra el antiguo contratista.

6. Asimismo, y sin perjuicio de la aplicación, en su caso, de lo establecido en el artículo 44 del texto refundido de la Ley del Estatuto de los Trabajadores, aprobado por Real Decreto Legislativo 2/2015, de 23 de octubre, el pliego de cláusulas administrativas particulares siempre contemplará la obligación del contratista de responder de los salarios impagados a los trabajadores afectados por subrogación, así como de las cotizaciones a la Seguridad social devengadas, aún en el supuesto de que se resuelva el contrato y aquellos sean subrogados por el nuevo contratista, sin que en ningún caso dicha obligación corresponda a este último. En este caso, la Administración, una vez acreditada la falta de pago de los citados salarios, procederá a la retención de las cantidades debidas al contratista para garantizar el pago de los citados salarios, y a la no devolución de la garantía definitiva en tanto no se acredite el abono de éstos.

Sección 2.ª De la adjudicación de los contratos de las Administraciones

Subsección 1.ª Normas generales

Artículo 131. Procedimiento de adjudicación.

1. Los contratos que celebren las Administraciones Públicas se adjudicarán con arreglo a las normas de la presente sección.

2. La adjudicación se realizará, ordinariamente utilizando una pluralidad de criterios de adjudicación basados en el principio de mejor relación calidad-precio, y utilizando el procedimiento abierto o el procedimiento restringido, salvo los contratos de concesión de servicios especiales del Anexo IV, que se adjudicarán mediante este último procedimiento.

En los supuestos del artículo 168 podrá seguirse el procedimiento negociado sin publicidad; en los casos previstos en el artículo 167 podrá recurrirse al diálogo competitivo o a la licitación con negociación, y en los indicados en el artículo 177 podrá emplearse el procedimiento de asociación para la innovación.

3. Los contratos menores podrán adjudicarse directamente a cualquier empresario con capacidad de obrar y que cuente con la habilitación profesional necesaria para realizar la prestación, cumpliendo con las normas establecidas en el artículo 118.

4. En los contratos relativos a la prestación de asistencia sanitaria en supuestos de urgencia y con un valor estimado inferior a 30.000 euros, no serán de aplicación las disposiciones de esta Ley relativas a la preparación y adjudicación del contrato.

Para proceder a la contratación en estos casos bastará con que, además de justificarse la urgencia, se determine el objeto de la prestación, se fije el precio a satisfacer por la asistencia y se designe por el órgano de contratación la empresa a la que corresponderá la ejecución.

5. En los concursos de proyectos se seguirá el procedimiento regulado en la Subsección 7.ª de esta sección.

Artículo 132. Principios de igualdad, transparencia y libre competencia.

1. Los órganos de contratación darán a los licitadores y candidatos un tratamiento igualitario y no discriminatorio y ajustarán su actuación a los principios de transparencia y proporcionalidad.

En ningún caso podrá limitarse la participación por la forma jurídica o el ánimo de lucro en la contratación, salvo en los contratos reservados para entidades recogidas en la disposición adicional cuarta.

2. La contratación no será concebida con la intención de eludir los requisitos de publicidad o los relativos al procedimiento de adjudicación que corresponda, ni de restringir artificialmente la competencia, bien favoreciendo o perjudicando indebidamente a determinados empresarios.

3. Los órganos de contratación velarán en todo el procedimiento de adjudicación por la salvaguarda de la libre competencia. Así, tanto ellos como la Junta Consultiva de Contratación Pública del Estado o, en su caso, los órganos consultivos o equivalentes en materia de contratación pública de las Comunidades Autónomas, y los órganos competentes para resolver el recurso especial a que se refiere el artículo 44 de esta Ley, notificarán a la Comisión Nacional de los Mercados y la Competencia o, en su caso, a las autoridades autonómicas de competencia, cualesquiera hechos de los que tengan conocimiento en el ejercicio de sus funciones que puedan constituir infracción a la legislación de defensa de la competencia. En particular, comunicarán cualquier indicio de acuerdo, decisión o recomendación colectiva, o práctica concertada o conscientemente paralela entre los licitadores, que tenga por objeto, produzca o pueda producir el efecto de impedir, restringir o falsear la competencia en el proceso de contratación.

Artículo 133. Confidencialidad.

1. Sin perjuicio de lo dispuesto en la legislación vigente en materia de acceso a la información pública y de las disposiciones contenidas en la presente Ley relativas a la publicidad de la adjudicación y a la información que debe darse a los candidatos y a los licitadores, los órganos de contratación no podrán divulgar la información facilitada por los empresarios que estos hayan designado como confidencial en el momento de presentar su oferta. El carácter de confidencial afecta, entre otros, a los secretos técnicos o comerciales, a los aspectos confidenciales de las ofertas y a cualesquiera otras informaciones cuyo contenido pueda ser utilizado para falsear la competencia, ya sea en ese procedimiento de licitación o en otros posteriores.

El deber de confidencialidad del órgano de contratación así como de sus servicios dependientes no podrá extenderse a todo el contenido de la oferta del adjudicatario ni a todo el contenido de los informes y documentación que, en su caso, genere directa o indirectamente el órgano de contratación en el curso del procedimiento de licitación. Únicamente podrá extenderse a documentos que tengan una difusión restringida, y en ningún caso a documentos que sean públicamente accesibles.

El deber de confidencialidad tampoco podrá impedir la divulgación pública de partes no confidenciales de los contratos celebrados, tales como, en su caso, la liquidación, los plazos finales de ejecución de la obra, las empresas con las que se ha contratado y subcontratado, y, en todo caso, las partes esenciales de la oferta y las modificaciones posteriores del contrato, respetando en todo caso lo dispuesto en la Ley Orgánica 15/1999, de 13 de diciembre, de Protección de Datos de Carácter Personal.

2. El contratista deberá respetar el carácter confidencial de aquella información a la que tenga acceso con ocasión de la ejecución del contrato a la que se le hubiese dado el referido carácter en los pliegos o en el contrato, o que por su propia naturaleza deba ser tratada como tal. Este deber se mantendrá durante un plazo de cinco años desde el conocimiento de esa información, salvo que los pliegos o el contrato establezcan un plazo mayor que, en todo caso, deberá ser definido y limitado en el tiempo.

Artículo 134. Anuncio de información previa.

1. Los órganos de contratación podrán publicar un anuncio de información previa con el fin de dar a conocer aquellos contratos de obras, suministros o servicios que, estando sujetos a regulación armonizada, tengan proyectado adjudicar en el plazo a que se refiere el apartado 5 del presente artículo.

2. Los anuncios de información previa a que se refiere el apartado anterior se publicarán, con el contenido establecido en el Anexo III. A, a elección del órgano de contratación, en el «Diario Oficial de la Unión Europea» o en el perfil de contratante del órgano de contratación a que se refiere el artículo 63 que se encuentre alojado en la Plataforma de Contratación del Sector Público o servicio de información equivalente a nivel autonómico.

3. Los anuncios de información previa se enviarán a la Oficina de Publicaciones de la Unión Europea o, en su caso, se publicarán en el perfil de contratante, lo antes posible, una vez tomada la decisión por la que se autorice el programa en el que se contemple la celebración de los correspondientes contratos, en el caso de los de obras, o una vez iniciado el ejercicio presupuestario, en los restantes.

En cualquier caso, los poderes adjudicadores deberán poder demostrar la fecha de envío del anuncio de información previa.

La Oficina de Publicaciones de la Unión Europea confirmará al poder adjudicador la recepción del anuncio y la publicación de la información enviada, indicando la fecha de dicha publicación. Esta confirmación constituirá prueba de la publicación.

4. En el caso de que el anuncio de información previa se publique en el «Diario Oficial de la Unión Europea», no se publicará a nivel nacional antes de aquella publicación. No obstante, podrá en todo caso publicarse a nivel nacional si los poderes adjudicadores no han recibido notificación de su publicación a las cuarenta y ocho horas de la confirmación de la recepción del anuncio por parte de la Oficina de Publicaciones de la Unión Europea.

5. En el caso de que la publicación del anuncio de información previa a que se refiere el primer apartado se vaya a efectuar en el perfil de contratante del órgano de contratación, este último deberá enviar a la Oficina de Publicaciones de la Unión Europea el anuncio de la publicación en su perfil.

El anuncio de información previa no se publicará en el perfil de contratante antes de que se envíe a la Oficina de Publicaciones de la Unión Europea el anuncio de su publicación en la citada forma, e indicará la fecha de dicho envío.

6. El periodo cubierto por el anuncio de información previa será de un máximo de 12 meses a contar desde la fecha de envío del citado anuncio a la Oficina de Publicaciones de la Unión Europea o, en su caso, a partir de la fecha de envío también a esta última, del anuncio de publicación en el perfil de contratante a que se refiere el apartado cuarto anterior.

Sin embargo, en el caso de los contratos de servicios que tengan por objeto alguno de los servicios especiales del Anexo IV, el anuncio de información previa podrá abarcar un plazo superior a 12 meses.

7. La publicación del anuncio previo a que se refiere el primer apartado de este artículo, cumpliendo con las condiciones establecidas en los apartados 2 y 3 del artículo 156 y en el apartado 1 del artículo 164, permitirá reducir los plazos para la presentación de proposiciones en los procedimientos abiertos y restringidos en la forma que en esos preceptos se determina.

Artículo 135. Anuncio de licitación.

1. El anuncio de licitación para la adjudicación de contratos de las Administraciones Públicas, a excepción de los procedimientos negociados sin publicidad, se publicará en el perfil de contratante. En los contratos celebrados por la Administración General del Estado, o por las entidades vinculadas a la misma que gocen de la naturaleza de Administraciones Públicas, el anuncio de licitación se publicará además en el «Boletín Oficial del Estado».

Cuando los contratos estén sujetos a regulación armonizada la licitación deberá publicarse, además, en el «Diario Oficial de la Unión Europea», debiendo los poderes adjudicadores poder demostrar la fecha de envío del anuncio de licitación.

La Oficina de Publicaciones de la Unión Europea confirmará al poder adjudicador la recepción del anuncio y la publicación de la información enviada, indicando la fecha de dicha publicación. Esta confirmación constituirá prueba de la publicación.

2. Cuando el órgano de contratación lo estime conveniente, los procedimientos para la adjudicación de contratos de obras, suministros,

servicios, concesiones de obras y concesiones de servicios no sujetos a regulación armonizada podrán ser anunciados, además, en el «Diario Oficial de la Unión Europea».

3. Los anuncios de licitación y los anuncios de información previa a que se refiere la disposición adicional trigésima sexta no se publicarán en los lugares indicados en el primer párrafo del apartado primero anterior antes de su publicación en el «Diario Oficial de la Unión Europea», en el caso en que deban ser publicados en dicho Diario Oficial, debiendo indicar la fecha de aquel envío, de la que los servicios dependientes del órgano de contratación dejarán prueba suficiente en el expediente, y no podrán contener indicaciones distintas a las incluidas en dicho anuncio. No obstante, en todo caso podrán publicarse si el órgano de contratación no ha recibido notificación de su publicación a las 48 horas de la confirmación de la recepción del anuncio enviado.

4. Los anuncios de licitación de contratos contendrán la información recogida en el anexo III.

5. En los contratos de concesión de servicios especiales del anexo IV la convocatoria de licitación se realizará en todo caso mediante el anuncio de información previa a que se refiere la Disposición adicional trigésima sexta.

Artículo 136. Plazos de presentación de las solicitudes de participación y de las proposiciones.

1. Los órganos de contratación fijarán los plazos de presentación de las ofertas y solicitudes de participación teniendo en cuenta el tiempo que razonablemente pueda ser necesario para preparar aquellas, atendida la complejidad del contrato, y respetando, en todo caso, los plazos mínimos fijados en esta Ley.

2. Los órganos de contratación deberán ampliar el plazo inicial de presentación de las ofertas y solicitudes de participación, de forma que todos los posibles interesados en la licitación puedan tener acceso a toda la información necesaria para elaborar estas, cuando por cualquier razón los servicios dependientes del órgano de contratación no hubieran atendido el requerimiento de información que el interesado hubiera formulado con la debida antelación, en los términos señalados en el apartado 3 del artículo 138.

Esta causa no se aplicará cuando la información adicional solicitada tenga un carácter irrelevante a los efectos de poder formular una oferta o solicitud que sean válidas.

En todo caso se considerará información relevante a los efectos de este artículo la siguiente:

a) Cualquier información adicional trasmitida a un licitador.

b) Cualquier información asociada a elementos referidos en los pliegos y documentos de contratación.

Los órganos de contratación deberán ampliar el plazo inicial de presentación de las ofertas y solicitudes de participación, asimismo, en el caso en que se introduzcan modificaciones significativas en los pliegos de la contratación, sin perjuicio de lo señalado en los artículos 122.1 y 124.

En todo caso se considerará modificación significativa de los pliegos la que afecte a:

a) La clasificación requerida.

b) El importe y plazo del contrato.

c) Las obligaciones del adjudicatario.

d) Al cambio o variación del objeto del contrato.

La duración de la prórroga en todo caso será proporcional a la importancia de la información solicitada por el interesado.

3. Cuando las proposiciones solo puedan realizarse después de una visita sobre el terreno o previa consulta «in situ» de la documentación que se adjunte al pliego, los plazos mínimos para la presentación de las ofertas y solicitudes de participación que establece esta Ley, se ampliarán de forma que todos los que interesados afectados puedan tener conocimiento de toda la información necesaria para preparar aquellas.

4. La presentación de proposiciones o la recepción de la documentación en formato electrónico necesaria para la presentación de las mismas en cualquier procedimiento, no podrá suponer la exigencia de cantidad alguna a los licitadores.

Artículo 137. Reducción de plazos en caso de tramitación urgente.

En caso de que el expediente de contratación haya sido declarado de tramitación urgente, los plazos establecidos en esta Sección se reducirán en la forma prevista en la letra b) del apartado 2 del artículo 119 y en las demás disposiciones de esta Ley.

Artículo 138. Información a interesados.

1. Los órganos de contratación ofrecerán acceso a los pliegos y demás documentación complementaria por medios electrónicos a través del perfil de contratante, acceso que será libre, directo, completo y gratuito, y que deberá poder efectuarse desde la fecha de la publicación del anuncio de licitación o, en su caso, del envío de la invitación a los candidatos seleccionados.

2. Excepcionalmente, en los casos que se señalan a continuación, los órganos de contratación podrán dar acceso a los pliegos y demás documentación complementaria de la licitación, valiéndose de medios no

electrónicos. En ese caso el anuncio de licitación o la invitación a los candidatos seleccionados advertirán de esta circunstancia; y el plazo de presentación de las proposiciones o de las solicitudes de participación se prolongará cinco días, salvo en el supuesto de tramitación urgente del expediente a que se refiere el artículo 119.

El acceso no electrónico a los pliegos y demás documentación complementaria de la licitación estará justificado cuando concurra alguno de los siguientes supuestos:

a) Cuando se den circunstancias técnicas que lo impidan, en los términos señalados en la Disposición adicional decimoquinta.

b) Por razones de confidencialidad, en aplicación de lo dispuesto en el artículo 133.

c) En el caso de las concesiones de obras y de servicios, por motivos de seguridad excepcionales.

3. Los órganos de contratación proporcionarán a todos los interesados en el procedimiento de licitación, a más tardar 6 días antes de que finalice el plazo fijado para la presentación de ofertas, aquella información adicional sobre los pliegos y demás documentación complementaria que estos soliciten, a condición de que la hubieren pedido al menos 12 días antes del transcurso del plazo de presentación de las proposiciones o de las solicitudes de participación, salvo que en los pliegos que rigen la licitación se estableciera otro plazo distinto. En los expedientes que hayan sido calificados de urgentes, el plazo de seis días a más tardar antes de que finalice el plazo fijado para la presentación de ofertas será de 4 días a más tardar antes de que finalice el citado plazo en los contratos de obras, suministros y servicios sujetos a regulación armonizada siempre que se adjudiquen por procedimientos abierto y restringido.

En los casos en que lo solicitado sean aclaraciones a lo establecido en los pliegos o resto de documentación y así lo establezca el pliego de cláusulas administrativas particulares, las respuestas tendrán carácter vinculante y, en este caso, deberán hacerse públicas en el correspondiente perfil de contratante en términos que garanticen la igualdad y concurrencia en el procedimiento de licitación.

Artículo 139. Proposiciones de los interesados.

1. Las proposiciones de los interesados deberán ajustarse a los pliegos y documentación que rigen la licitación, y su presentación supone la aceptación incondicionada por el empresario del contenido de la totalidad de sus cláusulas o condiciones, sin salvedad o reserva alguna, así como la autorización a la mesa y al órgano de contratación para consultar los datos recogidos en el Registro Oficial de Licitadores y Empresas Clasificadas del

Sector Público o en las listas oficiales de operadores económicos de un Estado miembro de la Unión Europea.

2. Las proposiciones serán secretas y se arbitrarán los medios que garanticen tal carácter hasta el momento de apertura de las proposiciones, sin perjuicio de lo dispuesto en los artículos 143, 175 y 179 en cuanto a la información que debe facilitarse a los participantes en una subasta electrónica, en un diálogo competitivo, o en un procedimiento de asociación para la innovación.

3. Cada licitador no podrá presentar más de una proposición, sin perjuicio de lo dispuesto en el artículo 142 sobre admisibilidad de variantes y en el artículo 143 sobre presentación de nuevos precios o valores en el seno de una subasta electrónica. Tampoco podrá suscribir ninguna propuesta en unión temporal con otros si lo ha hecho individualmente o figurar en más de una unión temporal. La infracción de estas normas dará lugar a la no admisión de todas las propuestas por él suscritas.

4. En la proposición deberá indicarse, como partida independiente, el importe del Impuesto sobre el Valor Añadido que deba ser repercutido.

Artículo 140. Presentación de la documentación acreditativa del cumplimiento de los requisitos previos.

1. En relación con la presentación de la documentación acreditativa del cumplimiento de los requisitos previos, se observarán las reglas establecidas a continuación:

a) Las proposiciones en el procedimiento abierto deberán ir acompañadas de una declaración responsable que se ajustará al formulario de documento europeo único de contratación de conformidad con lo indicado en el artículo siguiente, que deberá estar firmada y con la correspondiente identificación, en la que el licitador ponga de manifiesto lo siguiente:

1.º Que la sociedad está válidamente constituida y que conforme a su objeto social puede presentarse a la licitación, así como que el firmante de la declaración ostenta la debida representación para la presentación de la proposición y de aquella.

2.º Que cuenta con la correspondiente clasificación, en su caso, o que cumple los requisitos de solvencia económica, financiera y técnica o profesional exigidos, en las condiciones que establezca el pliego de conformidad con el formulario normalizado del documento europeo único de contratación a que se refiere el artículo siguiente.

3.º Que no está incursa en prohibición de contratar por sí misma ni por extensión como consecuencia de la aplicación del artículo 71.3 de esta Ley.

4.º La designación de una dirección de correo electrónico en que efectuar las notificaciones, que deberá ser «habilitada» de conformidad con lo dispuesto en la disposición adicional decimoquinta, en los casos en que el órgano de contratación haya optado por realizar las notificaciones a través de la misma. Esta circunstancia deberá recogerse en el pliego de cláusulas administrativas particulares.

b) En el caso de solicitudes de participación en los procedimientos restringido, de licitación con negociación, en el diálogo competitivo y en el de asociación para la innovación, la declaración responsable a que se refiere la letra a) anterior pondrá de manifiesto adicionalmente que se cumple con los requisitos objetivos que se hayan establecido de acuerdo con el artículo 162 de la presente Ley, en las condiciones que establezca el pliego de conformidad con el formulario normalizado del documento europeo único de contratación a que se refiere el artículo siguiente.

c) En los casos en que el empresario recurra a la solvencia y medios de otras empresas de conformidad con el artículo 75 de la presente Ley, cada una de ellas también deberá presentar una declaración responsable en la que figure la información pertinente para estos casos con arreglo al formulario normalizado del documento europeo único de contratación a que se refiere el artículo siguiente.

La presentación del compromiso a que se refiere el apartado 2 del artículo 75 se realizará de conformidad con lo dispuesto en el apartado tercero del presente artículo.

d) En todos los supuestos en que en el procedimiento se exija la constitución de garantía provisional, se aportará el documento acreditativo de haberla constituido.

e) En todos los supuestos en que varios empresarios concurran agrupados en una unión temporal, se aportará una declaración responsable por cada empresa participante en la que figurará la información requerida en estos casos en el formulario del documento europeo único de contratación a que se refiere el artículo siguiente.

Adicionalmente a la declaración o declaraciones a que se refiere el párrafo anterior se aportará el compromiso de constituir la unión temporal por parte de los empresarios que sean parte de la misma de conformidad con lo exigido en el apartado 3 del artículo 69 de esta Ley.

f) Además de la declaración responsable a que se refiere la letra a) anterior, las empresas extranjeras, en los casos en que el contrato vaya a ejecutarse en España, deberán aportar una declaración de sometimiento a la jurisdicción de los juzgados y tribunales españoles de cualquier orden, para todas las incidencias que de modo directo o indirecto pudieran surgir del contrato, con renuncia, en su caso, al fuero jurisdiccional extranjero que pudiera corresponder al licitante.

g) Cuando el pliego prevea la división en lotes del objeto del contrato, si los requisitos de solvencia económica y financiera o técnica y profesional exigidos variaran de un lote a otro, se aportará una declaración responsable por cada lote o grupo de lotes al que se apliquen los mismos requisitos de solvencia.

2. Cuando de conformidad con la presente Ley, el pliego de cláusulas administrativas particulares o el documento descriptivo exijan la acreditación de otras circunstancias distintas de las que comprende el formulario del documento europeo único de contratación a que se refiere el artículo siguiente, los mismos deberán indicar la forma de su acreditación.

3. El órgano o la mesa de contratación podrán pedir a los candidatos o licitadores que presenten la totalidad o una parte de los documentos justificativos, cuando consideren que existen dudas razonables sobre la vigencia o fiabilidad de la declaración, cuando resulte necesario para el buen desarrollo del procedimiento y, en todo caso, antes de adjudicar el contrato.

No obstante lo anterior, cuando el empresario esté inscrito en el Registro Oficial de Licitadores y Empresas Clasificadas del Sector Público o figure en una base de datos nacional de un Estado miembro de la Unión Europea, como un expediente virtual de la empresa, un sistema de almacenamiento electrónico de documentos o un sistema de precalificación, y estos sean accesibles de modo gratuito para los citados órganos, no estará obligado a presentar los documentos justificativos u otra prueba documental de los datos inscritos en los referidos lugares.

4. Las circunstancias relativas a la capacidad, solvencia y ausencia de prohibiciones de contratar a las que se refieren los apartados anteriores, deberán concurrir en la fecha final de presentación de ofertas y subsistir en el momento de perfección del contrato.

Artículo 141. Declaración responsable y otra documentación.

1. Los órganos de contratación incluirán en el pliego, junto con la exigencia de declaración responsable, el modelo al que deberá ajustarse la misma. El modelo que recoja el pliego seguirá el formulario de documento europeo único de contratación aprobado en el seno de la Unión Europea, sin perjuicio de lo establecido en la letra c) del apartado 4 del artículo 159.

2. En los casos en que se establezca la intervención de mesa de contratación, esta calificará la declaración responsable y la documentación a la que se refiere el artículo anterior.

Cuando esta aprecie defectos subsanables, dará un plazo de tres días al empresario para que los corrija.

Artículo 142. Admisibilidad de variantes.

1. Cuando en la adjudicación hayan de tenerse en cuenta criterios distintos del precio, el órgano de contratación podrá tomar en consideración las variantes que ofrezcan los licitadores, siempre que las

variantes se prevean en los pliegos. Se considerará que se cumple este requisito cuando se expresen los requisitos mínimos, modalidades, y características de las mismas, así como su necesaria vinculación con el objeto del contrato.

2. La posibilidad de que los licitadores ofrezcan variantes se indicará en el anuncio de licitación del contrato precisando sobre qué elementos y en qué condiciones queda autorizada su presentación.

Las precisiones de las variantes que se puedan admitir podrán hacer referencia a determinadas funcionalidades que puedan tener los bienes, obras o servicios objeto del contrato, o a la satisfacción adecuada de determinadas necesidades.

3. En los procedimientos de adjudicación de contratos de suministro o de servicios, los órganos de contratación que hayan autorizado la presentación de variantes no podrán rechazar una de ellas por el único motivo de que, de ser elegida, daría lugar a un contrato de servicios en vez de a un contrato de suministro o a un contrato de suministro en vez de a un contrato de servicios.

Artículo 143. Subasta electrónica.

1. A efectos de la adjudicación del contrato podrá celebrarse una subasta electrónica, articulada como un proceso electrónico repetitivo, que tiene lugar tras una primera evaluación completa de las ofertas, para la presentación de mejoras en los precios o de nuevos valores relativos a determinados elementos de las ofertas que las mejoren en su conjunto, basado en un dispositivo electrónico que permita su clasificación a través de métodos de evaluación automatizados, debiendo velarse por que el mismo permita un acceso no discriminatorio y disponible de forma general, así como el registro inalterable de todas las participaciones en el proceso de subasta.

2. La subasta electrónica podrá emplearse en los procedimientos abiertos, en los restringidos, y en las licitaciones con negociación, siempre que las especificaciones del contrato que deba adjudicarse puedan establecerse de manera precisa en los pliegos que rigen la licitación y que las prestaciones que constituyen su objeto no tengan carácter intelectual, como los servicios de ingeniería, consultoría y arquitectura. No podrá recurrirse a las subastas electrónicas de forma abusiva o de modo que se obstaculice, restrinja o falsee la competencia o que se vea modificado el objeto del contrato.

3. La subasta electrónica se basará en uno de los siguientes criterios:

a) únicamente en los precios, cuando el contrato se adjudique atendiendo exclusivamente al precio;

b) o bien en los precios y en nuevos valores de los elementos objetivos de la oferta que sean cuantificables y susceptibles de ser expresados en cifras o en porcentajes, cuando el contrato se adjudique basándose en varios criterios de adjudicación.

4. Los órganos de contratación que decidan recurrir a una subasta electrónica deberán indicarlo en el anuncio de licitación e incluir en el pliego de condiciones, como mínimo, la siguiente información:

a) Los elementos objetivos a cuyos valores se refiera la subasta electrónica.

b) En su caso, los límites de los valores que podrán presentarse, tal como resulten de las especificaciones relativas al objeto del contrato.

c) La información que se pondrá a disposición de los licitadores durante la subasta electrónica y, cuando proceda, el momento en que se facilitará.

d) La forma en que se desarrollará la subasta.

e) Las condiciones en que los licitadores podrán pujar y, en particular, las mejoras mínimas que se exigirán, en su caso, para cada puja.

f) El dispositivo electrónico utilizado y las modalidades y especificaciones técnicas de conexión.

5. Antes de proceder a la subasta electrónica, el órgano de contratación efectuará una primera evaluación completa de las ofertas de conformidad con los criterios de adjudicación y, a continuación, invitará simultáneamente, por medios electrónicos, a todos los licitadores que hayan presentado ofertas admisibles a que participen en la subasta electrónica.

Una oferta se considerará admisible cuando haya sido presentada por un licitador que no haya sido excluido y que cumpla los criterios de selección, y cuya oferta sea conforme con las especificaciones técnicas sin que sea irregular o inaceptable, o inadecuada, en los términos de los artículos 167 y 168 de la presente Ley.

6. La invitación incluirá toda la información pertinente para la conexión individual al dispositivo electrónico utilizado y precisará la fecha y la hora de comienzo de la subasta electrónica.

Igualmente se indicará en la invitación el resultado de la evaluación completa de la oferta del licitador de que se trate y la fórmula matemática que se utilizará para la reclasificación automática de las ofertas en función de los nuevos precios, revisados a la baja, o de los nuevos valores, que mejoren la oferta, que se presenten.

Excepto en el supuesto de que la oferta más ventajosa económicamente se determine sobre la base del precio exclusivamente, esta fórmula incorporará la ponderación de todos los criterios fijados para determinar la oferta económicamente más ventajosa, tal como se haya indicado en el anuncio de licitación o en la invitación inicialmente enviada a los candidatos seleccionados y en el pliego, para lo cual, las eventuales bandas de valores deberán expresarse previamente con un valor determinado.

En caso de que se autorice la presentación de variantes, se proporcionará una fórmula para cada una de ellas.

7. Entre la fecha de envío de las invitaciones y el comienzo de la subasta electrónica habrán de transcurrir, al menos, dos días hábiles.

8. La subasta electrónica podrá desarrollarse en varias fases sucesivas.

A lo largo de cada fase de la subasta, y de forma continua e instantánea, se comunicará a los licitadores, como mínimo, la información que les permita conocer su respectiva clasificación en cada momento.

Adicionalmente, se podrán facilitar otros datos relativos a los precios o valores presentados por los restantes licitadores, siempre que ello esté contemplado en el pliego que rige la licitación, y anunciarse el número de los que están participando en la correspondiente fase de la subasta, sin que en ningún caso pueda divulgarse su identidad.

9. El cierre de la subasta se fijará por referencia a uno o varios de los siguientes criterios:

a) Mediante el señalamiento de una fecha y hora concretas, que deberán ser indicadas en la invitación a participar en la subasta.

b) Atendiendo a la falta de presentación de nuevos precios o de nuevos valores que cumplan los requisitos establecidos en relación con la formulación de mejoras mínimas.

De utilizarse esta referencia, en la invitación a participar en la subasta se especificará el plazo que deberá transcurrir a partir de la recepción de la última puja antes de declarar su cierre.

c) Por finalización del número de fases establecido en la invitación a participar en la subasta. Cuando el cierre de la subasta deba producirse aplicando este criterio, la invitación a participar en la misma indicará el calendario a observar en cada una de sus fases.

10. Una vez concluida la subasta electrónica, el contrato se adjudicará de conformidad con lo establecido en el artículo 150, en función de sus resultados.

11. No se adjudicarán mediante subasta electrónica los contratos cuyo objeto tenga relación con la calidad alimentaria.

Artículo 144. Sucesión en el procedimiento.

Si durante la tramitación de un procedimiento y antes de la formalización del contrato se produjese una operación de fusión, escisión, transmisión del patrimonio empresarial o de una rama de la actividad, le sucederá a la empresa licitadora o candidata en su posición en el procedimiento la sociedad absorbente, la resultante de la fusión, la beneficiaria de la escisión o la adquirente del patrimonio empresarial o de la correspondiente rama de actividad, siempre que reúna las condiciones de capacidad y ausencia de prohibición de contratar y acredite su solvencia y clasificación en las condiciones exigidas en el pliego de cláusulas administrativas particulares para poder participar en el procedimiento de adjudicación.

Artículo 145. Requisitos y clases de criterios de adjudicación del contrato.

1. La adjudicación de los contratos se realizará utilizando una pluralidad de criterios de adjudicación en base a la mejor relación calidad-precio.

Previa justificación en el expediente, los contratos se podrán adjudicar con arreglo a criterios basados en un planteamiento que atienda a la mejor relación coste-eficacia, sobre la base del precio o coste, como el cálculo del coste del ciclo de vida con arreglo al artículo 148.

2. La mejor relación calidad-precio se evaluará con arreglo a criterios económicos y cualitativos.

Los criterios cualitativos que establezca el órgano de contratación para evaluar la mejor relación calidad-precio podrán incluir aspectos medioambientales o sociales, vinculados al objeto del contrato en la forma establecida en el apartado 6 de este artículo, que podrán ser, entre otros, los siguientes:

1.º La calidad, incluido el valor técnico, las características estéticas y funcionales, la accesibilidad, el diseño universal o diseño para todas las personas usuarias, las características sociales, medioambientales e innovadoras, y la comercialización y sus condiciones;

Las características medioambientales podrán referirse, entre otras, a la reducción del nivel de emisión de gases de efecto invernadero; al empleo de medidas de ahorro y eficiencia energética y a la utilización de energía procedentes de fuentes renovables durante la ejecución del contrato; y al mantenimiento o mejora de los recursos naturales que puedan verse afectados por la ejecución del contrato.

Las características sociales del contrato se referirán, entre otras, a las siguientes finalidades: al fomento de la integración social de personas con discapacidad, personas desfavorecidas o miembros de grupos vulnerables entre las personas asignadas a la ejecución del contrato y, en general, la inserción sociolaboral de personas con discapacidad o en situación o riesgo de exclusión social; la subcontratación con Centros Especiales de Empleo o Empresas de Inserción; los planes de igualdad de género que se apliquen en la ejecución del contrato y, en general, la igualdad entre mujeres y hombres; el fomento de la contratación femenina; la conciliación de la vida laboral, personal y familiar; la mejora de las condiciones laborales y salariales; la estabilidad en el empleo; la contratación de un mayor número de personas para la ejecución del contrato; la formación y la protección de la salud y la seguridad en el trabajo; la aplicación de criterios éticos y de responsabilidad social a la prestación contractual; o los criterios referidos al suministro o a la utilización de productos basados en un comercio equitativo durante la ejecución del contrato.

2.º La organización, cualificación y experiencia del personal adscrito al contrato que vaya a ejecutar el mismo, siempre y cuando la calidad de dicho personal pueda afectar de manera significativa a su mejor ejecución.

3.º El servicio posventa y la asistencia técnica y condiciones de entrega tales como la fecha en que esta última debe producirse, el proceso de entrega, el plazo de entrega o ejecución y los compromisos relativos a recambios y seguridad del suministro.

Los criterios cualitativos deberán ir acompañados de un criterio relacionado con los costes el cual, a elección del órgano de contratación, podrá ser el precio o un planteamiento basado en la rentabilidad, como el coste del ciclo de vida calculado de conformidad con lo dispuesto en el artículo 148.

3. La aplicación de más de un criterio de adjudicación procederá, en todo caso, en la adjudicación de los siguientes contratos:

a) Aquellos cuyos proyectos o presupuestos no hayan podido ser establecidos previamente y deban ser presentados por los candidatos o licitadores.

b) Cuando el órgano de contratación considere que la definición de la prestación es susceptible de ser mejorada por otras soluciones técnicas o por reducciones en su plazo de ejecución.

c) Aquellos para cuya ejecución facilite el órgano, organismo o entidad contratante materiales o medios auxiliares cuya buena utilización exija garantías especiales por parte de los contratistas.

d) Aquellos que requieran el empleo de tecnología especialmente avanzada o cuya ejecución sea particularmente compleja.

e) Contratos de concesión de obras y de concesión de servicios.

f) Contratos de suministros, salvo que los productos a adquirir estén perfectamente definidos y no sea posible variar los plazos de entrega ni introducir modificaciones de ninguna clase en el contrato, siendo por consiguiente el precio el único factor determinante de la adjudicación.

g) Contratos de servicios, salvo que las prestaciones estén perfectamente definidas técnicamente y no sea posible variar los plazos de entrega ni introducir modificaciones de ninguna clase en el contrato, siendo por consiguiente el precio el único factor determinante de la adjudicación.

En los contratos de servicios que tengan por objeto prestaciones de carácter intelectual, como los servicios de ingeniería y arquitectura, y en los contratos de prestación de servicios sociales si fomentan la integración social de personas desfavorecidas o miembros de grupos vulnerables entre las personas asignadas a la ejecución del contrato, promueven el empleo de personas con dificultades particulares de inserción en el mercado laboral o cuando se trate de los contratos de servicios sociales, sanitarios o educativos a que se refiere la Disposición adicional cuadragésima octava, o de servicios intensivos en mano de obra, el precio no podrá ser el único factor determinante de la adjudicación. Igualmente, en el caso de los contratos de servicios de seguridad privada deberá aplicarse más de un criterio de adjudicación.

h) Contratos cuya ejecución pueda tener un impacto significativo en el medio ambiente, en cuya adjudicación se valorarán condiciones ambientales mensurables, tales como el menor impacto ambiental, el ahorro y el uso eficiente del agua y la energía y de los materiales, el coste ambiental del ciclo de vida, los procedimientos y métodos de producción ecológicos, la generación y gestión de residuos o el uso de materiales reciclados o reutilizados o de materiales ecológicos.

4. Los órganos de contratación velarán por que se establezcan criterios de adjudicación que permitan obtener obras, suministros y servicios de gran calidad que respondan lo mejor posible a sus necesidades; y, en especial, en los procedimientos de contratos de servicios que tengan por objeto prestaciones de carácter intelectual, como los servicios de ingeniería y arquitectura.

En los contratos de servicios del Anexo IV, así como en los contratos que tengan por objeto prestaciones de carácter intelectual, los criterios relacionados con la calidad deberán representar, al menos, el 51 por ciento de la puntuación asignable en la valoración de las ofertas, sin perjuicio de lo dispuesto en el apartado 2.a) del artículo 146.

5. Los criterios a que se refiere el apartado 1 que han de servir de base para la adjudicación del contrato se establecerán en los pliegos de cláusulas administrativas particulares o en el documento descriptivo, y deberá figurar en el anuncio que sirva de convocatoria de la licitación, debiendo cumplir los siguientes requisitos:

a) En todo caso estarán vinculados al objeto del contrato, en el sentido expresado en el apartado siguiente de este artículo.

b) Deberán ser formulados de manera objetiva, con pleno respeto a los principios de igualdad, no discriminación, transparencia y proporcionalidad, y no conferirán al órgano de contratación una libertad de decisión ilimitada.

c) Deberán garantizar la posibilidad de que las ofertas sean evaluadas en condiciones de competencia efectiva e irán acompañados de especificaciones que permitan comprobar de manera efectiva la información facilitada por los licitadores con el fin de evaluar la medida en que las ofertas cumplen los criterios de adjudicación. En caso de duda, deberá comprobarse de manera efectiva la exactitud de la información y las pruebas facilitadas por los licitadores.

6. Se considerará que un criterio de adjudicación está vinculado al objeto del contrato cuando se refiera o integre las prestaciones que deban

realizarse en virtud de dicho contrato, en cualquiera de sus aspectos y en cualquier etapa de su ciclo de vida, incluidos los factores que intervienen en los siguientes procesos:

a) en el proceso específico de producción, prestación o comercialización de, en su caso, las obras, los suministros o los servicios, con especial referencia a formas de producción, prestación o comercialización medioambiental y socialmente sostenibles y justas;

b) o en el proceso específico de otra etapa de su ciclo de vida, incluso cuando dichos factores no formen parte de su sustancia material.

7. En el caso de que se establezcan las mejoras como criterio de adjudicación, estas deberán estar suficientemente especificadas. Se considerará que se cumple esta exigencia cuando se fijen, de manera ponderada, con concreción: los requisitos, límites, modalidades y características de las mismas, así como su necesaria vinculación con el objeto del contrato.

En todo caso, en los supuestos en que su valoración se efectúe de conformidad con lo establecido en el apartado segundo, letra a) del artículo siguiente, no podrá asignársele una valoración superior al 2,5 por ciento.

Se entiende por mejoras, a estos efectos, las prestaciones adicionales a las que figuraban definidas en el proyecto y en el pliego de prescripciones técnicas, sin que aquellas puedan alterar la naturaleza de dichas prestaciones, ni del objeto del contrato.

Las mejoras propuestas por el adjudicatario pasarán a formar parte del contrato y no podrán ser objeto de modificación.

Artículo 146. Aplicación de los criterios de adjudicación.

1. Sin perjuicio de lo dispuesto en los apartados primero y tercero del artículo anterior, cuando solo se utilice un criterio de adjudicación, este deberá estar relacionado con los costes, pudiendo ser el precio o un criterio basado en la rentabilidad, como el coste del ciclo de vida calculado de acuerdo con lo indicado en el artículo 148.

2. Cuando se utilicen una pluralidad de criterios de adjudicación, en su determinación, siempre y cuando sea posible, se dará preponderancia a aquellos que hagan referencia a características del objeto del contrato que puedan valorarse mediante cifras o porcentajes obtenidos a través de la mera aplicación de las fórmulas establecidas en los pliegos.

La aplicación de los criterios de adjudicación se efectuará por los siguientes órganos:

a) En los procedimientos de adjudicación, abierto o restringido, celebrados por los órganos de las Administraciones Públicas, la valoración de los criterios cuya cuantificación dependa de un juicio de valor corresponderá, en los casos en que proceda por tener atribuida una ponderación mayor que la correspondiente a los criterios evaluables de forma automática, a un comité formado por expertos con cualificación apropiada, que cuente con un mínimo de tres miembros, que podrán pertenecer a los servicios dependientes del órgano de contratación, pero en ningún caso podrán estar adscritos al órgano proponente del contrato, al que corresponderá realizar la evaluación de las ofertas; o encomendar esta a un organismo técnico especializado, debidamente identificado en los pliegos.

b) En los restantes supuestos, la valoración de los criterios cuya cuantificación dependa de un juicio de valor, así como, en todo caso, la de los criterios evaluables mediante la utilización de fórmulas, se efectuará por la mesa de contratación, si interviene, o por los servicios dependientes del órgano de contratación en caso contrario, a cuyo efecto se podrán solicitar los informes técnicos que considere precisos de conformidad con lo previsto en el artículo 150.1 y 157.5 de la presente Ley.

La elección de las fórmulas se tendrán que justificar en el expediente.

En todo caso, la evaluación de las ofertas conforme a los criterios cuantificables mediante la mera aplicación de fórmulas se realizará tras efectuar previamente la de aquellos otros criterios en que no concurra esta circunstancia, dejándose constancia documental de ello.

La citada evaluación previa se hará pública en el acto en el que se proceda a la apertura del sobre que contenga los elementos de la oferta que se valoraran mediante la mera aplicación de fórmulas.

Cuando en los contratos de concesión de obras o de concesión de servicios se prevea la posibilidad de que se efectúen aportaciones públicas a la construcción o explotación así como cualquier tipo de garantías, avales u otro tipo de ayudas a la empresa, en todo caso figurará como un criterio de adjudicación evaluable de forma automática la cuantía de la reducción que oferten los licitadores sobre las aportaciones previstas en el expediente de contratación.

3. Salvo cuando se tome en consideración el precio exclusivamente, deberá precisarse en el pliego de cláusulas administrativas particulares o en el documento descriptivo la ponderación relativa atribuida a cada uno de los criterios de valoración, que podrá expresarse fijando una banda de valores con una amplitud máxima adecuada.

En el caso de que el procedimiento de adjudicación se articule en varias fases, se indicará igualmente en cuales de ellas se irán aplicando los distintos criterios, estableciendo un umbral mínimo del 50 por ciento de la puntuación en el conjunto de los criterios cualitativos para continuar en el proceso selectivo.

Cuando, por razones objetivas debidamente justificadas, no sea posible ponderar los criterios elegidos, estos se enumerarán por orden decreciente de importancia.

Artículo 147. Criterios de desempate.

1. Los órganos de contratación podrán establecer en los pliegos de cláusulas administrativas particulares criterios de adjudicación específicos para el desempate en los casos en que, tras la aplicación de los criterios de adjudicación, se produzca un empate entre dos o más ofertas.

Dichos criterios de adjudicación específicos para el desempate deberán estar vinculados al objeto del contrato y se referirán a:

a) Proposiciones presentadas por aquellas empresas que, al vencimiento del plazo de presentación de ofertas, tengan en su plantilla un porcentaje de trabajadores con discapacidad superior al que les imponga la normativa.

En este supuesto, si varias empresas licitadoras de las que hubieren empatado en cuanto a la proposición más ventajosa acreditan tener relación laboral con personas con discapacidad en un porcentaje superior al que les imponga la normativa, tendrá preferencia en la adjudicación del contrato el licitador que disponga del mayor porcentaje de trabajadores fijos con discapacidad en su plantilla.

b) Proposiciones de empresas de inserción reguladas en la Ley 44/2007, de 13 de diciembre, para la regulación del régimen de las empresas de inserción, que cumplan con los requisitos establecidos en dicha normativa para tener esta consideración.

c) En la adjudicación de los contratos relativos a prestaciones de carácter social o asistencial, las proposiciones presentadas por entidades sin ánimo de lucro, con personalidad jurídica, siempre que su finalidad o actividad tenga relación directa con el objeto del contrato, según resulte de sus respectivos estatutos o reglas fundacionales y figuren inscritas en el correspondiente registro oficial.

d) Las ofertas de entidades reconocidas como Organizaciones de Comercio Justo para la adjudicación de los contratos que tengan como objeto productos en los que exista alternativa de Comercio Justo.

e) Proposiciones presentadas por las empresas que, al vencimiento del plazo de presentación de ofertas, incluyan medidas de carácter social y laboral que favorezcan la igualdad de oportunidades entre mujeres y hombres.

La documentación acreditativa de los criterios de desempate a que se refiere el presente apartado será aportada por los licitadores en el momento en que se produzca el empate, y no con carácter previo.

2. En defecto de la previsión en los pliegos a la que se refiere el apartado anterior, el empate entre varias ofertas tras la aplicación de los criterios de adjudicación del contrato se resolverá mediante la aplicación por

184

orden de los siguientes criterios sociales, referidos al momento de finalizar el plazo de presentación de ofertas:

a) Mayor porcentaje de trabajadores con discapacidad o en situación de exclusión social en la plantilla de cada una de las empresas, primando en caso de igualdad, el mayor número de trabajadores fijos con discapacidad en plantilla, o el mayor número de personas trabajadoras en inclusión en la plantilla.

b) Menor porcentaje de contratos temporales en la plantilla de cada una de las empresas.

c) Mayor porcentaje de mujeres empleadas en la plantilla de cada una de las empresas.

d) El sorteo, en caso de que la aplicación de los anteriores criterios no hubiera dado lugar a desempate.

Artículo 148. Definición y cálculo del ciclo de vida.

1. A los efectos de esta Ley se entenderán comprendidos dentro del «ciclo de vida» de un producto, obra o servicio todas las fases consecutivas o interrelacionadas que se sucedan durante su existencia y, en todo caso: la investigación y el desarrollo que deba llevarse a cabo, la fabricación o producción, la comercialización y las condiciones en que esta tenga lugar, el transporte, la utilización y el mantenimiento, la adquisición de las materias primas necesarias y la generación de recursos; todo ello hasta que se produzca la eliminación, el desmantelamiento o el final de la utilización.

2. El cálculo de coste del ciclo de vida incluirá, según el caso, la totalidad o una parte de los costes siguientes en que se hubiere incurrido a lo largo del ciclo de vida de un producto, un servicio o una obra:

a) Los costes sufragados por el órgano de contratación o por otros usuarios, tales como:

1.º Los costes relativos a la adquisición.

2.º Los costes de utilización, como el consumo de energía y otros recursos.

3.º Los costes de mantenimiento.

4.º Los costes de final de vida, como los costes de recogida y reciclado.

b) los costes imputados a externalidades medioambientales vinculadas al producto, servicio u obra durante su ciclo de vida, a condición de que su valor monetario pueda determinarse y verificarse; estos costes podrán incluir el coste de las emisiones de gases de efecto invernadero y de otras emisiones contaminantes, así como otros costes de mitigación del cambio climático.

En los casos en que una norma de la Unión Europea haga obligatorio un método común para calcular los costes del ciclo de vida, se aplicará el mismo a la evaluación de los citados costes.

3. Cuando los órganos de contratación evalúen los costes mediante un planteamiento basado en el cálculo del coste del ciclo de vida, indicarán en los pliegos los datos que deben facilitar los licitadores, así como el método que aquellos utilizarán para determinar los costes de ciclo de vida sobre la base de dichos datos.

El método utilizado para la evaluación de los costes imputados a externalidades medioambientales cumplirá todas las condiciones siguientes:

a) estar basado en criterios verificables objetivamente y no discriminatorios; en particular, si no se ha establecido para una aplicación repetida o continuada, no favorecerá o perjudicará indebidamente a empresas determinadas;

b) ser accesible para todas las partes interesadas;

c) la información necesaria debe poder ser facilitada con un esfuerzo razonable por parte de las empresas, incluidas aquellas procedentes de Estados signatarios del Acuerdo sobre Contratación Pública de la Organización Mundial de Comercio o de otros Estados signatarios de algún otro Acuerdo Internacional que vincule a España o a la Unión Europea.

4. Los órganos de contratación calcularán los costes a que se refieren los apartados primero y segundo del artículo 145 atendiendo, preferentemente, al coste del ciclo de vida.

Artículo 149. Ofertas anormalmente bajas.

1. En los casos en que el órgano de contratación presuma que una oferta resulta inviable por haber sido formulada en términos que la hacen anormalmente baja, solo podrá excluirla del procedimiento de licitación previa tramitación del procedimiento que establece este artículo.

2. La mesa de contratación, o en su defecto, el órgano de contratación deberá identificar las ofertas que se encuentran incursas en presunción de anormalidad, debiendo contemplarse en los pliegos, a estos efectos, los parámetros objetivos que deberán permitir identificar los casos en que una oferta se considere anormal.

La mesa de contratación, o en su defecto, el órgano de contratación realizará la función descrita en el párrafo anterior con sujeción a los siguientes criterios:

a) Salvo que en los pliegos se estableciera otra cosa, cuando el único criterio de adjudicación sea el del precio, en defecto de previsión en aquellos se aplicarán los parámetros objetivos que se establezcan reglamentariamente y que, en todo caso, determinarán el umbral de anormalidad por referencia al conjunto de ofertas válidas que se hayan presentado, sin perjuicio de lo establecido en el apartado siguiente.

b) Cuando se utilicen una pluralidad de criterios de adjudicación, se estará a lo establecido en los pliegos que rigen el contrato, en los cuales se han de establecer los parámetros objetivos que deberán permitir identificar los casos en que una oferta se considere anormal, referidos a la oferta considerada en su conjunto.

3. Cuando hubieren presentado ofertas empresas que pertenezcan a un mismo grupo, en el sentido del artículo 42.1 del Código de Comercio, se tomará únicamente, para aplicar el régimen de identificación de las ofertas incursas en presunción de anormalidad, aquella que fuere más baja, y ello con independencia de que presenten su oferta en solitario o conjuntamente con otra empresa o empresas ajenas al grupo y con las cuales concurran en unión temporal.

4. Cuando la mesa de contratación, o en su defecto el órgano de contratación hubiere identificado una o varias ofertas incursas en presunción de anormalidad, deberá requerir al licitador o licitadores que las hubieren presentado dándoles plazo suficiente para que justifiquen y desglosen razonada y detalladamente el bajo nivel de los precios, o de costes, o cualquier otro parámetro en base al cual se haya definido la anormalidad de la oferta, mediante la presentación de aquella información y documentos que resulten pertinentes a estos efectos.

La petición de información que la mesa de contratación o, en su defecto, el órgano de contratación dirija al licitador deberá formularse con claridad de manera que estos estén en condiciones de justificar plena y oportunamente la viabilidad de la oferta.

Concretamente, la mesa de contratación o en su defecto el órgano de contratación podrá pedir justificación a estos licitadores sobre aquellas condiciones de la oferta que sean susceptibles de determinar el bajo nivel del precio o costes de la misma y, en particular, en lo que se refiere a los siguientes valores:

a) El ahorro que permita el procedimiento de fabricación, los servicios prestados o el método de construcción.

b) Las soluciones técnicas adoptadas y las condiciones excepcionalmente favorables de que disponga para suministrar los productos, prestar los servicios o ejecutar las obras,

c) La innovación y originalidad de las soluciones propuestas, para suministrar los productos, prestar los servicios o ejecutar las obras.

d) El respeto de obligaciones que resulten aplicables en materia medioambiental, social o laboral, y de subcontratación, no siendo justificables precios por debajo de mercado o que incumplan lo establecido en el artículo 201.

e) O la posible obtención de una ayuda de Estado.

En el procedimiento deberá solicitarse el asesoramiento técnico del servicio correspondiente.

En todo caso, los órganos de contratación rechazarán las ofertas si comprueban que son anormalmente bajas porque vulneran la normativa sobre subcontratación o no cumplen las obligaciones aplicables en materia medioambiental, social o laboral, nacional o internacional, incluyendo el incumplimiento de los convenios colectivos sectoriales vigentes, en aplicación de lo establecido en el artículo 201.

Se entenderá en todo caso que la justificación no explica satisfactoriamente el bajo nivel de los precios o costes propuestos por el licitador cuando esta sea incompleta o se fundamente en hipótesis o prácticas inadecuadas desde el punto de vista técnico, jurídico o económico.

5. En los casos en que se compruebe que una oferta es anormalmente baja debido a que el licitador ha obtenido una ayuda de Estado, solo podrá rechazarse la proposición por esta única causa si aquel no puede acreditar que tal ayuda se ha concedido sin contravenir las disposiciones comunitarias en materia de ayudas públicas. El órgano de contratación que rechace una oferta por esta razón deberá informar de ello a la Comisión Europea, cuando el procedimiento de adjudicación se refiera a un contrato sujeto a regulación armonizada.

6. La mesa de contratación, o en su defecto, el órgano de contratación evaluará toda la información y documentación proporcionada por el licitador en plazo y, en el caso de que se trate de la mesa de contratación, elevará de forma motivada la correspondiente propuesta de aceptación o rechazo al órgano de contratación. En ningún caso se acordará la aceptación de una oferta sin que la propuesta de la mesa de contratación en este sentido esté debidamente motivada.

Si el órgano de contratación, considerando la justificación efectuada por el licitador y los informes mencionados en el apartado cuatro, estimase que la información recabada no explica satisfactoriamente el bajo nivel de los precios o costes propuestos por el licitador y que, por lo tanto, la oferta no puede ser cumplida como consecuencia de la inclusión de valores anormales, la excluirá de la clasificación y acordará la adjudicación a favor de la mejor oferta, de acuerdo con el orden en que hayan sido clasificadas conforme a lo señalado en el apartado 1 del artículo 150. En general se rechazarán las ofertas incursas en presunción de anormalidad si están basadas en hipótesis o prácticas inadecuadas desde una perspectiva técnica, económica o jurídica.

7. Cuando una empresa que hubiese estado incursa en presunción de anormalidad hubiera resultado adjudicataria del contrato, el órgano de contratación establecerá mecanismos adecuados para realizar un seguimiento pormenorizado de la ejecución del mismo, con el objetivo de garantizar la correcta ejecución del contrato sin que se produzca una merma en la calidad de los servicios, las obras o los suministros contratados.

Artículo 150. Clasificación de las ofertas y adjudicación del contrato.

1. La mesa de contratación o, en su defecto, el órgano de contratación clasificará, por orden decreciente, las proposiciones presentadas para posteriormente elevar la correspondiente propuesta al órgano de contratación, en el caso de que la clasificación se realice por la mesa de contratación.

Para realizar la citada clasificación, se atenderá a los criterios de adjudicación señalados en el pliego, pudiéndose solicitar para ello cuantos informes técnicos se estime pertinentes. Cuando el único criterio a considerar sea el precio, se entenderá que la mejor oferta es la que incorpora el precio más bajo.

Si en el ejercicio de sus funciones la mesa de contratación, o en su defecto, el órgano de contratación, tuviera indicios fundados de conductas colusorias en el procedimiento de contratación, en el sentido definido en el artículo 1 de la Ley 15/2007, de 3 de julio, de Defensa de la Competencia, los trasladará con carácter previo a la adjudicación del contrato a la Comisión Nacional de los Mercados y la Competencia o, en su caso, a la autoridad de competencia autonómica correspondiente, a efectos de que a través de un procedimiento sumarísimo se pronuncie sobre aquellos. La remisión de dichos indicios tendrá efectos suspensivos en el procedimiento de contratación. Si la remisión la realiza la mesa de contratación dará cuenta de ello al órgano de contratación. Reglamentariamente se regulará el procedimiento al que se refiere el presente párrafo.

2. Una vez aceptada la propuesta de la mesa por el órgano de contratación, los servicios correspondientes requerirán al licitador que haya presentado la mejor oferta, de conformidad con lo dispuesto en el artículo 145 para que, dentro del plazo de diez días hábiles, a contar desde el siguiente a aquel en que hubiera recibido el requerimiento, presente la documentación justificativa de las circunstancias a las que se refieren las letras a) a c) del apartado 1 del artículo 140 si no se hubiera aportado con anterioridad, tanto del licitador como de aquellas otras empresas a cuyas capacidades se recurra, sin perjuicio de lo establecido en el segundo párrafo del apartado 3 del citado artículo; de disponer efectivamente de los medios que se hubiese comprometido a dedicar o adscribir a la ejecución del contrato conforme al artículo 76.2; y de haber constituido la garantía definitiva que sea procedente. Los correspondientes certificados podrán ser expedidos por medios electrónicos, informáticos o telemáticos, salvo que se establezca otra cosa en los pliegos.

De no cumplimentarse adecuadamente el requerimiento en el plazo señalado, se entenderá que el licitador ha retirado su oferta, procediéndose a exigirle el importe del 3 por ciento del presupuesto base de licitación, IVA excluido, en concepto de penalidad, que se hará efectivo en primer lugar contra la garantía provisional, si se hubiera constituido, sin perjuicio de lo establecido en la letra a) del apartado 2 del artículo 71.

En el supuesto señalado en el párrafo anterior, se procederá a recabar la misma documentación al licitador siguiente, por el orden en que hayan quedado clasificadas las ofertas.

3. El órgano de contratación adjudicará el contrato dentro de los cinco días hábiles siguientes a la recepción de la documentación. En los procedimientos negociados, de diálogo competitivo y de asociación para la innovación, la adjudicación concretará y fijará los términos definitivos del contrato.

No podrá declararse desierta una licitación cuando exista alguna oferta o proposición que sea admisible de acuerdo con los criterios que figuren en el pliego.

4. Si como consecuencia del contenido de la resolución de un recurso especial del artículo 44 fuera preciso que el órgano de contratación acordase la adjudicación del contrato a otro licitador, se concederá a este un plazo de diez días hábiles para que cumplimente los trámites que resulten oportunos.

Artículo 151. Resolución y notificación de la adjudicación.

1. La resolución de adjudicación deberá ser motivada y se notificará a los candidatos y licitadores, debiendo ser publicada en el perfil de contratante en el plazo de 15 días.

2. Sin perjuicio de lo establecido en el apartado 1 del artículo 155, la notificación y la publicidad a que se refiere el apartado anterior deberán contener la información necesaria que permita a los interesados en el procedimiento de adjudicación interponer recurso suficientemente fundado contra la decisión de adjudicación, y entre ella en todo caso deberá figurar la siguiente:

a) En relación con los candidatos descartados, la exposición resumida de las razones por las que se haya desestimado su candidatura.

b) Con respecto a los licitadores excluidos del procedimiento de adjudicación, los motivos por los que no se haya admitido su oferta, incluidos, en los casos contemplados en el artículo 126, apartados 7 y 8, los motivos de la decisión de no equivalencia o de la decisión de que las obras, los suministros o los servicios no se ajustan a los requisitos de rendimiento o a las exigencias funcionales; y un desglose de las valoraciones asignadas a los distintos licitadores, incluyendo al adjudicatario.

c) En todo caso, el nombre del adjudicatario, las características y ventajas de la proposición del adjudicatario determinantes de que haya sido seleccionada la oferta de este con preferencia respecto de las que hayan presentado los restantes licitadores cuyas ofertas hayan sido admitidas; y, en su caso, el desarrollo de las negociaciones o el diálogo con los licitadores.

En la notificación se indicará el plazo en que debe procederse a la formalización del contrato conforme al apartado 3 del artículo 153 de la presente Ley.

3. La notificación se realizará por medios electrónicos de conformidad con lo establecido en la disposición adicional decimoquinta.

Artículo 152. Decisión de no adjudicar o celebrar el contrato y desistimiento del procedimiento de adjudicación por la Administración.

1. En el caso en que el órgano de contratación desista del procedimiento de adjudicación o decida no adjudicar o celebrar un contrato para el que se haya efectuado la correspondiente convocatoria, lo notificará a los candidatos o licitadores, informando también a la Comisión Europea de esta decisión cuando el contrato haya sido anunciado en el «Diario Oficial de la Unión Europea».

2. La decisión de no adjudicar o celebrar el contrato o el desistimiento del procedimiento podrán acordarse por el órgano de contratación antes de la formalización. En estos casos se compensará a los candidatos aptos para participar en la licitación o licitadores por los gastos en que hubiesen incurrido en la forma prevista en el anuncio o en el pliego o, en su defecto, de acuerdo con los criterios de valoración empleados para el cálculo de la responsabilidad patrimonial de la Administración, a través de los trámites del procedimiento administrativo común.

3. Solo podrá adoptarse la decisión de no adjudicar o celebrar el contrato por razones de interés público debidamente justificadas en el expediente. En este caso, no podrá promoverse una nueva licitación de su objeto en tanto subsistan las razones alegadas para fundamentar la decisión.

4. El desistimiento del procedimiento deberá estar fundado en una infracción no subsanable de las normas de preparación del contrato o de las reguladoras del procedimiento de adjudicación, debiendo justificarse en el expediente la concurrencia de la causa. El desistimiento no impedirá la iniciación inmediata de un procedimiento de licitación.

5. En el supuesto de acuerdos marco, el desistimiento y la decisión de no adjudicarlos o celebrarlos corresponde al órgano de contratación que inició el procedimiento para su celebración. En el caso de contratos basados en un acuerdo marco y en el de contratos específicos en el marco de un sistema dinámico de adquisición, el desistimiento y la decisión de no adjudicarlos o celebrarlo se realizará por el órgano de contratación de oficio, o a propuesta del organismo destinatario de la prestación.

Artículo 153. Formalización de los contratos.

1. Los contratos que celebren las Administraciones Públicas deberán formalizarse en documento administrativo que se ajuste con exactitud a las condiciones de la licitación, constituyendo dicho documento título suficiente para acceder a cualquier registro público. No obstante, el contratista podrá solicitar que el contrato se eleve a escritura pública, corriendo de su cargo los correspondientes gastos. En ningún caso se podrán incluir en el documento en que se formalice el contrato cláusulas que impliquen alteración de los términos de la adjudicación.

En los contratos basados en un acuerdo marco o en los contratos específicos dentro de un sistema dinámico de adquisición, no resultará necesaria la formalización del contrato.

2. En el caso de los contratos menores definidos en el artículo 118 se acreditará su existencia con los documentos a los que se refiere dicho artículo.

3. Si el contrato es susceptible de recurso especial en materia de contratación conforme al artículo 44, la formalización no podrá efectuarse antes de que transcurran quince días hábiles desde que se remita la notificación de la adjudicación a los licitadores y candidatos. Las Comunidades Autónomas podrán incrementar este plazo, sin que exceda de un mes.

Los servicios dependientes del órgano de contratación requerirán al adjudicatario para que formalice el contrato en plazo no superior a cinco días a contar desde el siguiente a aquel en que hubiera recibido el requerimiento, una vez transcurrido el plazo previsto en el párrafo anterior sin que se hubiera interpuesto recurso que lleve aparejada la suspensión de la formalización del contrato. De igual forma procederá cuando el órgano competente para la resolución del recurso hubiera levantado la suspensión.

En los restantes casos, la formalización del contrato deberá efectuarse no más tarde de los quince días hábiles siguientes a aquel en que se realice la notificación de la adjudicación a los licitadores y candidatos en la forma prevista en el artículo 151.

4. Cuando por causas imputables al adjudicatario no se hubiese formalizado el contrato dentro del plazo indicado se le exigirá el importe del 3 por ciento del presupuesto base de licitación, IVA excluido, en concepto de penalidad, que se hará efectivo en primer lugar contra la garantía definitiva, si se hubiera constituido, sin perjuicio de lo establecido en la letra b) del apartado 2 del artículo 71.

En este caso, el contrato se adjudicará al siguiente licitador por el orden en que hubieran quedado clasificadas las ofertas, previa presentación de la documentación establecida en el apartado 2 del artículo 150 de la presente Ley, resultando de aplicación los plazos establecidos en el apartado anterior.

5. Si las causas de la no formalización fueren imputables a la Administración, se indemnizará al contratista de los daños y perjuicios que la demora le pudiera ocasionar.

6. Sin perjuicio de lo establecido en los artículos 36.1 y 131.3 para los contratos menores, y en el artículo 36.3 para los contratos basados en un acuerdo marco y los contratos específicos en el marco de un sistema dinámico de adquisición, y salvo que la tramitación del expediente de contratación sea por emergencia de acuerdo con lo previsto en el artículo 120, no podrá procederse a la ejecución del contrato con carácter previo a su formalización.

Artículo 154. Anuncio de formalización de los contratos.

1. La formalización de los contratos deberá publicarse, junto con el correspondiente contrato, en un plazo no superior a quince días tras el perfeccionamiento del contrato en el perfil de contratante del órgano de contratación. Cuando el contrato esté sujeto a regulación armonizada, el anuncio de formalización deberá publicarse, además, en el «Diario Oficial de la Unión Europea».

2. En los contratos celebrados por la Administración General del Estado, o por las entidades vinculadas a la misma que gocen de la naturaleza de Administraciones Públicas el anuncio de formalización se publicará además, en el plazo señalado en el apartado anterior, en el «Boletín Oficial del Estado».

3. El órgano de contratación, cuando proceda, enviará el anuncio de formalización al «Diario Oficial de la Unión Europea» a más tardar 10 días después de la formalización del contrato.

Los anuncios de formalización no se publicarán en los lugares indicados en los apartados primero y segundo del presente artículo antes de su publicación en el «Diario Oficial de la Unión Europea», en el caso en que deban ser publicados en dicho Diario Oficial, debiendo indicar la fecha de aquel envío, de la que los servicios dependientes del órgano de contratación dejarán prueba suficiente en el expediente, y no podrán contener indicaciones distintas a las incluidas en dicho anuncio. No obstante, en todo caso podrán publicarse si el órgano de contratación no ha recibido notificación de su publicación a las 48 horas de la confirmación de la recepción del anuncio enviado.

4. La adjudicación de los contratos basados en un acuerdo marco o de los contratos específicos en el marco de un sistema dinámico de adquisición, ya perfeccionados en virtud de lo establecido en el artículo 36.3, se publicará trimestralmente por el órgano de contratación dentro de los 30 días siguientes al fin de cada trimestre, en la forma prevista en el presente artículo.

5. Los contratos menores serán objeto de publicación en las condiciones establecidas en el apartado 4 del artículo 63.

6. Los anuncios de formalización de contratos contendrán la información recogida en el anexo III.

7. Podrán no publicarse determinados datos relativos a la celebración del contrato cuando se considere, justificándose debidamente en el expediente, que la divulgación de esa información puede obstaculizar la aplicación de una norma, resultar contraria al interés público o perjudicar intereses comerciales legítimos de empresas públicas o privadas o la competencia leal entre ellas, o cuando se trate de contratos declarados secretos o reservados o cuya ejecución deba ir acompañada de medidas de seguridad especiales conforme a la legislación vigente, o cuando lo exija la protección de los intereses esenciales de la seguridad del Estado y así se haya declarado de conformidad con lo previsto en la letra c) del apartado 2 del artículo 19.

En todo caso, previa la decisión de no publicar unos determinados datos relativos a la celebración del contrato, los órganos de contratación deberán solicitar la emisión de informe por el Consejo de Transparencia y Buen Gobierno a que se refiere la Ley 19/2013, de 9 de diciembre, de transparencia, acceso a la información pública y buen gobierno, en el que se aprecie si el derecho de acceso a la información pública prevalece o no frente a los bienes que se pretenden salvaguardar con su no publicación, que será evacuado en un plazo máximo de diez días.

No obstante lo anterior, no se requerirá dicho informe por el Consejo de Transparencia y Buen Gobierno en caso de que con anterioridad se hubiese efectuado por el órgano de contratación consulta sobre una materia idéntica o análoga, sin perjuicio de la justificación debida de su exclusión en el expediente en los términos establecidos en este apartado.

Artículo 155. Comunicación a los candidatos y a los licitadores.

1. Los órganos de contratación informarán a cada candidato y licitador en el plazo más breve posible de las decisiones tomadas en relación con la celebración de un acuerdo marco, con la adjudicación del contrato o con la admisión a un sistema dinámico de adquisición, incluidos los motivos por los que hayan decidido no celebrar un acuerdo marco, no adjudicar un contrato para el que se haya efectuado una convocatoria de licitación o volver a iniciar el procedimiento, o no aplicar un sistema dinámico de adquisición.

2. A petición del candidato o licitador de que se trate, los órganos de contratación comunicarán, lo antes posible, y, en cualquier caso, en un plazo de quince días a partir de la recepción de una solicitud por escrito:

a) A todos los candidatos descartados, los motivos por los que se haya desestimado su candidatura.

b) A todos los licitadores descartados, los motivos por los que se haya desestimado su oferta, incluidos, en los casos contemplados en el artículo 126, apartados 7 y 8, los motivos de su decisión de no equivalencia o de su decisión de que las obras, los suministros o los servicios no se ajustan a los requisitos de rendimiento o a las exigencias funcionales.

c) A todo licitador que haya presentado una oferta admisible, las características y ventajas relativas de la oferta seleccionada, así como el nombre del adjudicatario o las partes en el acuerdo marco.

d) A todo licitador que haya presentado una oferta admisible, el desarrollo de las negociaciones y el diálogo con los licitadores.

3. Los poderes adjudicadores podrán decidir no comunicar determinados datos, mencionados en los apartados 1 y 2, relativos a la adjudicación del contrato, la celebración de acuerdos marco o la admisión a un sistema dinámico de adquisición, cuando su divulgación pudiera obstaculizar la aplicación de la ley, ser contraria al interés público, perjudicar los intereses comerciales legítimos de una determinada empresa, pública o privada, o perjudicar la competencia leal entre empresarios.

Subsección 2.ª Procedimiento abierto

Artículo 156. Delimitación, plazos para la presentación de proposiciones y plazo de publicación del anuncio de licitación.

1. En el procedimiento abierto todo empresario interesado podrá presentar una proposición, quedando excluida toda negociación de los términos del contrato con los licitadores.

2. En procedimientos abiertos de adjudicación de contratos sujetos a regulación armonizada, el plazo de presentación de proposiciones no será inferior a treinta y cinco días, para los contratos de obras, suministros y servicios, y a treinta días para las concesiones de obras y servicios, contados desde la fecha de envío del anuncio de licitación a la Oficina de Publicaciones de la Unión Europea.

3. En los contratos de obras, suministros y servicios, el plazo general previsto en el apartado anterior podrá reducirse en los siguientes casos:

a) Si el órgano de contratación hubiese enviado un anuncio de información previa, el plazo general de presentación de proposiciones podrá reducirse a quince días. Esta reducción del plazo solo será admisible cuando el anuncio voluntario de información previa se hubiese enviado para su publicación con una antelación máxima de doce meses y mínima de treinta y cinco días antes de la fecha de envío del anuncio de licitación, siempre que en él se hubiese incluido, de estar disponible, toda la información exigida para este.

b) Cuando el plazo general de presentación de proposiciones sea impracticable por tratarse de una situación de urgencia, en los términos descritos en el artículo 119, el órgano de contratación podrá fijar otro plazo que no será inferior a quince días contados desde la fecha del envío del anuncio de licitación.

c) Si el órgano de contratación aceptara la presentación de ofertas por medios electrónicos, podrá reducirse el plazo general de presentación de proposiciones en cinco días.

4. En las concesiones de obras y de servicios solo se podrá reducir el plazo general cuando se dé la circunstancia establecida en la letra c) del apartado anterior.

5. Sin perjuicio de lo establecido en el apartado 3 del artículo 135 respecto de la obligación de publicar previamente en el «Diario Oficial de la Unión Europea», en los procedimientos abiertos la publicación del anuncio de licitación en el perfil de contratante deberá hacerse, en todo caso, con una antelación mínima equivalente al plazo fijado para la presentación de las proposiciones en el apartado siguiente.

6. En los contratos de las Administraciones Públicas que no estén sujetos a regulación armonizada, el plazo de presentación de proposiciones no será inferior a quince días, contados desde el día siguiente al de la publicación del anuncio de licitación del contrato en el perfil de contratante. En los contratos de obras y de concesión de obras y concesión de servicios, el plazo será, como mínimo, de veintiséis días.

Artículo 157. Examen de las proposiciones y propuesta de adjudicación.

1. La Mesa de contratación calificará la documentación a que se refiere el artículo 140, que deberá presentarse por los licitadores en sobre o archivo electrónico distinto al que contenga la proposición.

Posteriormente, el mismo órgano procederá a la apertura y examen de las proposiciones, formulando la correspondiente propuesta de adjudicación al órgano de contratación, una vez ponderados los criterios que deban aplicarse para efectuar la selección del adjudicatario.

2. Cuando, de conformidad con lo establecido en el artículo 145 se utilicen una pluralidad de criterios de adjudicación, los licitadores deberán presentar la proposición en dos sobres o archivos electrónicos: uno con la documentación que deba ser valorada conforme a los criterios cuya ponderación depende de un juicio de valor, y el otro con la documentación que deba ser valorada conforme a criterios cuantificables mediante la mera aplicación de fórmulas.

3. En todo caso la apertura de las proposiciones deberá efectuarse en el plazo máximo de veinte días contado desde la fecha de finalización del plazo para presentar las mismas.

Si la proposición se contuviera en más de un sobre o archivo electrónico, de tal forma que estos deban abrirse en varios actos independientes, el plazo anterior se entenderá cumplido cuando se haya abierto, dentro del mismo, el primero de los sobres o archivos electrónicos que componen la proposición.

4. En todo caso, la apertura de la oferta económica se realizará en acto público, salvo cuando se prevea que en la licitación puedan emplearse medios electrónicos.

5. Cuando para la valoración de las proposiciones hayan de tenerse en cuenta criterios distintos al del precio, el órgano competente para ello podrá solicitar, antes de formular su propuesta, cuantos informes técnicos considere precisos. Igualmente, podrán solicitarse estos informes cuando sea necesario verificar que las ofertas cumplen con las especificaciones técnicas del pliego.

También se podrán requerir informes a las organizaciones sociales de usuarios destinatarios de la prestación, a las organizaciones representativas del ámbito de actividad al que corresponda el objeto del contrato, a las organizaciones sindicales, a las organizaciones que defiendan la igualdad de género y a otras organizaciones para la verificación de las consideraciones sociales y ambientales.

6. La propuesta de adjudicación no crea derecho alguno en favor del licitador propuesto frente a la Administración. No obstante, cuando el órgano de contratación no adjudique el contrato de acuerdo con la propuesta formulada deberá motivar su decisión.

Artículo 158. Adjudicación.

1. Cuando el único criterio para seleccionar al adjudicatario del contrato sea el del precio, la adjudicación deberá recaer en el plazo máximo de quince días a contar desde el siguiente al de apertura de las proposiciones.

2. Cuando para la adjudicación del contrato deban tenerse en cuenta una pluralidad de criterios, o utilizándose un único criterio sea este el del menor coste del ciclo de vida, el plazo máximo para efectuar la adjudicación será de dos meses a contar desde la apertura de las proposiciones, salvo que se hubiese establecido otro en el pliego de cláusulas administrativas particulares.

Si la proposición se contuviera en más de un sobre o archivo electrónico, de tal forma que estos deban abrirse en varios actos independientes, el plazo anterior se computará desde el primer acto de apertura del sobre o archivo electrónico que contenga una parte de la proposición.

3. Los plazos indicados en los apartados anteriores se ampliarán en quince días hábiles cuando sea necesario seguir los trámites a que se refiere el apartado 4 del artículo 149 de la presente Ley.

4. De no producirse la adjudicación dentro de los plazos señalados, los licitadores tendrán derecho a retirar su proposición, y a la devolución de la garantía provisional, de existir esta.

Artículo 159. Procedimiento abierto simplificado.

1. Los órganos de contratación podrán acordar la utilización de un procedimiento abierto simplificado en los contratos de obras, suministro y servicios cuando se cumplan las dos condiciones siguientes:

a) Que su valor estimado sea igual o inferior a 2.000.000 de euros en el caso de contratos de obras, y en el caso de contratos de suministro y de servicios, que su valor estimado sea igual o inferior a 100.000 euros.

b) Que entre los criterios de adjudicación previstos en el pliego no haya ninguno evaluable mediante juicio de valor o, de haberlos, su ponderación no supere el veinticinco por ciento del total, salvo en el caso de que el contrato tenga por objeto prestaciones de carácter intelectual, como los servicios de ingeniería y arquitectura, en que su ponderación no podrá superar el cuarenta y cinco por ciento del total.

2. El anuncio de licitación del contrato únicamente precisará de publicación en el perfil de contratante del órgano de contratación. Toda la documentación necesaria para la presentación de la oferta tiene que estar disponible por medios electrónicos desde el día de la publicación del anuncio en dicho perfil de contratante.

3. El plazo para la presentación de proposiciones no podrá ser inferior a quince días a contar desde el siguiente a la publicación en el perfil de contratante del anuncio de licitación. En los contratos de obras el plazo será como mínimo de veinte días.

4. La tramitación del procedimiento se ajustará a las siguientes especialidades:

a) Todos los licitadores que se presenten a licitaciones realizadas a través de este procedimiento simplificado deberán estar inscritos en el Registro Oficial de Licitadores y Empresas Clasificadas del Sector Público, o cuando proceda de conformidad con lo establecido en el apartado 2 del artículo 96 en el Registro Oficial de la correspondiente Comunidad Autónoma, en la fecha final de presentación de ofertas siempre que no se vea limitada la concurrencia.

b) No procederá la constitución de garantía provisional por parte de los licitadores.

c) Las proposiciones deberán presentarse necesaria y únicamente en el registro indicado en el anuncio de licitación.

La presentación de la oferta exigirá la declaración responsable del firmante respecto a ostentar la representación de la sociedad que presenta la oferta; a contar con la adecuada solvencia económica, financiera y técnica o, en su caso, la clasificación correspondiente; a contar con las autorizaciones necesarias para ejercer la actividad; a no estar incurso en prohibición de contratar alguna; y se pronunciará sobre la existencia del compromiso a que se refiere el artículo 75.2. A tales efectos, el modelo de oferta que figure como anexo al pliego recogerá esa declaración responsable.

Adicionalmente, en el caso de que la empresa fuera extranjera, la declaración responsable incluirá el sometimiento al fuero español.

En el supuesto de que la oferta se presentara por una unión temporal de empresarios, deberá acompañar a aquella el compromiso de constitución de la unión.

d) La oferta se presentará en un único sobre en los supuestos en que en el procedimiento no se contemplen criterios de adjudicación cuya cuantificación dependa de un juicio de valor. En caso contrario, la oferta se presentará en dos sobres.

La apertura de los sobres conteniendo la proposición se hará por el orden que proceda de conformidad con lo establecido en el artículo 145 en función del método aplicable para valorar los criterios de adjudicación establecidos en los pliegos. La apertura se hará por la mesa de contratación a la que se refiere el apartado 6 del artículo 326 de la presente Ley. En todo caso, será público el acto de apertura de los sobres que contengan la parte de la oferta evaluable a través de criterios cuantificables mediante la mera aplicación de fórmulas establecidas en los pliegos. A tal efecto, en el modelo de oferta que figure como anexo al pliego se contendrán estos extremos.

e) En los supuestos en que en el procedimiento se contemplen criterios de adjudicación cuya cuantificación dependa de un juicio de valor, la valoración de las proposiciones se hará por los servicios técnicos del órgano de contratación en un plazo no superior a siete días, debiendo ser suscritas por el técnico o técnicos que realicen la valoración.

f) En todo caso, la valoración a la que se refiere la letra anterior deberá estar efectuada con anterioridad al acto público de apertura del sobre que contenga la oferta evaluable a través de criterios cuantificables mediante la mera aplicación de fórmulas. En dicho acto público se procederá a la lectura del resultado de aquella.

Tras dicho acto público, en la misma sesión, la mesa procederá a:

1.º Previa exclusión, en su caso, de las ofertas que no cumplan los requerimientos del pliego, evaluar y clasificar las ofertas.

2.º Realizar la propuesta de adjudicación a favor del candidato con mejor puntuación.

3.º Comprobar en el Registro Oficial de Licitadores y Empresas Clasificadas que la empresa está debidamente constituida, el firmante de la proposición tiene poder bastante para formular la oferta, ostenta la solvencia económica, financiera y técnica o, en su caso la clasificación correspondiente y no está incursa en ninguna prohibición para contratar.

4.º Requerir a la empresa que ha obtenido la mejor puntuación mediante comunicación electrónica para que constituya la garantía definitiva, así como para que aporte el compromiso al que se refiere el artículo 75.2 y la documentación justificativa de que dispone efectivamente de los medios que se hubiese comprometido a dedicar o adscribir a la ejecución del contrato conforme al artículo 76.2; y todo ello en el plazo de 7 días hábiles a contar desde el envío de la comunicación.

En el caso de que la oferta del licitador que haya obtenido la mejor puntuación se presuma que es anormalmente baja por darse los supuestos previstos en el artículo 149, la mesa, realizadas las actuaciones recogidas en los puntos 1.º y 2.º anteriores, seguirá el procedimiento previsto en el citado artículo, si bien el plazo máximo para que justifique su oferta el licitador no podrá superar los 5 días hábiles desde el envío de la correspondiente comunicación.

Presentada la garantía definitiva y, en los casos en que resulte preceptiva, previa fiscalización del compromiso del gasto por la Intervención en los términos previstos en la Ley 47/2003, de 26 de noviembre, General Presupuestaria en un plazo no superior a 5 días, se procederá a adjudicar el contrato a favor del licitador propuesto como adjudicatario, procediéndose, una vez adjudicado el mismo, a su formalización.

En caso de que en el plazo otorgado al efecto el candidato propuesto como adjudicatario no presente la garantía definitiva, se efectuará propuesta de adjudicación a favor del siguiente candidato en puntuación, otorgándole el correspondiente plazo para constituir la citada garantía definitiva.

En el supuesto de que el empresario tenga que presentar cualquier otra documentación que no esté inscrita en el Registro de Licitadores, la misma se tendrá que aportar en el plazo de 7 días hábiles establecido para presentar la garantía definitiva.

g) En los casos en que a la licitación se presenten empresarios extranjeros de un Estado miembro de la Unión Europea o signatario del Espacio Económico Europeo, la acreditación de su capacidad, solvencia y ausencia de prohibiciones se podrá realizar bien mediante consulta en la correspondiente lista oficial de operadores económicos autorizados de un Estado miembro, bien mediante la aportación de la documentación acreditativa de los citados extremos, que deberá presentar, en este último caso, en el plazo concedido para la presentación de la garantía definitiva.

h) En lo no previsto en este artículo se observarán las normas generales aplicables al procedimiento abierto.

5. En los casos de declaración de urgencia del expediente de contratación en el que el procedimiento de adjudicación utilizado sea el procedimiento abierto simplificado regulado en el presente artículo, no se producirá la reducción de plazos a la que se refiere la letra b) del apartado 2 del artículo 119.

6. En contratos de obras de valor estimado inferior a 80.000 euros, y en contratos de suministros y de servicios de valor estimado inferior a 35.000 euros, excepto los que tengan por objeto prestaciones de carácter intelectual a los que no será de aplicación este apartado, el procedimiento abierto simplificado podrá seguir la siguiente tramitación:

a) El plazo para la presentación de proposiciones no podrá ser inferior a diez días hábiles, a contar desde el siguiente a la publicación del anuncio de licitación en el perfil de contratante. No obstante lo anterior, cuando se trate de compras corrientes de bienes disponibles en el mercado el plazo será de 5 días hábiles.

b) Se eximirá a los licitadores de la acreditación de la solvencia económica y financiera y técnica o profesional.

c) La oferta se entregará en un único sobre o archivo electrónico y se evaluará, en todo caso, con arreglo a criterios de adjudicación cuantificables mediante la mera aplicación de fórmulas establecidas en los pliegos.

d) La valoración de las ofertas se podrá efectuar automáticamente mediante dispositivos informáticos, o con la colaboración de una unidad técnica que auxilie al órgano de contratación.

Se garantizará, mediante un dispositivo electrónico, que la apertura de las proposiciones no se realiza hasta que haya finalizado el plazo para su presentación, por lo que no se celebrará acto público de apertura de las mismas.

e) Las ofertas presentadas y la documentación relativa a la valoración de las mismas serán accesibles de forma abierta por medios informáticos sin restricción alguna desde el momento en que se notifique la adjudicación del contrato.

f) No se requerirá la constitución de garantía definitiva.

g) La formalización del contrato podrá efectuarse mediante la firma de aceptación por el contratista de la resolución de adjudicación.

En todo lo no previsto en este apartado se aplicará la regulación general del procedimiento abierto simplificado prevista en este artículo.

Subsección 3.ª Procedimiento restringido

Artículo 160. Caracterización.

1. En el procedimiento restringido cualquier empresa interesada podrá presentar una solicitud de participación en respuesta a una convocatoria de licitación.

2. Solo podrán presentar proposiciones aquellos empresarios que, a su solicitud y en atención a su solvencia, sean seleccionados por el órgano de contratación.

Los pliegos de cláusulas administrativas particulares podrán contemplar primas o compensaciones por los gastos en que incurran los licitadores al presentar su oferta en contratos de servicios en los casos en los que su presentación implique la realización de determinados desarrollos.

3. En este procedimiento estará prohibida toda negociación de los términos del contrato con los solicitantes o candidatos.

4. Este procedimiento es especialmente adecuado cuando se trata de servicios intelectuales de especial complejidad, como es el caso de algunos servicios de consultoría, de arquitectura o de ingeniería.

Artículo 161. Solicitudes de participación.

1. En los procedimientos de adjudicación de contratos sujetos a regulación armonizada, el plazo de presentación de las solicitudes de participación deberá ser el suficiente para el adecuado examen de los pliegos y de las circunstancias y condiciones relevantes para la ejecución del contrato, todo ello en atención al alcance y complejidad del contrato. En cualquier caso, no podrá ser inferior a treinta días, contados a partir de la fecha del envío del anuncio de licitación a la Oficina de Publicaciones de la Unión Europea.

Cuando el plazo general de presentación de solicitudes sea impracticable por tratarse de una situación de urgencia, en los términos descritos en el artículo 119, el órgano de contratación para los contratos de obras, suministros y servicios podrá fijar otro plazo que no será inferior a quince días contados desde la fecha del envío del anuncio de licitación.

2. Sin perjuicio de lo establecido en el apartado 3 del artículo 135 respecto de la obligación de publicar en primer lugar en el «Diario Oficial de la Unión Europea», en los procedimientos restringidos la publicación del anuncio de licitación en el perfil de contratante deberá hacerse con una antelación mínima equivalente al plazo fijado para la presentación de las solicitudes de participación en el apartado siguiente.

3. Si se trata de contratos no sujetos a regulación armonizada, el plazo para la presentación de solicitudes de participación será, como mínimo, de quince días, contados desde la publicación del anuncio de licitación.

4. Las solicitudes de participación deberán ir acompañadas de la documentación a que se refiere el artículo 140, con excepción del documento acreditativo de la constitución de la garantía provisional.

Artículo 162. Selección de candidatos.

1. Con carácter previo al anuncio de licitación, el órgano de contratación deberá haber establecido los criterios objetivos de solvencia, de entre los señalados en los artículos 87 a 91, con arreglo a los cuales serán elegidos los candidatos que serán invitados a presentar proposiciones.

2. El órgano de contratación señalará el número mínimo de empresarios a los que invitará a participar en el procedimiento, que no podrá ser inferior a cinco. Cuando el número de candidatos que cumplan los criterios de selección sea inferior a ese número mínimo, el órgano de contratación podrá continuar el procedimiento con los que reúnan las condiciones exigidas, sin que pueda invitarse a empresarios que no hayan solicitado participar en el mismo, o a candidatos que no posean esas condiciones.

Si así lo estima procedente, el órgano de contratación podrá igualmente fijar el número máximo de candidatos a los que se invitará a presentar oferta.

En cualquier caso, el número de candidatos invitados debe ser suficiente para garantizar una competencia efectiva.

3. Los criterios o normas objetivos y no discriminatorios con arreglo a los cuales se seleccionará a los candidatos, así como el número mínimo y, en su caso, el número máximo de aquellos a los que se invitará a presentar proposiciones se indicarán en el anuncio de licitación.

4. El órgano de contratación, una vez comprobada la personalidad y solvencia de los solicitantes, seleccionará a los que deban pasar a la siguiente fase, a los que invitará, simultáneamente y por escrito, a presentar sus proposiciones en el plazo que proceda conforme a lo señalado en el artículo 164.

Artículo 163. Contenido de las invitaciones e información a los candidatos.

1. Las invitaciones contendrán una referencia al anuncio de licitación publicado e indicarán la fecha límite para la recepción de ofertas; la dirección a la que deban enviarse y la lengua o lenguas en que deban estar redactadas; los documentos que, en su caso, se deban adjuntar

complementariamente; los criterios de adjudicación del contrato que se tendrán en cuenta y su ponderación relativa o, en su caso, el orden decreciente de importancia atribuido a los mismos, si no figurasen en el anuncio de licitación; y el lugar, día y hora de la apertura de proposiciones.

2. La invitación a los candidatos contendrá las indicaciones pertinentes para permitir el acceso por medios electrónicos a los pliegos y demás documentación complementaria.

Cuando, con arreglo a lo dispuesto en el apartado 2 del artículo 138, estuviera permitido dar acceso por medios no electrónicos a los pliegos y demás documentación complementaria, la invitación indicará esta circunstancia y la forma en que la documentación será puesta a disposición de los candidatos. En este caso, si además la citada documentación obrase en poder de una entidad u órgano distinto del que tramita el procedimiento, la invitación precisará también la forma en que puede solicitarse dicha documentación y, en su caso, la fecha límite para ello, así como el importe y las modalidades de pago de la cantidad que, en su caso, haya de abonarse; los servicios competentes remitirán dicha documentación sin demora a los interesados tras la recepción de su solicitud.

Artículo 164. Proposiciones.

1. El plazo general de presentación de proposiciones en los procedimientos restringidos relativos a contratos sujetos a regulación armonizada será el suficiente para la adecuada elaboración de las proposiciones en función del alcance y complejidad del contrato. En cualquier caso no será inferior a treinta días, contados a partir de la fecha de envío de la invitación escrita.

El plazo general previsto en el párrafo anterior podrá reducirse en los siguientes casos:

a) Si se hubiese enviado el anuncio de información previa, el plazo general podrá reducirse a diez días. Esta reducción del plazo solo será admisible cuando el anuncio de información previa se hubiese enviado cumpliéndose los requisitos que establece la letra a) del apartado 3 del artículo 156.

b) Cuando el plazo general de presentación de proposiciones sea impracticable por tratarse de una situación de urgencia, en los términos descritos en el artículo 119, el órgano de contratación podrá fijar otro plazo que no será inferior a diez días contados desde la fecha del envío de la invitación escrita.

c) Si el órgano de contratación aceptara la presentación de ofertas por medios electrónicos, podrá reducirse el plazo general de presentación de proposiciones en cinco días.

En las concesiones de obras y de servicios solo se podrá reducir el plazo general cuando se dé la circunstancia establecida en la letra c) anterior.

2. En los procedimientos restringidos relativos a contratos no sujetos a regulación armonizada, el plazo para la presentación de proposiciones no será inferior a diez días, contados desde la fecha de envío de la invitación.

Artículo 165. Adjudicación.

En la adjudicación del contrato será de aplicación lo previsto en esta Ley para el procedimiento abierto, salvo lo que se refiere a la necesidad de calificar previamente la documentación a que se refiere el artículo 140.

Subsección 4.ª Procedimientos con negociación

Artículo 166. Caracterización y delimitación de la materia objeto de negociación.

1. En los procedimientos con negociación la adjudicación recaerá en el licitador justificadamente elegido por el órgano de contratación, tras negociar las condiciones del contrato con uno o varios candidatos.

2. En el pliego de cláusulas administrativas particulares se determinarán los aspectos económicos y técnicos que, en su caso, hayan de ser objeto de negociación con las empresas; la descripción de las necesidades de los órganos de contratación y de las características exigidas para los suministros, las obras o los servicios que hayan de contratarse; el procedimiento que se seguirá para negociar, que en todo momento garantizará la máxima transparencia de la negociación, la publicidad de la misma y la no discriminación entre los licitadores que participen; los elementos de la prestación objeto del contrato que constituyen los requisitos mínimos que han de cumplir todas las ofertas; los criterios de adjudicación.

La información facilitada será lo suficientemente precisa como para que los operadores económicos puedan identificar la naturaleza y el ámbito de la contratación y decidir si solicitan participar en el procedimiento.

3. Los procedimientos con negociación podrán utilizarse en los casos enumerados en los artículos 167 y 168. Salvo que se dieran las circunstancias excepcionales que recoge el artículo 168, los órganos de contratación deberán publicar un anuncio de licitación.

Artículo 167. Supuestos de aplicación del procedimiento de licitación con negociación.

Los órganos de contratación podrán adjudicar contratos utilizando el procedimiento de licitación con negociación en los contratos de obras, suministros, servicios, concesión de obras y concesión de servicios cuando se dé alguna de las siguientes situaciones:

a) Cuando para dar satisfacción a las necesidades del órgano de contratación resulte imprescindible que la prestación, tal y como se encuentra disponible en el mercado, sea objeto de un trabajo previo de diseño o de adaptación por parte de los licitadores.

b) Cuando la prestación objeto del contrato incluya un proyecto o soluciones innovadoras.

c) Cuando el contrato no pueda adjudicarse sin negociaciones previas debido a circunstancias específicas vinculadas a la naturaleza, la complejidad o la configuración jurídica o financiera de la prestación que constituya su objeto, o por los riesgos inherentes a la misma.

d) Cuando el órgano de contratación no pueda establecer con la suficiente precisión las especificaciones técnicas por referencia a una norma, evaluación técnica europea, especificación técnica común o referencia técnica, en los términos establecidos en esta Ley.

e) Cuando en los procedimientos abiertos o restringidos seguidos previamente solo se hubieren presentado ofertas irregulares o inaceptables.

Se considerarán irregulares, en particular, las ofertas que no correspondan a los pliegos de la contratación, que se hayan recibido fuera de plazo, que muestren indicios de colusión o corrupción o que hayan sido consideradas anormalmente bajas por el órgano de contratación. Se considerarán inaceptables, en particular, las ofertas presentadas por licitadores que no posean la cualificación requerida y las ofertas cuyo precio rebase el presupuesto del órgano de contratación tal como se haya determinado y documentado antes del inicio del procedimiento de contratación.

f) Cuando se trate de contratos de servicios sociales personalísimos que tengan por una de sus características determinantes el arraigo de la persona en el entorno de atención social, siempre que el objeto del contrato consista en dotar de continuidad en la atención a las personas que ya eran beneficiarias de dicho servicio.

Artículo 168. Supuestos de aplicación del procedimiento negociado sin publicidad.

Los órganos de contratación podrán adjudicar contratos utilizando el procedimiento negociado sin la previa publicación de un anuncio de licitación únicamente en los siguientes casos:

a) En los contratos de obras, suministros, servicios, concesión de obras y concesión de servicios, en los casos en que:

1.º No se haya presentado ninguna oferta; ninguna oferta adecuada; ninguna solicitud de participación; o ninguna solicitud de participación adecuada en respuesta a un procedimiento abierto o a un procedimiento restringido, siempre que las condiciones iniciales del contrato no se modifiquen sustancialmente, sin que en ningún caso se pueda incrementar el presupuesto base de licitación ni modificar el sistema de retribución, y que se envíe un informe a la Comisión Europea cuando esta así lo solicite.

Se considerará que una oferta no es adecuada cuando no sea pertinente para el contrato, por resultar manifiestamente insuficiente para satisfacer, sin cambios sustanciales, las necesidades y los requisitos del órgano de contratación especificados en los pliegos que rigen la contratación. Se considerará que una solicitud de participación no es adecuada si el empresario de que se trate ha de ser o puede ser excluido en virtud de los motivos establecidos en la presente Ley o no satisface los criterios de selección establecidos por el órgano de contratación.

2.º Cuando las obras, los suministros o los servicios solo puedan ser encomendados a un empresario determinado, por alguna de las siguientes razones: que el contrato tenga por objeto la creación o adquisición de una obra de arte o representación artística única no integrante del Patrimonio Histórico Español; que no exista competencia por razones técnicas; o que proceda la protección de derechos exclusivos, incluidos los derechos de propiedad intelectual e industrial.

La no existencia de competencia por razones técnicas y la protección de derechos exclusivos, incluidos los derechos de propiedad intelectual e industrial solo se aplicarán cuando no exista una alternativa o sustituto razonable y cuando la ausencia de competencia no sea consecuencia de una configuración restrictiva de los requisitos y criterios para adjudicar el contrato.

3.º Cuando el contrato haya sido declarado secreto o reservado, o cuando su ejecución deba ir acompañada de medidas de seguridad especiales conforme a la legislación vigente, o cuando lo exija la protección de los intereses esenciales de la seguridad del Estado y así se haya declarado de conformidad con lo previsto en la letra c) del apartado 2 del artículo 19.

b) En los contratos de obras, suministros y servicios, en los casos en que:

1.º Una imperiosa urgencia resultante de acontecimientos imprevisibles para el órgano de contratación y no imputables al mismo, demande una pronta ejecución del contrato que no pueda lograrse mediante la aplicación de la tramitación de urgencia regulada en el artículo 119.

2.º Cuando se dé la situación a que se refiere la letra e) del artículo 167, siempre y cuando en la negociación se incluya a todos los licitadores que, en el procedimiento antecedente, hubiesen presentado ofertas conformes con los requisitos formales del procedimiento de contratación, y siempre que las condiciones iniciales del contrato no se modifiquen sustancialmente, sin que en ningún caso se pueda incrementar el precio de licitación ni modificar el sistema de retribución.

c) En los contratos de suministro, además, en los siguientes casos:

1.º Cuando los productos se fabriquen exclusivamente para fines de investigación, experimentación, estudio o desarrollo; esta condición no se aplica a la producción en serie destinada a establecer la viabilidad comercial del producto o a recuperar los costes de investigación y desarrollo.

2.º Cuando se trate de entregas adicionales efectuadas por el proveedor inicial que constituyan bien una reposición parcial de suministros o instalaciones de uso corriente, o bien una ampliación de los suministros o instalaciones existentes, si el cambio de proveedor obligase al órgano de contratación a adquirir material con características técnicas diferentes, dando lugar a incompatibilidades o a dificultades técnicas de uso y de mantenimiento desproporcionadas. La duración de tales contratos, no podrá, por regla general, ser superior a tres años.

3.º Cuando se trate de la adquisición en mercados organizados o bolsas de materias primas de suministros que coticen en los mismos.

4.º Cuando se trate de un suministro concertado en condiciones especialmente ventajosas con un proveedor que cese definitivamente en sus actividades comerciales, o con los administradores de un concurso, o a través de un acuerdo judicial o un procedimiento de la misma naturaleza.

d) En los contratos de servicios, además, en el supuesto de que el contrato en cuestión sea la consecuencia de un concurso de proyectos y, con arreglo a las normas aplicables deba adjudicarse al ganador. En caso de que existan varios ganadores, se deberá invitar a todos ellos a participar en las negociaciones.

Asimismo, cuando se trate de un servicio concertado en condiciones especialmente ventajosas con un proveedor que cese definitivamente en sus actividades comerciales, o con los administradores de un concurso, o a través de un acuerdo judicial o un procedimiento de la misma naturaleza.

e) En los contratos de obras y de servicios, además, cuando las obras o servicios que constituyan su objeto consistan en la repetición de otros similares adjudicados al mismo contratista mediante alguno de los procedimientos de licitación regulados en esta ley previa publicación del correspondiente anuncio de licitación, siempre que se ajusten a un proyecto base que haya sido objeto del contrato inicial adjudicado por dichos procedimientos, que la posibilidad de hacer uso de este procedimiento esté indicada en el anuncio de licitación del contrato inicial, que el importe de las nuevas obras o servicios se haya tenido en cuenta al calcular el valor estimado del contrato inicial, y que no hayan transcurrido más de tres años a partir de la celebración del contrato inicial. En el proyecto base se mencionarán necesariamente el número de posibles obras o servicios adicionales, así como las condiciones en que serán adjudicados estos.

Artículo 169. Tramitación del procedimiento de licitación con negociación.

1. Cuando se acuda al procedimiento de licitación con negociación por concurrir las circunstancias previstas en el artículo 167, el órgano de contratación, en todo caso, deberá publicar un anuncio de licitación en la forma prevista en el artículo 135.

2. Serán de aplicación a la tramitación del procedimiento de licitación con negociación, las normas contenidas en el apartado 1 del artículo 160, y en los artículos 161, 162, 163 y 164.1 relativos al procedimiento restringido. No obstante, en caso de que se decida limitar el número de empresas a las que se invitará a negociar, el órgano de contratación y los servicios dependientes de él, en todo caso, deberán asegurarse de que el número mínimo de candidatos invitados será de tres. Cuando el número de candidatos que cumplan con los criterios de selección sea inferior a ese número mínimo, el órgano de contratación podrá continuar el procedimiento con los que reúnen las condiciones exigidas, sin que pueda invitarse a empresarios que no hayan solicitado participar en el mismo, o a candidatos que no posean esas condiciones.

3. Los órganos de contratación podrán articular el procedimiento regulado en el presente artículo en fases sucesivas, a fin de reducir progresivamente el número de ofertas a negociar mediante la aplicación de los criterios de adjudicación señalados en el anuncio de licitación o en el pliego de cláusulas administrativas particulares, indicándose en estos si se va a hacer uso de esta facultad. El número de soluciones que lleguen hasta la fase final deberá ser lo suficientemente amplio como para garantizar una competencia efectiva, siempre que se hayan presentado un número suficiente de soluciones o de candidatos adecuados.

4. Durante la negociación, las mesas de contratación y los órganos de contratación velarán porque todos los licitadores reciban igual trato. En particular no facilitarán, de forma discriminatoria, información que pueda dar ventajas a determinados licitadores con respecto al resto.

Los órganos de contratación informarán por escrito a todos los licitadores cuyas ofertas no hayan sido excluidas, de todo cambio en las especificaciones técnicas u otra documentación de la contratación que no establezca los requisitos mínimos a que se refiere el artículo 166, y les darán plazo suficiente para que presenten una nueva oferta revisada.

5. Los órganos de contratación, en su caso, a través de los servicios técnicos de ellos dependientes, negociarán con los licitadores las ofertas iniciales y todas las ofertas ulteriores presentadas por éstos, excepto las ofertas definitivas a que se refiere el apartado octavo del presente artículo, que estos hayan presentado para mejorar su contenido y para adaptarlas a los requisitos indicados en el pliego de cláusulas administrativas particulares y en el anuncio de licitación, en su caso, y en los posibles documentos complementarios, con el fin de identificar la mejor oferta, de conformidad con lo previsto en el artículo 145.

No se negociarán los requisitos mínimos de la prestación objeto del contrato ni tampoco los criterios de adjudicación.

6. En el expediente deberá dejarse constancia de las invitaciones cursadas, de las ofertas recibidas, de las razones para su aceptación o rechazo y de las ventajas obtenidas en la negociación.

7. En el curso del procedimiento las mesas de contratación y los órganos de contratación cumplirán con su obligación de confidencialidad en los términos establecidos en esta Ley, por lo que no revelarán a los demás participantes los datos designados como confidenciales que les haya comunicado un candidato o licitador sin el previo consentimiento de este. Este consentimiento no podrá tener carácter general, sino que deberá especificar a qué información se refiere.

8. Cuando el órgano de contratación decida concluir las negociaciones, informará a todos los licitadores y establecerá un plazo común para la presentación de ofertas nuevas o revisadas. A continuación, la mesa de contratación verificará que las ofertas definitivas se ajustan a los requisitos mínimos, y que cumplen todos los requisitos establecidos en el pliego; valorará las mismas con arreglo a los criterios de adjudicación; elevará la correspondiente propuesta; y el órgano de contratación procederá a adjudicar el contrato.

Artículo 170. Especialidades en la tramitación del procedimiento negociado sin publicidad.

1. Los órganos de contratación únicamente harán uso del procedimiento negociado sin publicación previa de un anuncio de licitación cuando se dé alguna de las situaciones que establece el artículo 168 y lo tramitarán con arreglo a las normas que establece el artículo 169, en todo lo

que resulten de aplicación según el número de participantes que concurran en cada caso, a excepción de lo relativo a la publicidad previa.

2. Cuando únicamente participe un candidato, la mesa de contratación, o en su defecto, el órgano de contratación, siempre y cuando sea posible, deberá negociar con él en los términos que se señalan en el apartado 5 del artículo 169.

Artículo 171. Información a los licitadores.

A petición del licitador que haya presentado una oferta admisible, la mesa de contratación, o en su defecto, los servicios dependientes del órgano de contratación, comunicará lo antes posible y en todo caso dentro de los quince días siguientes al de recepción de la solicitud por escrito de aquel, el desarrollo de las negociaciones.

No obstante lo anterior, la mesa o en su defecto, el órgano de contratación, podrá no comunicar determinados datos amparándose en la excepción de confidencialidad contenida en el apartado 3 del artículo 155.

Subsección 5.ª Diálogo competitivo

Artículo 172. Caracterización.

1. En el diálogo competitivo, la mesa especial de diálogo competitivo dirige un diálogo con los candidatos seleccionados, previa solicitud de los mismos, a fin de desarrollar una o varias soluciones susceptibles de satisfacer sus necesidades y que servirán de base para que los candidatos elegidos presenten una oferta.

2. Cualquier empresa interesada podrá presentar una solicitud de participación en respuesta a un anuncio de licitación, proporcionando la información y documentación para la selección cualitativa que haya solicitado el órgano de contratación.

3. El procedimiento de diálogo competitivo podrá utilizarse en los casos enumerados en el artículo 167 y deberá verse precedido de la publicación de un anuncio de licitación.

4. El órgano de contratación podrá acordar en el documento descriptivo la aplicación de lo dispuesto en los apartados 4 y 5 del artículo 234 a los contratos que se adjudiquen mediante dialogo competitivo.

Artículo 173. Primas o compensaciones.

1. Con el objetivo de fomentar la participación de las empresas que puedan ofrecer las soluciones más apropiadas e innovadoras, los órganos de

contratación podrán establecer en el documento descriptivo primas o compensaciones para todos o algunos de los participantes en el diálogo.

En el supuesto de que no se reconozcan primas o compensaciones para todos los participantes, estas se reconocerán a los que obtuvieron los primeros puestos en el orden de clasificación de las ofertas. Las cantidades que se fijen deberán ser suficientes para el cumplimiento del objetivo mencionado en el párrafo anterior.

2. En el caso en que se reconozcan primas o compensaciones, en el expediente de contratación se deberá acreditar la cobertura financiera necesaria para hacer frente al pago derivado de las mismas.

3. El pago de las cantidades a las que se refiere el primer apartado de este artículo, se efectuará de conformidad con lo establecido en el artículo 198, contándose los plazos previstos en él a partir del día siguiente a aquel en que se produjo la formalización del contrato.

Artículo 174. Apertura del procedimiento y solicitudes de participación.

1. Los órganos de contratación darán a conocer sus necesidades y requisitos en el anuncio de licitación y los definirán en dicho anuncio o en un documento descriptivo, que no podrá ser modificado posteriormente. Al mismo tiempo y en los mismos documentos, los órganos de contratación también darán a conocer y definirán los criterios de adjudicación elegidos y darán un plazo de ejecución aproximado.

2. Serán de aplicación en este procedimiento las normas del procedimiento restringido contenidas en el primer párrafo del apartado 2 del artículo 160; en el artículo 161, excepto el segundo párrafo de su apartado primero; y en los apartados 1, 2, 3 y lo relativo a selección de los solicitantes del apartado 4, todos ellos del artículo 162. No obstante, en caso de que se decida limitar el número de empresas a las que se invitará a dialogar, el órgano de contratación en todo caso deberá asegurase de que el número mínimo de candidatos capacitados para ejecutar el objeto del contrato será de tres.

3. Las invitaciones a tomar parte en el diálogo contendrán una referencia al anuncio de licitación publicado e indicarán la fecha y el lugar de inicio de la fase de consulta, la lengua o lenguas que vayan a utilizarse, los documentos relativos a las condiciones de aptitud que, en su caso, se deban adjuntar, y la ponderación relativa de los criterios de adjudicación del contrato o, en su caso, el orden decreciente de importancia de dichos criterios.

La invitación a los candidatos contendrá las indicaciones pertinentes para permitir el acceso por medios electrónicos al documento descriptivo y demás documentación complementaria.

Cuando, con arreglo a lo dispuesto en el apartado 2 del artículo 138, estuviera permitido dar acceso por medios no electrónicos al documento descriptivo y demás documentación complementaria, la invitación indicará esta circunstancia y la forma en que la documentación será puesta a disposición de los candidatos. En este caso, si además la citada documentación obrase en poder de una entidad u órgano distinto del que tramita el procedimiento, la invitación precisará también la forma en que puede solicitarse dicha documentación y, en su caso, la fecha límite para ello, así como el importe y las modalidades de pago de la cantidad que, en su caso, haya de abonarse; los servicios competentes remitirán dicha documentación sin demora a los interesados tras la recepción de su solicitud.

Artículo 175. Diálogo con los candidatos.

1. La mesa especial del diálogo competitivo desarrollará con los candidatos seleccionados un diálogo cuyo fin será determinar y definir los medios adecuados para satisfacer sus necesidades. En el transcurso de este diálogo, podrán debatirse todos los aspectos del contrato con los candidatos seleccionados.

2. Durante el diálogo, la mesa dará un trato igual a todos los licitadores y, en particular, no facilitará, de forma discriminatoria, información que pueda dar ventajas a determinados licitadores con respecto al resto.

La mesa no podrá revelar a los demás participantes las soluciones propuestas por un participante u otros datos confidenciales que este les comunique sin previo consentimiento de este, en los términos establecidos en el apartado 7 del artículo 169.

3. El procedimiento podrá articularse en fases sucesivas, a fin de reducir progresivamente el número de soluciones a examinar durante la fase de diálogo mediante la aplicación de los criterios de adjudicación indicados en el anuncio de licitación o en el documento descriptivo, indicándose en estos si se va a hacer uso de esta posibilidad.

El número de soluciones que se examinen en la fase final deberá ser lo suficientemente amplio como para garantizar una competencia efectiva entre ellas, siempre que se hayan presentado un número suficiente de soluciones o de candidatos adecuados.

4. A petición del licitador que haya sido descartado en la fase de diálogo, la mesa informará lo antes posible y en todo caso dentro de los quince días siguientes al de recepción de la solicitud por escrito de aquel, del desarrollo del diálogo con los licitadores.

5. La mesa proseguirá el diálogo hasta que se encuentre en condiciones de determinar, después de compararlas, si es preciso, la solución o

soluciones presentadas por cada uno de los participantes durante la fase de diálogo, que puedan responder a sus necesidades.

Una vez determinada la solución o soluciones que hayan de ser adoptadas para la última fase del proceso de licitación por el órgano de contratación, la mesa propondrá que se declare el fin del diálogo, así como las soluciones a adoptar, siendo invitados a la fase final los participantes que hayan presentado las mejores soluciones.

Tras declarar cerrado el diálogo por el órgano de contratación e informar de ello a todos los participantes, la mesa invitará a los participantes cuyas soluciones hayan sido ya adoptadas a que presenten su oferta definitiva, basada en su solución o soluciones viables especificadas durante la fase de diálogo, indicando la fecha límite, la dirección a la que deba enviarse y la lengua o lenguas en que puedan estar redactadas.

Artículo 176. Presentación, examen de las ofertas y adjudicación.

1. Las ofertas deben incluir todos los elementos requeridos y necesarios para la realización del proyecto.

La mesa podrá solicitar precisiones o aclaraciones sobre las ofertas presentadas, ajustes en las mismas o información complementaria relativa a ellas, siempre que ello no suponga una modificación de los elementos fundamentales de la oferta o de la licitación pública, en particular de las necesidades y de los requisitos establecidos en el anuncio de licitación o en el documento descriptivo, cuando implique una variación que pueda falsear la competencia o tener un efecto discriminatorio.

2. La mesa evaluará las ofertas presentadas por los licitadores en función de los criterios de adjudicación establecidos en el anuncio de licitación o en el documento descriptivo y seleccionará la oferta que presente la mejor relación calidad precio de acuerdo con la letra b) del apartado 3 del artículo 145.

3. La mesa podrá llevar a cabo negociaciones con el licitador cuya oferta se considere que presenta la mejor relación calidad-precio de acuerdo con la letra b) del apartado 3 del artículo 145 con el fin de confirmar compromisos financieros u otras condiciones contenidas en la oferta, para lo cual se ultimarán las condiciones del contrato, siempre que con ello no se modifiquen elementos sustanciales de la oferta o de la licitación pública, en particular las necesidades y los requisitos establecidos en el anuncio de licitación o en el documento descriptivo, y no conlleve un riesgo de falseamiento de la competencia ni tenga un efecto discriminatorio.

4. Elevada la propuesta, el órgano de contratación procederá a la adjudicación del contrato.

Artículo 177. Caracterización del procedimiento de asociación para la innovación.

1. La asociación para la innovación es un procedimiento que tiene como finalidad el desarrollo de productos, servicios u obras innovadores y la compra ulterior de los suministros, servicios u obras resultantes, siempre que correspondan a los niveles de rendimiento y a los costes máximos acordados entre los órganos de contratación y los participantes.

A tal efecto, en los pliegos de cláusulas administrativas particulares, el órgano de contratación determinará cuál es la necesidad de un producto, servicio u obra innovadores que no puede ser satisfecha mediante la adquisición de productos, servicios u obras ya disponibles en el mercado. Indicará asimismo qué elementos de la descripción constituyen los requisitos mínimos que han de cumplir todos los licitadores, y definirá las disposiciones aplicables a los derechos de propiedad intelectual e industrial. La información facilitada será lo suficientemente precisa como para que los empresarios puedan identificar la naturaleza y el ámbito de la solución requerida y decidir si solicitan participar en el procedimiento.

2. El órgano de contratación podrá decidir crear la asociación para la innovación con uno o varios socios que efectúen por separado actividades de investigación y desarrollo.

El socio o socios habrán sido previamente seleccionados en la forma regulada en los artículos 178 y 179 de esta Ley.

3. Los contratos que se adjudiquen por este procedimiento se regirán:

a) En la fase de investigación y desarrollo, por las normas que se establezcan reglamentariamente, así como por las prescripciones contenidas en los correspondientes pliegos, y supletoriamente por las normas del contrato de servicios.

b) En la fase de ejecución de las obras, servicios o suministros derivados de este procedimiento, por las normas correspondientes al contrato relativo a la prestación de que se trate.

Artículo 178. Selección de candidatos.

1. En las asociaciones para la innovación, cualquier empresario podrá presentar una solicitud de participación en respuesta a una convocatoria de licitación, proporcionando la información sobre los criterios objetivos de solvencia que haya solicitado el órgano de contratación.

2. El plazo mínimo para la recepción de las solicitudes de participación será de treinta días a partir de la fecha de envío del anuncio de licitación, cuando el contrato esté sujeto a regulación armonizada. En otro caso, dicho

plazo no podrá ser inferior a veinte días contados desde la publicación del anuncio de licitación en el perfil de contratante.

3. A los efectos de seleccionar a los candidatos, los órganos de contratación aplicarán, en particular, criterios objetivos de solvencia relativos a la capacidad de los candidatos en los ámbitos de la investigación y del desarrollo, así como en la elaboración y aplicación de soluciones innovadoras.

Solo los empresarios a los que invite el órgano de contratación tras evaluar la información solicitada podrán presentar proyectos de investigación e innovación destinados a responder a las necesidades señaladas por el órgano de contratación que no puedan satisfacerse con las soluciones existentes.

Los órganos de contratación podrán limitar el número de candidatos aptos que hayan de ser invitados a participar en el procedimiento, de conformidad con el artículo 162.2, siendo tres el número mínimo de empresarios a los que se invitará a negociar.

Artículo 179. Negociación y adjudicación de la asociación.

1. Concluida la selección de los candidatos, el órgano de contratación les invitará a presentar sus proyectos de investigación e innovación para responder a las necesidades a cubrir.

2. Los contratos se adjudicarán únicamente con arreglo al criterio de la mejor relación calidad-precio, según lo dispuesto en el artículo 145.2.

3. Salvo que se disponga de otro modo, los órganos de contratación negociarán con los candidatos seleccionados las ofertas iniciales y todas las ofertas ulteriores presentadas por estos, excepto la oferta definitiva, con el fin de mejorar su contenido.

No se negociarán los requisitos mínimos ni los criterios de adjudicación.

4. Las negociaciones durante los procedimientos de las asociaciones para la innovación podrán desarrollarse en fases sucesivas, a fin de reducir el número de ofertas que haya que negociar, aplicando los criterios de adjudicación especificados en los pliegos de cláusulas administrativas particulares y recogidos en el anuncio de licitación. El órgano de contratación indicará claramente en el anuncio de licitación y en los pliegos de cláusulas administrativas particulares si va a hacer uso de esta opción.

5. Durante la negociación, los órganos de contratación velarán por que todos los licitadores reciban igual trato. Con ese fin, no facilitarán, de forma discriminatoria, información que pueda dar ventajas a determinados licitadores con respecto a otros. Informarán por escrito a todos los licitadores cuyas ofertas no hayan sido eliminadas de conformidad con el apartado anterior de todo cambio en las especificaciones técnicas u otros

documentos de la contratación que no sea la que establece los requisitos mínimos. A raíz de tales cambios, los órganos de contratación darán a los licitadores tiempo suficiente para que puedan modificar y volver a presentar ofertas modificadas, según proceda.

6. Los órganos de contratación no revelarán a los demás participantes los datos confidenciales que les hayan sido comunicados por un candidato o licitador participante en la negociación sin el acuerdo previo de este. Este acuerdo no podrá adoptar la forma de una renuncia general, sino que deberá referirse a la comunicación intencionada de información específica.

Artículo 180. Estructura de la asociación para la innovación.

1. La asociación para la innovación se estructurará en fases sucesivas siguiendo la secuencia de las etapas del proceso de investigación e innovación, que podrá incluir la fabricación de los productos, la prestación de los servicios o la realización de las obras. La asociación para la innovación fijará unos objetivos intermedios que deberán alcanzar los socios y proveerá el pago de la retribución en plazos adecuados.

Sobre la base de esos objetivos, el órgano de contratación podrá decidir, al final de cada fase, resolver la asociación para la innovación o, en el caso de una asociación para la innovación con varios socios, reducir el número de socios mediante la resolución de los contratos individuales, siempre que el órgano de contratación haya indicado en los pliegos de cláusulas administrativas particulares que puede hacer uso de estas posibilidades y las condiciones en que puede hacerlo.

En ningún caso, la resolución de la asociación para la innovación o la reducción del número de candidatos participantes dará lugar a indemnización, sin perjuicio de la contraprestación que, en las condiciones establecidas en el pliego, corresponda por los trabajos realizados.

2. En el caso de las asociaciones para la innovación con varios socios, el órgano de contratación no revelará a los otros socios las soluciones propuestas u otros datos confidenciales que comunique un socio en el marco de la asociación sin el acuerdo de este último. Este acuerdo no podrá adoptar la forma de una renuncia general, sino que deberá referirse a la comunicación intencionada de información específica.

Artículo 181. Adquisiciones derivadas del procedimiento de asociación para la innovación.

1. Finalizadas las fases de investigación y desarrollo, el órgano de contratación analizará si sus resultados alcanzan los niveles de rendimiento y costes acordados y resolverá lo procedente sobre la adquisición de las obras, servicios o suministros resultantes.

2. Las adquisiciones derivadas de asociaciones para la innovación se realizarán en los términos establecidos en el pliego de cláusulas administrativas particulares. Cuando la asociación se realice con varios empresarios la selección del empresario al que se deba efectuar dichas adquisiciones se realizará sobre las base de los criterios objetivos que se hayan establecido en el pliego.

3. En el caso de que la adquisición de las obras, servicios o suministros conlleve la realización de prestaciones sucesivas, aquella solo se podrá llevar a cabo durante un periodo máximo de cuatro años a partir de la recepción de la resolución sobre la adquisición de las obras, servicios o suministros a la que se refiere el apartado 1 del presente artículo.

Artículo 182. Configuración y seguimiento de la asociación para la innovación por parte del órgano de contratación.

El órgano de contratación velará por que la estructura de la asociación y, en particular, la duración y el valor de las diferentes fases reflejen el grado de innovación de la solución propuesta y la secuencia de las actividades de investigación y de innovación necesarias para el desarrollo de una solución innovadora aún no disponible en el mercado. El valor estimado de los suministros, servicios u obras no será desproporcionado con respecto a la inversión necesaria para su desarrollo.

Subsección 7.ª Normas especiales aplicables a los concursos de proyectos

Artículo 183. Ámbito de aplicación.

1. Son concursos de proyectos los procedimientos encaminados a la obtención de planos o proyectos, principalmente en los campos de la arquitectura, el urbanismo, la ingeniería y el procesamiento de datos, a través de una selección que, tras la correspondiente licitación, se encomienda a un jurado.

2. Las normas de la presente sección se aplicarán a los concursos de proyectos que respondan a uno de los tipos siguientes:

a) Concursos de proyectos organizados en el marco de un procedimiento de adjudicación de un contrato de servicios, en los que eventualmente se podrán conceder premios o pagos.

El contrato de servicios que resulte del concurso de proyectos además también podrá tener por objeto la dirección facultativa de las obras correspondientes, siempre y cuando así se indique en el anuncio de licitación del concurso.

b) Concursos de proyectos con premios o pagos a los participantes.

3. Cuando el objeto del contrato de servicios que se vaya a adjudicar se refiera a la redacción de proyectos arquitectónicos, de ingeniería y urbanismo que revistan especial complejidad y, cuando se contraten conjuntamente con la redacción de los proyectos anteriores, a los trabajos complementarios y a la dirección de las obras, los órganos de contratación deberán aplicar las normas de esta sección.

4. Se consideran sujetos a regulación armonizada los concursos de proyectos cuyo valor estimado sea igual o superior a los umbrales fijados en las letras a) y b) del apartado 1 del artículo 22 en función del órgano que efectúe la convocatoria.

El valor estimado de los concursos de proyectos se calculará aplicando las siguientes reglas a los supuestos previstos en el apartado 2 de este artículo: en el caso de la letra a), se tendrá en cuenta el valor estimado del contrato de servicios y los eventuales premios o pagos a los participantes; en el caso previsto en la letra b), se tendrá en cuenta el importe total de los premios y pagos, e incluyendo el valor estimado del contrato de servicios que pudiera adjudicarse ulteriormente con arreglo a la letra d) del artículo 168, si el órgano de contratación hubiere advertido en el anuncio de licitación de su intención de adjudicar dicho contrato.

Artículo 184. Bases del concurso.

1. Las normas relativas a la organización de un concurso de proyectos se establecerán de conformidad con lo regulado en la presente Subsección y se pondrán a disposición de quienes estén interesados en participar en el mismo.

2. En el caso de que se admitieran premios o pagos, las bases del concurso deberán indicar, según el caso, la cantidad fija que se abonará en concepto de premios o bien en concepto de compensación por los gastos en que hubieren incurrido los participantes.

3. En los concursos de proyectos, la valoración de las propuestas se referirá a la calidad de las mismas, y sus valores técnicos, funcionales, arquitectónicos, culturales y medioambientales.

Artículo 185. Participantes.

1. El órgano de contratación podrá limitar el número de participantes en el concurso de proyectos. Cuando este fuera el caso, el concurso constará de dos fases: en la primera el órgano de contratación seleccionará a los participantes de entre los candidatos que hubieren presentado solicitud de participación, mediante la aplicación de los criterios a que se refiere el apartado siguiente; y en la segunda el órgano de contratación invitará simultáneamente y por escrito a los candidatos seleccionados para que

presenten sus propuestas de proyectos ante el órgano de contratación en el plazo que proceda conforme a lo señalado en el artículo 136.

2. En caso de que se decida limitar el número de participantes, la selección de estos deberá efectuarse aplicando criterios objetivos, claros y no discriminatorios, que deberán figurar en las bases del concurso y en el anuncio de licitación, sin que el acceso a la participación pueda limitarse a un determinado ámbito territorial, o a personas físicas con exclusión de las jurídicas o a la inversa. En cualquier caso, al fijar el número de candidatos invitados a participar, deberá tenerse en cuenta la necesidad de garantizar una competencia real.

3. La segunda fase a que se refiere el apartado 1 de este artículo podrá realizarse en dos sub-fases sucesivas, a fin de reducir el número de concursantes.

En la primera sub-fase se invitará simultáneamente y por escrito a los candidatos seleccionados para que presenten una idea concisa acerca del objeto del concurso ante el órgano de contratación en el plazo que proceda de conformidad con lo dispuesto en el artículo 136, debiendo estas ser valoradas por el Jurado con arreglo a los criterios de adjudicación previamente establecidos de acuerdo con lo indicado en el apartado anterior.

En una segunda sub-fase los participantes seleccionados serán invitados, también simultáneamente y por escrito, para que presenten sus propuestas de proyectos en desarrollo de la idea inicial en el plazo que proceda de acuerdo con lo indicado en el artículo 136, debiendo ser valorados por el Jurado de conformidad con los criterios de adjudicación que se hubieren establecido previamente.

En cualquier caso el número de candidatos invitados deberá ser suficiente para garantizar una competencia real. El número mínimo de candidatos será de tres.

En todo caso los participantes en el concurso de proyectos cuyas ideas hubieran resultado seleccionadas y, por lo tanto, hubieren superado la primera sub-fase, tendrán derecho a percibir la compensación económica por los gastos en que hubieran incurrido, a que se refiere el apartado 2 del artículo anterior.

En los pliegos, el órgano de contratación indicará si va a hacer uso de esta opción.

4. En el caso de que el órgano de contratación se proponga adjudicar un contrato de servicios ulterior a un concurso de proyectos, mediante un procedimiento negociado sin publicidad, y deba adjudicarse, con arreglo a las normas previstas en el concurso de proyectos, al ganador o a uno de los ganadores del concurso de proyectos, en este último caso, todos los ganadores del concurso deberán ser invitados a participar en las negociaciones.

Artículo 186. Publicidad.

1. La licitación del concurso de proyectos se publicará en la forma prevista en el artículo 135 y en las demás disposiciones de esta Ley que resulten de aplicación.

2. Cuando el órgano de contratación se proponga adjudicar un contrato de servicios ulterior mediante un procedimiento negociado sin publicidad, deberá indicarlo en el anuncio de licitación del concurso.

3. Los resultados del concurso se publicarán en la forma prevista en el artículo 154. No obstante, el órgano de contratación podrá no publicar la información relativa al resultado del concurso de proyectos cuando prevea que su divulgación dificultaría la aplicación de la ley, sería contraria al interés público, perjudique los intereses comerciales legítimos de empresas públicas o privadas, o podría perjudicar la competencia leal entre proveedores de servicios.

Artículo 187. Jurado y decisión del concurso.

1. Una vez finalizado el plazo de presentación de las propuestas de proyectos, se constituirá un jurado cuyos miembros serán designados de conformidad con lo establecido en las bases del concurso.

En los concursos de proyectos no habrá intervención de la mesa de contratación. Todas aquellas funciones administrativas o de otra índole no atribuidas específicamente al Jurado serán realizadas por los servicios dependientes del órgano de contratación.

2. El jurado estará compuesto por personas físicas independientes de los participantes en el concurso de proyectos.

3. Cuando se exija una cualificación profesional específica para participar en un concurso de proyectos, al menos dos tercios de los miembros del jurado deberán poseer dicha cualificación u otra equivalente.

4. El jurado adoptará sus decisiones o dictámenes con total autonomía e independencia, sobre la base de proyectos que le serán presentados de forma anónima, y atendiendo únicamente a los criterios indicados en el anuncio de licitación del concurso.

A estos efectos se entenderá por proyectos presentados de forma anónima aquellos en los que no solo no figure el nombre de su autor, sino que además no contengan datos o indicios de cualquier tipo que permitan conocer indirectamente la identidad del autor o autores del mismo.

5. El jurado hará constar en un informe, firmado por sus miembros, la clasificación de los proyectos, teniendo en cuenta los méritos de cada proyecto, junto con sus observaciones y cualesquiera aspectos que requieran aclaración, del que se dará traslado al órgano de contratación.

6. Deberá respetarse el anonimato hasta que el jurado emita su dictamen o decisión.

7. De ser necesario, podrá invitarse a los participantes a que respondan a preguntas que el jurado haya incluido en el acta para aclarar cualquier aspecto de los proyectos, debiendo levantarse un acta completa del diálogo entre los miembros del jurado y los participantes.

8. Una vez que el jurado hubiere adoptado una decisión, dará traslado de la misma al órgano de contratación para que este proceda a la adjudicación del concurso de proyectos al participante indicado por el primero.

9. Los premios y los pagos que, en su caso, se hubieren establecido en las bases del concurso, se abonarán de conformidad con lo establecido en el artículo 198, contándose los plazos fijados en él a partir de que la adjudicación sea notificada.

A tales efectos, en el expediente de gasto se acreditará la cobertura financiera necesaria para poder hacer frente a dichos premios o pagos.

10. En lo no previsto por esta Subsección el concurso de los proyectos se regirá por las normas del procedimiento restringido en caso de que se limite el número de participantes, y en caso contrario del procedimiento abierto, en todo aquello en que no resulten incompatibles y, también, por las disposiciones reguladoras de la contratación de servicios.

11. Las normas relativas a los concursos de proyectos previstas en esta subsección serán objeto de desarrollo reglamentario.

Sección 3.ª De los efectos, cumplimiento y extinción de los contratos administrativos

Subsección 1.ª Efectos de los contratos

Artículo 188. Régimen jurídico.

Los efectos de los contratos administrativos se regirán por las normas a que hace referencia el apartado 2 del artículo 25 y por los pliegos de cláusulas administrativas y de prescripciones técnicas, generales y particulares, o documento descriptivo que sustituya a éstos.

Artículo 189. Vinculación al contenido contractual.

Los contratos deberán cumplirse a tenor de sus cláusulas, sin perjuicio de las prerrogativas establecidas por la legislación en favor de las Administraciones Públicas.

Artículo 190. Enumeración.

Dentro de los límites y con sujeción a los requisitos y efectos señalados en la presente Ley, el órgano de contratación ostenta la prerrogativa de interpretar los contratos administrativos, resolver las dudas que ofrezca su cumplimiento, modificarlos por razones de interés público, declarar la responsabilidad imputable al contratista a raíz de la ejecución del contrato, suspender la ejecución del mismo, acordar su resolución y determinar los efectos de esta.

Igualmente, el órgano de contratación ostenta las facultades de inspección de las actividades desarrolladas por los contratistas durante la ejecución del contrato, en los términos y con los límites establecidos en la presente Ley para cada tipo de contrato. En ningún caso dichas facultades de inspección podrán implicar un derecho general del órgano de contratación a inspeccionar las instalaciones, oficinas y demás emplazamientos en los que el contratista desarrolle sus actividades, salvo que tales emplazamientos y sus condiciones técnicas sean determinantes para el desarrollo de las prestaciones objeto del contrato. En tal caso, el órgano de contratación deberá justificarlo de forma expresa y detallada en el expediente administrativo.

Artículo 191. Procedimiento de ejercicio.

1. En los procedimientos que se instruyan para la adopción de acuerdos relativos a las prerrogativas establecidas en el artículo anterior, deberá darse audiencia al contratista.

2. En la Administración General del Estado, sus Organismos Autónomos, Entidades Gestoras y Servicios Comunes de la Seguridad Social y demás Administraciones Públicas integrantes del sector público estatal, los acuerdos a que se refiere el apartado anterior deberán ser adoptados previo informe del Servicio Jurídico correspondiente, salvo en los casos previstos en los artículos 109 y 195.

3. No obstante lo anterior, será preceptivo el dictamen del Consejo de Estado u órgano consultivo equivalente de la Comunidad Autónoma respectiva en los casos y respecto de los contratos que se indican a continuación:

a) La interpretación, nulidad y resolución de los contratos, cuando se formule oposición por parte del contratista.

b) Las modificaciones de los contratos cuando no estuvieran previstas en el pliego de cláusulas administrativas particulares y su cuantía, aislada o conjuntamente, sea superior a un 20 por ciento del precio inicial del contrato, IVA excluido, y su precio sea igual o superior a 6.000.000 de euros.

c) Las reclamaciones dirigidas a la Administración con fundamento en la responsabilidad contractual en que esta pudiera haber incurrido, en los casos en que las indemnizaciones reclamadas sean de cuantía igual o superior a 50.000 euros. Esta cuantía se podrá rebajar por la normativa de la correspondiente Comunidad Autónoma.

4. Los acuerdos que adopte el órgano de contratación pondrán fin a la vía administrativa y serán inmediatamente ejecutivos.

Subsección 3.ª Ejecución de los contratos

Artículo 192. Incumplimiento parcial o cumplimiento defectuoso.

1. Los pliegos o el documento descriptivo podrán prever penalidades para el caso de cumplimiento defectuoso de la prestación objeto del mismo o para el supuesto de incumplimiento de los compromisos o de las condiciones especiales de ejecución del contrato que se hubiesen establecido conforme al apartado 2 del artículo 76 y al apartado 1 del artículo 202. Estas penalidades deberán ser proporcionales a la gravedad del incumplimiento y las cuantías de cada una de ellas no podrán ser superiores al 10 por ciento del precio del contrato, IVA excluido, ni el total de las mismas superar el 50 por cien del precio del contrato.

2. Cuando el contratista, por causas imputables al mismo, hubiere incumplido parcialmente la ejecución de las prestaciones definidas en el contrato, la Administración podrá optar, atendidas las circunstancias del caso, por su resolución o por la imposición de las penalidades que, para tales supuestos, se determinen en el pliego de cláusulas administrativas particulares o en el documento descriptivo.

3. Los pliegos reguladores de los acuerdos marco podrán prever las penalidades establecidas en el presente artículo en relación con las obligaciones derivadas del acuerdo marco y de los contratos en él basados.

Artículo 193. Demora en la ejecución.

1. El contratista está obligado a cumplir el contrato dentro del plazo total fijado para la realización del mismo, así como de los plazos parciales señalados para su ejecución sucesiva.

2. La constitución en mora del contratista no precisará intimación previa por parte de la Administración.

3. Cuando el contratista, por causas imputables al mismo, hubiere incurrido en demora respecto al cumplimiento del plazo total, la Administración podrá optar, atendidas las circunstancias del caso, por la resolución del contrato o por la imposición de las penalidades diarias en la proporción de 0,60 euros por cada 1.000 euros del precio del contrato, IVA excluido.

El órgano de contratación podrá acordar la inclusión en el pliego de cláusulas administrativas particulares de unas penalidades distintas a las enumeradas en el párrafo anterior cuando, atendiendo a las especiales características del contrato, se considere necesario para su correcta ejecución y así se justifique en el expediente.

4. Cada vez que las penalidades por demora alcancen un múltiplo del 5 por 100 del precio del contrato, IVA excluido, el órgano de contratación estará facultado para proceder a la resolución del mismo o acordar la continuidad de su ejecución con imposición de nuevas penalidades.

5. La Administración tendrá las mismas facultades a que se refieren los apartados anteriores respecto al incumplimiento por parte del contratista de los plazos parciales, cuando se hubiese previsto en el pliego de cláusulas administrativas particulares o cuando la demora en el cumplimiento de aquellos haga presumir razonablemente la imposibilidad de cumplir el plazo total.

Artículo 194. Daños y perjuicios e imposición de penalidades.

1. En los supuestos de incumplimiento parcial o cumplimiento defectuoso o de demora en la ejecución en que no esté prevista penalidad o en que estándolo la misma no cubriera los daños causados a la Administración, esta exigirá al contratista la indemnización por daños y perjuicios.

2. Las penalidades previstas en los dos artículos anteriores se impondrán por acuerdo del órgano de contratación, adoptado a propuesta del responsable del contrato si se hubiese designado, que será inmediatamente ejecutivo, y se harán efectivas mediante deducción de las cantidades que, en concepto de pago total o parcial, deban abonarse al contratista o sobre la garantía que, en su caso, se hubiese constituido, cuando no puedan deducirse de los mencionados pagos.

Artículo 195. Resolución por demora y ampliación del plazo de ejecución de los contratos.

1. En el supuesto a que se refiere el artículo 193, si la Administración optase por la resolución esta deberá acordarse por el órgano de contratación o por aquel que tenga atribuida esta competencia en las

Comunidades Autónomas, sin otro trámite preceptivo que la audiencia del contratista y, cuando se formule oposición por parte de este, el dictamen del Consejo de Estado u órgano consultivo equivalente de la Comunidad Autónoma respectiva.

2. Si el retraso fuese producido por motivos no imputables al contratista y este ofreciera cumplir sus compromisos si se le amplía el plazo inicial de ejecución, el órgano de contratación se lo concederá dándosele un plazo que será, por lo menos, igual al tiempo perdido, a no ser que el contratista pidiese otro menor. El responsable del contrato emitirá un informe donde se determine si el retraso fue producido por motivos imputables al contratista.

Artículo 196. Indemnización de daños y perjuicios causados a terceros.

1. Será obligación del contratista indemnizar todos los daños y perjuicios que se causen a terceros como consecuencia de las operaciones que requiera la ejecución del contrato.

2. Cuando tales daños y perjuicios hayan sido ocasionados como consecuencia inmediata y directa de una orden de la Administración, será esta responsable dentro de los límites señalados en las leyes. También será la Administración responsable de los daños que se causen a terceros como consecuencia de los vicios del proyecto en el contrato de obras, sin perjuicio de la posibilidad de repetir contra el redactor del proyecto de acuerdo con lo establecido en el artículo 315, o en el contrato de suministro de fabricación.

3. Los terceros podrán requerir previamente, dentro del año siguiente a la producción del hecho, al órgano de contratación para que este, oído el contratista, informe sobre a cuál de las partes contratantes corresponde la responsabilidad de los daños. El ejercicio de esta facultad interrumpe el plazo de prescripción de la acción.

4. La reclamación de aquellos se formulará, en todo caso, conforme al procedimiento establecido en la legislación aplicable a cada supuesto.

Artículo 197. Principio de riesgo y ventura.

La ejecución del contrato se realizará a riesgo y ventura del contratista, sin perjuicio de lo establecido para el contrato de obras en el artículo 239.

Artículo 198. Pago del precio.

1. El contratista tendrá derecho al abono del precio convenido por la prestación realizada en los términos establecidos en esta Ley y en el contrato.

En el supuesto de los contratos basados en un acuerdo marco y de los contratos específicos derivados de un sistema dinámico de contratación, el pago del precio se podrá hacer por el peticionario.

2. El pago del precio podrá hacerse de manera total o parcial, mediante abonos a cuenta o, en el caso de contratos de tracto sucesivo, mediante pago en cada uno de los vencimientos que se hubiesen estipulado.

En los casos en que el importe acumulado de los abonos a cuenta sea igual o superior con motivo del siguiente pago al 90 por ciento del precio del contrato incluidas, en su caso, las modificaciones aprobadas, al expediente de pago que se tramite habrá de acompañarse, cuando resulte preceptiva, la comunicación efectuada a la Intervención correspondiente para su eventual asistencia a la recepción en el ejercicio de sus funciones de comprobación material de la inversión.

3. El contratista tendrá también derecho a percibir abonos a cuenta por el importe de las operaciones preparatorias de la ejecución del contrato y que estén comprendidas en el objeto del mismo, en las condiciones señaladas en los respectivos pliegos, debiéndose asegurar los referidos pagos mediante la prestación de garantía.

4. La Administración tendrá la obligación de abonar el precio dentro de los treinta días siguientes a la fecha de aprobación de las certificaciones de obra o de los documentos que acrediten la conformidad con lo dispuesto en el contrato de los bienes entregados o servicios prestados, sin perjuicio de lo establecido en el apartado 4 del artículo 210, y si se demorase, deberá abonar al contratista, a partir del cumplimiento de dicho plazo de treinta días los intereses de demora y la indemnización por los costes de cobro en los términos previstos en la Ley 3/2004, de 29 de diciembre, por la que se establecen medidas de lucha contra la morosidad en las operaciones comerciales. Para que haya lugar al inicio del cómputo de plazo para el devengo de intereses, el contratista deberá haber cumplido la obligación de presentar la factura ante el registro administrativo correspondiente en los términos establecidos en la normativa vigente sobre factura electrónica, en tiempo y forma, en el plazo de treinta días desde la fecha de entrega efectiva de las mercancías o la prestación del servicio.

Sin perjuicio de lo establecido en el apartado 4 del artículo 210 y en el apartado 1 del artículo 243, la Administración deberá aprobar las certificaciones de obra o los documentos que acrediten la conformidad con lo dispuesto en el contrato de los bienes entregados o servicios prestados dentro de los treinta días siguientes a la entrega efectiva de los bienes o prestación del servicio.

En todo caso, si el contratista incumpliera el plazo de treinta días para presentar la factura ante el registro administrativo correspondiente en los términos establecidos en la normativa vigente sobre factura electrónica, el devengo de intereses no se iniciará hasta transcurridos treinta días desde la fecha de la correcta presentación de la factura, sin que la Administración haya aprobado la conformidad, si procede, y efectuado el correspondiente abono.

5. Si la demora en el pago fuese superior a cuatro meses, el contratista podrá proceder, en su caso, a la suspensión del cumplimiento del contrato, debiendo comunicar a la Administración, con un mes de antelación, tal circunstancia, a efectos del reconocimiento de los derechos que puedan derivarse de dicha suspensión, en los términos establecidos en esta Ley.

6. Si la demora de la Administración fuese superior a seis meses, el contratista tendrá derecho, asimismo, a resolver el contrato y al resarcimiento de los perjuicios que como consecuencia de ello se le originen.

7. Sin perjuicio de lo establecido en las normas tributarias y de la Seguridad Social, los abonos a cuenta que procedan por la ejecución del contrato, solo podrán ser embargados en los siguientes supuestos:

a) Para el pago de los salarios devengados por el personal del contratista en la ejecución del contrato y de las cuotas sociales derivadas de los mismos.

b) Para el pago de las obligaciones contraídas por el contratista con los subcontratistas y suministradores referidas a la ejecución del contrato.

8. Las Comunidades Autónomas podrán reducir los plazos de treinta días, cuatro meses y seis meses establecidos en los apartados 4, 5 y 6 de este artículo.

Artículo 199. Procedimiento para hacer efectivas las deudas de las Administraciones Públicas.

Transcurrido el plazo a que se refiere el apartado 4 del artículo 198 de esta Ley, los contratistas podrán reclamar por escrito a la Administración contratante el cumplimiento de la obligación de pago y, en su caso, de los intereses de demora. Si, transcurrido el plazo de un mes, la Administración no hubiera contestado, se entenderá reconocido el vencimiento del plazo de pago y los interesados podrán formular recurso contencioso-administrativo contra la inactividad de la Administración, pudiendo solicitar como medida cautelar el pago inmediato de la deuda. El órgano judicial adoptará la medida cautelar, salvo que la Administración acredite que no concurren las circunstancias que justifican el pago o que la cuantía reclamada no corresponde a la que es exigible, en cuyo caso la medida cautelar se limitará a esta última. La sentencia condenará en costas a la Administración demandada en el caso de estimación total de la pretensión de cobro.

Artículo 200. Transmisión de los derechos de cobro.

1. Los contratistas que tengan derecho de cobro frente a la Administración, podrán ceder el mismo conforme a derecho.

2. Para que la cesión del derecho de cobro sea efectiva frente a la Administración, será requisito imprescindible la notificación fehaciente a la misma del acuerdo de cesión.

3. La eficacia de las segundas y sucesivas cesiones de los derechos de cobro cedidos por el contratista quedará condicionada al cumplimiento de lo dispuesto en el número anterior.

4. Una vez que la Administración tenga conocimiento del acuerdo de cesión, el mandamiento de pago habrá de ser expedido a favor del cesionario. Antes de que la cesión se ponga en conocimiento de la Administración, los mandamientos de pago a nombre del contratista o del cedente surtirán efectos liberatorios.

5. Las cesiones anteriores al nacimiento de la relación jurídica de la que deriva el derecho de cobro no producirán efectos frente a la Administración. En todo caso, la Administración podrá oponer frente al cesionario todas las excepciones causales derivadas de la relación contractual.

Artículo 201. Obligaciones en materia medioambiental, social o laboral.

Los órganos de contratación tomarán las medidas pertinentes para garantizar que en la ejecución de los contratos los contratistas cumplen las obligaciones aplicables en materia medioambiental, social o laboral establecidas en el derecho de la Unión Europea, el derecho nacional, los convenios colectivos o por las disposiciones de derecho internacional medioambiental, social y laboral que vinculen al Estado y en particular las establecidas en el anexo V.

Lo indicado en el párrafo anterior se establece sin perjuicio de la potestad de los órganos de contratación de tomar las oportunas medidas para comprobar, durante el procedimiento de licitación, que los candidatos y licitadores cumplen las obligaciones a que se refiere el citado párrafo.

El incumplimiento de las obligaciones referidas en el primer párrafo y, en especial, los incumplimientos o los retrasos reiterados en el pago de los salarios o la aplicación de condiciones salariales inferiores a las derivadas de los convenios colectivos que sea grave y dolosa, dará lugar a la imposición de las penalidades a que se refiere el artículo 192.

Artículo 202. Condiciones especiales de ejecución del contrato de carácter social, ético, medioambiental o de otro orden.

1. Los órganos de contratación podrán establecer condiciones especiales en relación con la ejecución del contrato, siempre que estén vinculadas al objeto del contrato, en el sentido del artículo 145, no sean directa o indirectamente discriminatorias, sean compatibles con el derecho comunitario y se indiquen en el anuncio de licitación y en los pliegos.

En todo caso, será obligatorio el establecimiento en el pliego de cláusulas administrativas particulares de al menos una de las condiciones especiales de ejecución de entre las que enumera el apartado siguiente.

2. Estas condiciones de ejecución podrán referirse, en especial, a consideraciones económicas, relacionadas con la innovación, de tipo medioambiental o de tipo social.

En particular, se podrán establecer, entre otras, consideraciones de tipo medioambiental que persigan: la reducción de las emisiones de gases de efecto invernadero, contribuyéndose así a dar cumplimiento al objetivo que establece el artículo 88 de la Ley 2/2011, de 4 de marzo, de Economía Sostenible; el mantenimiento o mejora de los valores medioambientales que puedan verse afectados por la ejecución del contrato; una gestión más sostenible del agua; el fomento del uso de las energías renovables; la promoción del reciclado de productos y el uso de envases reutilizables; o el impulso de la entrega de productos a granel y la producción ecológica.

Las consideraciones de tipo social o relativas al empleo, podrán introducirse, entre otras, con alguna de las siguientes finalidades: hacer efectivos los derechos reconocidos en la Convención de las Naciones Unidas sobre los derechos de las personas con discapacidad; contratar un número de personas con discapacidad superior al que exige la legislación nacional; promover el empleo de personas con especiales dificultades de inserción en el mercado laboral, en particular de las personas con discapacidad o en situación o riesgo de exclusión social a través de Empresas de Inserción; eliminar las desigualdades entre el hombre y la mujer en dicho mercado, favoreciendo la aplicación de medidas que fomenten la igualdad entre mujeres y hombres en el trabajo; favorecer la mayor participación de la mujer en el mercado laboral y la conciliación del trabajo y la vida familiar; combatir el paro, en particular el juvenil, el que afecta a las mujeres y el de larga duración; favorecer la formación en el lugar de trabajo; garantizar la seguridad y la protección de la salud en el lugar de trabajo y el cumplimiento de los convenios colectivos sectoriales y territoriales aplicables; medidas para prevenir la siniestralidad laboral; otras finalidades que se establezcan con referencia a la estrategia coordinada para el empleo, definida en el artículo 145 del Tratado de Funcionamiento de la Unión Europea; o garantizar el respeto a los derechos laborales básicos a lo largo de la cadena de producción mediante la exigencia del cumplimiento de las Convenciones fundamentales de la Organización Internacional del Trabajo, incluidas aquellas consideraciones que busquen favorecer a los pequeños productores de países en desarrollo, con los que se mantienen relaciones comerciales que les son favorables tales como el pago de un precio mínimo y una prima a los productores o una mayor transparencia y trazabilidad de toda la cadena comercial.

3. Los pliegos podrán establecer penalidades, conforme a lo previsto en el apartado 1 del artículo 192, para el caso de incumplimiento de estas condiciones especiales de ejecución, o atribuirles el carácter de obligaciones contractuales esenciales a los efectos señalados en la letra f) del artículo 211. Cuando el incumplimiento de estas condiciones no se tipifique como causa de resolución del contrato, el mismo podrá ser considerado en los pliegos, en los términos que se establezcan reglamentariamente, como infracción grave a los efectos establecidos en la letra c) del apartado 2 del artículo 71.

4. Todas las condiciones especiales de ejecución que formen parte del contrato serán exigidas igualmente a todos los subcontratistas que participen de la ejecución del mismo.

Subsección 4.ª Modificación de los contratos

Artículo 203. Potestad de modificación del contrato.

1. Sin perjuicio de los supuestos previstos en esta Ley respecto a la sucesión en la persona del contratista, cesión del contrato, revisión de precios y ampliación del plazo de ejecución, los contratos administrativos solo podrán ser modificados por razones de interés público en los casos y en la forma previstos en esta Subsección, y de acuerdo con el procedimiento regulado en el artículo 191, con las particularidades previstas en el artículo 207.

2. Los contratos administrativos celebrados por los órganos de contratación solo podrán modificarse durante su vigencia cuando se dé alguno de los siguientes supuestos:

a) Cuando así se haya previsto en el pliego de cláusulas administrativas particulares, en los términos y condiciones establecidos en el artículo 204;

b) Excepcionalmente, cuando sea necesario realizar una modificación que no esté prevista en el pliego de cláusulas administrativas particulares, siempre y cuando se cumplan las condiciones que establece el artículo 205.

En cualesquiera otros supuestos, si fuese necesario que un contrato en vigor se ejecutase en forma distinta a la pactada, deberá procederse a su resolución y a la celebración de otro bajo las condiciones pertinentes, en su caso previa convocatoria y sustanciación de una nueva licitación pública de conformidad con lo establecido en esta Ley, sin perjuicio de lo dispuesto en el apartado 6 del artículo 213 respecto de la obligación del contratista de adoptar medidas que resulten necesarias por razones de seguridad, servicio público o posible ruina.

3. Las modificaciones del contrato deberán formalizarse conforme a lo dispuesto en el artículo 153, y deberán publicarse de acuerdo con lo establecido en los artículos 207 y 63.

Artículo 204. Modificaciones previstas en el pliego de cláusulas administrativas particulares.

1. Los contratos de las Administraciones Públicas podrán modificarse durante su vigencia hasta un máximo del veinte por ciento del precio inicial cuando en los pliegos de cláusulas administrativas particulares se hubiere advertido expresamente de esta posibilidad, en la forma y con el contenido siguientes:

a) La cláusula de modificación deberá estar formulada de forma clara, precisa e inequívoca.

b) Asimismo, en lo que respecta a su contenido, la cláusula de modificación deberá precisar con el detalle suficiente: su alcance, límites y naturaleza; las condiciones en que podrá hacerse uso de la misma por referencia a circunstancias cuya concurrencia pueda verificarse de forma objetiva; y el procedimiento que haya de seguirse para realizar la modificación. La cláusula de modificación establecerá, asimismo, que la modificación no podrá suponer el establecimiento de nuevos precios unitarios no previstos en el contrato.

La formulación y contenido de la cláusula de modificación deberá ser tal que en todo caso permita a los candidatos y licitadores comprender su alcance exacto e interpretarla de la misma forma y que, por otra parte, permita al órgano de contratación comprobar efectivamente el cumplimiento por parte de los primeros de las condiciones de aptitud exigidas y valorar correctamente las ofertas presentadas por estos.

2. En ningún caso los órganos de contratación podrán prever en el pliego de cláusulas administrativas particulares modificaciones que puedan alterar la naturaleza global del contrato inicial. En todo caso, se entenderá que se altera esta si se sustituyen las obras, los suministros o los servicios que se van a adquirir por otros diferentes o se modifica el tipo de contrato. No se entenderá que se altera la naturaleza global del contrato cuando se sustituya alguna unidad de obra, suministro o servicio puntual.

Artículo 205. Modificaciones no previstas en el pliego de cláusulas administrativas particulares: prestaciones adicionales, circunstancias imprevisibles y modificaciones no sustanciales.

1. Las modificaciones no previstas en el pliego de cláusulas administrativas particulares o que, habiendo sido previstas, no se ajusten a lo establecido en el artículo anterior, solo podrán realizarse cuando la modificación en cuestión cumpla los siguientes requisitos:

a) Que encuentre su justificación en alguno de los supuestos que se relacionan en el apartado segundo de este artículo.

b) Que se limite a introducir las variaciones estrictamente indispensables para responder a la causa objetiva que la haga necesaria.

2. Los supuestos que eventualmente podrían justificar una modificación no prevista, siempre y cuando esta cumpla todos los requisitos recogidos en el apartado primero de este artículo, son los siguientes:

a) Cuando deviniera necesario añadir obras, suministros o servicios adicionales a los inicialmente contratados, siempre y cuando se den los dos requisitos siguientes:

1.º Que el cambio de contratista no fuera posible por razones de tipo económico o técnico, por ejemplo que obligara al órgano de contratación a adquirir obras, servicios o suministros con características técnicas diferentes a los inicialmente contratados, cuando estas diferencias den lugar a incompatibilidades o a dificultades técnicas de uso o de mantenimiento que resulten desproporcionadas; y, asimismo, que el cambio de contratista generara inconvenientes significativos o un aumento sustancial de costes para el órgano de contratación.

En ningún caso se considerará un inconveniente significativo la necesidad de celebrar una nueva licitación para permitir el cambio de contratista.

2.º Que la modificación del contrato implique una alteración en su cuantía que no exceda, aislada o conjuntamente con otras modificaciones acordadas conforme a este artículo, del 50 por ciento de su precio inicial, IVA excluido.

b) Cuando la necesidad de modificar un contrato vigente se derive de circunstancias sobrevenidas y que fueran imprevisibles en el momento en que tuvo lugar la licitación del contrato, siempre y cuando se cumplan las tres condiciones siguientes:

1.º Que la necesidad de la modificación se derive de circunstancias que una Administración diligente no hubiera podido prever.

2.º Que la modificación no altere la naturaleza global del contrato.

3.º Que la modificación del contrato implique una alteración en su cuantía que no exceda, aislada o conjuntamente con otras modificaciones acordadas conforme a este artículo, del 50 por ciento de su precio inicial, IVA excluido.

c) Cuando las modificaciones no sean sustanciales. En este caso se tendrá que justificar especialmente la necesidad de las mismas, indicando las razones por las que esas prestaciones no se incluyeron en el contrato inicial.

Una modificación de un contrato se considerará sustancial cuando tenga como resultado un contrato de naturaleza materialmente diferente al celebrado en un principio. En cualquier caso, una modificación se considerará sustancial cuando se cumpla una o varias de las condiciones siguientes:

1.º Que la modificación introduzca condiciones que, de haber figurado en el procedimiento de contratación inicial, habrían permitido la selección de candidatos distintos de los seleccionados inicialmente o la aceptación de una oferta distinta a la aceptada inicialmente o habrían atraído a más participantes en el procedimiento de contratación.

En todo caso se considerará que se da el supuesto previsto en el párrafo anterior cuando la obra o el servicio resultantes del proyecto original o del pliego, respectivamente, más la modificación que se pretenda, requieran de una clasificación del contratista diferente a la que, en su caso, se exigió en el procedimiento de licitación original.

2.º Que la modificación altere el equilibrio económico del contrato en beneficio del contratista de una manera que no estaba prevista en el contrato inicial.

En todo caso se considerará que se da el supuesto previsto en el párrafo anterior cuando, como consecuencia de la modificación que se pretenda realizar, se introducirían unidades de obra nuevas cuyo importe representaría más del 50 por ciento del presupuesto inicial del contrato.

3.º Que la modificación amplíe de forma importante el ámbito del contrato.

En todo caso se considerará que se da el supuesto previsto en el párrafo anterior cuando:

(i) El valor de la modificación suponga una alteración en la cuantía del contrato que exceda, aislada o conjuntamente, del 15 por ciento del precio inicial del mismo, IVA excluido, si se trata del contrato de obras o de un 10 por ciento, IVA excluido, cuando se refiera a los demás contratos, o bien que supere el umbral que en función del tipo de contrato resulte de aplicación de entre los señalados en los artículos 20 a 23.

(ii) Las obras, servicios o suministros objeto de modificación se hallen dentro del ámbito de otro contrato, actual o futuro, siempre que se haya iniciado la tramitación del expediente de contratación.

Artículo 206. Obligatoriedad de las modificaciones del contrato.

1. En los supuestos de modificación del contrato recogidas en el artículo 205, las modificaciones acordadas por el órgano de contratación serán obligatorias para los contratistas cuando impliquen, aislada o conjuntamente, una alteración en su cuantía que no exceda del 20 por ciento del precio inicial del contrato, IVA excluido.

2. Cuando de acuerdo con lo dispuesto en el apartado anterior la modificación no resulte obligatoria para el contratista, la misma solo será acordada por el órgano de contratación previa conformidad por escrito del mismo, resolviéndose el contrato, en caso contrario, de conformidad con lo establecido en la letra g) del apartado 1 del artículo 211.

Artículo 207. Especialidades procedimentales.

1. En el caso previsto en el artículo 204 las modificaciones contractuales se acordarán en la forma que se hubiese especificado en los pliegos de cláusulas administrativas particulares.

2. Antes de proceder a la modificación del contrato con arreglo a lo dispuesto en el artículo 205, deberá darse audiencia al redactor del proyecto o de las especificaciones técnicas, si estos se hubiesen preparado por un tercero ajeno al órgano de contratación en virtud de un contrato de servicios, para que, en un plazo no inferior a tres días, formule las consideraciones que tenga por conveniente.

3. Los órganos de contratación que hubieran modificado un contrato que esté sujeto a regulación armonizada, a excepción de los contratos de servicios y de concesión de servicios enumerados en el anexo IV, en los casos previstos en las letras a) y b) del apartado 2 del artículo 205 deberán publicar en el «Diario Oficial de la Unión Europea» el correspondiente anuncio de modificación conforme a lo establecido en esta Ley.

Asimismo los órganos de contratación que hubieren modificado un contrato durante su vigencia, con independencia de si este está o no sujeto a regulación armonizada y de la causa que justifique la modificación, deberán publicar en todo caso un anuncio de modificación en el perfil de contratante del órgano de contratación en el plazo de 5 días desde la aprobación de la misma, que deberá ir acompañado de las alegaciones del contratista y de todos los informes que, en su caso, se hubieran recabado con carácter previo a su aprobación, incluidos aquellos aportados por el adjudicatario o los emitidos por el propio órgano de contratación.

4. Lo dispuesto en este artículo se entiende sin perjuicio de lo establecido en el artículo 191.

Artículo 208. Suspensión de los contratos.

1. Si la Administración acordase la suspensión del contrato o aquella tuviere lugar por la aplicación de lo dispuesto en el artículo 198.5, se extenderá un acta, de oficio o a solicitud del contratista, en la que se consignarán las circunstancias que la han motivado y la situación de hecho en la ejecución de aquel.

2. Acordada la suspensión, la Administración abonará al contratista los daños y perjuicios efectivamente sufridos por este con sujeción a las siguientes reglas:

a) Salvo que el pliego que rija el contrato establezca otra cosa, dicho abono solo comprenderá, siempre que en los puntos 1.º a 4.º se acredite fehacientemente su realidad, efectividad e importe, los siguientes conceptos:

1.º Gastos por mantenimiento de la garantía definitiva.

2.º Indemnizaciones por extinción o suspensión de los contratos de trabajo que el contratista tuviera concertados para la ejecución del contrato al tiempo de iniciarse la suspensión.

3.º Gastos salariales del personal que necesariamente deba quedar adscrito al contrato durante el período de suspensión.

4.º Alquileres o costes de mantenimiento de maquinaria, instalaciones y equipos siempre que el contratista acredite que estos medios no pudieron ser empleados para otros fines distintos de la ejecución del contrato suspendido.

5.º Un 3 por 100 del precio de las prestaciones que debiera haber ejecutado el contratista durante el período de suspensión, conforme a lo previsto en el programa de trabajo o en el propio contrato.

6.º Los gastos correspondientes a las pólizas de seguro suscritas por el contratista previstos en el pliego de cláusulas administrativas vinculados al objeto del contrato.

b) Solo se indemnizarán los períodos de suspensión que estuvieran documentados en la correspondiente acta. El contratista podrá pedir que se extienda dicha acta. Si la Administración no responde a esta solicitud se entenderá, salvo prueba en contrario, que se ha iniciado la suspensión en la fecha señalada por el contratista en su solicitud.

c) El derecho a reclamar prescribe en un año contado desde que el contratista reciba la orden de reanudar la ejecución del contrato.

Artículo 209. Extinción de los contratos.

Los contratos se extinguirán por su cumplimiento o por resolución, acordada de acuerdo con lo regulado en esta Subsección 5.ª

Artículo 210. Cumplimiento de los contratos y recepción de la prestación.

1. El contrato se entenderá cumplido por el contratista cuando este haya realizado, de acuerdo con los términos del mismo y a satisfacción de la Administración, la totalidad de la prestación.

2. En todo caso, su constatación exigirá por parte de la Administración un acto formal y positivo de recepción o conformidad dentro del mes siguiente a la entrega o realización del objeto del contrato, o en el plazo que se determine en el pliego de cláusulas administrativas particulares por razón de sus características. A la Intervención de la Administración correspondiente le será comunicado, cuando ello sea preceptivo, la fecha y lugar del acto, para su eventual asistencia en ejercicio de sus funciones de comprobación de la inversión.

3. En los contratos se fijará un plazo de garantía a contar de la fecha de recepción o conformidad, transcurrido el cual sin objeciones por parte de la Administración, salvo los supuestos en que se establezca otro plazo en esta Ley o en otras normas, quedará extinguida la responsabilidad del contratista. Se exceptúan del plazo de garantía aquellos contratos en que por su naturaleza o características no resulte necesario, lo que deberá justificarse debidamente en el expediente de contratación, consignándolo expresamente en el pliego.

4. Excepto en los contratos de obras, que se regirán por lo dispuesto en el artículo 243, dentro del plazo de treinta días a contar desde la fecha del acta de recepción o conformidad, deberá acordarse en su caso y cuando la naturaleza del contrato lo exija, y ser notificada al contratista la liquidación correspondiente del contrato, y abonársele, en su caso, el saldo resultante. No obstante, si la Administración Pública recibe la factura con posterioridad a la fecha en que tiene lugar dicha recepción, el plazo de treinta días se contará desde su correcta presentación por el contratista en el registro correspondiente en los términos establecidos en la normativa vigente en materia de factura electrónica. Si se produjera demora en el pago del saldo de liquidación, el contratista tendrá derecho a percibir los intereses de demora y la indemnización por los costes de cobro en los términos previstos en la Ley 3/2004, de 29 de diciembre, por la que se establecen medidas de lucha contra la morosidad en las operaciones comerciales.

Artículo 211. Causas de resolución.

1. Son causas de resolución del contrato:

a) La muerte o incapacidad sobrevenida del contratista individual o la extinción de la personalidad jurídica de la sociedad contratista, sin perjuicio de lo previsto en el artículo 98 relativo a la sucesión del contratista.

b) La declaración de concurso o la declaración de insolvencia en cualquier otro procedimiento.

c) El mutuo acuerdo entre la Administración y el contratista.

d) La demora en el cumplimiento de los plazos por parte del contratista.

En todo caso el retraso injustificado sobre el plan de trabajos establecido en el pliego o en el contrato, en cualquier actividad, por un plazo superior a un tercio del plazo de duración inicial del contrato, incluidas las posibles prórrogas.

e) La demora en el pago por parte de la Administración por plazo superior al establecido en el apartado 6 del artículo 198 o el inferior que se hubiese fijado al amparo de su apartado 8.

f) El incumplimiento de la obligación principal del contrato.

Serán, asimismo causas de resolución del contrato, el incumplimiento de las restantes obligaciones esenciales siempre que estas últimas hubiesen sido calificadas como tales en los pliegos o en el correspondiente documento descriptivo, cuando concurran los dos requisitos siguientes:

1.º Que las mismas respeten los límites que el apartado 1 del artículo 34 establece para la libertad de pactos.

2.º Que figuren enumeradas de manera precisa, clara e inequívoca en los pliegos o en el documento descriptivo, no siendo admisibles cláusulas de tipo general.

g) La imposibilidad de ejecutar la prestación en los términos inicialmente pactados, cuando no sea posible modificar el contrato conforme a los artículos 204 y 205; o cuando dándose las circunstancias establecidas en el artículo 205, las modificaciones impliquen, aislada o conjuntamente, alteraciones del precio del mismo, en cuantía superior, en más o en menos, al 20 por ciento del precio inicial del contrato, con exclusión del Impuesto sobre el Valor Añadido.

h) Las que se señalen específicamente para cada categoría de contrato en esta Ley.

i) El impago, durante la ejecución del contrato, de los salarios por parte del contratista a los trabajadores que estuvieran participando en la misma, o el incumplimiento de las condiciones establecidas en los Convenios colectivos en vigor para estos trabajadores también durante la ejecución del contrato.

2. En los casos en que concurran diversas causas de resolución del contrato con diferentes efectos en cuanto a las consecuencias económicas de la extinción, deberá atenderse a la que haya aparecido con prioridad en el tiempo.

Artículo 212. Aplicación de las causas de resolución.

1. La resolución del contrato se acordará por el órgano de contratación, de oficio o a instancia del contratista, en su caso, siguiendo el procedimiento que en las normas de desarrollo de esta Ley se establezca.

No obstante lo anterior, la resolución del contrato por la causa a que se refiere la letra i) del artículo 211.1 solo se acordará, con carácter general, a instancia de los representantes de los trabajadores en la empresa contratista; excepto cuando los trabajadores afectados por el impago de salarios sean trabajadores en los que procediera la subrogación de conformidad con el artículo 130 y el importe de los salarios adeudados por la empresa contratista supere el 5 por ciento del precio de adjudicación del contrato, en cuyo caso la resolución podrá ser acordada directamente por el órgano de contratación de oficio.

2. La declaración de insolvencia en cualquier procedimiento y las modificaciones del contrato en los casos en que no se den las circunstancias establecidas en los artículos 204 y 205, darán siempre lugar a la resolución del contrato.

Serán potestativas para la Administración y para el contratista las restantes modificaciones no previstas en el contrato cuando impliquen, aislada o conjuntamente, una alteración en cuantía que exceda del 20 por ciento del precio inicial del contrato, IVA excluido.

En los restantes casos, la resolución podrá instarse por aquella parte a la que no le sea imputable la circunstancia que diera lugar a la misma.

3. Cuando la causa de resolución sea la muerte o incapacidad sobrevenida del contratista individual la Administración podrá acordar la continuación del contrato con sus herederos o sucesores.

4. La resolución por mutuo acuerdo solo podrá tener lugar cuando no concurra otra causa de resolución que sea imputable al contratista, y siempre que razones de interés público hagan innecesaria o inconveniente la permanencia del contrato.

5. En caso de declaración en concurso la Administración potestativamente continuará el contrato si razones de interés público así lo aconsejan, siempre y cuando el contratista prestare las garantías adicionales suficientes para su ejecución.

En todo caso se entenderá que son garantías suficientes:

a) Una garantía complementaria de al menos un 5 por 100 del precio del contrato, que deberá prestarse en cualquiera de las formas contempladas en el artículo 108.

b) El depósito de una cantidad en concepto de fianza, que se realizará de conformidad con lo establecido en el artículo 108.1, letra a), y que quedará constituida como cláusula penal para el caso de incumplimiento por parte del contratista.

6. En el supuesto de demora a que se refiere la letra d) del apartado primero del artículo anterior, si las penalidades a que diere lugar la demora en el cumplimiento del plazo alcanzasen un múltiplo del 5 por ciento del precio del contrato, IVA excluido, se estará a lo dispuesto en el apartado 4 del artículo 193.

7. El incumplimiento de las obligaciones derivadas del contrato por parte de la Administración originará la resolución de aquel solo en los casos previstos en esta Ley.

8. Los expedientes de resolución contractual deberán ser instruidos y resueltos en el plazo máximo de ocho meses.

Artículo 213. Efectos de la resolución.

1. Cuando la resolución se produzca por mutuo acuerdo, los derechos de las partes se acomodarán a lo válidamente estipulado por ellas.

2. El incumplimiento por parte de la Administración de las obligaciones del contrato determinará para aquella, con carácter general, el pago de los daños y perjuicios que por tal causa se irroguen al contratista.

3. Cuando el contrato se resuelva por incumplimiento culpable del contratista le será incautada la garantía y deberá, además, indemnizar a la Administración los daños y perjuicios ocasionados en lo que excedan del importe de la garantía incautada.

4. Cuando la resolución se acuerde por las causas recogidas en la letra g) del artículo 211, el contratista tendrá derecho a una indemnización del 3 por ciento del importe de la prestación dejada de realizar, salvo que la causa sea imputable al contratista o este rechace la modificación contractual propuesta por la Administración al amparo del artículo 205.

5. En todo caso el acuerdo de resolución contendrá pronunciamiento expreso acerca de la procedencia o no de la pérdida, devolución o cancelación de la garantía que, en su caso, hubiese sido constituida.

6. Al tiempo de incoarse el expediente administrativo de resolución del contrato por las causas establecidas en las letras b), d), f) y g) del apartado 1 del artículo 211, podrá iniciarse el procedimiento para la adjudicación del nuevo contrato, si bien la adjudicación de este quedará condicionada a la terminación del expediente de resolución. Se aplicará la tramitación de urgencia a ambos procedimientos.

Hasta que se formalice el nuevo contrato, el contratista quedará obligado, en la forma y con el alcance que determine el órgano de contratacion, a adoptar las medidas necesarias por razones de seguridad, o indispensables para evitar un grave trastorno al servicio público o la ruina de lo construido o fabricado. A falta de acuerdo, la retribución del contratista se fijará a instancia de este por el órgano de contratación, una vez concluidos los trabajos y tomando como referencia los precios que sirvieron de base para la celebración del contrato. El contratista podrá impugnar esta decisión ante el órgano de contratación que deberá resolver lo que proceda en el plazo de quince días hábiles.

Cuando el contratista no pueda garantizar las medidas indispensables establecidas en el párrafo anterior, la Administración podrá intervenir garantizando la realización de dichas medidas bien con sus propios medios, bien a través de un contrato con un tercero.

Subsección 6.ª Cesión de los contratos y subcontratación

Artículo 214. Cesión de los contratos.

1. Al margen de los supuestos de sucesión del contratista del artículo 98 y sin perjuicio de la subrogación que pudiera producirse a favor del acreedor hipotecario conforme al artículo 274.2 o del adjudicatario en el procedimiento de ejecución hipotecaria en virtud del artículo 275, la modificación subjetiva de los contratos solamente será posible por cesión contractual, cuando obedezca a una opción inequívoca de los pliegos, dentro de los límites establecidos en el párrafo siguiente.

A tales efectos, los pliegos establecerán necesariamente que los derechos y obligaciones dimanantes del contrato podrán ser cedidos por el contratista a un tercero siempre que las cualidades técnicas o personales del cedente no hayan sido razón determinante de la adjudicación del contrato, y de la cesión no resulte una restricción efectiva de la competencia en el mercado. Sin perjuicio de lo establecido en el apartado 2, letra b), no podrá autorizarse la cesión a un tercero cuando esta suponga una alteración sustancial de las características del contratista si estas constituyen un elemento esencial del contrato.

Cuando los pliegos prevean que los licitadores que resulten adjudicatarios constituyan una sociedad específicamente para la ejecución del contrato, establecerán la posibilidad de cesión de las participaciones de esa sociedad; así como el supuesto en que, por implicar un cambio de control sobre el contratista, esa cesión de participaciones deba ser equiparada a una cesión contractual a los efectos de su autorización de acuerdo con lo previsto en el presente artículo. Los pliegos podrán prever mecanismos de control de la cesión de participaciones que no impliquen un cambio de control en supuestos que estén suficientemente justificados.

2. Para que los contratistas puedan ceder sus derechos y obligaciones a terceros, los pliegos deberán contemplar, como mínimo, la exigencia de los siguientes requisitos:

a) Que el órgano de contratación autorice, de forma previa y expresa, la cesión. Dicha autorización se otorgará siempre que se den los requisitos previstos en las letras siguientes. El plazo para la notificación de la resolución sobre la solicitud de autorización será de dos meses, trascurrido el cual deberá entenderse otorgada por silencio administrativo.

b) Que el cedente tenga ejecutado al menos un 20 por 100 del importe del contrato o, cuando se trate de un contrato de concesión de obras o concesión de servicios, que haya efectuado su explotación durante al menos una quinta parte del plazo de duración del contrato. No será de aplicación este requisito si la cesión se produce encontrándose el contratista en concurso aunque se haya abierto la fase de liquidación, o ha puesto en conocimiento del juzgado competente para la declaración del concurso que ha iniciado negociaciones para alcanzar un acuerdo de refinanciación, o para obtener adhesiones a una propuesta anticipada de convenio, en los términos previstos en la legislación concursal.

No obstante lo anterior, el acreedor pignoraticio o el acreedor hipotecario podrá solicitar la cesión en aquellos supuestos en que los contratos de concesión de obras y de concesión de servicios los pliegos prevean, mediante cláusulas claras e inequívocas, la posibilidad de subrogación de un tercero en todos los derechos y obligaciones del concesionario en caso de concurrencia de algún indicio claro y predeterminado de la inviabilidad, presente o futura, de la concesión, con la finalidad de evitar su resolución anticipada.

c) Que el cesionario tenga capacidad para contratar con la Administración y la solvencia que resulte exigible en función de la fase de ejecución del contrato, debiendo estar debidamente clasificado si tal requisito ha sido exigido al cedente, y no estar incurso en una causa de prohibición de contratar.

d) Que la cesión se formalice, entre el adjudicatario y el cesionario, en escritura pública.

3. El cesionario quedará subrogado en todos los derechos y obligaciones que corresponderían al cedente.

Artículo 215. Subcontratación.

1. El contratista podrá concertar con terceros la realización parcial de la prestación con sujeción a lo que dispongan los pliegos, salvo que conforme a lo establecido en las letras d) y e) del apartado 2.º de este artículo, la prestación o parte de la misma haya de ser ejecutada directamente por el primero.

En ningún caso la limitación de la subcontratación podrá suponer que se produzca una restricción efectiva de la competencia, sin perjuicio de lo establecido en la presente Ley respecto a los contratos de carácter secreto o reservado, o aquellos cuya ejecución deba ir acompañada de medidas de seguridad especiales de acuerdo con disposiciones legales o reglamentarias o cuando lo exija la protección de los intereses esenciales de la seguridad del Estado.

2. La celebración de los subcontratos estará sometida al cumplimiento de los siguientes requisitos:

a) Si así se prevé en los pliegos, los licitadores deberán indicar en la oferta la parte del contrato que tengan previsto subcontratar, señalando su importe, y el nombre o el perfil empresarial, definido por referencia a las condiciones de solvencia profesional o técnica, de los subcontratistas a los que se vaya a encomendar su realización.

b) En todo caso, el contratista deberá comunicar por escrito, tras la adjudicación del contrato y, a más tardar, cuando inicie la ejecución de este, al órgano de contratación la intención de celebrar los subcontratos, señalando la parte de la prestación que se pretende subcontratar y la identidad, datos de contacto y representante o representantes legales del subcontratista, y justificando suficientemente la aptitud de este para ejecutarla por referencia a los elementos técnicos y humanos de que dispone y a su experiencia, y acreditando que el mismo no se encuentra incurso en prohibición de contratar de acuerdo con el artículo 71.

El contratista principal deberá notificar por escrito al órgano de contratación cualquier modificación que sufra esta información durante la ejecución del contrato principal, y toda la información necesaria sobre los nuevos subcontratistas.

En el caso que el subcontratista tuviera la clasificación adecuada para realizar la parte del contrato objeto de la subcontratación, la comunicación de esta circunstancia será suficiente para acreditar la aptitud del mismo.

La acreditación de la aptitud del subcontratista podrá realizarse inmediatamente después de la celebración del subcontrato si esta es necesaria para atender a una situación de emergencia o que exija la adopción de medidas urgentes y así se justifica suficientemente.

c) Si los pliegos hubiesen impuesto a los licitadores la obligación de comunicar las circunstancias señaladas en la letra a) del presente apartado, los subcontratos que no se ajusten a lo indicado en la oferta, por celebrarse con empresarios distintos de los indicados nominativamente en la misma o por referirse a partes de la prestación diferentes a las señaladas en ella, no podrán celebrarse hasta que transcurran veinte días desde que se hubiese cursado la notificación y aportado las justificaciones a que se refiere la letra b) de este apartado, salvo que con anterioridad hubiesen sido autorizados expresamente, siempre que la Administración no hubiese notificado dentro de este plazo su oposición a los mismos. Este régimen será igualmente aplicable si los subcontratistas hubiesen sido identificados en la oferta mediante la descripción de su perfil profesional.

Bajo la responsabilidad del contratista, los subcontratos podrán concluirse sin necesidad de dejar transcurrir el plazo de veinte días si su celebración es necesaria para atender a una situación de emergencia o que exija la adopción de medidas urgentes y así se justifica suficientemente.

d) En los contratos de carácter secreto o reservado, o en aquellos cuya ejecución deba ir acompañada de medidas de seguridad especiales de acuerdo con disposiciones legales o reglamentarias o cuando lo exija la protección de los intereses esenciales de la seguridad del Estado, la subcontratación requerirá siempre autorización expresa del órgano de contratación.

e) De conformidad con lo establecido en el apartado 4 del artículo 75, en los contratos de obras, los contratos de servicios o los servicios o trabajos de colocación o instalación en el contexto de un contrato de suministro, los órganos de contratación podrán establecer en los pliegos que determinadas tareas críticas no puedan ser objeto de subcontratación, debiendo ser estas ejecutadas directamente por el contratista principal. La determinación de las tareas críticas deberá ser objeto de justificación en el expediente de contratación.

3. La infracción de las condiciones establecidas en el apartado anterior para proceder a la subcontratación, así como la falta de acreditación de la aptitud del subcontratista o de las circunstancias determinantes de la situación de emergencia o de las que hacen urgente la subcontratación, tendrá, entre otras previstas en esta Ley, y en función de la repercusión en la ejecución del contrato, alguna de las siguientes consecuencias, cuando así se hubiera previsto en los pliegos:

a) La imposición al contratista de una penalidad de hasta un 50 por 100 del importe del subcontrato.

b) La resolución del contrato, siempre y cuando se cumplan los requisitos establecidos en el segundo párrafo de la letra f) del apartado 1 del artículo 211.

4. Los subcontratistas quedarán obligados solo ante el contratista principal que asumirá, por tanto, la total responsabilidad de la ejecución del contrato frente a la Administración, con arreglo estricto a los pliegos de cláusulas administrativas particulares o documento descriptivo, y a los términos del contrato, incluido el cumplimiento de las obligaciones en materia medioambiental, social o laboral a que se refiere el artículo 201.

El conocimiento que tenga la Administración de los subcontratos celebrados en virtud de las comunicaciones a que se refieren las letras b) y c) del apartado 2 de este artículo, o la autorización que otorgue en el supuesto previsto en la letra d) de dicho apartado, no alterarán la responsabilidad exclusiva del contratista principal.

5. En ningún caso podrá concertarse por el contratista la ejecución parcial del contrato con personas inhabilitadas para contratar de acuerdo con el ordenamiento jurídico o comprendidas en alguno de los supuestos del artículo 71.

6. El contratista deberá informar a los representantes de los trabajadores de la subcontratación, de acuerdo con la legislación laboral.

7. Los subcontratos y los contratos de suministro a que se refieren los artículos 215 a 217 tendrán en todo caso naturaleza privada.

8. Sin perjuicio de lo establecido en la disposición adicional quincuagésima primera los subcontratistas no tendrán acción directa frente a la Administración contratante por las obligaciones contraídas con ellos por el contratista como consecuencia de la ejecución del contrato principal y de los subcontratos.

Artículo 216. Pagos a subcontratistas y suministradores.

1. El contratista está obligado a abonar a los subcontratistas o suministradores el precio pactado en los plazos y condiciones que se indican a continuación.

2. Los plazos fijados no podrán ser más desfavorables que los previstos en la Ley 3/2004, de 29 de diciembre, por la que se establecen medidas de lucha contra la morosidad en las operaciones comerciales, y se computarán desde la fecha en que tiene lugar la aceptación o verificación de los bienes o servicios por el contratista principal, siempre que el subcontratista o el suministrador hayan entregado la factura en los plazos legalmente establecidos.

3. La aceptación deberá efectuarse en un plazo máximo de treinta días desde la entrega de los bienes o la prestación del servicio. Dentro del mismo plazo deberán formularse, en su caso, los motivos de disconformidad a la misma. En el caso de que no se realizase en dicho plazo, se entenderá que se han aceptado los bienes o verificado de conformidad la prestación de los servicios.

4. El contratista deberá abonar las facturas en el plazo fijado de conformidad con lo previsto en el apartado 2. En caso de demora en el pago, el subcontratista o el suministrador tendrá derecho al cobro de los intereses de demora y la indemnización por los costes de cobro en los términos previstos en la Ley 3/2004, de 29 de diciembre, por la que se establecen medidas de lucha contra la morosidad en las operaciones comerciales.

5. Sin perjuicio de lo dispuesto en el art. 69 bis del Reglamento del Impuesto sobre el Valor Añadido, aprobado por Real Decreto 1624/1992, de 29 de diciembre, sobre la remisión electrónica de los registros de facturación, los subcontratistas que se encuentren en los supuestos establecidos en el apartado 1 del artículo 4 de la Ley 25/2013, de 27 de diciembre, de impulso a la factura electrónica y creación del registro contable de facturas del sector público, deberán utilizar en su relación con el contratista principal la factura electrónica, cuando el importe de la misma

supere los 5.000 euros, que deberán presentar al contratista principal a través del Registro a que se refiere el apartado 3 de la disposición adicional trigésima segunda, a partir de la fecha prevista en dicha disposición.

En supuestos distintos de los anteriores, será facultativo para los subcontratistas la utilización de la factura electrónica y su presentación en el Registro referido en el apartado 3 de la disposición adicional trigésima segunda.

La cuantía de 5.000 euros se podrá modificar mediante Orden del Ministro de Hacienda y Función Pública.

6. Los subcontratistas no podrán renunciar válidamente, antes o después de su adquisición, a los derechos que tengan reconocidos por este artículo, sin que sea de aplicación a este respecto el artículo 1110 del Código Civil.

Artículo 217. Comprobación de los pagos a los subcontratistas o suministradores.

1. Las Administraciones Públicas y demás entes públicos contratantes podrán comprobar el estricto cumplimiento de los pagos que los contratistas adjudicatarios de los contratos públicos, calificados como tales en el artículo 12, han de hacer a todos los subcontratistas o suministradores que participen en los mismos.

En tal caso, los contratistas adjudicatarios remitirán al ente público contratante, cuando este lo solicite, relación detallada de aquellos subcontratistas o suministradores que participen en el contrato cuando se perfeccione su participación, junto con aquellas condiciones de subcontratación o suministro de cada uno de ellos que guarden una relación directa con el plazo de pago. Asimismo, deberán aportar a solicitud del ente público contratante justificante de cumplimiento de los pagos a aquellos una vez terminada la prestación dentro de los plazos de pago legalmente establecidos en el artículo 216 y en la Ley 3/2004, de 29 de diciembre, por la que se establecen medidas de lucha contra la morosidad en las operaciones comerciales en lo que le sea de aplicación. Estas obligaciones, que en todo caso se incluirán en los anuncios de licitación y en los correspondientes pliegos de condiciones o en los contratos, se consideran condiciones especiales de ejecución, cuyo incumplimiento, además de las consecuencias previstas por el ordenamiento jurídico, permitirá la imposición de las penalidades que a tal efecto se contengan en los pliegos, respondiendo la garantía definitiva de las penalidades que se impongan por este motivo.

2. Las actuaciones de comprobación y de imposición de penalidades por el incumplimiento previstas en el apartado 1, serán obligatorias para las Administraciones Públicas y demás entes públicos contratantes, en los

contratos de obras y en los contratos de servicios cuyo valor estimado supere los 5 millones de euros y en los que el importe de la subcontratación sea igual o superior al 30 por ciento del precio del contrato, en relación a los pagos a subcontratistas que hayan asumido contractualmente con el contratista principal el compromiso de realizar determinadas partes o unidades de obra.

Mediante Orden del Ministro de Hacienda y Función Pública, a propuesta de la Oficina Independiente de Regulación y Supervisión de la Contratación, previo informe de la Comisión Delegada del Gobierno para Asuntos Económicos, podrá ampliarse el ámbito de los contratos en los que estas actuaciones de comprobación e imposición de penalidades previstas en el apartado 1 sean obligatorias.

CAPÍTULO II Racionalización técnica de la contratación

Sección 1.ª Normas generales

Artículo 218. Sistemas para la racionalización de la contratación de las Administraciones Públicas.

Para racionalizar y ordenar la adjudicación de contratos las Administraciones Públicas podrán concluir acuerdos marco, articular sistemas dinámicos, o centralizar la contratación de obras, servicios y suministros en servicios especializados, conforme a las normas de este capítulo.

Sección 2.ª Acuerdos marco

Artículo 219. Funcionalidad y límites.

1. Uno o varios órganos de contratación del sector público podrán celebrar acuerdos marco con una o varias empresas con el fin de fijar las condiciones a que habrán de ajustarse los contratos que pretendan adjudicar durante un período determinado, en particular por lo que respecta a los precios, y en su caso, a las cantidades previstas, siempre que el recurso a estos instrumentos no se efectúe de forma abusiva o de modo que la competencia se vea obstaculizada, restringida o falseada.

2. La duración de un acuerdo marco no podrá exceder de cuatro años, salvo en casos excepcionales, debidamente justificados. En todo caso, la duración del acuerdo marco deberá justificarse en el expediente y tendrá en cuenta, especialmente, las peculiaridades y características del sector de actividad a que se refiere su objeto.

3. La duración de los contratos basados en un acuerdo marco será independiente de la duración del acuerdo marco, y se regirá por lo previsto en el artículo 29 de la presente Ley, relativo al plazo de duración de los contratos y de ejecución de la prestación, así como por los pliegos reguladores del acuerdo marco.

Solo podrán adjudicarse contratos basados en un acuerdo marco durante la vigencia del acuerdo marco. La fecha relevante para entender que se ha cumplido este requisito será:

a) En el caso de contratos basados que para su adjudicación, de acuerdo con el artículo 221 requieran la celebración de una licitación, la fecha de envío a los adjudicatarios del acuerdo marco de las invitaciones para participar en la licitación, siempre que las propuestas de adjudicación se reciban dentro del plazo establecido para ello en el acuerdo marco correspondiente.

b) En el caso de contratos basados cuya adjudicación no requiera la celebración de licitación, la fecha relevante será la de la adjudicación del contrato basado.

Artículo 220. Procedimiento de celebración de acuerdos marco.

1. Para la celebración de un acuerdo marco se seguirán las normas de procedimiento establecidas en las Secciones 1.ª y 2.ª del Capítulo I del Título I del Libro Segundo de la presente Ley.

2. La posibilidad de adjudicar contratos con base en un acuerdo marco estará condicionada a que en el plazo de treinta días desde su formalización, se hubiese remitido el correspondiente anuncio de la misma a la Oficina de Publicaciones de la Unión Europea, en el caso de que se trate de contratos sujetos a regulación armonizada y efectuado su publicación en el perfil de contratante del órgano de contratación, y en el «Boletín Oficial del Estado» en el caso de los acuerdos marco celebrados en la Administración General del Estado.

3. En los casos a que se refiere el apartado 3 del artículo 155, el órgano de contratación podrá no publicar determinada información relativa al acuerdo marco, justificándolo debidamente en el expediente.

Artículo 221. Adjudicación de contratos basados en un acuerdo marco.

1. Solo podrán celebrarse contratos basados en un acuerdo marco entre las empresas y los órganos de contratación que hayan sido originariamente partes en el mismo, salvo lo dispuesto en el apartado 4 del artículo 227 en relación con los acuerdos marco celebrados por centrales de contratación.

2. Los contratos basados en el acuerdo marco se adjudicarán de acuerdo con lo previsto en los apartados 3, 4 y 5 de este artículo.

3. Cuando el acuerdo marco se hubiese concluido con una única empresa, los contratos basados en aquel se adjudicarán con arreglo a los términos en él establecidos. Los órganos de contratación podrán consultar por escrito al empresario, pidiéndole, si fuere necesario, que complete su oferta.

4. Cuando el acuerdo marco se hubiese concluido con varias empresas, la adjudicación de los contratos en él basados se realizará:

a) Cuando el acuerdo marco establezca todos los términos, bien sin nueva licitación, bien con nueva licitación. La posibilidad de aplicar ambos sistemas deberá estar prevista en el pliego regulador del acuerdo marco y dicho pliego deberá determinar los supuestos en los que se acudirá o no a una nueva licitación, así como los términos que serán objeto de la nueva licitación, si este fuera el sistema de adjudicación aplicable. Para poder adjudicar contratos basados en un acuerdo marco con todos los términos definidos sin nueva licitación, será necesario que el pliego del acuerdo marco prevea las condiciones objetivas para determinar qué empresa parte del acuerdo marco deberá ser adjudicatario del contrato basado y ejecutar la prestación.

Las previsiones anteriores serán también aplicables a determinados lotes de un acuerdo marco, siempre que, en relación con ese lote o lotes en concreto, se hubiera cumplido con los requisitos fijados en el citado apartado y con independencia de las previsiones de los pliegos en relación con el resto de lotes del acuerdo marco.

b) Cuando el acuerdo marco no establezca todos los términos, invitando a una nueva licitación a las empresas parte del acuerdo marco.

5. Cuando en aplicación de lo dispuesto en el apartado 4 anterior, para la adjudicación de un contrato basado en un acuerdo marco procediera una nueva licitación, esta se basará, bien en los mismos términos aplicados a la adjudicación del acuerdo marco, precisándolos si fuera necesario, bien en otros términos. En este último caso, será necesario que dichos términos hayan sido previstos en los pliegos de contratación del acuerdo marco y se concreten con carácter previo a la licitación para la adjudicación del contrato basado.

Por otra parte, si los pliegos del acuerdo marco no recogieran de forma precisa la regulación aplicable a los contratos basados, esta deberá necesariamente incluirse en los documentos de licitación correspondientes a dichos contratos basados.

6. La licitación para la adjudicación de los contratos basados en un acuerdo marco tendrá lugar con arreglo al procedimiento siguiente:

a) Por cada contrato que haya de adjudicarse se invitará a la licitación a todas las empresas parte del acuerdo marco que, de acuerdo con los términos de la adjudicación del mismo, estuvieran en condiciones de realizar el objeto del contrato basado. La invitación se realizará por los medios que se hubieran establecido a tal efecto en el pliego regulador del acuerdo marco.

No obstante lo anterior, cuando los contratos a adjudicar no estén sujetos a regulación armonizada, el órgano de contratación podrá decidir, justificándolo debidamente en el expediente, no invitar a la licitación a la totalidad de las empresas, siempre que, como mínimo, solicite ofertas a tres.

b) Se concederá un plazo suficiente para presentar las ofertas relativas a cada contrato basado teniendo en cuenta factores tales como la complejidad del objeto del contrato, la pluralidad o no de criterios de valoración, así como su complejidad, y el tiempo necesario para el envío de la oferta.

c) Las ofertas se presentarán por escrito y su contenido será confidencial hasta el momento fijado para su apertura.

Las empresas parte del acuerdo marco invitadas a la licitación de conformidad con lo dispuesto en la letra a) anterior, estarán obligadas a presentar oferta válida en la licitación para la adjudicación del contrato basado, en los términos fijados en el pliego del acuerdo marco.

d) El órgano de contratación podrá optar por celebrar la licitación para adjudicar los contratos basados en un acuerdo marco a través de una subasta electrónica para la adjudicación del contrato basado conforme a lo establecido en el artículo 143 de la presente Ley, siempre que así se hubiera previsto en los pliegos reguladores del acuerdo marco.

e) El contrato se adjudicará al licitador que haya presentado la mejor oferta de conformidad con lo dispuesto en el artículo 145, valorada según los criterios fijados en el acuerdo marco.

f) La notificación a las empresas no adjudicatarias de la adjudicación de los contratos basados en un acuerdo marco, podrá sustituirse por una publicación en el medio determinado en los pliegos reguladores del acuerdo marco.

Artículo 222. Modificación de los acuerdos marco y de los contratos basados en un acuerdo marco.

1. Los acuerdos marco y los contratos basados podrán ser modificados de acuerdo con las reglas generales de modificación de los contratos. En todo caso, no se podrán introducir por contrato basado modificaciones sustanciales respecto de lo establecido en el acuerdo marco.

Los precios unitarios resultantes de la modificación del acuerdo marco no podrán superar en un 20 por ciento a los precios anteriores a la modificación y en ningún caso podrán ser precios superiores a los que las empresas parte del acuerdo marco ofrezcan en el mercado para los mismos productos.

2. Sin perjuicio de lo señalado en el apartado anterior, los adjudicatarios de un acuerdo marco podrán proponer al órgano de contratación la sustitución de los bienes adjudicados por otros que incorporen avances o innovaciones tecnológicas que mejoren las prestaciones o características de los adjudicados, siempre que su precio no incremente en más del 10 por 100 el inicial de adjudicación, salvo que el pliego de cláusulas administrativas particulares, hubiese establecido otro límite.

Junto a ello, el órgano de contratación, por propia iniciativa y con la conformidad del suministrador, o a instancia de este, podrá incluir nuevos bienes del tipo adjudicado o similares al mismo cuando concurran motivos de interés público o de nueva tecnología o configuración respecto de los adjudicados, cuya comercialización se haya iniciado con posterioridad a la fecha límite de presentación de ofertas, siempre que su precio no exceda del límite que se establece en el párrafo anterior.

Sección 3.ª Sistemas dinámicos de adquisición

Artículo 223. Delimitación.

1. Los órganos de contratación podrán articular sistemas dinámicos de adquisición de obras, servicios y suministros de uso corriente cuyas características, generalmente disponibles en el mercado, satisfagan sus necesidades, siempre que el recurso a estos instrumentos no se efectúe de forma que la competencia se vea obstaculizada, restringida o falseada.

2. El sistema dinámico de adquisición es un proceso totalmente electrónico, con una duración limitada y determinada en los pliegos, y debe estar abierto durante todo el período de vigencia a cualquier empresa interesada que cumpla los criterios de selección.

3. Los órganos de contratación podrán articular el sistema dinámico de adquisición en categorías definidas objetivamente de productos, obras o servicios.

A los efectos del párrafo anterior se entenderá que son criterios objetivos válidos para definir las categorías, entre otros, el volumen máximo admisible de contratos que el órgano de contratación prevea adjudicar en el marco del sistema, o la zona geográfica específica donde vayan a ejecutarse estos contratos específicos.

Artículo 224. Implementación.

1. Para contratar en el marco de un sistema dinámico de adquisición los órganos de contratación seguirán las normas del procedimiento restringido, con las especialidades que se establecen en esta Sección.

2. Serán admitidos en el sistema todos los solicitantes que cumplan los criterios de selección, sin que pueda limitarse el número de candidatos admisibles en el sistema.

3. Cuando los órganos de contratación hayan dividido el sistema en categorías de productos, obras o servicios conforme a lo dispuesto en el artículo anterior, especificarán los criterios de selección que se apliquen a cada categoría.

4. Todas las comunicaciones que se realicen en el contexto de un sistema dinámico de adquisición se harán utilizando únicamente medios electrónicos, de conformidad con lo dispuesto en esta Ley.

5. Con carácter previo a la adjudicación, en el marco de un sistema dinámico de adquisición, de contratos específicos, los órganos de contratación deberán:

a) Publicar un anuncio de licitación en el perfil de contratante en el cual se precise que se trata de un sistema dinámico de adquisición y el período de vigencia del mismo.

b) Indicar en los pliegos, al menos, la naturaleza y la cantidad estimada de compras previstas, así como la información necesaria relativa al sistema dinámico de adquisición, en particular el modo de funcionamiento del mismo, el equipo electrónico utilizado y las modalidades y especificaciones técnicas de conexión.

c) Indicar toda división en categorías de productos, obras o servicios y las características que definen dichas categorías.

d) Ofrecer un acceso libre, directo y completo, durante todo el período de vigencia del sistema, a los pliegos de la contratación, de conformidad con el artículo 138.

6. La participación en el sistema será gratuita para las empresas, a las que no se podrá cargar ningún gasto.

7. Los órganos de contratación informarán a la Comisión Europea de cualquier cambio del periodo de vigencia establecido en el anuncio de licitación de la siguiente forma:

a) En los casos en que el periodo de vigencia se modifique sin que se haya terminado el sistema, a través del modelo de anuncio utilizado inicialmente para la convocatoria de licitación del sistema dinámico de adquisición.

b) En los casos en que haya concluido el sistema, a través del anuncio de adjudicación del contrato.

Artículo 225. Incorporación de empresas al sistema.

1. Durante todo el período de vigencia del sistema dinámico de adquisición, cualquier empresario interesado podrá solicitar participar en el sistema en las condiciones expuestas en el artículo anterior.

2. El plazo mínimo para la presentación de las solicitudes de participación será de treinta días, contados a partir de la fecha del envío del anuncio de licitación a la Oficina de Publicaciones de la Unión Europea. En ningún caso podrá ampliarse este plazo una vez enviada la invitación escrita a los candidatos para la primera contratación específica en el marco del sistema dinámico de adquisición.

3. Los órganos de contratación evaluarán estas solicitudes de participación, de conformidad con los criterios de selección, en el plazo de los diez días hábiles siguientes a su recepción.

Dicho plazo podrá prorrogarse a quince días hábiles en casos concretos justificados, en particular si es necesario examinar documentación complementaria o verificar de otro modo si se cumplen los criterios de selección.

No obstante lo dispuesto en el párrafo anterior, mientras la invitación para la primera contratación específica en el marco del sistema dinámico de adquisición no haya sido enviada, el órgano de contratación podrá ampliar nuevamente el plazo de evaluación. Durante este tiempo destinado a la evaluación de las solicitudes, el órgano de contratación no podrá enviar ninguna invitación para la presentación de ofertas.

Los órganos de contratación deberán indicar en los pliegos si hay posibilidad de prórroga del plazo a que se refiere este apartado y, en caso afirmativo, su duración.

4. Los órganos de contratación informarán lo antes posible a la empresa que solicitó adherirse al sistema dinámico de adquisición de si ha sido admitida o no.

5. Cuando los candidatos hubieran acreditado el cumplimiento de los criterios de selección mediante la presentación de la declaración responsable a que se refiere el artículo 140 de la presente Ley, los órganos de contratación podrán exigirles en cualquier momento del período de vigencia del sistema dinámico de adquisición que presenten una nueva declaración responsable renovada y actualizada. La misma deberá ser aportada por el candidato dentro del plazo de cinco días hábiles contados a partir de la fecha en que este fue requerido.

Durante todo el período de vigencia del sistema dinámico de adquisición será de aplicación el apartado 3 del artículo 140.

Artículo 226. Adjudicación de los contratos específicos en el marco de un sistema dinámico de adquisición.

1. Cada contrato que se pretenda adjudicar en el marco de un sistema dinámico de adquisición deberá ser objeto de una licitación.

2. Los órganos de contratación invitarán a todas las empresas que hubieran sido previamente admitidas al sistema dinámico de adquisición a

presentar una oferta en cada licitación que se celebre en el marco de dicho sistema, con sujeción a lo dispuesto en el apartado 4 del artículo 162 y en el apartado 2 del artículo 163.

Cuando el sistema dinámico de adquisición se hubiera articulado en varias categorías de productos, obras o servicios, los órganos de contratación invitarán a todas las empresas que previamente hubieran sido admitidas en la categoría correspondiente.

3. El plazo mínimo para la presentación de ofertas será de diez días, contados a partir de la fecha de envío de la invitación escrita.

4. Los órganos de contratación adjudicarán el contrato específico al licitador que hubiera presentado la mejor oferta, de acuerdo con los criterios de adjudicación detallados en el anuncio de licitación para el sistema dinámico de adquisición. Cuando proceda, estos criterios podrán formularse con más precisión en la invitación a los candidatos. Según lo dispuesto en el artículo 167 letra e), se considerarán irregulares o inaceptables las ofertas que no se ajusten a lo previsto en los pliegos; aquellas que se hayan presentado fuera de plazo; las que muestren indicios de colusión o corrupción; las que hayan sido consideradas anormalmente bajas por el órgano de contratación; o aquellas cuyo precio supere el presupuesto base de licitación.

Sección 4.ª Centrales de contratación

Subsección 1.ª Normas generales

Artículo 227. Funcionalidad y principios de actuación.

1. Las entidades del sector público podrán centralizar la contratación de obras, servicios y suministros, atribuyéndola a servicios especializados.

2. Las centrales de contratación actuarán adquiriendo suministros y servicios para otros entes del sector público, o adjudicando contratos o celebrando acuerdos marco y sistemas dinámicos de adquisición para la realización de obras, suministros o servicios destinados a los mismos.

3. Las centrales de contratación se sujetarán, en la adjudicación de los contratos, acuerdos marco y sistemas dinámicos de adquisición que celebren, a las disposiciones de la presente Ley y sus normas de desarrollo.

4. En los acuerdos marco de contratación centralizada podrán celebrarse contratos basados entre las empresas y entes del sector público parte del acuerdo marco, así como por otros entes del sector público, siempre que dichos entes, entidades u organismos se hubieran identificado en el pliego regulador del acuerdo marco, y se hubiera hecho constar esta circunstancia en la convocatoria de licitación.

Artículo 228. Creación de centrales de contratación por las Comunidades Autónomas y Entidades Locales.

1. La creación de centrales de contratación por las Comunidades Autónomas y el ámbito subjetivo a que se extienden, se efectuará en la forma que prevean las normas de desarrollo de esta Ley que aquellas dicten en ejercicio de sus competencias.

2. Sin perjuicio de lo dispuesto en el apartado 10 de la Disposición adicional tercera, en el ámbito de la Administración Local, las Corporaciones Locales podrán crear centrales de contratación por acuerdo del Pleno. Las Ciudades Autónomas de Ceuta y Melilla también podrán crear sus propias centrales de contratación.

3. Mediante los correspondientes acuerdos, las Comunidades Autónomas, las Ciudades Autónomas de Ceuta y Melilla y las Entidades locales así como los organismos y entidades dependientes de los anteriores, podrán adherirse a sistemas de adquisición centralizada de otras entidades del sector público incluidas en el ámbito de aplicación de esta Ley. La adhesión al sistema estatal de contratación centralizada, se efectuará de acuerdo con lo dispuesto en los apartados 2, 3 y 4 del artículo 229 de la presente Ley. En ningún caso una misma Administración, ente u organismo podrá contratar la provisión de la misma prestación a través de varias centrales de contratación.

Subsección 2.ª Contratación centralizada en el ámbito estatal.
Sistema estatal de contratación centralizada

Artículo 229. Régimen general.

1. El Ministro de Hacienda y Función Pública podrá declarar de contratación centralizada los suministros, obras y servicios que se contraten de forma general y con características esencialmente homogéneas determinando las condiciones en las que se producirá el proceso de centralización.

2. La declaración a que se refiere el apartado anterior implicará que la contratación de los suministros, obras y servicios en ella incluidos deberá efectuarse, con carácter obligatorio, a través del sistema estatal de contratación centralizada por los entes, entidades y organismos indicados en las letras a), b), c), d) y g) del apartado 1.º del artículo 3 de la presente Ley que pertenezcan al sector público estatal, salvo que los contratos hayan sido declarados de carácter secreto o reservado de acuerdo con lo dispuesto en la legislación reguladora de los secretos oficiales.

3. El resto de entidades del sector público podrán concluir un acuerdo de adhesión con la Dirección General de Racionalización y Centralización

de la Contratación del Ministerio de Hacienda y Función Pública para contratar las obras, servicios y suministros declarados de contratación centralizada, a través del sistema estatal de contratación centralizada.

4. El contenido y procedimiento de los acuerdos de adhesión a que se refiere el apartado anterior se establecerá mediante Orden del Ministro de Hacienda y Función Pública.

5. El órgano de contratación del sistema estatal de contratación centralizada es la Junta de Contratación Centralizada, adscrita a la Dirección General de Racionalización y Centralización de la Contratación del Ministerio de Hacienda y Función Pública, sin perjuicio de lo dispuesto en el apartado 6 siguiente sobre la competencia para contratar en el caso de contratos basados cuyos destinatarios sean entidades adheridas.

La Dirección General de Racionalización y Centralización de la Contratación prestará el apoyo técnico necesario para el adecuado funcionamiento del sistema estatal de contratación centralizada y ejercerá el resto de funciones que le atribuya el ordenamiento jurídico.

6. El órgano de contratación para la adjudicación de los contratos basados en un acuerdo marco o de los contratos adjudicados en el marco de un sistema dinámico de adquisición cuyo destinatario fuera una Administración, organismo o entidad adherida, será el previsto en las normas generales aplicables a dichas Administraciones, organismos o entidades.

La Junta de Contratación Centralizada establecerá para cada acuerdo marco y sistema dinámico de adquisición las medidas que considere adecuadas para garantizar que los expedientes de contratación tramitados por las entidades adheridas, su aplicación de las reglas de licitación y selección de los contratistas, las adjudicaciones que acuerden y la ejecución de los contratos basados, cumplen los términos y condiciones establecidos en los pliegos que rigen dichos acuerdos y sistemas, para lo que podrá acordar la utilización de herramientas informáticas específicas, la emisión de informes preceptivos y vinculantes o cualquier otro medio adecuado a este fin.

7. La contratación de obras, suministros o servicios centralizados podrá efectuarse a través de los siguientes procedimientos:

a) Mediante la conclusión del correspondiente contrato, que se adjudicará con arreglo a las normas procedimentales contenidas en el Capítulo I del Título I del presente Libro.

b) A través de acuerdos marco.

c) A través de sistemas dinámicos de adquisición.

En los casos en los que el órgano de contratación de los contratos basados en un acuerdo marco o de los contratos específicos en el marco de un sistema dinámico de adquisición sea la Junta de Contratación Centralizada y sea necesario realizar una nueva licitación, las actuaciones relativas a dicha licitación previas a la adjudicación se realizarán, con carácter general por el organismo destinatario de la prestación.

En el caso de que fueran varios los destinatarios, dichas actuaciones se realizarán por la Dirección General de Racionalización y Centralización de la Contratación o bien por el organismo destinatario designado por esta, en aplicación de los criterios que a tal efecto se hubieran establecido en los pliegos. En su defecto, las actuaciones serán realizadas por la Dirección General de Racionalización y Centralización de la Contratación.

8. La conclusión por los entes integrados en el ámbito obligatorio del sistema estatal de adquisición centralizada de acuerdos marco que tengan por objeto bienes, servicios u obras no declarados de contratación centralizada y que afecten a más de uno de ellos, o de acuerdos marco cuyo objeto sean bienes, servicios u obras que se contraten de forma general y con características esencialmente homogéneas, requerirá el previo informe favorable de la Dirección General de Racionalización y Centralización de la Contratación del Ministerio de Hacienda y Función Pública, que deberá obtenerse antes de iniciar el procedimiento dirigido a su adjudicación.

9. La recepción y pago de los bienes y servicios será efectuada por los organismos peticionarios de los mismos en los contratos basados en un acuerdo marco y en los contratos específicos adjudicados en el marco de un sistema dinámico de adquisición.

Artículo 230. Adquisición centralizada de equipos y sistemas para el tratamiento de la información.

1. La competencia para adquirir equipos y sistemas para el tratamiento de la información y sus elementos complementarios o auxiliares en el ámbito obligatorio definido en el apartado 2 del artículo anterior que no hayan sido declarados de adquisición centralizada conforme a lo señalado en el mismo corresponderá, en todo caso, al órgano de contratación del sistema estatal de contratación centralizada, oídos los Departamentos ministeriales u organismos interesados en la compra en cuanto sus necesidades.

2. El Ministro de Hacienda y Función Pública podrá atribuir la competencia para adquirir los bienes a que se refiere este artículo a otros órganos de la Administración General del Estado, sus Organismos Autónomos, Entidades Gestoras y Servicios Comunes de la Seguridad Social y Entidades públicas estatales, cuando circunstancias especiales o el volumen de adquisiciones que realicen así lo aconsejen.

TÍTULO II De los distintos tipos de contratos de las Administraciones Públicas

CAPÍTULO I Del contrato de obras

Sección 1.ª Actuaciones preparatorias del contrato de obras

Artículo 231. Proyecto de obras.

1. En los términos previstos en esta Ley, la adjudicación de un contrato de obras requerirá la previa elaboración, supervisión, aprobación y replanteo del correspondiente proyecto que definirá con precisión el objeto del contrato. La aprobación del proyecto corresponderá al órgano de contratación salvo que tal competencia esté específicamente atribuida a otro órgano por una norma jurídica.

2. En el supuesto de adjudicación conjunta de proyecto y obra, la ejecución de esta quedará condicionada a la supervisión, aprobación y replanteo del proyecto por el órgano de contratación.

Artículo 232. Clasificación de las obras.

1. A los efectos de elaboración de los proyectos se clasificarán las obras, según su objeto y naturaleza, en los grupos siguientes:

a) Obras de primer establecimiento, reforma, restauración, rehabilitación o gran reparación.

b) Obras de reparación simple.

c) Obras de conservación y mantenimiento.

d) Obras de demolición.

2. Son obras de primer establecimiento las que dan lugar a la creación de un bien inmueble.

3. El concepto general de reforma abarca el conjunto de obras de ampliación, mejora, modernización, adaptación, adecuación o refuerzo de un bien inmueble ya existente.

4. Se consideran como obras de reparación las necesarias para enmendar un menoscabo producido en un bien inmueble por causas fortuitas o accidentales. Cuando afecten fundamentalmente a la estructura resistente tendrán la calificación de gran reparación y, en caso contrario, de reparación simple.

5. Si el menoscabo se produce en el tiempo por el natural uso del bien, las obras necesarias para su enmienda tendrán el carácter de conservación. Las obras de mantenimiento tendrán el mismo carácter que las de conservación.

6. Son obras de restauración aquellas que tienen por objeto reparar una construcción conservando su estética, respetando su valor histórico y manteniendo su funcionalidad.

7. Son obras de rehabilitación aquellas que tienen por objeto reparar una construcción conservando su estética, respetando su valor histórico y dotándola de una nueva funcionalidad que sea compatible con los elementos y valores originales del inmueble.

8. Son obras de demolición las que tengan por objeto el derribo o la destrucción de un bien inmueble.

Artículo 233. Contenido de los proyectos y responsabilidad derivada de su elaboración.

1. Los proyectos de obras deberán comprender, al menos:

a) Una memoria en la que se describa el objeto de las obras, que recogerá los antecedentes y situación previa a las mismas, las necesidades a satisfacer y la justificación de la solución adoptada, detallándose los factores de todo orden a tener en cuenta.

b) Los planos de conjunto y de detalle necesarios para que la obra quede perfectamente definida, así como los que delimiten la ocupación de terrenos y la restitución de servidumbres y demás derechos reales, en su caso, y servicios afectados por su ejecución.

c) El pliego de prescripciones técnicas particulares, donde se hará la descripción de las obras y se regulará su ejecución, con expresión de la forma en que esta se llevará a cabo, las obligaciones de orden técnico que correspondan al contratista, y la manera en que se llevará a cabo la medición de las unidades ejecutadas y el control de calidad de los materiales empleados y del proceso de ejecución.

d) Un presupuesto, integrado o no por varios parciales, con expresión de los precios unitarios y de los descompuestos, en su caso, estado de mediciones y los detalles precisos para su valoración. El presupuesto se ordenará por obras elementales, en los términos que reglamentariamente se establezcan.

e) Un programa de desarrollo de los trabajos o plan de obra de carácter indicativo, con previsión, en su caso, del tiempo y coste.

f) Las referencias de todo tipo en que se fundamentará el replanteo de la obra.

g) El estudio de seguridad y salud o, en su caso, el estudio básico de seguridad y salud, en los términos previstos en las normas de seguridad y salud en las obras.

h) Cuanta documentación venga prevista en normas de carácter legal o reglamentario.

2. No obstante, para los proyectos de obras de primer establecimiento, reforma o gran reparación inferiores a 500.000 euros de presupuesto base de licitación, IVA excluido, y para los restantes proyectos enumerados en el artículo anterior, se podrá simplificar, refundir o incluso suprimir, alguno o algunos de los documentos anteriores en la forma que en las normas de desarrollo de esta Ley se determine, siempre que la documentación resultante sea suficiente para definir, valorar y ejecutar las obras que comprenda. No obstante, solo podrá prescindirse de la documentación indicada en la letra g) del apartado anterior en los casos en que así esté previsto en la normativa específica que la regula.

3. Salvo que ello resulte incompatible con la naturaleza de la obra, el proyecto deberá incluir un estudio geotécnico de los terrenos sobre los que esta se va a ejecutar, así como los informes y estudios previos necesarios para la mejor determinación del objeto del contrato.

4. Cuando la elaboración del proyecto haya sido contratada íntegramente por la Administración, el autor o autores del mismo incurrirán en responsabilidad en los términos establecidos en esta Ley. En el supuesto de que la prestación se llevara a cabo en colaboración con la Administración y bajo su supervisión, las responsabilidades se limitarán al ámbito de la colaboración.

Cuando el proyecto incluyera un estudio geotécnico y el mismo no hubiera previsto determinadas circunstancias que supongan un incremento en más del 10 por ciento del precio inicial del contrato en ejecución, al autor o autores del mismo les será exigible la indemnización que establece el artículo 315, si bien el porcentaje del 20 por ciento que este indica en su apartado 1 deberá sustituirse, a estos efectos, por el 10 por ciento.

5. Los proyectos deberán sujetarse a las instrucciones técnicas que sean de obligado cumplimiento.

6. Cuando las obras sean objeto de explotación por la Administración Pública el proyecto deberá ir acompañado del valor actual neto de las inversiones, costes e ingresos a obtener por la Administración que vaya a explotar la obra.

Artículo 234. Presentación del proyecto por el empresario.

1. La contratación conjunta de la elaboración del proyecto y la ejecución de las obras correspondientes tendrá carácter excepcional y solo podrá efectuarse en los siguientes supuestos cuya concurrencia deberá justificarse debidamente en el expediente:

a) Cuando motivos de orden técnico obliguen necesariamente a vincular al empresario a los estudios de las obras. Estos motivos deben estar ligados al destino o a las técnicas de ejecución de la obra.

b) Cuando se trate de obras cuya dimensión excepcional o dificultades técnicas singulares, requieran soluciones aportadas con medios y capacidad técnica propias de las empresas.

2. En todo caso, la licitación de este tipo de contrato requerirá la redacción previa por la Administración o entidad contratante del correspondiente anteproyecto o documento similar y solo, cuando por causas justificadas fuera conveniente al interés público, podrá limitarse a redactar las bases técnicas a que el proyecto deba ajustarse.

3. El contratista presentará el proyecto al órgano de contratación para su supervisión, aprobación y replanteo. Si se observaren defectos o referencias de precios inadecuados en el proyecto recibido se requerirá su subsanación del contratista, en los términos del artículo 314, sin que pueda iniciarse la ejecución de obra hasta que se proceda a una nueva supervisión, aprobación y replanteo del proyecto. En el supuesto de que el órgano de contratación y el contratista no llegaren a un acuerdo sobre los precios, el último quedará exonerado de ejecutar las obras, sin otro derecho frente al órgano de contratación que el pago de los trabajos de redacción del correspondiente proyecto.

4. En los casos a que se refiere este artículo, la iniciación del expediente y la reserva de crédito correspondiente fijarán el importe máximo previsto que el futuro contrato puede alcanzar. No obstante, no se procederá a la fiscalización del gasto, a su aprobación, así como a la adquisición del compromiso generado por el mismo, hasta que se conozca el importe y las condiciones del contrato de acuerdo con la proposición seleccionada, circunstancias que serán recogidas en el correspondiente pliego de cláusulas administrativas particulares.

5. Cuando se trate de la elaboración de un proyecto de obras singulares de infraestructuras hidráulicas o de transporte cuya entidad o complejidad no permita establecer el importe estimativo de la realización de las obras, la previsión del precio máximo a que se refiere el apartado anterior se limitará exclusivamente al proyecto. La ejecución de la obra quedará supeditada al estudio de la viabilidad de su financiación y a la tramitación del correspondiente expediente de gasto.

En el supuesto de que se renunciara a la ejecución de la obra o no se produzca pronunciamiento en un plazo de tres meses, salvo que el pliego de cláusulas estableciera otro mayor, el contratista tendrá derecho al pago del precio del proyecto incrementado en el 5 por 100 como compensación.

Artículo 235. Supervisión de proyectos.

Antes de la aprobación del proyecto, cuando el presupuesto base de licitación del contrato de obras sea igual o superior a 500.000 euros, IVA excluido, los órganos de contratación deberán solicitar un informe de las correspondientes oficinas o unidades de supervisión de los proyectos encargadas de verificar que se han tenido en cuenta las disposiciones generales de carácter legal o reglamentario así como la normativa técnica que resulten de aplicación para cada tipo de proyecto. La responsabilidad por la aplicación incorrecta de las mismas en los diferentes estudios y cálculos se exigirá de conformidad con lo dispuesto en el apartado 4 del artículo 233 de la presente Ley.

En los proyectos de presupuesto base de licitación inferior al señalado, el informe tendrá carácter facultativo, salvo que se trate de obras que afecten a la estabilidad, seguridad o estanqueidad de la obra en cuyo caso el informe de supervisión será igualmente preceptivo.

Artículo 236. Replanteo del proyecto.

1. Aprobado el proyecto y previamente a la aprobación del expediente de contratación de la obra, se procederá a efectuar el replanteo del mismo, el cual consistirá en comprobar la realidad geométrica de la misma y la disponibilidad de los terrenos precisos para su normal ejecución. Asimismo se deberán comprobar cuantos supuestos figuren en el proyecto elaborado y sean básicos para el contrato a celebrar.

2. En la tramitación de los expedientes de contratación referentes a obras de infraestructuras hidráulicas, de transporte y de carreteras, se dispensará del requisito previo de disponibilidad de los terrenos, si bien no se podrá iniciar la ejecución de las obras en tanto no se haya formalizado la ocupación en virtud de la vigente Ley de Expropiación Forzosa.

3. En los casos de cesión de terrenos o locales por Entidades públicas, será suficiente para acreditar la disponibilidad de los terrenos, la aportación de los acuerdos de cesión y aceptación por los órganos competentes.

4. Una vez realizado el replanteo se incorporará el proyecto al expediente de contratación.

Sección 2.ª Ejecución del contrato de obras

Artículo 237. Comprobación del replanteo.

La ejecución del contrato de obras comenzará con el acta de comprobación del replanteo. A tales efectos, dentro del plazo que se consigne en el contrato que no podrá ser superior a un mes desde la fecha de su formalización salvo casos excepcionales justificados, el servicio de la Administración encargada de las obras procederá, en presencia del contratista, a efectuar la comprobación del replanteo hecho previamente a la licitación, extendiéndose acta del resultado que será firmada por ambas partes interesadas, remitiéndose un ejemplar de la misma al órgano que celebró el contrato.

Artículo 238. Ejecución de las obras y responsabilidad del contratista.

1. Las obras se ejecutarán con estricta sujeción a las estipulaciones contenidas en el pliego de cláusulas administrativas particulares y al proyecto que sirve de base al contrato y conforme a las instrucciones que en interpretación técnica de este diere al contratista la Dirección facultativa de las obras.

2. Cuando las instrucciones fueren de carácter verbal, deberán ser ratificadas por escrito en el más breve plazo posible, para que sean vinculantes para las partes.

3. Durante el desarrollo de las obras y hasta que se cumpla el plazo de garantía el contratista es responsable de todos los defectos que en la construcción puedan advertirse.

Artículo 239. Fuerza mayor.

1. En casos de fuerza mayor y siempre que no exista actuación imprudente por parte del contratista, este tendrá derecho a una indemnización por los daños y perjuicios, que se le hubieren producido en la ejecución del contrato.

2. Tendrán la consideración de casos de fuerza mayor los siguientes:

a) Los incendios causados por la electricidad atmosférica.

b) Los fenómenos naturales de efectos catastróficos, como maremotos, terremotos, erupciones volcánicas, movimientos del terreno, temporales marítimos, inundaciones u otros semejantes.

c) Los destrozos ocasionados violentamente en tiempo de guerra, robos tumultuosos o alteraciones graves del orden público.

Artículo 240. Certificaciones y abonos a cuenta.

1. A los efectos del pago, la Administración expedirá mensualmente, en los primeros diez días siguientes al mes al que correspondan, certificaciones que comprendan la obra ejecutada conforme a proyecto durante dicho período de tiempo, salvo prevención en contrario en el pliego de cláusulas administrativas particulares, cuyos abonos tienen el concepto de pagos a cuenta sujetos a las rectificaciones y variaciones que se produzcan en la medición final y sin suponer en forma alguna, aprobación y recepción de las obras que comprenden.

En estos abonos a cuenta se observará lo dispuesto en el párrafo segundo del apartado 2 del artículo 198.

2. El contratista tendrá también derecho a percibir abonos a cuenta sobre su importe por las operaciones preparatorias realizadas como instalaciones y acopio de materiales o equipos de maquinaria pesada adscritos a la obra, en las condiciones que se señalen en los respectivos pliegos de cláusulas administrativas particulares y conforme al régimen y los límites que con carácter general se determinen reglamentariamente, debiendo asegurar los referidos pagos mediante la prestación de garantía.

Artículo 241. Obras a tanto alzado y obras con precio cerrado.

1. Cuando la naturaleza de la obra lo permita, se podrá establecer el sistema de retribución a tanto alzado, sin existencia de precios unitarios, de acuerdo con lo establecido en los apartados siguientes cuando el criterio de retribución se configure como de precio cerrado o en las circunstancias y condiciones que se determinen en las normas de desarrollo de esta Ley para el resto de los casos.

2. El sistema de retribución a tanto alzado podrá, en su caso, configurarse como de precio cerrado, con el efecto de que el precio ofertado por el adjudicatario se mantendrá invariable no siendo abonables las modificaciones del contrato que sean necesarias para corregir errores u omisiones padecidos en la redacción del proyecto.

3. La contratación de obras a tanto alzado con precio cerrado requerirá que se cumplan las siguientes condiciones:

a) Que así se prevea en el pliego de cláusulas administrativas particulares del contrato, pudiendo este establecer que algunas unidades o partes de la obra se excluyan de este sistema y se abonen por precios unitarios.

b) Las unidades de obra cuyo precio se vaya a abonar con arreglo a este sistema deberán estar previamente definidas en el proyecto y haberse replanteado antes de la licitación. El órgano de contratación deberá garantizar a los interesados el acceso al terreno donde se ubicarán las obras, a fin de que puedan realizar sobre el mismo las comprobaciones que consideren oportunas con suficiente antelación a la fecha límite de presentación de ofertas.

c) Que el precio correspondiente a los elementos del contrato o unidades de obra contratados por el sistema de tanto alzado con precio cerrado sea abonado mensualmente, en la misma proporción que la obra ejecutada en el mes a que corresponda guarde con el total de la unidad o elemento de obra de que se trate.

d) Cuando en el pliego se autorice a los licitadores la presentación de variantes sobre determinados elementos o unidades de obra que de acuerdo con el pliego de cláusulas administrativas particulares del contrato deban ser ofertadas por el precio cerrado, las citadas variantes deberán ser ofertadas bajo dicha modalidad.

En este caso, los licitadores vendrán obligados a presentar un proyecto básico cuyo contenido se determinará en el pliego de cláusulas administrativas particulares del contrato.

El adjudicatario del contrato en el plazo que determine dicho pliego deberá aportar el proyecto de construcción de las variantes ofertadas, para su preceptiva supervisión y aprobación. En ningún caso el precio o el plazo de la adjudicación sufrirá variación como consecuencia de la aprobación de este proyecto.

Sección 3.ª Modificación del contrato de obras

Artículo 242. Modificación del contrato de obras.

1. Serán obligatorias para el contratista las modificaciones del contrato de obras que se acuerden de conformidad con lo establecido en el artículo 206. En caso de que la modificación suponga supresión o reducción de unidades de obra, el contratista no tendrá derecho a reclamar indemnización alguna.

2. Cuando las modificaciones supongan la introducción de unidades de obra no previstas en el proyecto o cuyas características difieran de las fijadas en este, y no sea necesario realizar una nueva licitación, los precios aplicables a las mismas serán fijados por la Administración, previa audiencia del contratista por plazo mínimo de tres días hábiles. Cuando el contratista no aceptase los precios fijados, el órgano de contratación podrá contratarlas con otro empresario en los mismos precios que hubiese fijado, ejecutarlas directamente u optar por la resolución del contrato conforme al artículo 211 de esta Ley.

3. Cuando la modificación contemple unidades de obra que hayan de quedar posterior y definitivamente ocultas, antes de efectuar la medición parcial de las mismas, deberá comunicarse a la Intervención de la Administración correspondiente, con una antelación mínima de cinco días, para que, si lo considera oportuno, pueda acudir a dicho acto en sus funciones de comprobación material de la inversión, y ello, sin perjuicio de, una vez terminadas las obras, efectuar la recepción, de conformidad con lo dispuesto en el apartado 1 del artículo 243, en relación con el apartado 2 del artículo 210.

4. Cuando el Director facultativo de la obra considere necesaria una modificación del proyecto y se cumplan los requisitos que a tal efecto regula esta Ley, recabará del órgano de contratación autorización para iniciar el

correspondiente expediente, que se sustanciará con las siguientes actuaciones:

a) Redacción de la modificación del proyecto y aprobación técnica de la misma.

b) Audiencia del contratista y del redactor del proyecto, por plazo mínimo de tres días.

c) Aprobación del expediente por el órgano de contratación, así como de los gastos complementarios precisos

No obstante, no tendrán la consideración de modificaciones:

i. El exceso de mediciones, entendiendo por tal, la variación que durante la correcta ejecución de la obra se produzca exclusivamente en el número de unidades realmente ejecutadas sobre las previstas en las mediciones del proyecto, siempre que en global no representen un incremento del gasto superior al 10 por ciento del precio del contrato inicial. Dicho exceso de mediciones será recogido en la certificación final de la obra.

ii. La inclusión de precios nuevos, fijados contradictoriamente por los procedimientos establecidos en esta Ley y en sus normas de desarrollo, siempre que no supongan incremento del precio global del contrato ni afecten a unidades de obra que en su conjunto exceda del 3 por ciento del presupuesto primitivo del mismo.

5. Cuando la tramitación de una modificación exija la suspensión temporal total de la ejecución de las obras y ello ocasione graves perjuicios para el interés público, el Ministro, si se trata de la Administración General del Estado, sus Organismos Autónomos, Entidades Gestoras y Servicios Comunes de la Seguridad Social y demás entidades públicas integrantes del sector público estatal, podrá acordar que continúen provisionalmente las mismas tal y como esté previsto en la propuesta técnica que elabore la dirección facultativa, siempre que el importe máximo previsto no supere el 20 por ciento del precio inicial del contrato, IVA excluido, y exista crédito adecuado y suficiente para su financiación.

El expediente de continuación provisional a tramitar al efecto exigirá exclusivamente la incorporación de las siguientes actuaciones:

a) Propuesta técnica motivada efectuada por el director facultativo de la obra, donde figure el importe aproximado de la modificación, la descripción básica de las obras a realizar y la justificación de que la modificación se encuentra en uno de los supuestos previstos en el apartado 2 del artículo 203.

b) Audiencia del contratista.

c) Conformidad del órgano de contratación.

d) Certificado de existencia de crédito.

e) Informe de la Oficina de Supervisión de Proyectos, en el caso de que en la propuesta técnica motivada se introdujeran precios nuevos. El informe deberá motivar la adecuación de los nuevos precios a los precios generales del mercado, de conformidad con lo establecido en el apartado 3 del artículo 102.

En el plazo de seis meses contados desde el acuerdo de autorización provisional deberá estar aprobado técnicamente el proyecto, y en el de ocho meses el expediente de la modificación del contrato.

Dentro del citado plazo de ocho meses se ejecutarán preferentemente, de las unidades de obra previstas, aquellas partes que no hayan de quedar posterior y definitivamente ocultas.

La autorización del Ministro para iniciar provisionalmente las obras, que, en su caso, únicamente podrá ser objeto de delegación en los Secretarios de Estado del Departamento Ministerial, implicará en el ámbito de la Administración General del Estado la aprobación del gasto, sin perjuicio de los ajustes que deban efectuarse en el momento de la aprobación de la modificación del contrato.

Las obras ejecutadas dentro del plazo de ocho meses, serán objeto de certificación y abono en los términos previstos en la presente Ley con la siguiente singularidad:

Las certificaciones a expedir durante la tramitación del expediente modificado que comprendan unidades no previstas en el proyecto inicial tomarán como referencia los precios que figuren en la propuesta técnica motivada, cuyos abonos tienen el concepto de pagos a cuenta provisionales sujetos a las rectificaciones y variaciones que puedan resultar una vez se apruebe el proyecto modificado, todo ello, sin perjuicio de las rectificaciones y variaciones que se produzcan en la medición final y sin suponer en forma alguna, aprobación y recepción de las obras que comprenden.

Sección 4.ª Cumplimiento del contrato de obras

Artículo 243. Recepción y plazo de garantía.

1. A la recepción de las obras a su terminación y a los efectos establecidos en esta Ley, concurrirá un facultativo designado por la Administración representante de esta, el facultativo encargado de la dirección de las obras y el contratista asistido, si lo estima oportuno, de su facultativo.

Dentro del plazo de tres meses contados a partir de la recepción, el órgano de contratación deberá aprobar la certificación final de las obras ejecutadas, que será abonada al contratista a cuenta de la liquidación del contrato en el plazo previsto en esta Ley.

En el caso de obras cuyo valor estimado supere los doce millones de euros en las que las operaciones de liquidación y medición fueran especialmente complejas, los pliegos podrán prever que el plazo de tres meses para la aprobación de la certificación final al que se refiere el párrafo anterior, podrá ser ampliado, siempre que no supere en ningún caso los cinco meses.

2. Si se encuentran las obras en buen estado y con arreglo a las prescripciones previstas, el funcionario técnico designado por la Administración contratante y representante de esta, las dará por recibidas, levantándose la correspondiente acta y comenzando entonces el plazo de garantía.

Cuando las obras no se hallen en estado de ser recibidas se hará constar así en el acta y el Director de las mismas señalará los defectos observados y detallará las instrucciones precisas fijando un plazo para remediar aquellos. Si transcurrido dicho plazo el contratista no lo hubiere efectuado, podrá concedérsele otro nuevo plazo improrrogable o declarar resuelto el contrato.

3. El plazo de garantía se establecerá en el pliego de cláusulas administrativas particulares atendiendo a la naturaleza y complejidad de la obra y no podrá ser inferior a un año salvo casos especiales.

Dentro del plazo de quince días anteriores al cumplimiento del plazo de garantía, el director facultativo de la obra, de oficio o a instancia del contratista, redactará un informe sobre el estado de las obras. Si este fuera favorable, el contratista quedará exonerado de toda responsabilidad, salvo lo dispuesto en el artículo siguiente, procediéndose a la devolución o cancelación de la garantía, a la liquidación del contrato y, en su caso, al pago de las obligaciones pendientes que deberá efectuarse en el plazo de sesenta días. En el caso de que el informe no fuera favorable y los defectos observados se debiesen a deficiencias en la ejecución de la obra y no al uso de lo construido, durante el plazo de garantía, el director facultativo procederá a dictar las oportunas instrucciones al contratista para la debida reparación de lo construido, concediéndole un plazo para ello durante el cual continuará encargado de la conservación de las obras, sin derecho a percibir cantidad alguna por ampliación del plazo de garantía.

4. No obstante, en aquellas obras cuya perduración no tenga finalidad práctica como las de sondeos y prospecciones que hayan resultado infructuosas o que por su naturaleza exijan trabajos que excedan el concepto de mera conservación como los de dragados no se exigirá plazo de garantía.

5. Podrán ser objeto de recepción parcial aquellas partes de obra susceptibles de ser ejecutadas por fases que puedan ser entregadas al uso público, según lo establecido en el contrato.

6. Siempre que por razones excepcionales de interés público debidamente motivadas en el expediente el órgano de contratación acuerde la ocupación efectiva de las obras o su puesta en servicio para el uso

público, aun sin el cumplimiento del acto formal de recepción, desde que concurran dichas circunstancias se producirán los efectos y consecuencias propios del acto de recepción de las obras y en los términos en que reglamentariamente se establezcan.

Artículo 244. Responsabilidad por vicios ocultos.

1. Si la obra se arruina o sufre deterioros graves incompatibles con su función con posterioridad a la expiración del plazo de garantía por vicios ocultos de la construcción, debido a incumplimiento del contrato por parte del contratista, responderá este de los daños y perjuicios que se produzcan o se manifiesten durante un plazo de quince años a contar desde la recepción.

Asimismo, el contratista responderá durante dicho plazo de los daños materiales causados en la obra por vicios o defectos que afecten a la cimentación, los soportes, las vigas, los forjados, los muros de carga u otros elementos estructurales, y que comprometan directamente la resistencia mecánica y la estabilidad de la construcción, contados desde la fecha de recepción de la obra sin reservas o desde la subsanación de estas.

2. Las acciones para exigir la responsabilidad prevista en el apartado anterior por daños materiales dimanantes de los vicios o defectos, prescribirán en el plazo de dos años a contar desde que se produzcan o se manifiesten dichos daños, sin perjuicio de las acciones que puedan subsistir para exigir responsabilidades por incumplimiento contractual.

3. Transcurrido el plazo de quince años establecido en el primer apartado de este artículo, sin que se haya manifestado ningún daño o perjuicio, quedará totalmente extinguida cualquier responsabilidad del contratista.

Sección 5.ª Resolución del contrato de obras

Artículo 245. Causas de resolución.

Son causas de resolución del contrato de obras, además de las generales de la Ley, las siguientes:

a) La demora injustificada en la comprobación del replanteo.

b) La suspensión de la iniciación de las obras por plazo superior a cuatro meses.

c) La suspensión de las obras por plazo superior a ocho meses por parte de la Administración.

d) El desistimiento.

Artículo 246. Efectos de la resolución.

1. La resolución del contrato dará lugar a la comprobación, medición y liquidación de las obras realizadas con arreglo al proyecto, fijando los saldos pertinentes a favor o en contra del contratista. Será necesaria la citación de este, en el domicilio que figure en el expediente de contratación, para su asistencia al acto de comprobación y medición.

2. Si se demorase injustificadamente la comprobación del replanteo, dando lugar a la resolución del contrato, el contratista solo tendrá derecho por todos los conceptos a una indemnización equivalente al 2 por cien del precio de la adjudicación, IVA excluido.

3. En el supuesto de desistimiento antes de la iniciación de las obras, o de suspensión de la iniciación de las mismas por parte de la Administración por plazo superior a cuatro meses, el contratista tendrá derecho a percibir por todos los conceptos una indemnización del 3 por cien del precio de adjudicación, IVA excluido.

4. En caso de desistimiento una vez iniciada la ejecución de las obras, o de suspensión de las obras iniciadas por plazo superior a ocho meses, el contratista tendrá derecho por todos los conceptos al 6 por cien del precio de adjudicación del contrato de las obras dejadas de realizar en concepto de beneficio industrial, IVA excluido, entendiéndose por obras dejadas de realizar las que resulten de la diferencia entre las reflejadas en el contrato primitivo y sus modificaciones aprobadas y las que hasta la fecha de notificación del desistimiento o de la suspensión se hubieran ejecutado.

5. Cuando las obras hayan de ser continuadas por otro empresario o por la propia Administración, con carácter de urgencia, por motivos de seguridad o para evitar la ruina de lo construido, el órgano de contratación, una vez que haya notificado al contratista la liquidación de las ejecutadas, podrá acordar su continuación, sin perjuicio de que el contratista pueda impugnar la valoración efectuada ante el propio órgano. El órgano de contratación resolverá lo que proceda en el plazo de quince días.

CAPÍTULO II Del contrato de concesión de obras

Sección 1.ª Actuaciones preparatorias del contrato de concesión de obras

Artículo 247. Estudio de viabilidad.

1. Con carácter previo a la decisión de construir y explotar en régimen de concesión unas obras, el órgano que corresponda de la Administración concedente acordará la realización de un estudio de viabilidad de las mismas.

2. El estudio de viabilidad deberá contener, al menos, los datos, análisis, informes o estudios que procedan sobre los puntos siguientes:

a) Finalidad y justificación de las obras, así como definición de sus características esenciales.

b) Justificación de las ventajas cuantitativas y cualitativas que aconsejan la utilización del contrato de concesión de obras frente a otros tipos contractuales, con indicación de los niveles de calidad que resulta necesario cumplir, la estructura administrativa necesaria para verificar la prestación, así como las variables en relación con el impacto de la concesión en la estabilidad presupuestaria.

c) Previsiones sobre la demanda de uso e incidencia económica y social de las obras en su área de influencia y sobre la rentabilidad de la concesión.

d) Valoración de los datos e informes existentes que hagan referencia al planeamiento sectorial, territorial o urbanístico.

e) Estudio de impacto ambiental cuando este sea preceptivo de acuerdo con la legislación vigente. En los restantes casos, un análisis ambiental de las alternativas y las correspondientes medidas correctoras y protectoras necesarias.

f) Justificación de la solución elegida, indicando, entre las alternativas consideradas si se tratara de infraestructuras viarias o lineales, las características de su trazado.

g) Riesgos operativos y tecnológicos en la construcción y explotación de las obras.

h) Coste de la inversión a realizar, así como el sistema de financiación propuesto para la construcción de las obras con la justificación, asimismo, de la procedencia de esta.

i) Estudio de seguridad y salud o, en su caso, estudio básico de seguridad y salud, en los términos previstos en las disposiciones mínimas de seguridad y salud en obras de construcción.

j) El valor actual neto de todas las inversiones, costes e ingresos del concesionario, a efectos de la evaluación del riesgo operacional, así como los criterios que sean precisos para valorar la tasa de descuento.

k) Existencia de una posible ayuda de Estado y compatibilidad de la misma con el Tratado de Funcionamiento de la Unión Europea, en los casos en que para la viabilidad de la concesión se contemplen ayudas a la construcción o explotación de la misma.

3. La Administración concedente someterá el estudio de viabilidad a información pública por el plazo de un mes, prorrogable por idéntico plazo en razón de la complejidad del mismo y dará traslado del mismo para informe a los órganos de la Administración General del Estado, las Comunidades Autónomas y Entidades Locales afectados cuando la obra no figure en el correspondiente planeamiento urbanístico, que deberán emitirlo en el plazo de un mes.

4. El trámite de información pública previsto en el apartado anterior servirá también para cumplimentar el concerniente al estudio de impacto

ambiental, en los casos en que la declaración de impacto ambiental resulte preceptiva.

5. Se admitirá la iniciativa privada en la presentación de estudios de viabilidad de eventuales concesiones. Presentado el estudio será elevado al órgano competente para que en el plazo de tres meses comunique al particular la decisión de tramitar o no tramitar el mismo o fije un plazo mayor para su estudio que, en ningún caso, será superior a seis meses. El silencio de la Administración o de la entidad que corresponda equivaldrá a la no aceptación del estudio.

En el supuesto de que el estudio de viabilidad culminara en el otorgamiento de la correspondiente concesión, salvo que dicho estudio hubiera resultado insuficiente de acuerdo con su propia finalidad, su autor tendrá derecho en la correspondiente licitación a 5 puntos porcentuales adicionales a los obtenidos por aplicación de los criterios de adjudicación establecidos en el correspondiente pliego de cláusulas administrativas particulares. Para el caso de que no haya resultado adjudicatario tendrá derecho al resarcimiento de los gastos efectuados para su elaboración, incrementados en un 5 por cien como compensación, gastos que podrán imponerse al concesionario como condición contractual en el correspondiente pliego de cláusulas administrativas particulares. El importe de los gastos será determinado en función de los que resulten justificados por quien haya presentado el estudio.

6. La Administración concedente podrá acordar motivadamente la sustitución del estudio de viabilidad a que se refieren los apartados anteriores por un estudio de viabilidad económico-financiera cuando por la naturaleza y finalidad de las obras o por la cuantía de la inversión requerida considerara que este es suficiente. En estos supuestos la Administración elaborará además, antes de licitar la concesión, el correspondiente anteproyecto o proyecto para asegurar los trámites establecidos en los apartados 3 y 4 del artículo siguiente.

7. El órgano que corresponda de la Administración concedente deberá aprobar el estudio de viabilidad o, en su caso, adoptar la decisión de sustitución mencionada en el apartado anterior, y publicar estas decisiones en el correspondiente perfil del contratante.

Artículo 248. Anteproyecto de construcción y explotación de las obras.

1. En función de la complejidad de las obras y del grado de definición de sus características, la Administración concedente, aprobado el estudio de viabilidad, podrá acordar la redacción del correspondiente anteproyecto. Este podrá incluir, de acuerdo con la naturaleza de las obras, zonas complementarias de explotación comercial.

2. El anteproyecto de construcción y explotación de las obras deberá contener, como mínimo, la siguiente documentación:

a) Una memoria en la que se expondrán las necesidades a satisfacer, los factores sociales, técnicos, económicos, medioambientales y administrativos considerados para atender el objetivo fijado y la justificación de la solución que se propone. La memoria se acompañará de los datos y cálculos básicos correspondientes.

b) Los planos de situación generales y de conjunto necesarios para la definición de las obras.

c) Un presupuesto que comprenda los gastos de ejecución de las obras, incluido el coste de las expropiaciones que hubiese que llevar a cabo, partiendo de las correspondientes mediciones aproximadas y valoraciones. Para el cálculo del coste de las expropiaciones se tendrá en cuenta el sistema legal de valoraciones vigente.

d) Un estudio relativo al régimen de utilización y explotación de las obras, con indicación de su forma de financiación y del régimen tarifario que regirá en la concesión, incluyendo, en su caso, la incidencia o contribución en estas de los rendimientos que pudieran corresponder a la zona de explotación comercial.

3. El anteproyecto se someterá a información pública por el plazo de un mes, prorrogable por idéntico plazo en razón de su complejidad, para que puedan formularse cuantas observaciones se consideren oportunas sobre la ubicación y características de las obras, así como cualquier otra circunstancia referente a su declaración de utilidad pública, y dará traslado de este para informe a los órganos de la Administración General del Estado, las Comunidades Autónomas y Entidades Locales afectados. Este trámite de información pública servirá también para cumplimentar el concerniente al estudio de impacto ambiental, en los casos en que la declaración de impacto ambiental resulte preceptiva y no se hubiera efectuado dicho trámite anteriormente por tratarse de un supuesto incluido en el apartado 6 del artículo anterior.

4. La Administración concedente aprobará el anteproyecto de las obras, considerando las alegaciones formuladas e incorporando las prescripciones de la declaración de impacto ambiental, e instará el reconocimiento concreto de la utilidad pública de esta a los efectos previstos en la legislación de expropiación forzosa.

5. Cuando el pliego de cláusulas administrativas particulares lo autorice, y en los términos que este establezca, los licitadores a la concesión podrán introducir en el anteproyecto las variantes que estimen convenientes.

Artículo 249. Proyecto de las obras y replanteo de este.

1. En el supuesto de que las obras sean definidas en todas sus características por la Administración concedente, se procederá a la redacción, supervisión, aprobación y replanteo del correspondiente proyecto de acuerdo con lo dispuesto en los correspondientes artículos de esta Ley y al reconocimiento de la utilidad pública de la obra a los efectos previstos en la legislación de expropiación forzosa.

2. Cuando no existiera anteproyecto, la Administración concedente someterá el proyecto, antes de su aprobación definitiva, a la tramitación establecida en los apartados 3 y 4 del artículo anterior para los anteproyectos.

3. Será de aplicación en lo que se refiere a las posibles mejoras del proyecto de las obras lo dispuesto en el apartado 5 del artículo anterior.

4. El concesionario responderá de los daños derivados de los defectos del proyecto cuando, según los términos de la concesión, le corresponda su presentación o haya introducido mejoras en el propuesto por la Administración.

Artículo 250. Pliegos de cláusulas administrativas particulares.

1. Los pliegos de cláusulas administrativas particulares de los contratos de concesión de obras deberán hacer referencia, al menos, a los siguientes aspectos:

a) Definición del objeto del contrato, con referencia al anteproyecto o proyecto de que se trate y mención expresa de los documentos de este que revistan carácter contractual. En su caso determinación de la zona complementaria de explotación comercial.

b) Requisitos de capacidad y solvencia financiera, económica y técnica que sean exigibles a los licitadores, pudiendo fijarse distintos requisitos de solvencia en función de las diferentes fases del contrato, de conformidad con lo dispuesto en el artículo 86.3, a los efectos de una posible cesión en los términos establecidos en el artículo 214.2.c).

c) Preverán también la posibilidad de que se produzca la cesión del contrato de conformidad con lo previsto en el artículo 214, así como de las participaciones en la sociedad concesionaria cuando se constituyera una sociedad de propósito específico por los licitadores para la ejecución del contrato.

Asimismo, establecerán criterios para la determinación de cuándo la cesión de las participaciones deberá considerarse por suponer un efectivo cambio de control y, en el caso de que estuviera justificado por las características del contrato, se establecerán también mecanismos de control para cesiones de participaciones en la sociedad concesionaria que no puedan equipararse a una cesión del contrato. En todo caso se considerará que se produce un efectivo cambio de control cuando se ceda el 51 por ciento de las participaciones.

d) Contenido de las proposiciones, que deberán hacer referencia, al menos, a los siguientes extremos:

1.º Relación de promotores de la futura sociedad concesionaria, en el supuesto de que estuviera prevista su constitución, y características de la misma tanto jurídicas como financieras.

2.º Plan de realización de las obras con indicación de las fechas previstas para su inicio, terminación y apertura al uso al que se destinen.

3.º Plazo de duración de la concesión vinculado al sistema de financiación de la concesión.

4.º Plan económico-financiero de la concesión que incluirá, entre los aspectos que le son propios, el sistema de tarifas, la inversión y los costes de explotación, la tasa interna de rentabilidad o retorno estimada, y las obligaciones de pago y gastos financieros, directos o indirectos, estimados. Deberá ser objeto de consideración específica la incidencia en las tarifas, así como en las previsiones de amortización, en el plazo concesional y en otras variables de la concesión previstas en el pliego, en su caso, de los rendimientos de la demanda de utilización de las obras y, cuando exista, de los beneficios derivados de la explotación de la zona comercial, cuando no alcancen o cuando superen los niveles mínimo y máximo, respectivamente, que se consideren en la oferta. En cualquier caso, si los rendimientos de la zona comercial no superan el umbral mínimo fijado en el pliego de cláusulas administrativas, dichos rendimientos no podrán considerarse a los efectos de la revisión de los elementos señalados anteriormente.

5.º En los casos de financiación mixta de la obra, propuesta del porcentaje de financiación con cargo a recursos públicos, por debajo de los establecidos en el pliego de cláusulas administrativas particulares.

6.º Compromiso de que la sociedad concesionaria adoptará el modelo de contabilidad que establezca el pliego, de conformidad con la normativa aplicable, incluido el que pudiera corresponder a la gestión de las zonas complementarias de explotación comercial, sin perjuicio de que los rendimientos de estas se integren a todos los efectos en los de la concesión.

7.º En los términos y con el alcance que se fije en el pliego, los licitadores podrán introducir las mejoras que consideren convenientes, y que podrán referirse a características estructurales de la obra, a su régimen de explotación, a las medidas tendentes a evitar los daños al medio ambiente y los recursos naturales, o a mejoras sustanciales, pero no a su ubicación.

e) Sistema de retribución del concesionario en el que se incluirán las opciones posibles sobre las que deberá versar la oferta, así como, en su caso, las fórmulas de actualización de costes durante la explotación de la obra, con referencia obligada a su repercusión en las correspondientes tarifas en función del objeto de la concesión.

f) El umbral mínimo de beneficios derivados de la explotación de la zona comercial por debajo del cual no podrá incidirse en los elementos económicos de la concesión, quedando el mismo a riesgo del concesionario.

g) Cuantía y forma de las garantías.

h) Características especiales, en su caso, de la sociedad concesionaria.

i) Plazo, en su caso, para la elaboración del proyecto, plazo para la ejecución de las obras y plazo de explotación de las mismas, que podrá ser fijo o variable en función de los criterios establecidos en el pliego.

j) Derechos y obligaciones específicas de las partes durante la fase de ejecución de las obras y durante su explotación.

k) Régimen de penalidades y supuestos que puedan dar lugar al secuestro o intervención de la concesión.

l) Lugar, fecha y plazo para la presentación de ofertas.

m) Distribución entre la Administración y el concesionario de los riesgos relevantes en función de las características del contrato, si bien en todo caso el riesgo operacional le corresponderá al contratista.

2. Sin perjuicio del derecho de información a que se refiere el artículo 138, el órgano de contratación podrá incluir en el pliego, en función de la naturaleza y complejidad de este, un plazo para que los licitadores puedan solicitar las aclaraciones que estimen pertinentes sobre su contenido. Este plazo, como mínimo, deberá respetar lo establecido en el apartado 3 del artículo 138. Las respuestas tendrán carácter vinculante y deberán hacerse públicas en términos que garanticen la igualdad y concurrencia en el proceso de licitación.

Sección 2.ª Efectos, cumplimiento y extinción de las concesiones

Artículo 251. Efectos, cumplimiento y extinción.

Los efectos, cumplimiento y extinción de los contratos de concesión de obras se regularán por la presente Ley, excluidos los artículos 208 y 210. Tampoco resultarán de aplicación, salvo en la fase de construcción, el apartado 2 del artículo 192, el artículo 193 y el artículo 195.

Sección 3.ª Construcción de las obras objeto de concesión

Artículo 252. Modalidades de ejecución de las obras.

1. Las obras se realizarán conforme al proyecto aprobado por el órgano de contratación y en los plazos establecidos en el pliego de cláusulas administrativas particulares, pudiendo ser ejecutadas con ayuda de la

Administración. La ejecución de la obra que corresponda al concesionario podrá ser contratada en todo o en parte con terceros, de acuerdo con lo dispuesto en esta Ley y en el pliego de cláusulas administrativas particulares.

2. La ayuda de la Administración en la construcción de las obras podrá consistir en la ejecución por su cuenta de parte de la misma o en su financiación parcial. En el primer supuesto la parte de obra que ejecute deberá presentar características propias que permitan su tratamiento diferenciado, y deberá ser objeto a su terminación de la correspondiente recepción formal. Si no dispusiera otra cosa el pliego de cláusulas administrativas particulares, el importe de la obra se abonará de acuerdo con lo establecido en el artículo 240.

En el segundo supuesto, el importe de la financiación que se otorgue podrá abonarse en los términos pactados, durante la ejecución de las obras, de acuerdo con lo establecido en el artículo 240, o bien una vez que aquellas hayan concluido, en la forma en que se especifica en el artículo 266.

3. El sistema de ayudas públicas deberá respetar en todo caso la transferencia efectiva del riesgo operacional.

Artículo 253. Responsabilidad en la ejecución de las obras por terceros.

Corresponde al concesionario el control de la ejecución de las obras que contrate con terceros debiendo ajustarse el control al plan que el concesionario elabore y resulte aprobado por el órgano de contratación. Este podrá en cualquier momento recabar información sobre la marcha de las obras y girar a las mismas las visitas de inspección que estime oportunas.

Artículo 254. Principio de riesgo y ventura en la ejecución de las obras.

1. Las obras se ejecutarán a riesgo y ventura del concesionario, quien, además, asumirá el riesgo operacional de la concesión, de acuerdo con lo dispuesto en los artículos 197 y 239, salvo para aquella parte de la obra que pudiera ser ejecutada por cuenta de la Administración, según lo previsto en el apartado 2 del artículo 252, en cuyo caso regirá el régimen general previsto para el contrato de obras.

2. Si la concurrencia de fuerza mayor implicase mayores costes para el concesionario se procederá a ajustar el plan económico-financiero. Si la fuerza mayor impidiera por completo la realización de las obras se procederá a resolver el contrato, debiendo abonar el órgano de contratación al concesionario el importe total de las ejecutadas, así como los mayores costes en que hubiese incurrido como consecuencia del endeudamiento con terceros.

Artículo 255. Modificación del proyecto.

Una vez perfeccionado el contrato, el órgano de contratación solo podrá introducir modificaciones en el proyecto de acuerdo con lo establecido en la Subsección 4.ª, Sección 3.ª, Capítulo I, Título I, del Libro Segundo de esta Ley y en la letra b) del apartado 1 del artículo 261. El plan económico-financiero de la concesión deberá recoger en todo caso, mediante los oportunos ajustes, los efectos derivados del incremento o disminución de los costes.

Artículo 256. Comprobación de las obras.

1. A la terminación de las obras, y a efectos del seguimiento del correcto cumplimiento del contrato por el concesionario, se procederá al levantamiento de un acta de comprobación por parte de la Administración concedente. El levantamiento y contenido del acta de comprobación se ajustarán a lo dispuesto en el pliego de cláusulas administrativas particulares.

2. Al acta de comprobación se acompañará un documento de valoración de la obra pública ejecutada y, en su caso, una declaración del cumplimiento de las condiciones impuestas en la declaración de impacto ambiental, que será expedido por el órgano de contratación y en el que se hará constar la inversión realizada.

3. En las obras financiadas parcialmente por la Administración concedente, mediante abonos parciales al concesionario con base en las certificaciones mensuales de la obra ejecutada, la certificación final de la obra acompañará al documento de valoración y al acta de comprobación a que se refiere el apartado anterior.

4. La aprobación del acta de comprobación de las obras por el órgano de la Administración concedente llevará implícita la autorización para la apertura de las mismas al uso público, comenzando desde ese momento el plazo de garantía de la obra cuando haya sido ejecutada por terceros distintos del concesionario, así como la fase de explotación.

Sección 4.ª Derechos y obligaciones del concesionario y prerrogativas de la Administración concedente

Subsección 1.ª Derechos y obligaciones del concesionario

Artículo 257. Derechos del concesionario.

Los concesionarios tendrán los siguientes derechos:

a) El derecho a explotar las obras y percibir la tarifa por uso prevista en el contrato durante el tiempo de la concesión como contraprestación económica.

b) El derecho al mantenimiento del equilibrio económico de la concesión, en la forma y con la extensión prevista en el artículo 270.

c) El derecho a utilizar los bienes de dominio público de la Administración concedente necesarios para la construcción, modificación, conservación y explotación de las obras. Dicho derecho incluirá el de utilizar, exclusivamente para la construcción de las obras, las aguas que afloren o los materiales que aparezcan durante su ejecución, previa autorización de la Administración competente, en cada caso, para la gestión del dominio público correspondiente.

d) El derecho a recabar de la Administración la tramitación de los procedimientos de expropiación forzosa, imposición de servidumbres y desahucio administrativo que resulten necesarios para la construcción, modificación y explotación de las obras, así como la realización de cuantas acciones sean necesarias para hacer viable el ejercicio de los derechos del concesionario.

En todo caso, los bienes y derechos expropiados que queden afectos a la concesión se incorporarán al dominio público.

e) El derecho a ceder la concesión de acuerdo con lo previsto en el artículo 214 y a hipotecar la misma en las condiciones establecidas en la Ley, previa autorización del órgano de contratación en ambos casos.

f) La facultad de titulizar sus derechos de crédito, en los términos previstos en la Ley.

g) Cualesquiera otros que le sean reconocidos por esta u otras Leyes o por los pliegos de condiciones.

Artículo 258. Obligaciones del concesionario.

Serán obligaciones generales del concesionario:

a) Ejecutar las obras con arreglo a lo dispuesto en el contrato.

b) Explotar las obras, asumiendo el riesgo operacional de su gestión con la continuidad y en los términos establecidos en el contrato u ordenados posteriormente por el órgano de contratación.

c) Admitir la utilización de las obras por todo usuario, en las condiciones que hayan sido establecidas de acuerdo con los principios de igualdad, universalidad y no discriminación, mediante el abono, en su caso, de la correspondiente tarifa.

d) Cuidar del buen orden y de la calidad de las obras, y de su uso, pudiendo dictar las oportunas instrucciones, sin perjuicio de los poderes de policía que correspondan al órgano de contratación.

e) Indemnizar los daños que se ocasionen a terceros por causa de la ejecución de las obras o de su explotación, cuando le sean imputables de acuerdo con el artículo 196 de la presente Ley.

f) Proteger el dominio público que quede vinculado a la concesión, en especial, preservando los valores ecológicos y ambientales del mismo.

g) Cualesquiera otras previstas en esta u otra Ley o en el pliego de cláusulas administrativas particulares.

Artículo 259. Uso y conservación de las obras.

1. El concesionario deberá cuidar de la adecuada aplicación de las normas sobre uso, policía y conservación de las obras.

2. El personal encargado de la explotación de las obras, en ausencia de agentes de la autoridad, podrá adoptar las medidas necesarias en orden a la utilización de las obras, formulando, en su caso, las denuncias pertinentes. A estos efectos, servirán de medio de prueba las obtenidas por el personal del concesionario debidamente acreditado y con los medios previamente homologados por la Administración competente, así como cualquier otro admitido en derecho.

3. El concesionario podrá impedir el uso de las obras a aquellos usuarios que no abonen la tarifa correspondiente, sin perjuicio de lo que, a este respecto, se establezca en la legislación sectorial correspondiente.

4. El concesionario deberá mantener las obras de conformidad con lo que, en cada momento y según el progreso de la ciencia, disponga la normativa técnica, medioambiental, de accesibilidad y eliminación de barreras y de seguridad de los usuarios que resulte de aplicación.

5. La Administración podrá incluir en los pliegos de condiciones mecanismos para medir la calidad del servicio ofrecida por el concesionario, y otorgar ventajas o penalizaciones económicas a este en función de los mismos.

En todo caso esta opción no podrá ser utilizada para limitar el riesgo operacional de la concesión.

Artículo 260. Zonas complementarias de explotación comercial.

1. Atendiendo a su finalidad, las obras podrán incluir, además de las superficies que sean precisas según su naturaleza, otras zonas o terrenos para la ejecución de actividades complementarias, comerciales o industriales que sean necesarias o convenientes por la utilidad que prestan a los usuarios de las obras y que sean susceptibles de un aprovechamiento económico diferenciado, tales como establecimientos de hostelería, estaciones de servicio, zonas de ocio, estacionamientos, locales comerciales y otros susceptibles de explotación.

2. Estas actividades complementarias se implantarán de conformidad con lo establecido en los pliegos generales o particulares que rijan la concesión y, en su caso, con lo determinado en la legislación o el planeamiento urbanístico que resulte de aplicación.

3. Las correspondientes zonas o espacios quedarán sujetos al principio de unidad de gestión y control de la Administración Pública concedente y serán explotados conjuntamente con las obras por el concesionario, directamente o a través de terceros, en los términos establecidos en el oportuno pliego de la concesión.

Subsección 2.ª Prerrogativas y derechos de la Administración

Artículo 261. Prerrogativas y derechos de la Administración.

1. Dentro de los límites y con sujeción a los requisitos y con los efectos señalados en esta Ley, el órgano de contratación o, en su caso, el órgano que se determine en la legislación específica, ostentará las siguientes prerrogativas y derechos en relación con los contratos de concesión de obras:

a) Interpretar los contratos y resolver las dudas que ofrezca su cumplimiento.

b) Modificar unilateralmente los contratos por razones de interés público debidamente justificadas, de acuerdo con lo previsto en esta Ley.

c) Decidir el restablecimiento del equilibrio económico de la concesión a favor del interés público, en la forma y con la extensión prevista en el artículo 270.

d) Acordar la resolución de los contratos en los casos y en las condiciones que se establecen en los artículos 279 y 280.

e) Establecer, en su caso, las tarifas máximas por la utilización de las obras.

f) Vigilar y controlar el cumplimiento de las obligaciones del concesionario, a cuyo efecto podrá inspeccionar el servicio, sus obras, instalaciones y locales, así como la documentación, relacionados con el objeto de la concesión.

g) Asumir la explotación de las obras en los supuestos en que se produzca el secuestro o intervención de la concesión.

h) Imponer al concesionario las penalidades pertinentes por razón de los incumplimientos en que incurra.

i) Ejercer las funciones de policía en el uso y explotación de las obras en los términos que se establezcan en la legislación sectorial específica.

j) Imponer con carácter temporal las condiciones de utilización de las obras que sean necesarias para solucionar situaciones excepcionales de interés general, abonando la indemnización que en su caso proceda.

k) Cualesquiera otros derechos reconocidos en esta o en otras leyes.

2. El ejercicio de las prerrogativas administrativas previstas en este artículo se ajustará a lo dispuesto en esta Ley y en la legislación específica que resulte de aplicación.

Artículo 262. Modificación de las obras.

1. El órgano de contratación podrá acordar, cuando el interés público lo exija y si concurren las circunstancias previstas en esta Ley, la modificación de las obras, así como su ampliación, procediéndose, en su caso, a la revisión del plan económico-financiero al objeto de acomodarlo a las nuevas circunstancias.

2. Toda modificación que afecte el equilibrio económico de la concesión se regirá por las normas generales de modificación y por lo dispuesto en el artículo 270 de la presente Ley.

Artículo 263. Secuestro o intervención de la concesión.

1. El órgano de contratación, previa audiencia del concesionario, podrá acordar el secuestro o intervención de la concesión en los casos en que el concesionario no pueda hacer frente, temporalmente y con grave daño social, a la explotación de la obra por causas ajenas al mismo o incurriese en un incumplimiento grave de sus obligaciones que pusiera en peligro dicha explotación. El acuerdo del órgano de contratación será notificado al concesionario y si este, dentro del plazo que se le hubiera fijado, no corrigiera la deficiencia se ejecutará el secuestro o intervención. Asimismo, se podrá acordar el secuestro o intervención en los demás casos recogidos en esta Ley con los efectos previstos en la misma.

2. Efectuado el secuestro o intervención, corresponderá al órgano de contratación la explotación directa de la obra pública y la percepción de la contraprestación establecida, pudiendo utilizar el mismo personal y material del concesionario. El órgano de contratación designará uno o varios interventores que sustituirán plena o parcialmente al personal directivo de la empresa concesionaria. La explotación de la obra objeto de secuestro o intervención se efectuará por cuenta y riesgo del concesionario, a quien se devolverá, al finalizar aquel, con el saldo que resulte después de satisfacer todos los gastos, incluidos los honorarios de los interventores, y deducir, en su caso la cuantía de las penalidades impuestas.

3. El secuestro o intervención tendrá carácter temporal y su duración será la que determine el órgano de contratación sin que pueda exceder, incluidas las posibles prórrogas, de tres años. El órgano de contratación acordará de oficio o a petición del concesionario el cese del secuestro o intervención cuando resultara acreditada la desaparición de las causas que lo

hubieran motivado y el concesionario justificase estar en condiciones de proseguir la normal explotación de la obra. Transcurrido el plazo fijado para el secuestro o intervención sin que el concesionario haya garantizado la asunción completa de sus obligaciones, el órgano de contratación resolverá el contrato de concesión.

Artículo 264. Penalidades por incumplimiento del concesionario.

1. Los pliegos de cláusulas administrativas particulares establecerán un catálogo de incumplimientos de las obligaciones del concesionario, distinguiendo entre los de carácter leve y grave. Deberán considerarse penalizables el incumplimiento total o parcial por el concesionario de las prohibiciones establecidas en esta Ley, la omisión de actuaciones que fueran obligatorias conforme a ella y, en particular, el incumplimiento de los plazos para la ejecución de las obras, la negligencia en el cumplimiento de sus deberes de uso, policía y conservación de la obra pública, la interrupción injustificada total o parcial de su utilización, y el cobro al usuario de cantidades superiores a las legalmente autorizadas.

2. El órgano de contratación podrá imponer penalidades de carácter económico, que se establecerán en los pliegos de forma proporcional al tipo de incumplimiento y a la importancia económica de la explotación. El límite máximo de las penalidades a imponer no podrá exceder del 10 por cien del presupuesto total de la obra durante su fase de construcción. Si la concesión estuviera en fase de explotación, el límite máximo de las penalidades anuales no podrá exceder del 20 por cien de los ingresos obtenidos por la explotación de la obra pública durante el año anterior.

Los límites establecidos para las penalizaciones serán los fijados en el párrafo anterior siempre que el daño causado no supere la cuantía máxima fijada en los mismos. Si la cuantía del daño causado es superior a la penalización máxima establecida en este artículo, se ampliará el límite hasta el valor del daño causado.

3. Los incumplimientos graves darán lugar, además, a la resolución de la concesión en los casos previstos en el correspondiente pliego.

4. Además de los supuestos previstos en esta Ley, en los pliegos se establecerán los incumplimientos graves que pueden dar lugar al secuestro temporal de la concesión, con independencia de las penalidades que en cada caso procedan por razón del incumplimiento.

5. Durante la fase de ejecución de la obra el régimen de penalidades a imponer al concesionario será el establecido en el artículo 192 de la presente Ley.

6. Con independencia del régimen de penalidades previsto en el pliego, la Administración podrá también imponer al concesionario multas coercitivas cuando persista en el incumplimiento de sus obligaciones,

siempre que hubiera sido requerido previamente y no las hubiera cumplido en el plazo fijado. A falta de determinación por la legislación específica, el importe diario de la multa será de 3.000 euros.

Sección 5.ª Régimen económico financiero de la concesión

Artículo 265. Financiación de las obras.

1. Las obras objeto de concesión serán financiadas, total o parcialmente, por el concesionario que, en todo caso, asumirá el riesgo operacional en los términos definidos en el apartado cuarto del artículo 14.

2. Cuando existan razones de rentabilidad económica o social, o concurran singulares exigencias derivadas del fin público o interés general de las obras objeto de concesión, la Administración podrá también aportar recursos públicos para su financiación, que adoptará la forma de financiación conjunta de la obra, mediante subvenciones o préstamos reintegrables, con o sin interés, de acuerdo con lo establecido en el artículo 252 y en esta Sección, y de conformidad con las previsiones del correspondiente pliego de cláusulas administrativas particulares, debiendo respetarse en todo caso el principio de asunción del riesgo operacional por el concesionario.

3. La construcción de las obras objeto de concesión podrá asimismo ser financiada con aportaciones de otras Administraciones Públicas distintas a la concedente, en los términos que se contengan en el correspondiente convenio, y con la financiación que pueda provenir de otros organismos nacionales o internacionales.

Artículo 266. Aportaciones Públicas a la construcción y garantías a la financiación.

1. Las Administraciones Públicas podrán contribuir a la financiación de las obras mediante aportaciones que serán realizadas durante la fase de ejecución de las obras, tal como dispone el artículo 252, o una vez concluidas estas, y cuyo importe será fijado por los licitadores en sus ofertas dentro de la cuantía máxima que establezcan los pliegos de condiciones.

2. Las aportaciones públicas a que se refiere el apartado anterior podrán consistir en aportaciones no dinerarias del órgano de contratación o de cualquier otra Administración con la que exista convenio al efecto, de acuerdo con la valoración de las mismas que se contenga en el pliego de cláusulas administrativas particulares.

Los bienes inmuebles que se entreguen al concesionario se integrarán en el patrimonio afecto a la concesión, destinándose al uso previsto en el proyecto de las obras, y revertirán a la Administración en el momento de su extinción, debiendo respetarse, en todo caso, lo dispuesto en los planes de ordenación urbanística o sectorial que les afecten.

3. Todas las aportaciones públicas han de estar previstas en el pliego de condiciones determinándose su cuantía en el procedimiento de adjudicación y no podrán incrementarse con posterioridad a la adjudicación del contrato.

4. El mismo régimen establecido para las aportaciones será aplicable a cualquier tipo de garantía, avales y otras medidas de apoyo a la financiación del concesionario que, en todo caso, tendrán que estar previstas en los pliegos.

Artículo 267. Retribución por la utilización de las obras.

1. El concesionario tendrá derecho a percibir de los usuarios o de la Administración una retribución por la utilización de las obras en la forma prevista en el pliego de cláusulas administrativas particulares y de conformidad con lo establecido en este artículo, que se denominará tarifa y tendrá la naturaleza de prestación patrimonial de carácter público no tributario.

2. Las tarifas que abonen los usuarios por la utilización de las obras serán fijadas por el órgano de contratación en el acuerdo de adjudicación. Las tarifas tendrán el carácter de máximas y los concesionarios podrán aplicar tarifas inferiores cuando así lo estimen conveniente.

3. Las tarifas serán objeto de revisión de acuerdo con lo establecido en el Capítulo II del Título III del Libro I de la presente Ley.

4. La retribución por la utilización de la obra podrá ser abonada por la Administración teniendo en cuenta el grado de disponibilidad ofrecido por el concesionario y/o su utilización por los usuarios, en la forma prevista en el pliego de cláusulas administrativas particulares. En caso de que la retribución se efectuase mediante pagos por disponibilidad deberá preverse en los pliegos de cláusulas administrativas particulares la inclusión de índices de corrección automáticos por nivel de disponibilidad independientes de las posibles penalidades en que pueda incurrir el concesionario en la prestación del servicio.

5. El concesionario se retribuirá igualmente con los ingresos procedentes de la explotación de la zona comercial directamente vinculada a la concesión, en el caso de existir esta, según lo establecido en el pliego de cláusulas administrativas particulares.

6. El concesionario deberá separar contablemente los ingresos provenientes de las aportaciones públicas y aquellos otros procedentes de las tarifas abonadas por los usuarios de las obras y, en su caso, los procedentes de la explotación de la zona comercial.

Artículo 268. Aportaciones públicas a la explotación.

Las Administraciones Públicas podrán otorgar al concesionario las siguientes aportaciones a fin de garantizar la viabilidad económica de la explotación de las obras, que, en todo caso, tendrán que estar previstas en el pliego de condiciones y no podrán incrementarse con posterioridad a la adjudicación del contrato, sin perjuicio del reequilibrio previsto en el artículo 270:

a) Subvenciones, anticipos reintegrables, préstamos participativos, subordinados o de otra naturaleza, para ser aportados desde el inicio de la explotación de las obras o en el transcurso de las mismas. La devolución de los préstamos y el pago de los intereses devengados en su caso por los mismos se ajustarán a los términos previstos en la concesión.

b) Ayudas, incluyendo todo tipo de garantías, en los casos excepcionales en que, por razones de interés público, resulte aconsejable la promoción de la utilización de las obras antes de que su explotación alcance el umbral mínimo de rentabilidad.

Artículo 269. Obras diferenciadas.

1. Cuando dos o más obras mantengan una relación funcional entre ellas, el contrato de concesión de obras no pierde su naturaleza por el hecho de que la utilización de una parte de las obras construidas no esté sujeta a remuneración siempre que dicha parte sea, asimismo, competencia de la Administración concedente e incida en la explotación de la concesión.

2. El correspondiente pliego de cláusulas administrativas particulares especificará con claridad los aspectos concernientes a las obras objeto de concesión, según se determina en esta Ley, distinguiendo, a estos efectos, la parte objeto de remuneración de aquella que no lo es.

Los licitadores deberán presentar el correspondiente plan económico-financiero que contemple ambas partes de las obras.

3. En todo caso, para la determinación de las tarifas a aplicar por la utilización de las obras objeto de concesión se tendrá en cuenta el importe total de las obras realizadas.

Artículo 270. Mantenimiento del equilibrio económico del contrato.

1. El contrato de concesión de obras deberá mantener su equilibrio económico en los términos que fueron considerados para su adjudicación, teniendo en cuenta el interés general y el interés del concesionario, de conformidad con lo dispuesto en el apartado siguiente.

2. Se deberá restablecer el equilibrio económico del contrato, en beneficio de la parte que corresponda, en los siguientes supuestos:

a) Cuando la Administración realice una modificación de las señaladas en el artículo 262.

b) Cuando actuaciones de la Administración Pública concedente, por su carácter obligatorio para el concesionario determinaran de forma directa la ruptura sustancial de la economía del contrato.

Fuera de los casos previstos en las letras anteriores, únicamente procederá el restablecimiento del equilibrio económico del contrato cuando causas de fuerza mayor determinaran de forma directa la ruptura sustancial de la economía del contrato. A estos efectos, se entenderá por causas de fuerza mayor las enumeradas en el artículo 239.

En todo caso, no existirá derecho al restablecimiento del equilibrio económico financiero por incumplimiento de las previsiones de la demanda recogidas en el estudio de la Administración o en el estudio que haya podido realizar el concesionario.

3. En los supuestos previstos en el apartado anterior, el restablecimiento del equilibrio económico del contrato se realizará mediante la adopción de las medidas que en cada caso procedan. Estas medidas podrán consistir en la modificación de las tarifas establecidas por la utilización de las obras, la modificación en la retribución a abonar por la Administración concedente, la reducción del plazo concesional, y, en general, en cualquier modificación de las cláusulas de contenido económico incluidas en el contrato. Asimismo, en los casos previstos en la letra b) y en el último párrafo del apartado 2 anterior, y siempre que la retribución del concesionario proviniere en más de un 50 por ciento de tarifas abonadas por los usuarios, podrá prorrogarse el plazo de la concesión por un período que no exceda de un 15 por ciento de su duración inicial.

4. El contratista tendrá derecho a desistir del contrato cuando este resulte extraordinariamente oneroso para él, como consecuencia de una de las siguientes circunstancias:

a) La aprobación de una disposición general por una Administración distinta de la concedente con posterioridad a la formalización del contrato.

b) Cuando el concesionario deba incorporar, por venir obligado a ello legal o contractualmente, a las obras o a su explotación avances técnicos que las mejoren notoriamente y cuya disponibilidad en el mercado, de acuerdo con el estado de la técnica, se haya producido con posterioridad a la formalización del contrato.

Se entenderá que el cumplimiento del contrato deviene extraordinariamente oneroso para el concesionario cuando la incidencia de las disposiciones de las Administraciones o el importe de las mejoras técnicas que deban incorporarse supongan un incremento neto anualizado de los costes de, al menos, el 5 por ciento del importe neto de la cifra de negocios de la concesión por el período que reste hasta la conclusión de la misma. Para el cálculo del incremento se deducirán, en su caso, los posibles ingresos adicionales que la medida pudiera generar.

Cuando el contratista desistiera del contrato como consecuencia de lo establecido en este apartado la resolución no dará derecho a indemnización alguna para ninguna de las partes.

5. En el caso de que los acuerdos que dicte el órgano de contratación respecto al desarrollo de la explotación de la concesión de obras carezcan de trascendencia económica el concesionario no tendrá derecho a indemnización o compensación por razón de los mismos.

Sección 6.ª Financiación privada

Subsección 1.ª Emisión de títulos por el concesionario

Artículo 271. Emisión de obligaciones y otros títulos.

1. El concesionario podrá apelar al crédito en el mercado de capitales, tanto exterior como interior, mediante la emisión de toda clase de obligaciones, bonos u otros títulos semejantes admitidos en derecho.

2. No podrán emitirse títulos cuyo plazo de reembolso total o parcial finalice en fecha posterior al término de la concesión.

3. Las emisiones de obligaciones podrán contar con el aval del Estado y de sus organismos públicos, que se otorgará con arreglo a las prescripciones de la normativa presupuestaria. La concesión del aval por parte de las Comunidades Autónomas, entidades locales, de sus organismos públicos respectivos y demás sujetos sometidos a esta Ley se otorgará conforme a lo que establezca su normativa específica.

4. La emisión de las obligaciones, bonos u otros títulos referidos deberá ser comunicada al órgano de contratación en el plazo máximo de un mes desde la fecha en que cada emisión se realice.

5. A las emisiones de valores reguladas en este artículo y en el siguiente les resultará de aplicación lo dispuesto en el texto refundido de la Ley del Mercado de Valores, aprobado por Real Decreto Legislativo 4/2015, de 23 de octubre.

6. Si la emisión ha sido objeto de registro ante la Comisión Nacional del Mercado de Valores y el riesgo financiero correspondiente a los valores ha sido evaluado positivamente por una entidad calificadora reconocida por dicha entidad supervisora, no será de aplicación el límite del importe previsto en el artículo 401 del texto refundido de la Ley de Sociedades de Capital, aprobado mediante Real Decreto Legislativo 1/2010, de 2 de julio.

Artículo 272. Incorporación a títulos negociables de los derechos de crédito del concesionario.

1. Podrán emitirse valores que representen una participación en uno o varios de los derechos de crédito a favor del concesionario consistentes en el derecho al cobro de las tarifas, los ingresos que pueda obtener por la explotación de los elementos comerciales relacionados con la concesión, así como los que correspondan a las aportaciones que, en su caso, deba realizar la Administración. La cesión de estos derechos se formalizará en escritura pública que, en el supuesto de cesión de las aportaciones a efectuar por la Administración, se deberá notificar al órgano contratante y ello sin perjuicio de lo dispuesto en el párrafo quinto de este apartado.

Los valores negociables anteriormente referidos se representarán en títulos o en anotaciones en cuenta, podrán realizarse una o varias emisiones y podrán afectar derechos de crédito previstos para uno o varios ejercicios económicos distintos.

Tanto las participaciones como directamente los derechos de crédito a que se refiere el primer párrafo de este apartado podrán incorporarse a fondos de titulización de activos que se regirán por la normativa específica que les corresponda.

De la suscripción y tenencia de estos valores que no esté limitada a inversores institucionales o profesionales, se dejará nota marginal en la inscripción registral de la concesión correspondiente. Asimismo, las características de las emisiones deberán constar en las memorias anuales de las sociedades que las realicen.

La emisión de estos valores requerirá autorización administrativa previa del órgano de contratación, cuyo otorgamiento solo podrá denegarse cuando el buen fin de la concesión u otra razón de interés público relevante lo justifiquen. El plazo para notificar la resolución sobre la solicitud de autorización será de dos meses, transcurrido el cual sin resolución expresa la solicitud deberá entenderse estimada.

2. Siempre que designen previamente a una persona física o jurídica que actúe como representante único ante la Administración a los solos efectos previstos en este apartado, los tenedores de valores a que se refiere el apartado 1 de este artículo podrán ejercer las facultades que se atribuyen al acreedor hipotecario en el artículo 274. Si, además, las operaciones a que dicho apartado 1 se refiere hubieran previsto expresamente la satisfacción de los derechos de los tenedores antes del transcurso del plazo concesional, estos podrán ejercer las facultades a que se refiere el apartado 3 del citado artículo 274, a partir del vencimiento de los títulos.

3. Cuando se produzca causa de resolución de la concesión imputable al concesionario sin que los acreedores hayan obtenido el reembolso

correspondiente a sus títulos, la Administración concedente podrá optar por alguna de las siguientes actuaciones:

a) Salvo que las causas de resolución fuesen las previstas en la letra b) del apartado 1 del artículo 211, acordar el secuestro o intervención de la concesión conforme a lo previsto en el artículo 263 de esta Ley a los solos efectos de satisfacer los derechos de los acreedores sin que el concesionario pueda percibir ingreso alguno.

b) Resolver la concesión, quedando la Administración liberada con la puesta a disposición de los acreedores de la menor de las siguientes cantidades:

1.º El importe de la indemnización que correspondiera al concesionario por aplicación de lo previsto en el artículo 280.

2.º La diferencia entre el valor nominal de la emisión y las cantidades percibidas hasta el momento de resolución de la concesión tanto en concepto de intereses como de amortizaciones parciales.

4. Si se produjera causa de resolución no imputable al concesionario y los acreedores no se hubiesen satisfecho íntegramente de sus derechos, la Administración podrá optar por actuar conforme a lo previsto en el párrafo a) del apartado anterior o bien por resolver la concesión acordando con el representante de los acreedores la cuantía de la deuda y las condiciones en que deberá ser amortizada. A falta de acuerdo, la Administración quedará liberada con la puesta a disposición de la diferencia entre el valor nominal de su inversión y las cantidades percibidas hasta el momento de resolución de la concesión tanto en concepto de intereses como de amortizaciones parciales.

5. Quedará siempre a salvo la facultad de acordar la licitación de una nueva concesión una vez resuelta la anterior.

6. Las solicitudes referentes a las autorizaciones administrativas previstas en este artículo se resolverán por el órgano competente en el plazo de un mes, debiendo entenderse desestimadas si no resolviera y notificara en ese plazo.

Subsección 2.ª Hipoteca de la concesión

Artículo 273. Objeto de la hipoteca de la concesión y pignoración de derechos.

1. Las concesiones de obras con los bienes y derechos que lleven incorporados serán hipotecables conforme a lo dispuesto en la legislación hipotecaria, previa autorización del órgano de contratación.

No se admitirá la hipoteca de concesiones de obras en garantía de deudas que no guarden relación con la concesión correspondiente.

2. Las solicitudes referentes a las autorizaciones administrativas previstas en este artículo y en el siguiente se resolverán por el órgano competente en el plazo de un mes, debiendo entenderse desestimadas si no se resuelven y notifican en ese plazo.

3. Los derechos derivados de la resolución de un contrato de concesión de obras o de concesión de servicios, a que se refieren los primeros apartados de los artículos 282 y 295, así como los derivados de las aportaciones públicas y de la ejecución de garantías establecidos en los artículos 266 y 268, solo podrán pignorase en garantía de deudas que guarden relación con la concesión o el contrato, previa autorización del órgano de contratación, que deberá publicarse en el «Boletín Oficial del Estado» o en el correspondiente boletín oficial autonómico o local.

Artículo 274. Derechos del acreedor hipotecario.

1. Cuando el valor de la concesión hipotecada sufriera grave deterioro por causa imputable al concesionario, el acreedor hipotecario podrá solicitar del órgano de contratación pronunciamiento sobre la existencia efectiva de dicho deterioro. Si este se confirmara podrá, asimismo, solicitar de la Administración que, previa audiencia del concesionario, ordene a este hacer o no hacer lo que proceda para evitar o remediar el daño, sin perjuicio del posible ejercicio de la acción de devastación prevista en el artículo 117 de la Ley Hipotecaria. No obstante, en el caso de ejercitarse la acción administrativa prevista en este apartado, se entenderá que el acreedor hipotecario renuncia a la acción prevista en el citado artículo 117 de la Ley Hipotecaria.

2. Cuando procediera la resolución de la concesión por incumplimiento de alguna de las obligaciones del concesionario, la Administración, antes de resolver, dará audiencia al acreedor hipotecario por si este ofreciera subrogarse en su cumplimiento y la Administración considerara compatible tal ofrecimiento con el buen fin de la concesión.

3. Si la obligación garantizada no hubiera sido satisfecha total o parcialmente al tiempo de su vencimiento, antes de promover el procedimiento de ejecución correspondiente, el acreedor hipotecario podrá ejercer las siguientes facultades siempre que así se hubiera previsto en la correspondiente escritura de constitución de hipoteca:

a) Solicitar de la Administración concedente que, previa audiencia del concesionario, disponga que se asigne a la amortización de la deuda una parte de la recaudación y de las cantidades que, en su caso, la Administración tuviese que hacer efectivas al concesionario. A tal efecto, se podrá, por cuenta y riesgo del acreedor, designar un interventor que compruebe los ingresos así obtenidos y se haga cargo de la parte que se haya señalado, la cual no podrá exceder del porcentaje o cuantía que previamente se determine.

b) Si existiesen bienes aptos para ello, solicitar de la Administración concedente que, previa audiencia al concesionario, le otorgue la explotación durante un determinado período de tiempo de todas o de parte de las zonas complementarias de explotación comercial. En el caso de que estas zonas estuvieran siendo explotadas por un tercero en virtud de una relación jurídico-privada con el concesionario, la medida contemplada por este apartado deberá serle notificada a dicho tercero con la indicación de que queda obligado a efectuar al acreedor hipotecario los pagos que debiera hacer al concesionario.

Artículo 275. Ejecución de la hipoteca.

1. El adjudicatario en el procedimiento de ejecución hipotecaria quedará subrogado en la posición del concesionario, previa autorización administrativa, en los términos que se establecen en el apartado siguiente.

2. Todo el que desee participar en el procedimiento de ejecución hipotecaria en calidad de postor o eventual adjudicatario, incluso el propio acreedor hipotecario si la legislación sectorial no lo impidiera, deberá comunicarlo al órgano de contratación para obtener la oportuna autorización administrativa, que deberá notificarse al interesado en el plazo máximo de 15 días, y sin la cual no se le admitirá en el procedimiento. La autorización tendrá carácter reglado y se otorgará siempre que el peticionario cumpla los requisitos exigidos al concesionario.

Si hubiera finalizado la fase de construcción o esta no formara parte del objeto de la concesión, solo se exigirán los requisitos necesarios para llevar a cabo la explotación de la obra.

3. Si la subasta quedara desierta o ningún interesado fuese autorizado por el órgano de contratación para participar en el procedimiento de ejecución hipotecaria, la Administración concedente podrá optar por alguna de las siguientes actuaciones en el supuesto de que el acreedor hipotecario autorizado, en su caso, para ser concesionario no opte por el ejercicio del derecho que le atribuye el artículo 671 de la Ley 1/2000, de 7 de enero, de Enjuiciamiento Civil:

a) Acordar el secuestro o intervención de la concesión conforme a lo previsto en el artículo 263 de esta Ley sin que el concesionario pueda percibir ingreso alguno. Se dará trámite de audiencia al acreedor hipotecario para ofrecerle la posibilidad de proponer un nuevo concesionario. Si la propuesta no se produjera o el candidato propuesto no cumpliera los requisitos exigibles conforme a lo establecido en el apartado anterior, se procederá a la licitación de la misma concesión en el menor plazo posible.

b) Resolver la concesión quedando la Administración liberada con la puesta a disposición de los acreedores del importe de la indemnización que correspondiera al concesionario por aplicación de lo previsto en el artículo 280.

Artículo 276. Derechos de titulares de cargas inscritas o anotadas sobre la concesión para el caso de resolución concesional.

Cuando procediera la resolución de la concesión y existieran titulares de derechos o cargas inscritos o anotados en el Registro de la Propiedad sobre la concesión, se observarán las siguientes reglas:

a) La Administración, comenzado el procedimiento, deberá solicitar para su incorporación al expediente certificación del Registro de la Propiedad, al objeto de que puedan ser oídos todos los titulares de tales cargas y derechos.

b) El registrador, al tiempo de expedir la certificación a que se refiere el párrafo anterior, deberá extender nota al margen de la inscripción de la concesión sobre la iniciación del procedimiento de resolución.

c) Para cancelar los asientos practicados a favor de los titulares de las citadas cargas y derechos, deberá mediar resolución administrativa firme que declare la resolución de la concesión y el abono o depósito a favor de dichos titulares de la cantidades garantizadas por las indicadas cargas con el límite de las eventuales indemnizaciones que la Administración debiera abonar conforme a lo previsto en el artículo 280.

Subsección 3.ª Otras fuentes de financiación

Artículo 277. Créditos participativos.

1. Se admiten los créditos participativos para la financiación de la construcción y explotación, o solo la explotación, de las obras objeto de concesión. En dichos supuestos la participación del prestamista se producirá sobre los ingresos del concesionario.

2. El concesionario podrá amortizar anticipadamente el capital prestado en las condiciones pactadas.

3. Excepcionalmente, las Administraciones Públicas podrán contribuir a la financiación de la obra mediante el otorgamiento de créditos participativos. En tales casos, y salvo estipulación expresa en contrario, el concesionario no podrá amortizar anticipadamente el capital prestado, a no ser que la amortización anticipada implique el abono por el concesionario del valor actual neto de los beneficios futuros esperados según el plan económico-financiero revisado y aprobado por el órgano competente de la Administración en el momento de la devolución del capital.

4. La obtención de estos créditos deberá comunicarse al órgano de contratación en el plazo máximo de un mes desde la fecha en que cada uno hubiera sido concedido.

Sección 7.ª Extinción de las concesiones

Artículo 278. Prórroga del plazo de las concesiones y extinción de la concesión por transcurso del plazo.

1. Los plazos fijados en los pliegos de condiciones de acuerdo con lo dispuesto en el artículo 29, solo podrán ser prorrogados de acuerdo con lo establecido en el último inciso del apartado 3 del artículo 270.

2. Las concesiones relativas a obras hidráulicas se regirán, en cuanto a su duración, por el artículo 134.a) del texto refundido de la Ley de Aguas, aprobado por el Real Decreto Legislativo 1/2001, de 20 de julio.

3. La concesión se entenderá extinguida por cumplimiento cuando transcurra el plazo inicialmente establecido o, en su caso, el resultante de las prórrogas acordadas conforme al apartado 3 del artículo 270, o de las reducciones que se hubiesen decidido.

4. Quedarán igualmente extinguidos todos los contratos vinculados a la concesión y a la explotación de sus zonas comerciales.

Artículo 279. Causas de resolución.

Son causas de resolución del contrato de concesión de obras, además de las señaladas en el artículo 211, con la excepción de las contempladas en sus letras d) y e), las siguientes:

a) La ejecución hipotecaria declarada desierta o la imposibilidad de iniciar el procedimiento de ejecución hipotecaria por falta de interesados autorizados para ello en los casos en que así procediera, de acuerdo con lo establecido en la Ley.

b) La demora superior a seis meses por parte del órgano de contratación en la entrega al concesionario de la contraprestación, de los terrenos o de los medios auxiliares a que se obligó según el contrato.

c) El rescate de la explotación de las obras por el órgano de contratación. Se entenderá por rescate la declaración unilateral del órgano contratante, adoptada por razones de interés público, por la que dé por terminada la concesión, no obstante la buena gestión de su titular, para su gestión directa por la Administración. El rescate de la concesión requerirá además la acreditación de que dicha gestión directa es más eficaz y eficiente que la concesional.

d) La supresión de la explotación de las obras por razones de interés público.

e) La imposibilidad de la explotación de las obras como consecuencia de acuerdos adoptados por la Administración concedente con posterioridad al contrato.

f) El secuestro o intervención de la concesión por un plazo superior al establecido de conformidad con el apartado 3 del artículo 263, sin que el contratista haya garantizado la asunción completa de sus obligaciones.

Artículo 280. Efectos de la resolución.

1. En los supuestos de resolución por causa imputable a la Administración, esta abonará en todo caso al concesionario el importe de las inversiones realizadas por razón de la expropiación de terrenos, ejecución de obras de construcción y adquisición de bienes que sean necesarios para la explotación de la obra objeto de la concesión, atendiendo a su grado de amortización. Al efecto, se aplicará un criterio de amortización lineal. La cantidad resultante se fijará dentro del plazo de tres meses, salvo que se estableciera otro en el pliego de cláusulas administrativas particulares.

En los casos en que la resolución se produzca por causas no imputables a la Administración, el importe a abonar al concesionario por cualquiera de las causas posibles será el que resulte de la valoración de la concesión, determinado conforme lo dispuesto en el artículo 281.

En todo caso, se entenderá que la resolución de la concesión no es imputable a la Administración cuando obedezca a alguna de las causas previstas en las letras a), b) y f) del artículo 211, así como en las letras a) y f) del artículo 279.

2. Cuando el contrato se resuelva por causa imputable al concesionario, le será incautada la garantía y deberá, además, indemnizar a la Administración los daños y perjuicios ocasionados en lo que exceda del importe de la garantía incautada.

3. En los supuestos de las letras b), c), d) y e) del artículo 279, y en general en los casos en que la resolución del contrato se produjera por causas imputables a la Administración y sin perjuicio de lo dispuesto en el apartado 1 de este artículo, la Administración concedente indemnizará al concesionario por los daños y perjuicios que se le irroguen.

Para determinar la cuantía de la indemnización se tendrán en cuenta:

a) Los beneficios futuros que el concesionario dejará de percibir, cuantificándolos en la media aritmética de los beneficios antes de impuestos obtenidos durante un período de tiempo equivalente a los años que restan hasta la terminación de la concesión. En caso de que el tiempo restante fuese superior al transcurrido, se tomará como referencia este último. La tasa de descuento aplicable será la que resulte del coste de capital medio ponderado correspondiente a las últimas cuentas anuales del concesionario.

b) La pérdida del valor de las obras e instalaciones que no hayan de ser entregadas a aquella, considerando su grado de amortización.

4. El órgano de contratación podrá acordar también la resolución de los contratos otorgados por el concesionario para el aprovechamiento de las zonas complementarias. El órgano de contratación podrá acordar también, como consecuencia de la resolución de la concesión, la resolución de los contratos otorgados de explotación comercial, abonando la indemnización que en su caso correspondiera. Esta indemnización será abonada con cargo al concesionario cuando la resolución se produjera como consecuencia de causa imputable a este. Cuando no se acuerde la resolución de los citados contratos, los titulares de los derechos de aprovechamiento seguirán ejerciéndolos, quedando obligados frente al órgano de contratación en los mismos términos en que lo estuvieran frente al concesionario, salvo que se llegara, de mutuo acuerdo, a la revisión del correspondiente contrato.

5. Si el concesionario no cumpliera con las obligaciones del beneficiario en las expropiaciones y en virtud de resolución judicial, cualquiera que fuera su fecha, la Administración concedente tuviera que hacerse cargo de abonar las indemnizaciones a los expropiados, esta quedará subrogada en el crédito del expropiado. En todo caso, desde el momento en que se declare la obligación de pago a cargo de la Administración concedente, las cantidades que no le sean reembolsadas minorarán el importe global que corresponda de conformidad con lo dispuesto en el apartado primero de este artículo.

6. En el supuesto de la letra b) del artículo 279, el contratista tendrá derecho al abono del interés de demora previsto en la Ley 3/2004, de 29 de diciembre, por la que se establecen medidas de lucha contra la morosidad en operaciones comerciales de las cantidades debidas o valores económicos convenidos, a partir del vencimiento del plazo previsto para su entrega y hasta la liquidación de la indemnización resultante de la resolución, así como de los daños y perjuicios sufridos.

Artículo 281. Nuevo proceso de adjudicación en concesión de obras en los casos en los que la resolución obedezca a causas no imputables a la Administración.

1. En el supuesto de resolución por causas no imputables a la Administración, el órgano de contratación deberá licitar nuevamente la concesión, siendo el tipo de licitación el que resulte del artículo siguiente. La licitación se realizará mediante subasta al alza siendo el único criterio de adjudicación el precio.

En el caso que quedara desierta la primera licitación, se convocará una nueva licitación en el plazo máximo de un mes, siendo el tipo de licitación el 50 por ciento de la primera.

El adjudicatario de la licitación deberá abonar el importe de esta en el plazo de dos meses desde que se haya adjudicado la concesión. En el supuesto de que no se abone el citado importe en el indicado plazo, la adjudicación quedará sin efecto, adjudicándose al siguiente licitador por orden o, en el caso de no haber más licitadores, declarando la licitación desierta.

La convocatoria de la licitación podrá realizarse siempre que se haya incoado el expediente de resolución, si bien no podrá adjudicarse hasta que este no haya concluido. En todo caso, desde la resolución de la concesión a la apertura de las ofertas de la primera licitación no podrá transcurrir un plazo superior a tres meses.

Podrá participar en la licitación todo empresario que haya obtenido la oportuna autorización administrativa en los términos previstos en el apartado 2 del artículo 275.

2. El valor de la concesión, en el supuesto de que la resolución obedezca a causas no imputables a la Administración, será el que resulte de la adjudicación de las licitaciones a las que se refiere el apartado anterior.

En el caso de que la segunda licitación quedara desierta, el valor de la concesión será el tipo de esta, sin perjuicio de la posibilidad de presentar por el concesionario originario o acreedores titulares al menos de un 5 por ciento del pasivo exigible de la concesionaria, en el plazo máximo de tres meses a contar desde que quedó desierta, un nuevo comprador que abone al menos el citado tipo de licitación, en cuyo caso el valor de la concesión será el importe abonado por el nuevo comprador.

La Administración abonara al primitivo concesionario el valor de la concesión en un plazo de tres meses desde que se haya realizado la adjudicación de la licitación a la que se refiere el apartado anterior o desde que la segunda licitación haya quedado desierta.

En todo caso, el nuevo concesionario se subrogará en la posición del primitivo concesionario quedando obligado a la realización de las actuaciones vinculadas a las subvenciones de capital percibidas cuando no se haya cumplido la finalidad para la que se concedió la subvención.

3. El contrato resultante de la licitación referida en el apartado 1 tendrá en todo caso la naturaleza de contrato de concesión de obras, siendo las condiciones del mismo las establecidas en el contrato primitivo que se ha resuelto, incluyendo el plazo de duración.

Artículo 282. Determinación del tipo de licitación de la concesión de obras en los casos en los que la resolución obedezca a causas no imputables a la Administración.

Para la fijación del tipo de la primera licitación, al que se refiere el artículo 281, se seguirán las siguientes reglas:

a) El tipo se determinará en función de los flujos futuros de caja que se prevea obtener por la sociedad concesionaria, por la explotación de la concesión, en el periodo que resta desde la resolución del contrato hasta su reversión, actualizados al tipo de descuento del interés de las obligaciones del Tesoro a diez años incrementado en 300 puntos básicos.

Se tomará como referencia para el cálculo de dicho rendimiento medio los últimos datos disponibles publicados por el Banco de España en el Boletín del Mercado de Deuda Pública.

b) El instrumento de deuda que sirve de base al cálculo de la rentabilidad razonable y el diferencial citados podrán ser modificados por la Comisión Delegada del Gobierno para Asuntos Económicos, previo informe de la Oficina Nacional de Evaluación, para adaptarlo a las condiciones de riesgo y rentabilidad observadas en los contratos del sector público.

c) Los flujos netos de caja futuros se cuantificarán en la media aritmética de los flujos de caja obtenidos por la entidad durante un período de tiempo equivalente a los años que restan hasta la terminación. En caso de que el tiempo restante fuese superior al transcurrido, se tomará como referencia este último. No se incorporará ninguna actualización de precios en función de la inflación futura estimada.

d) El valor de los flujos de caja será el que el Plan General de Contabilidad establece en el Estado de Flujos de Efectivo como Flujos de Efectivo de las Actividades de Explotación sin computar en ningún caso los pagos y cobros de intereses, los cobros de dividendos y los cobros o pagos por impuesto sobre beneficios.

e) Si la resolución del contrato se produjera antes de la terminación de la construcción de la infraestructura, el tipo de la licitación será el 70 por cien del importe equivalente a la inversión ejecutada. A estos efectos se entenderá por inversión ejecutada el importe que figure en las últimas cuentas anuales aprobadas incrementadas en la cantidad resultante de las certificaciones cursadas desde el cierre del ejercicio de las últimas cuentas aprobadas hasta el momento de la resolución. De dicho importe se deducirá el correspondiente a las subvenciones de capital percibidas por el beneficiario, cuya finalidad no se haya cumplido.

Artículo 283. Destino de las obras a la extinción de la concesión.

1. El concesionario quedará obligado a hacer entrega a la Administración concedente, en buen estado de conservación y uso, de las obras incluidas en la concesión, así como de los bienes e instalaciones necesarios para su explotación y de los bienes e instalaciones incluidos en la zona de explotación comercial, si la hubiera, de acuerdo con lo establecido en el contrato, todo lo cual quedará reflejado en el acta de recepción.

Cuando se proceda al término de la concesión a la entrega de bienes e instalaciones al órgano de contratación, se levantará un acta de recepción formal. El levantamiento de este acta y su contenido se ajustarán a lo establecido en el artículo 243 de esta Ley.

2. No obstante, los pliegos podrán prever que, a la extinción de la concesión, estas obras, bienes e instalaciones, o algunos de ellos, deban ser demolidos por el concesionario, reponiendo los bienes sobre los que se asientan al estado en que se encontraban antes de su construcción.

3. Los bienes afectos a la concesión que vayan a revertir a la Administración no podrán ser objeto de embargo.

CAPÍTULO III Del contrato de concesión de servicios

Sección 1.ª Delimitación del contrato de concesión de servicios

Artículo 284. Ámbito del contrato de concesión de servicios.

1. La Administración podrá gestionar indirectamente, mediante contrato de concesión de servicios, los servicios de su titularidad o competencia siempre que sean susceptibles de explotación económica por particulares. En ningún caso podrán prestarse mediante concesión de servicios los que impliquen ejercicio de la autoridad inherente a los poderes públicos.

2. Antes de proceder a la contratación de una concesión de servicios, en los casos en que se trate de servicios públicos, deberá haberse establecido su régimen jurídico, que declare expresamente que la actividad de que se trata queda asumida por la Administración respectiva como propia de la misma, determine el alcance de las prestaciones en favor de los administrados, y regule los aspectos de carácter jurídico, económico y administrativo relativos a la prestación del servicio.

3. El contrato expresará con claridad, en todo caso, el ámbito de la concesión, tanto en el orden funcional, como en el territorial.

Sección 2.ª Régimen jurídico

Subsección 1.ª Actuaciones preparatorias del contrato de concesión de servicios

Artículo 285. Pliegos y anteproyecto de obra y explotación.

1. Los pliegos de cláusulas administrativas particulares y de prescripciones técnicas deberán hacer referencia, al menos, a los siguientes aspectos:

a) Definirán el objeto del contrato, debiendo prever la realización independiente de cada una de sus partes mediante su división en lotes, sin merma de la eficacia de la prestación, de acuerdo con lo dispuesto en el artículo 99.3, con la finalidad de promover la libre concurrencia.

b) Fijarán las condiciones de prestación del servicio y, en su caso, fijarán las tarifas que hubieren de abonar los usuarios, los procedimientos para su revisión, y el canon o participación que hubiera de satisfacerse a la Administración. En cuanto a la revisión de tarifas, los pliegos de cláusulas administrativas deberán ajustarse a lo previsto en el Capítulo II, del Título III, del Libro Primero.

c) Regularán también la distribución de riesgos entre la Administración y el concesionario en función de las características particulares del servicio, si bien en todo caso el riesgo operacional le corresponderá al contratista.

d) Definirán los requisitos de capacidad y solvencia financiera, económica y técnica que sean exigibles a los licitadores, pudiendo fijarse distintos requisitos de solvencia en función de las diferentes fases del contrato de conformidad con lo dispuesto en el artículo 86.3, a los efectos de una posible cesión en los términos establecidos en el artículo 214.2.c).

e) Preverán también la posibilidad de que se produzca la cesión del contrato de conformidad con lo previsto en el artículo 214, así como de las participaciones en la sociedad concesionaria cuando se constituyera una sociedad de propósito específico por los licitadores para la ejecución del contrato. Asimismo, establecerán criterios para la determinación de cuándo la cesión de las participaciones deberá considerarse por suponer un efectivo cambio de control y, en el caso de que estuviera justificado por las características del contrato, se establecerán también mecanismos de control para cesiones de participaciones en la sociedad concesionaria que no puedan equipararse a una cesión del contrato. En todo caso se considerará que se produce un efectivo cambio de control cuando se ceda el 51 por ciento de las participaciones.

En los casos en que la concesión de servicios se refiera a servicios públicos, lo establecido en el presente apartado se realizará de acuerdo con las normas reguladoras del régimen jurídico del servicio a que se refiere el artículo 284.2.

2. En los contratos de concesión de servicios la tramitación del expediente irá precedida de la realización y aprobación de un estudio de viabilidad de los mismos o en su caso, de un estudio de viabilidad económico-financiera, que tendrán carácter vinculante en los supuestos en

que concluyan en la inviabilidad del proyecto. En los casos en que los contratos de concesión de servicios comprendan la ejecución de obras, la tramitación de aquel irá precedida, además, cuando proceda de conformidad con lo dispuesto en el artículo 248.1, de la elaboración y aprobación administrativa del Anteproyecto de construcción y explotación de las obras que resulten precisas, con especificación de las prescripciones técnicas relativas a su realización; y, además, de la redacción, supervisión, aprobación y replanteo del correspondiente proyecto de las obras.

En los supuestos en que para la viabilidad de la concesión se contemplen ayudas a la construcción o explotación de la misma, el estudio de viabilidad se pronunciará sobre la existencia de una posible ayuda de Estado y la compatibilidad de la misma con el Tratado de Funcionamiento de la Unión Europea.

Subsección 2.ª Efectos, cumplimiento y extinción del contrato de concesión de servicios

Artículo 286. Efectos, cumplimiento y extinción.

Los efectos, cumplimiento y extinción de los contratos de concesión de servicios se regularán por la presente Ley, excluidos los artículos 208 y 210. Tampoco resultarán de aplicación, salvo en la fase de construcción cuando comprenda la ejecución de obras, el apartado 2 del artículo 192, el artículo 193 y el artículo 195.

Sección 3.ª Ejecución del contrato de concesión de servicios

Artículo 287. Ejecución del contrato de concesión de servicios.

1. El concesionario está obligado a organizar y prestar el servicio con estricta sujeción a las características establecidas en el contrato y dentro de los plazos señalados en el mismo, y, en su caso, a la ejecución de las obras conforme al proyecto aprobado por el órgano de contratación.

2. En el caso de que la concesión recaiga sobre un servicio público, la Administración conservará los poderes de policía necesarios para asegurar la buena marcha de los servicios de que se trate.

3. Las concesiones de servicios únicamente podrán ser objeto de hipoteca en los casos en que conlleven la realización de obras o instalaciones fijas necesarias para la prestación del servicio, y exclusivamente en garantía de deudas que guarden relación con la concesión.

Artículo 288. Obligaciones generales.

El concesionario estará sujeto al cumplimiento de las siguientes obligaciones:

a) Prestar el servicio con la continuidad convenida y garantizar a los particulares el derecho a utilizarlo en las condiciones que hayan sido establecidas y mediante el abono, en su caso, de la contraprestación económica comprendida en las tarifas aprobadas. En caso de extinción del contrato por cumplimiento del mismo, el contratista deberá seguir prestando el servicio hasta que se formalice el nuevo contrato.

b) Cuidar del buen orden del servicio, pudiendo dictar las oportunas instrucciones, sin perjuicio de los poderes de policía a los que se refiere el artículo anterior.

c) Indemnizar los daños que se causen a terceros como consecuencia de las operaciones que requiera el desarrollo del servicio, excepto cuando el daño sea producido por causas imputables a la Administración.

d) Respetar el principio de no discriminación por razón de nacionalidad, respecto de las empresas de Estados miembros de la Comunidad Europea o signatarios del Acuerdo sobre Contratación Pública de la Organización Mundial del Comercio, en los contratos de suministro consecuencia del de concesión de servicios.

e) Cualesquiera otras previstas en la legislación, en el pliego de cláusulas administrativas particulares y en el resto de la documentación contractual.

Artículo 289. Prestaciones económicas.

1. El concesionario tiene derecho a las contraprestaciones económicas previstas en el contrato, entre las que se incluirá, para hacer efectivo su derecho a la explotación del servicio, una retribución fijada en función de su utilización que se percibirá directamente de los usuarios o de la propia Administración.

2. Las contraprestaciones económicas pactadas, que se denominarán tarifas y tendrán la naturaleza de prestación patrimonial de carácter público no tributario, serán revisadas, en su caso, en la forma establecida en el contrato, que se ajustará, en todo caso, a lo previsto en el Capítulo II del Título III del Libro Primero de la presente Ley, relativo a la revisión de precios en los contratos de las entidades del sector público.

En la contabilidad diferenciada que el concesionario debe llevar respecto de todos los ingresos y gastos de la concesión, y que deberá estar a disposición de la entidad contratante, quedarán debidamente reflejados todos los ingresos derivados de las contraprestaciones pactadas en la forma prevista en el apartado 6 del artículo 267.

3. Si así lo hubiera establecido el pliego de cláusulas administrativas particulares, el concesionario abonará a la Administración concedente un canon o participación, que se determinará y abonará en la forma y condiciones previstas en el citado pliego y en la restante documentación contractual.

Sección 4.ª Modificación del contrato de concesión de servicios

Artículo 290. Modificación del contrato y mantenimiento de su equilibrio económico.

1. La Administración podrá modificar las características del servicio contratado y las tarifas que han de ser abonadas por los usuarios, únicamente por razones de interés público y si concurren las circunstancias previstas en la Subsección 4.ª de la Sección 3.ª del Capítulo I del Título I del Libro Segundo de la presente Ley.

2. Cuando las modificaciones afecten al régimen financiero del contrato, se deberá compensar a la parte correspondiente de manera que se mantenga el equilibrio de los supuestos económicos que fueron considerados como básicos en la adjudicación del contrato.

3. En el caso de que los acuerdos que dicte la Administración respecto al desarrollo del servicio carezcan de trascendencia económica, el concesionario no tendrá derecho a indemnización por razón de los mismos.

4. Se deberá restablecer el equilibrio económico del contrato, en beneficio de la parte que corresponda, en los siguientes supuestos:

a) Cuando la Administración realice una modificación de las señaladas en el apartado 1 del presente artículo concurriendo las circunstancias allí establecidas.

b) Cuando actuaciones de la Administración Pública concedente, por su carácter obligatorio para el concesionario determinaran de forma directa la ruptura sustancial de la economía del contrato.

Fuera de los casos previstos en las letras anteriores, únicamente procederá el restablecimiento del equilibrio económico del contrato cuando causas de fuerza mayor determinaran de forma directa la ruptura sustancial de la economía del contrato. A estos efectos, se entenderá por causas de fuerza mayor las enumeradas en el artículo 239 de la presente Ley.

En todo caso, no existirá derecho al restablecimiento del equilibrio económico financiero por incumplimiento de las previsiones de la demanda recogidas en el estudio de la Administración o en el estudio que haya podido realizar el concesionario.

5. En los supuestos previstos en el apartado anterior, el restablecimiento del equilibrio económico del contrato se realizará mediante la adopción de las medidas que en cada caso procedan. Estas medidas

podrán consistir en la modificación de las tarifas a abonar por los usuarios, la modificación de la retribución a abonar por la Administración concedente, la reducción del plazo de la concesión y, en general, en cualquier modificación de las cláusulas de contenido económico incluidas en el contrato. Asimismo, en los casos previstos en la letra b) y en el último párrafo del apartado anterior, podrá ampliarse el plazo del contrato por un período que no exceda de un 15 por ciento de su duración inicial, respetando los límites máximos de duración previstos legalmente.

6. El contratista tendrá derecho a desistir del contrato cuando este resulte extraordinariamente oneroso para él, como consecuencia de una de las siguientes circunstancias:

a) La aprobación de una disposición general por una Administración distinta de la concedente con posterioridad a la formalización del contrato.

b) Cuando el concesionario deba incorporar, por venir obligado a ello legal o contractualmente, a las obras o a su explotación avances técnicos que las mejoren notoriamente y cuya disponibilidad en el mercado, de acuerdo con el estado de la técnica, se haya producido con posterioridad a la formalización del contrato.

Se entenderá que el cumplimiento del contrato deviene extraordinariamente oneroso para el concesionario cuando la incidencia de las disposiciones de las Administraciones o el importe de las mejoras técnicas que deban incorporarse supongan un incremento neto anualizado de los costes de, al menos, el 5 por ciento del importe neto de la cifra de negocios de la concesión por el período que reste hasta la conclusión de la misma. Para el cálculo del incremento se deducirán, en su caso, los posibles ingresos adicionales que la medida pudiera generar.

Cuando el contratista desistiera del contrato como consecuencia de lo establecido en este apartado la resolución no dará derecho a indemnización alguna para ninguna de las partes.

Sección 5.ª Cumplimiento y efectos del contrato de concesión de servicios

Artículo 291. Reversión.

1. Finalizado el plazo de la concesión, el servicio revertirá a la Administración, debiendo el contratista entregar las obras e instalaciones a que esté obligado con arreglo al contrato y en el estado de conservación y funcionamiento adecuados.

2. Durante un período prudencial anterior a la reversión, que deberá fijarse en el pliego, el órgano competente de la Administración adoptará las disposiciones encaminadas a que la entrega de los bienes se verifique en las condiciones convenidas.

3. Los bienes afectos a la concesión que vayan a revertir a la Administración en virtud de lo establecido en el presente artículo, no podrán ser objeto de embargo.

Artículo 292. Falta de entrega de contraprestaciones económicas y medios auxiliares.

Si la Administración no hiciere efectiva al concesionario la contraprestación económica o no entregare los medios auxiliares a que se obligó en el contrato dentro de los plazos previstos en el mismo y no procediese la resolución del contrato o no la solicitase el concesionario, este tendrá derecho al interés de demora de las cantidades o valores económicos que aquellos signifiquen, de conformidad con lo establecido en el artículo 198.

Artículo 293. Incumplimiento del concesionario.

1. Cuando el contrato recaiga sobre un servicio público, si por causas ajenas al concesionario o bien del incumplimiento por parte de este se derivase perturbación grave y no reparable por otros medios en el servicio, la Administración podrá acordar el secuestro o intervención del mismo en los términos establecidos en el artículo 263. En todo caso, el concesionario deberá abonar a la Administración los daños y perjuicios que efectivamente le haya ocasionado.

2. En cualquier caso, en los supuestos de incumplimiento por parte del concesionario resultará de aplicación el régimen de penalidades establecidas en el artículo 264 de la presente Ley respecto de la concesión de obras, siempre que resulte compatible con la naturaleza de la concesión de servicios.

Sección 6.ª Resolución del contrato de concesión de servicios

Artículo 294. Causas de resolución.

Son causas de resolución del contrato de concesión de servicios, además de las señaladas en el artículo 211, con la excepción de las contempladas en sus letras d) y e), las siguientes:

a) La ejecución hipotecaria declarada desierta o la imposibilidad de iniciar el procedimiento de ejecución hipotecaria por falta de interesados autorizados para ello en los casos en que así procediera, de acuerdo con lo establecido en esta Ley.

b) La demora superior a seis meses por parte de la Administración en la entrega al concesionario de la contraprestación o de los medios auxiliares a que se obligó según el contrato.

c) El rescate del servicio por la Administración para su gestión directa por razones de interés público. El rescate de la concesión requerirá además la acreditación de que dicha gestión directa es más eficaz y eficiente que la concesional.

d) La supresión del servicio por razones de interés público.

e) La imposibilidad de la explotación del servicio como consecuencia de acuerdos adoptados por la Administración con posterioridad al contrato.

f) El secuestro o intervención de la concesión por un plazo superior al establecido de conformidad con el apartado 3 del artículo 263, sin que el contratista haya garantizado la asunción completa de sus obligaciones.

Artículo 295. Efectos de la resolución.

1. En los supuestos de resolución por causa imputable a la Administración, esta abonará al concesionario en todo caso el importe de las inversiones realizadas por razón de la expropiación de terrenos, ejecución de obras de construcción y adquisición de bienes que sean necesarios para la explotación de los servicios objeto de concesión, atendiendo a su grado de amortización. Al efecto, se aplicara un criterio de amortización lineal de la inversión.

Cuando la resolución obedezca a causas no imputables a la Administración, el importe a abonar al concesionario por razón de la expropiación de terrenos, ejecución de obras y adquisición de bienes que deban revertir a la Administración será el que resulte de la valoración de la concesión, determinado conforme lo dispuesto en el artículo 281.

En todo caso, se entenderá que no es imputable a la Administración la resolución del contrato cuando esta obedezca a alguna de las causas establecidas en las letras a), b) y f) del artículo 211, así como a las causas establecidas en las letras a) y f) del artículo 294.

2. Con independencia de lo dispuesto en el artículo 213, el incumplimiento por parte de la Administración o del contratista de las obligaciones del contrato producirá los efectos que según las disposiciones específicas del servicio puedan afectar a estos contratos.

3. En el supuesto de la letra b) del artículo 294, el contratista tendrá derecho al abono del interés de demora previsto en la Ley 3/2004, de 29 de diciembre, por la que se establecen medidas de lucha contra la morosidad en operaciones comerciales, de las cantidades debidas o valores económicos convenidos, a partir del vencimiento del plazo previsto para su entrega y hasta la liquidación de la indemnización resultante de la resolución, así como de los daños y perjuicios sufridos.

4. En los supuestos de las letras b), c), d) y e) del artículo 294, y en general en los casos en que la resolución del contrato se produjera por causas imputables a la Administración, sin perjuicio de lo dispuesto en el apartado 1 de este artículo, la Administración indemnizará al contratista de los daños y perjuicios que se le irroguen, incluidos los beneficios futuros que deje de percibir, cuantificados conforme a lo establecido en la letra a) del apartado 3 del artículo 280 y a la pérdida del valor de las obras e instalaciones que no hayan de revertir a aquella, habida cuenta de su grado de amortización.

Sección 7.ª Subcontratación del contrato de concesión de servicios

Artículo 296. Subcontratación.

En el contrato de concesión de servicios, la subcontratación solo podrá recaer sobre prestaciones accesorias, resultándole de aplicación la regulación establecida en los artículos 215, 216 y 217 de la presente Ley.

Sección 8.ª Regulación supletoria del contrato de concesión de servicios

Artículo 297. Regulación supletoria.

En lo no previsto en el presente Capítulo respecto al contrato de concesión de servicios, le será de aplicación la regulación establecida en la presente Ley respecto al contrato de concesión de obras, siempre que resulte compatible con la naturaleza de aquel.

CAPÍTULO IV Del contrato de suministro

Sección 1.ª Regulación de determinados contratos de suministro

Artículo 298. Arrendamiento.

En el contrato de arrendamiento, el arrendador o empresario asumirá durante el plazo de vigencia del contrato la obligación del mantenimiento del objeto del mismo. Las cantidades que, en su caso, deba satisfacer la Administración en concepto de canon de mantenimiento se fijarán separadamente de las constitutivas del precio del arriendo.

Artículo 299. Contratos de fabricación.

A los contratos de fabricación se les aplicarán directamente las normas generales y especiales del contrato de obras que el órgano de contratación determine en el correspondiente pliego de cláusulas administrativas particulares, salvo las relativas a su publicidad y procedimiento de adjudicación que se acomodarán, en todo caso, al contrato de suministro.

Sección 2.ª Ejecución del contrato de suministro

Artículo 300. Entrega y recepción.

1. El contratista estará obligado a entregar los bienes objeto de suministro en el tiempo y lugar fijados en el contrato y de conformidad con las prescripciones técnicas y cláusulas administrativas.

2. Cualquiera que sea el tipo de suministro, el adjudicatario no tendrá derecho a indemnización por causa de pérdidas, averías o perjuicios ocasionados en los bienes antes de su entrega a la Administración, salvo que esta hubiere incurrido en mora al recibirlos.

3. Cuando el acto formal de la recepción de los bienes, de acuerdo con las condiciones del pliego, sea posterior a su entrega, la Administración será responsable de la custodia de los mismos durante el tiempo que medie entre una y otra.

4. Una vez recibidos de conformidad por la Administración bienes o productos perecederos, será esta responsable de su gestión, uso o caducidad, sin perjuicio de la responsabilidad del suministrador por los vicios o defectos ocultos de los mismos.

Artículo 301. Pago del precio.

1. El adjudicatario tendrá derecho al abono del precio de los suministros efectivamente entregados y formalmente recibidos por la Administración con arreglo a las condiciones establecidas en el contrato.

2. En el contrato de suministros en el que la determinación del precio se realice mediante precios unitarios, se podrá incrementar el número de unidades a suministrar hasta el porcentaje del 10 por ciento del precio del contrato, a que se refiere el artículo 205.2.c).3.º, sin que sea preciso tramitar el correspondiente expediente de modificación, siempre que así se haya establecido en el pliego de cláusulas administrativas particulares y se haya acreditado la correspondiente financiación en el expediente originario del contrato.

Artículo 302. Pago en metálico y en otros bienes.

1. Cuando razones técnicas o económicas debidamente justificadas en el expediente lo aconsejen, podrá establecerse en el pliego de cláusulas administrativas particulares que el pago del precio total de los bienes a

suministrar consista parte en dinero y parte en la entrega de otros bienes de la misma clase, sin que, en ningún caso, el importe de estos pueda superar el 50 por cien del precio total.

A estos efectos, el compromiso de gasto correspondiente se limitará al importe que, del precio total del contrato, no se satisfaga mediante la entrega de bienes al contratista, sin que tenga aplicación lo dispuesto en el artículo 27.4 de la Ley 47/2003, de 26 de noviembre, General Presupuestaria, en el apartado 3 del artículo 165 de la Ley Reguladora de las Haciendas Locales, aprobada por Real Decreto Legislativo 2/2004, de 5 de marzo, o en análogas regulaciones contenidas en las normas presupuestarias de las distintas Administraciones Públicas sujetas a esta Ley.

2. La entrega de los bienes por la Administración se acordará por el órgano de contratación, implicando dicho acuerdo por sí solo la baja en el inventario y, en su caso, la desafectación de los bienes de que se trate.

3. En este supuesto el importe que del precio total del suministro corresponda a los bienes entregados por la Administración será un elemento económico a valorar para la adjudicación del contrato y deberá consignarse expresamente por los empresarios en sus ofertas.

4. El contenido de este artículo será de aplicación a los contratos de servicios para la gestión de los sistemas de información, los de servicios de telecomunicación y los contratos de mantenimiento de estos sistemas, suministros de equipos y terminales y adaptaciones necesarias como cableado, canalizaciones y otras análogas, siempre que vayan asociadas a la prestación de estos servicios y se contraten conjuntamente con ellos, entendiéndose que los bienes a entregar, en su caso, por la Administración han de ser bienes y equipos informáticos y de telecomunicaciones.

Artículo 303. Facultades de la Administración en el proceso de fabricación.

La Administración tiene la facultad de inspeccionar y de ser informada del proceso de fabricación o elaboración del producto que haya de ser entregado como consecuencia del contrato, pudiendo ordenar o realizar por sí misma análisis, ensayos y pruebas de los materiales que se vayan a emplear, establecer sistemas de control de calidad y dictar cuantas disposiciones estime oportunas para el estricto cumplimiento de lo convenido.

Sección 3.ª Cumplimiento del contrato de suministro

Artículo 304. Gastos de entrega y recepción.

1. Salvo pacto en contrario, los gastos de la entrega y transporte de los bienes objeto del suministro al lugar convenido serán de cuenta del contratista.

2. Si los bienes no se hallan en estado de ser recibidos se hará constar así en el acta de recepción y se darán las instrucciones precisas al contratista para que subsane los defectos observados o proceda a un nuevo suministro de conformidad con lo pactado.

Artículo 305. Vicios o defectos durante el plazo de garantía.

1. Si durante el plazo de garantía se acreditase la existencia de vicios o defectos en los bienes suministrados tendrá derecho la Administración a reclamar del contratista la reposición de los que resulten inadecuados o la reparación de los mismos si fuese suficiente.

2. Durante este plazo de garantía tendrá derecho el contratista a conocer y ser oído sobre la aplicación de los bienes suministrados.

3. Si el órgano de contratación estimase, durante el plazo de garantía, que los bienes suministrados no son aptos para el fin pretendido, como consecuencia de los vicios o defectos observados en ellos e imputables al contratista y exista la presunción de que la reposición o reparación de dichos bienes no serán bastantes para lograr aquel fin, podrá, antes de expirar dicho plazo, rechazar los bienes dejándolos de cuenta del contratista y quedando exento de la obligación de pago o teniendo derecho, en su caso, a la recuperación del precio satisfecho.

4. Terminado el plazo de garantía sin que la Administración haya formalizado alguno de los reparos o la denuncia a que se refieren los apartados 1 y 3 de este artículo, el contratista quedará exento de responsabilidad por razón de los bienes suministrados.

Sección 4.ª Resolución del contrato de suministro

Artículo 306. Causas de resolución.

Son causas de resolución del contrato de suministro, además de las generales, las siguientes:

a) El desistimiento antes de la iniciación del suministro o la suspensión de la iniciación del suministro por causa imputable a la Administración por plazo superior a cuatro meses a partir de la fecha señalada en el contrato para la entrega salvo que en el pliego se señale otro menor.

b) El desistimiento una vez iniciada la ejecución del suministro o la suspensión del suministro por un plazo superior a ocho meses acordada por la Administración, salvo que en el pliego se señale otro menor.

Artículo 307. Efectos de la resolución.

1. La resolución del contrato dará lugar a la recíproca devolución de los bienes y del importe de los pagos realizados, y, cuando no fuera posible o conveniente para la Administración, habrá de abonar esta el precio de los efectivamente entregados y recibidos de conformidad.

2. En los supuestos establecidos en la letra a) del artículo anterior, solo tendrá derecho el contratista a percibir, por todos los conceptos, una indemnización del 3 por ciento del precio de la adjudicación del contrato, IVA excluido.

3. En los supuestos contemplados en la letra b) del artículo anterior, el contratista tendrá derecho a percibir, por todos los conceptos, el 6 por ciento del precio de adjudicación del contrato de los suministros dejados de realizar en concepto de beneficio industrial, IVA excluido, entendiéndose por suministros dejados de realizar los que resulten de la diferencia entre los reflejados en el contrato primitivo y sus modificaciones aprobadas, y los que hasta la fecha de notificación del desistimiento o de la suspensión se hubieran realizado.

CAPÍTULO V Del contrato de servicios

Sección 1.ª Disposiciones generales

Artículo 308. Contenido y límites.

1. Salvo que se disponga otra cosa en los pliegos de cláusulas administrativas o en el documento contractual, los contratos de servicios que tengan por objeto el desarrollo y la puesta a disposición de productos protegidos por un derecho de propiedad intelectual o industrial llevarán aparejada la cesión de este a la Administración contratante. En todo caso, y aun cuando se excluya la cesión de los derechos de propiedad intelectual, el órgano de contratación podrá siempre autorizar el uso del correspondiente producto a los entes, organismos y entidades pertenecientes al sector público.

2. En ningún caso la entidad contratante podrá instrumentar la contratación de personal a través del contrato de servicios, incluidos los que por razón de la cuantía se tramiten como contratos menores.

A la extinción de los contratos de servicios, no podrá producirse en ningún caso la consolidación de las personas que hayan realizado los trabajos objeto del contrato como personal de la entidad contratante. A tal fin, los empleados o responsables de la Administración deben abstenerse de realizar actos que impliquen el ejercicio de facultades que, como parte de la relación jurídico laboral, le corresponden a la empresa contratista.

3. En los contratos de servicios que impliquen el desarrollo o mantenimiento de aplicaciones informáticas el objeto del contrato podrá definirse por referencia a componentes de prestación del servicio. A estos efectos, en el pliego de cláusulas administrativas particulares se establecerá el precio referido a cada componente de la prestación en términos de unidades de actividad, definidas en términos de categorías profesionales o coste, homogéneas para cualquier desarrollo, de unidades de tiempo o en una combinación de ambas modalidades.

Esta definición deberá completarse con referencia a las funcionalidades a desarrollar, cuyo marco deberá quedar determinado inicialmente, sin perjuicio de que puedan concretarse dichas funcionalidades por la Administración atendiendo a consideraciones técnicas, económicas o necesidades del usuario durante el período de ejecución, en los términos en que se prevean en el pliego de cláusulas administrativas particulares.

La financiación y pago de estos contratos se ajustará al ritmo requerido en la ejecución de los componentes de prestación requeridos, debiendo adoptarse a este fin por el responsable del contrato, las medidas que sean necesarias para la programación de las anualidades y durante el período de ejecución.

Artículo 309. Determinación del precio.

1. El pliego de cláusulas administrativas establecerá el sistema de determinación del precio de los contratos de servicios, que podrá estar referido a componentes de la prestación, unidades de ejecución o unidades de tiempo, o fijarse en un tanto alzado cuando no sea posible o conveniente su descomposición, o resultar de la aplicación de honorarios por tarifas o de una combinación de varias de estas modalidades.

En los casos en que la determinación del precio se realice mediante unidades de ejecución, no tendrán la consideración de modificaciones, siempre que así se haya establecido en el pliego de cláusulas administrativas particulares, la variación que durante la correcta ejecución de la prestación se produzca exclusivamente en el número de unidades realmente ejecutadas sobre las previstas en el contrato, las cuales podrán ser recogidas en la liquidación, siempre que no representen un incremento del gasto superior al 10 por ciento del precio del contrato.

2. En determinados servicios complejos en los que la ejecución del contrato lleve aparejados costes de inversión iniciales y se prevea que las obras o equipamientos que se generen vayan a incorporarse al patrimonio de la entidad contratante al concluir o resolverse el contrato, podrá establecerse un sistema de retribución que compense por las mismas.

Artículo 310. Régimen de contratación para actividades docentes.

1. En los contratos que tengan por objeto la prestación de actividades docentes en centros del sector público desarrolladas en forma de cursos de formación o perfeccionamiento del personal al servicio de la Administración o cuando se trate de seminarios, coloquios, mesas redondas, conferencias, colaboraciones o cualquier otro tipo similar de actividad, siempre que dichas actividades sean realizadas por personas físicas, las disposiciones de esta Ley no serán de aplicación a la preparación y adjudicación del contrato.

2. En esta clase de contratos podrá establecerse el pago parcial anticipado, previa constitución de garantía por parte del contratista, sin que pueda autorizarse su cesión.

3. Para acreditar la existencia de los contratos a que se refiere este artículo, bastará la designación o nombramiento por autoridad competente.

Sección 2.ª Ejecución de los contratos de servicios

Artículo 311. Ejecución, responsabilidad del contratista y cumplimiento de los contratos de servicios.

1. El contrato se ejecutará con sujeción a lo establecido en su clausulado y en los pliegos, y de acuerdo con las instrucciones que para su interpretación diere al contratista el responsable del contrato, en los casos en que se hubiere designado. En otro caso, esta función le corresponderá a los servicios dependientes del órgano de contratación.

2. El contratista será responsable de la calidad técnica de los trabajos que desarrolle y de las prestaciones y servicios realizados, así como de las consecuencias que se deduzcan para la Administración o para terceros de las omisiones, errores, métodos inadecuados o conclusiones incorrectas en la ejecución del contrato.

3. La Administración determinará si la prestación realizada por el contratista se ajusta a las prescripciones establecidas para su ejecución y cumplimiento, requiriendo, en su caso, la realización de las prestaciones contratadas y la subsanación de los defectos observados con ocasión de su recepción. Si los trabajos efectuados no se adecuan a la prestación contratada, como consecuencia de vicios o defectos imputables al

contratista, podrá rechazar la misma quedando exento de la obligación de pago o teniendo derecho, en su caso, a la recuperación del precio satisfecho.

4. Si durante el plazo de garantía se acreditase la existencia de vicios o defectos en los trabajos efectuados el órgano de contratación tendrá derecho a reclamar al contratista la subsanación de los mismos.

5. Terminado el plazo de garantía sin que la Administración haya formalizado alguno de los reparos o la denuncia a que se refieren los apartados anteriores, el contratista quedará exento de responsabilidad por razón de la prestación efectuada, sin perjuicio de lo establecido en los artículos 314 y 315 sobre subsanación de errores y responsabilidad en los contratos que tengan por objeto la elaboración de proyectos de obras.

6. Los contratos de mera actividad o de medios se extinguirán por el cumplimiento del plazo inicialmente previsto o las prórrogas acordadas, sin perjuicio de la prerrogativa de la Administración de depurar la responsabilidad del contratista por cualquier eventual incumplimiento detectado con posterioridad.

7. El contratista tendrá derecho a conocer y ser oído sobre las observaciones que se formulen en relación con el cumplimiento de la prestación contratada.

Artículo 312. Especialidades de los contratos de servicios que conlleven prestaciones directas a favor de la ciudadanía.

En los contratos de servicios que conlleven prestaciones directas a favor de la ciudadanía se deberán cumplir las siguientes prescripciones:

a) Antes de proceder a la contratación de un servicio de esta naturaleza deberá haberse establecido su régimen jurídico, que declare expresamente que la actividad de que se trata queda asumida por la Administración respectiva como propia de la misma, determine el alcance de las prestaciones en favor de los administrados, y regule los aspectos de carácter jurídico, económico y administrativo relativos a la prestación del servicio.

b) El adjudicatario de un contrato de servicios de este tipo estará sujeto a las obligaciones de prestar el servicio con la continuidad convenida y garantizar a los particulares el derecho a utilizarlo en las condiciones que hayan sido establecidas y mediante el abono en su caso de la contraprestación económica fijada; de cuidar del buen orden del servicio; de indemnizar los daños que se causen a terceros como consecuencia de las operaciones que requiera el desarrollo del servicio, con la salvedad de aquellos que sean producidos por causas imputables a la Administración; y de entregar, en su caso, las obras e instalaciones a que esté obligado con arreglo al contrato en el estado de conservación y funcionamiento adecuados.

c) Los bienes afectos a los servicios regulados en el presente artículo no podrán ser objeto de embargo.

d) Si del incumplimiento por parte del contratista se derivase perturbación grave y no reparable por otros medios en el servicio y la Administración no decidiese la resolución del contrato, podrá acordar el secuestro o intervención del mismo hasta que aquella desaparezca. En todo caso, el contratista deberá abonar a la Administración los daños y perjuicios que efectivamente le haya ocasionado.

e) La Administración conservará los poderes de policía necesarios para asegurar la buena marcha de los servicios que conlleven prestaciones directas a favor de la ciudadanía de que se trate.

f) Con carácter general, la prestación de los servicios que conlleven prestaciones directas a favor de la ciudadanía se efectuará en dependencias o instalaciones diferenciadas de las de la propia Administración contratante. Si ello no fuera posible, se harán constar las razones objetivas que lo motivan. En estos casos, a efectos de evitar la confusión de plantillas, se intentará que los trabajadores de la empresa contratista no compartan espacios y lugares de trabajo con el personal al servicio de la Administración, y los trabajadores y los medios de la empresa contratista se identificarán mediante los correspondientes signos distintivos, tales como uniformidad o rotulaciones.

g) Además de las causas de resolución del contrato establecidas en el artículo 313, serán causas de resolución de los contratos de servicios tratados en el presente artículo, las señaladas en las letras c), d), y f) del artículo 294.

Sección 3.ª Resolución de los contratos de servicios

Artículo 313. Causas y efectos de la resolución.

1. Son causas de resolución de los contratos de servicios, además de las generales, las siguientes:

a) El desistimiento antes de iniciar la prestación del servicio o la suspensión por causa imputable al órgano de contratación de la iniciación del contrato por plazo superior a cuatro meses a partir de la fecha señalada en el mismo para su comienzo, salvo que en el pliego se señale otro menor.

b) El desistimiento una vez iniciada la prestación del servicio o la suspensión del contrato por plazo superior a ocho meses acordada por el órgano de contratación, salvo que en el pliego se señale otro menor.

c) Los contratos complementarios quedarán resueltos, en todo caso, cuando se resuelva el contrato principal.

2. La resolución del contrato dará derecho al contratista, en todo caso, a percibir el precio de los estudios, informes, proyectos, trabajos o servicios

que efectivamente hubiese realizado con arreglo al contrato y que hubiesen sido recibidos por la Administración.

3. En los supuestos de resolución previstos en las letras a) y c) del apartado primero del presente artículo, el contratista solo tendrá derecho a percibir, por todos los conceptos, una indemnización del 3 por ciento del precio de adjudicación del contrato, IVA excluido.

En los supuestos de resolución contemplados en la letra b) del apartado 1 del presente artículo, el contratista tendrá derecho a percibir, por todos los conceptos, el 6 por ciento del precio de adjudicación del contrato de los servicios dejados de prestar en concepto de beneficio industrial, IVA excluido, entendiéndose por servicios dejados de prestar los que resulten de la diferencia entre los reflejados en el contrato primitivo y sus modificaciones aprobadas, y los que hasta la fecha de notificación del desistimiento o de la suspensión se hubieran prestado.

Sección 4.ª De la subsanación de errores, indemnizaciones y responsabilidades en el contrato de elaboración de proyectos de obras

Artículo 314. Subsanación de errores y corrección de deficiencias.

1. Cuando el contrato de servicios consista en la elaboración íntegra de un proyecto de obra, el órgano de contratación exigirá la subsanación por el contratista de los defectos, insuficiencias técnicas, errores materiales, omisiones e infracciones de preceptos legales o reglamentarios que le sean imputables, otorgándole al efecto el correspondiente plazo que no podrá exceder de dos meses.

2. Si transcurrido este plazo las deficiencias no hubiesen sido corregidas, la Administración podrá, atendiendo a las circunstancias concurrentes, optar por la resolución del contrato o por conceder un nuevo plazo al contratista.

3. En el primer caso procederá la incautación de la garantía y el contratista incurrirá en la obligación de abonar a la Administración una indemnización equivalente al 25 por ciento del precio del contrato.

4. En el segundo caso el nuevo plazo concedido para subsanar las deficiencias no corregidas será de un mes improrrogable, incurriendo el contratista en una penalidad equivalente al 25 por ciento del precio del contrato.

5. De producirse un nuevo incumplimiento procederá la resolución del contrato con obligación por parte del contratista de abonar a la Administración una indemnización igual al precio pactado con pérdida de la garantía.

6. Cuando el contratista, en cualquier momento antes de la concesión del último plazo, renunciare a la realización del proyecto deberá abonar una

indemnización igual a la mitad del precio del contrato con pérdida de la garantía.

Artículo 315. Indemnizaciones por desviaciones en la ejecución de obras y responsabilidad por defectos o errores del proyecto.

1. Para los casos en que el presupuesto de ejecución de la obra prevista en el proyecto se desviare en más de un 20 por ciento, tanto por exceso como por defecto, del coste real de la misma como consecuencia de errores u omisiones imputables al contratista consultor, se minorará el precio del contrato de elaboración del proyecto, en concepto de indemnización, en función del porcentaje de desviación, hasta un máximo equivalente a la mitad de aquel. El baremo de indemnizaciones será el siguiente:

a) En el supuesto de que la desviación sea de más del 20 por ciento y menos del 30 por ciento, la indemnización correspondiente será del 30 por ciento del precio de adjudicación del contrato, IVA excluido.

b) En el supuesto de que la desviación sea de más del 30 por ciento y menos del 40 por ciento, la indemnización correspondiente será del 40 por ciento del precio de adjudicación del contrato, IVA excluido.

c) En el supuesto de que la desviación sea de más del 40 por ciento, la indemnización correspondiente será del 50 por ciento del precio de adjudicación del contrato, IVA excluido.

El contratista deberá abonar el importe de dicha indemnización en el plazo de un mes a partir de la notificación de la resolución correspondiente, que se adoptará, previa tramitación de expediente con audiencia del interesado.

2. Con independencia de lo previsto en el apartado anterior, en el artículo precedente y en el artículo 233.4, segundo párrafo, el contratista responderá de los daños y perjuicios que durante la ejecución o explotación de las obras se causen tanto al órgano de contratación como a terceros, por defectos e insuficiencias técnicas del proyecto o por los errores materiales, omisiones e infracciones de preceptos legales o reglamentarios en que el mismo haya incurrido, imputables a aquel.

La indemnización derivada de la responsabilidad exigible al contratista alcanzará el 50 por ciento del importe de los daños y perjuicios causados, hasta un límite máximo de cinco veces el precio pactado por el proyecto y será exigible dentro del término de diez años, contados desde la recepción del mismo por la Administración, siendo a cargo de estas, en su caso, el resto de dicha indemnización cuando deba ser satisfecha a terceros.

LIBRO TERCERO DE LOS CONTRATOS DE OTROS ENTES DEL SECTOR PÚBLICO

TÍTULO I Contratos de los poderes adjudicadores que no tengan la condición de Administraciones Públicas

Artículo 316. Régimen jurídico.

Los contratos de los poderes adjudicadores que no tengan la condición de Administraciones Públicas se regirán por las normas del presente Título.

Artículo 317. Preparación y adjudicación de los contratos sujetos a regulación armonizada.

La preparación y adjudicación de los contratos sujetos a regulación armonizada que concierten los poderes adjudicadores a que se refiere el presente Título se regirán por las normas establecidas en las Secciones 1.ª y 2.ª del Capítulo I del Título I del Libro II de esta Ley.

Artículo 318. Adjudicación de contratos no sujetos a regulación armonizada.

En la adjudicación de contratos no sujetos a regulación armonizada se aplicarán las siguientes disposiciones:

a) Los contratos de valor estimado inferior a 40.000 euros, cuando se trate de contratos de obras, de concesiones de obras y concesiones de servicios, o a 15.000 euros, cuando se trate de contratos de servicios y suministros, podrán adjudicarse directamente a cualquier empresario con capacidad de obrar y que cuente con la habilitación profesional necesaria para realizar la prestación objeto del contrato.

b) Los contratos de obras, concesiones de obras y concesiones de servicios cuyo valor estimado sea igual o superior a 40.000 euros e inferior a 5.548.000 euros y los contratos de servicios y suministros de valor estimado superior a 15.000 euros e inferior a 221.000 euros, se podrán adjudicar por cualquiera de los procedimientos previstos en la Sección 2.ª del Capítulo I del Título I del Libro Segundo de la presente Ley, con excepción del procedimiento negociado sin publicidad, que únicamente se podrá utilizar en los casos previstos en el artículo 168.

Artículo 319. Efectos y extinción.

1. Los efectos y extinción de los contratos celebrados por los poderes adjudicadores que no pertenezcan a la categoría de Administraciones

Públicas se regirán por normas de derecho privado. No obstante lo anterior, le será aplicable lo dispuesto en los artículos 201 sobre obligaciones en materia medioambiental, social o laboral; 202 sobre condiciones especiales de ejecución; 203 a 205 sobre supuestos de modificación del contrato; 214 a 217 sobre cesión y subcontratación; y 218 a 228 sobre racionalización técnica de la contratación; así como las condiciones de pago establecidas en los apartados 4.° del artículo 198, 4.° del artículo 210 y 1.° del artículo 243.

Asimismo, en los casos en que la modificación del contrato no estuviera prevista en el pliego de cláusulas administrativas particulares, siempre que su importe sea igual o superior a 6.000.000 de euros y la cuantía de la modificación, aislada o conjuntamente, fuera superior a un 20 por ciento del precio inicial del contrato, IVA excluido, será necesaria la autorización del Departamento ministerial u órgano de la administración autonómica o local al que esté adscrita o corresponda la tutela de la entidad contratante, previo dictamen preceptivo del Consejo de Estado u órgano consultivo equivalente de la Comunidad Autónoma.

2. En estos contratos será en todo caso causa de resolución la imposibilidad de ejecutar la prestación en los términos inicialmente pactados, cuando no sea posible modificar el contrato conforme a los artículos 204 y 205 así como la recogida en la letra i) del artículo 211.

A los contratos de concesión de obras y concesión de servicios les será de aplicación las causas de resolución establecidas en los artículos 279 y 294, para cada uno de ellos. No obstante lo anterior, el rescate de la obra o el servicio, la supresión de su explotación así como el secuestro o intervención de los mismos, se tendrá que acordar por el Departamento ministerial u órgano de la administración autonómica o local al que esté adscrita o corresponda la tutela del poder adjudicador.

Artículo 320. De la responsabilidad del contratista por defectos o errores del proyecto.

En los contratos de servicios consistentes en la elaboración íntegra de un proyecto de obra, se exigirá la responsabilidad del contratista por defectos o errores del proyecto, de conformidad con lo dispuesto en el artículo 314.

TÍTULO II Contratos de las entidades del sector público que no tengan el carácter de poderes adjudicadores

Artículo 321. Adjudicación de contratos de las entidades del sector público que no tengan el carácter de poderes adjudicadores.

La adjudicación de contratos por las entidades del sector público que no tengan la condición de poderes adjudicadores se ajustará a las siguientes reglas:

1. Los órganos competentes de estas entidades aprobarán unas instrucciones en las que regulen los procedimientos de contratación de forma que quede garantizada la efectividad de los principios de publicidad, concurrencia, transparencia, confidencialidad, igualdad y no discriminación, así como que los contratos se adjudiquen a quienes presenten la mejor oferta, de conformidad con lo dispuesto en el artículo 145.

Estas instrucciones se pondrán a disposición de todos los interesados en participar en los procedimientos de adjudicación de los contratos regulados por ellas y se publicarán en el perfil de contratante de la entidad.

En el ámbito del sector público estatal, la aprobación de las instrucciones requerirá el informe previo del órgano al que corresponda el asesoramiento jurídico de la entidad.

2. No obstante lo indicado en el apartado anterior, los órganos competentes de las entidades a que se refiere este artículo podrán adjudicar contratos sin aplicar las instrucciones aprobadas por ellos con sujeción a las siguientes reglas:

a) Los contratos de valor estimado inferior a 40.000 euros, cuando se trate de contratos de obras, o a 15.000 euros, cuando se trate de contratos de servicios y suministros, podrán adjudicarse directamente a cualquier empresario con capacidad de obrar y que cuente con la habilitación que, en su caso, sea necesaria para realizar la prestación objeto del contrato.

b) Los contratos o acuerdos de valor estimado igual o superior a los indicados en la letra anterior o los que se concierten para la selección de proveedores se sujetarán, como mínimo, a las siguientes reglas, respetándose en todo caso los principios de igualdad, no discriminación, transparencia, publicidad y libre concurrencia:

1.º El anuncio de licitación se publicará en el perfil de contratante de la entidad, sin perjuicio de que puedan utilizarse otros medios adicionales de publicidad. Toda la documentación necesaria para la presentación de las ofertas deberá estar disponible por medios electrónicos desde la publicación del anuncio de licitación.

2.º El plazo de presentación de ofertas se fijará por la entidad contratante teniendo en cuenta el tiempo razonablemente necesario para la preparación de aquellas, sin que en ningún caso dicho plazo pueda ser inferior a diez días a contar desde la publicación del anuncio de licitación en el perfil de contratante.

3.º La adjudicación del contrato deberá recaer en la mejor oferta, de conformidad con lo dispuesto en el artículo 145. Excepcionalmente la adjudicación podrá efectuarse atendiendo a otros criterios objetivos que deberán determinarse en la documentación contractual.

4.º La selección del contratista, que deberá motivarse en todo caso, se publicará en el perfil de contratante de la entidad.

3. Para las operaciones propias de su tráfico, las entidades a que se refiere este artículo podrán establecer sistemas para la racionalización de la contratación, tales como acuerdos marco, sistemas dinámicos de adquisición o la homologación de proveedores. El procedimiento para ser incluido en dichos sistemas deberá ser transparente y no discriminatorio debiendo publicarse el mismo en el perfil de contratante.

4. En los términos que reglamentariamente se determinen, y sin perjuicio de lo que para el ámbito de las Comunidades Autónomas establezcan sus respectivas normas, el Departamento ministerial y organismo al que esté adscrita o corresponda la tutela de la entidad contratante controlará la aplicación por esta de las reglas establecidas en los apartados anteriores.

5. Las actuaciones realizadas en la preparación y adjudicación de los contratos por las entidades a las que se refiere el presente artículo, se impugnarán en vía administrativa de conformidad con lo dispuesto en la Ley 39/2015, de 1 de octubre, del Procedimiento Administrativo Común de las Administraciones Públicas ante el titular del departamento, órgano, ente u organismo al que esté adscrita la entidad contratante o al que corresponda su tutela. Si la entidad contratante estuviera vinculada a más de una Administración, será competente el órgano correspondiente de la que ostente el control o participación mayoritaria.

Artículo 322. Efectos, modificación y extinción de los contratos. Responsabilidad del contratista por defectos o errores del proyecto.

1. Los efectos, modificación y extinción de los contratos de las entidades del Sector Público que no ostenten la condición de poder adjudicador se regularán por las normas de derecho privado que les resulten de aplicación.

2. En los contratos de servicios consistentes en la elaboración íntegra de un proyecto de obra, se exigirá la responsabilidad del contratista por defectos o errores del proyecto, de conformidad con lo dispuesto en el artículo 314.

LIBRO CUARTO ORGANIZACIÓN ADMINISTRATIVA PARA LA GESTIÓN DE LA CONTRATACIÓN

TÍTULO I Órganos competentes en materia de contratación

CAPÍTULO I Órganos de contratación

Artículo 323. Órganos de contratación estatales.

1. Los Ministros y los Secretarios de Estado son los órganos de contratación de la Administración General del Estado y, en consecuencia, están facultados para celebrar en su nombre los contratos en el ámbito de su competencia.

En los departamentos ministeriales en los que existan varios órganos de contratación, la competencia para celebrar los contratos de suministro y de servicios que afecten al ámbito de más de uno de ellos corresponderá al Ministro, salvo en los casos en que la misma se atribuya a la Junta de Contratación.

2. Los Presidentes o Directores de los organismos autónomos, entidades públicas empresariales y demás entidades públicas integrantes del sector público estatal y los Directores generales de las distintas Entidades Gestoras y Servicios Comunes de la Seguridad Social, son los órganos de contratación de unos y otros, a falta de disposición específica sobre el particular, recogida en las correspondientes normas de creación o reguladoras del funcionamiento de esas entidades.

3. Corresponden al Ministerio de Hacienda y Función Pública, a través de la Junta de Contratación Centralizada, las funciones de órgano de contratación del sistema estatal de contratación centralizada regulado en los artículos 229 y 230 de la presente Ley.

4. En los departamentos ministeriales y en los organismos autónomos, entidades públicas empresariales y demás entidades públicas integrantes del sector público estatal, así como en las Entidades Gestoras y Servicios Comunes de la Seguridad Social, podrán constituirse Juntas de Contratación, que actuarán como órganos de contratación, con los límites cuantitativos o referentes a las características de los contratos que determine el titular del departamento, en los siguientes contratos:

a) Contratos de obras comprendidas en las letras b) y c) del apartado 1 del artículo 232, salvo que las mismas hayan sido declaradas de contratación centralizada.

b) Contratos de suministro que se refieran a bienes consumibles o de fácil deterioro por el uso, salvo los relativos a bienes declarados de adquisición centralizada.

c) Contratos de servicios no declarados de contratación centralizada.

d) Contratos de suministro y de servicios, distintos de los atribuidos a la competencia de la Junta con arreglo a las dos letras anteriores que afecten a más de un órgano de contratación, exceptuando los que tengan por objeto bienes o servicios de contratación centralizada.

La composición de las Juntas de Contratación se fijará reglamentariamente, debiendo figurar entre sus vocales un funcionario que tenga atribuido, legal o reglamentariamente, el asesoramiento jurídico del órgano de contratación y un interventor. En ningún caso podrán formar parte de las Juntas de Contratación ni emitir informes de valoración de las ofertas los cargos públicos representativos, los altos cargos, el personal de elección o designación política ni el personal eventual. Podrá formar parte de las Juntas de Contratación personal funcionario interino únicamente cuando no existan funcionarios de carrera suficientemente cualificados y así se acredite en el expediente. Tampoco podrá formar parte de las Juntas de Contratación el personal que haya participado en la redacción de la documentación técnica del contrato de que se trate.

En el supuesto de contratos en que el procedimiento de adjudicación utilizado sea el procedimiento abierto simplificado, la Junta de Contratación en todo caso se entenderá válidamente constituida cuando asistan el Presidente, el Secretario, el funcionario que tenga atribuido, legal o reglamentariamente, el asesoramiento jurídico del órgano de contratación y el interventor, salvo en el supuesto del artículo 159.6, en el que no será obligatoria la constitución de la Mesa conforme a lo dispuesto en el artículo 326.1.

Las Juntas de Contratación podrán solicitar el asesoramiento de técnicos o expertos independientes con conocimientos acreditados en las materias relacionadas con el objeto del contrato. Dicha asistencia deberá ser reflejada expresamente en el expediente, con referencia a las identidades de los técnicos o expertos asistentes, su formación y su experiencia profesional.

5. Cuando el contrato resulte de interés para varias entidades o departamentos ministeriales y la tramitación del expediente deba efectuarse por un único órgano de contratación, las demás entidades o departamentos interesados podrán contribuir a su financiación, en los términos que se establezcan reglamentariamente y con respeto a la normativa presupuestaria, en la forma que se determine en convenios o protocolos de actuación.

6. La capacidad para contratar de los representantes legales de las sociedades y fundaciones del sector público estatal se regirá por lo dispuesto en los estatutos de estas entidades y por las normas de derecho privado que sean en cada caso de aplicación.

Artículo 324. Autorización para contratar.

1. Los órganos de contratación de las entidades del sector público estatal que tengan la consideración de poder adjudicador en virtud de lo establecido en el apartado 3 del artículo 3 de la presente Ley necesitarán la autorización del Consejo de Ministros para celebrar contratos en los siguientes supuestos:

a) Cuando el valor estimado del contrato, calculado conforme a lo señalado en el artículo 101, sea igual o superior a doce millones de euros.

b) Cuando el pago de los contratos se concierte mediante el sistema de arrendamiento financiero o mediante el sistema de arrendamiento con opción de compra y el número de anualidades supere cuatro años.

c) En los acuerdos marco cuyo valor estimado sea igual o superior a doce millones de euros. Una vez autorizada la celebración de estos acuerdos marco, no será necesaria autorización del Consejo de Ministros para la celebración de los contratos basados en dicho acuerdo marco.

2. La autorización del Consejo de Ministros a que se refiere el apartado anterior deberá obtenerse antes de la aprobación del expediente. A efectos de obtener la citada autorización, los órganos de contratación deberán remitir al menos los siguientes documentos:

a) Justificación sobre la necesidad e idoneidad del contrato a que se refiere el artículo 28 de esta Ley.

b) Certificado de existencia de crédito o, en el caso de entidades del sector público estatal con presupuesto estimativo, documento equivalente que acredite la existencia de financiación.

c) El pliego de cláusulas administrativas particulares.

d) El informe del servicio jurídico al pliego.

e) Y, de resultar preceptivo, el informe previsto en el apartado 6 de este artículo.

La autorización que otorgue el Consejo de Ministros será genérica para la celebración del contrato, sin que en ningún caso implique una validación de los trámites realizados por el órgano de contratación, ni exima de la responsabilidad que corresponda a este respecto de la tramitación y aprobación de los distintos documentos que conformen el expediente.

Con carácter posterior a la obtención de la autorización del Consejo de Ministros, al órgano de contratación le corresponderá la aprobación del expediente y la aprobación del gasto.

3. El Consejo de Ministros podrá reclamar discrecionalmente el conocimiento y autorización de cualquier otro contrato.

4. En los casos en que el Consejo de Ministros autorice la celebración de un contrato deberá autorizar igualmente sus modificaciones, siempre que, no encontrándose las mismas previstas en el pliego, representen un

porcentaje, aislada o conjuntamente, superior al 10 por ciento del precio inicial del contrato, IVA excluido; así como la resolución misma, en su caso.

Esta información se publicará en las referencias del Consejo de Ministros del día de su aprobación.

5. Los Secretarios de Estado, o en su defecto, los titulares de los departamentos ministeriales a que se hallen adscritas las entidades que tengan la consideración de poder adjudicador en virtud de lo establecido en el apartado 3 del artículo 3 de la presente Ley podrán fijar el importe del valor estimado a partir del cual será necesaria su autorización para la celebración de los contratos.

A tal efecto, dichas entidades podrán elevar a la Secretaría de Estado a la que se hallen adscritas, o en su defecto, al titular del departamento ministerial de adscripción, la correspondiente propuesta.

6. En el ámbito del Sector Público Estatal, antes de celebrar un contrato de concesión de obras o de concesión de servicios, cuyo valor estimado sea igual o superior a doce millones de euros, será preceptivo y vinculante un informe del Ministerio de Hacienda y Función Pública, que se pronuncie sobre las repercusiones presupuestarias y compromisos financieros que implique, así como sobre su incidencia en el cumplimiento del objetivo de estabilidad presupuestaria, según lo establecido en la Ley Orgánica 2/2012, de 27 de abril, de Estabilidad Presupuestaria y Sostenibilidad Financiera.

Asimismo, en estos contratos, y con independencia de la cuantía del contrato, será igualmente necesario recabar el informe vinculante del Ministerio de Hacienda y Función Pública cuando, en su financiación se prevea cualquier forma de ayuda o aportación estatal, o el otorgamiento de préstamos o anticipos.

A tal efecto, el órgano de contratación deberá proporcionar información completa acerca de los aspectos financieros y presupuestarios del contrato, incluyendo los mecanismos de captación de financiación y garantías que se prevea utilizar, durante toda la vigencia del mismo.

En la elaboración del informe al que se refieren los dos primeros párrafos del presente apartado se deberá tener en cuenta, en el ámbito del sector público estatal, el informe que al respecto emita el Comité Técnico de Cuentas Nacionales, creado por la disposición adicional primera de la Ley Orgánica 6/2013, de 14 de noviembre, de creación de la Autoridad Independiente de Responsabilidad Fiscal.

En los casos en que se trate de contratos de concesión de obras o de servicios cuyo valor estimado sea igual o superior a doce millones de euros y en los que en su financiación se prevea cualquier forma de ayuda o aportación estatal, o el otorgamiento de préstamos o anticipos, el informe del Ministerio de Hacienda y Función Pública al que hacen referencia el párrafo primero y segundo del presente apartado, será único.

Por otro lado, los informes citados en el primer y segundo párrafo del presente apartado se solicitarán por el órgano de contratación con carácter previo a la tramitación de la autorización del Consejo de Ministros a la que se refiere el apartado primero del presente artículo en los supuestos en que la misma sea preceptiva, y en todo caso, con carácter previo a la aprobación del expediente de contratación y a la aprobación del gasto.

Artículo 325. Desconcentración.

1. Las competencias en materia de contratación podrán ser desconcentradas por Real Decreto acordado en Consejo de Ministros, en cualesquiera órganos, sean o no dependientes del órgano de contratación.

2. En las Entidades Gestoras y Servicios Comunes de la Seguridad Social, las competencias en materia de contratación de sus Directores podrán desconcentrarse en la forma y con los requisitos establecidos en el texto refundido de la Ley General de la Seguridad Social, aprobado por Real Decreto Legislativo 8/2015, de 30 de octubre.

CAPÍTULO II Órganos de asistencia

Artículo 326. Mesas de contratación.

1. Salvo en el caso en que la competencia para contratar corresponda a una Junta de Contratación, en los procedimientos abiertos, abierto simplificado, restringidos, de diálogo competitivo, de licitación con negociación y de asociación para la innovación, los órganos de contratación de las Administraciones Públicas estarán asistidos por una mesa de contratación. En los procedimientos negociados en que no sea necesario publicar anuncios de licitación, la constitución de la mesa será potestativa para el órgano de contratación, salvo cuando se fundamente en la existencia de una imperiosa urgencia prevista en la letra b) 1.º del artículo 168, en el que será obligatoria la constitución de la mesa. En los procedimientos a los que se refiere el artículo 159.6 será igualmente potestativa la constitución de la mesa.

2. La mesa de contratación, como órgano de asistencia técnica especializada, ejercerá las siguientes funciones, entre otras que se le atribuyan en esta Ley y en su desarrollo reglamentario:

a) La calificación de la documentación acreditativa del cumplimiento de los requisitos previos a que se refieren los artículos 140 y 141, y, en su caso, acordar la exclusión de los candidatos o licitadores que no acrediten dicho cumplimiento, previo trámite de subsanación.

b) La valoración de las proposiciones de los licitadores.

c) En su caso, la propuesta sobre la calificación de una oferta como anormalmente baja, previa tramitación del procedimiento a que se refiere el artículo 149 de la presente Ley.

d) La propuesta al órgano de contratación de adjudicación del contrato a favor del licitador que haya presentado la mejor oferta, de conformidad con lo dispuesto en el artículo 145, según proceda de conformidad con el pliego de cláusulas administrativas particulares que rija la licitación.

e) En el procedimiento restringido, en el diálogo competitivo, en el de licitación con negociación y en el de asociación para la innovación, la selección de los candidatos cuando así se delegue por el órgano de contratación, haciéndolo constar en el pliego de cláusulas administrativas particulares.

3. La mesa estará constituida por un Presidente, los vocales que se determinen reglamentariamente, y un Secretario.

La composición de la mesa se publicará en el perfil de contratante del órgano de contratación correspondiente.

4. Los miembros de la mesa serán nombrados por el órgano de contratación.

5. El Secretario deberá ser designado entre funcionarios o, en su defecto, otro tipo de personal dependiente del órgano de contratación, y entre los vocales deberán figurar necesariamente un funcionario de entre quienes tengan atribuido legal o reglamentariamente el asesoramiento jurídico del órgano de contratación y un interventor, o, a falta de éstos, una persona al servicio del órgano de contratación que tenga atribuidas las funciones correspondientes a su asesoramiento jurídico, y otra que tenga atribuidas las relativas a su control económico-presupuestario.

Por resolución del titular de la Intervención General correspondiente podrá acordarse los supuestos en que, en sustitución del Interventor, podrán formar parte de las mesas de contratación funcionarios del citado Centro específicamente habilitados para ello.

En ningún caso podrán formar parte de las Mesas de contratación ni emitir informes de valoración de las ofertas los cargos públicos representativos ni el personal eventual. Podrá formar parte de la Mesa personal funcionario interino únicamente cuando no existan funcionarios de carrera suficientemente cualificados y así se acredite en el expediente. Tampoco podrá formar parte de las Mesas de contratación el personal que haya participado en la redacción de la documentación técnica del contrato de que se trate, salvo en los supuestos a que se refiere la Disposición adicional segunda.

Las Mesas de contratación podrán, asimismo, solicitar el asesoramiento de técnicos o expertos independientes con conocimientos acreditados en las materias relacionadas con el objeto del contrato. Dicha asistencia será autorizada por el órgano de contratación y deberá ser reflejada expresamente en el expediente, con referencia a las identidades de los técnicos o expertos asistentes, su formación y su experiencia profesional.

6. Salvo lo dispuesto en el apartado 1 del presente artículo, la mesa de contratación que intervenga en el procedimiento abierto simplificado regulado en el artículo 159 de la presente Ley se considerará válidamente constituida si lo está por el Presidente, el Secretario, un funcionario de entre quienes tengan atribuido legal o reglamentariamente el asesoramiento jurídico del órgano de contratación y un funcionario que tenga atribuidas las funciones relativas a su control económico-presupuestario.

7. Las Leyes de las Comunidades Autónomas y la legislación de desarrollo podrán establecer que las mesas de contratación puedan ejercer también aquellas competencias relativas a la adjudicación que esta Ley atribuye a los órganos de contratación.

Artículo 327. Mesa especial del diálogo competitivo o del procedimiento de asociación para la innovación.

Para asistir al órgano de contratación en los procedimientos de diálogo competitivo o de asociación para la innovación que se sigan por las Administraciones Públicas, se constituirá una mesa con la composición señalada en el apartado 3 del artículo anterior a la que se incorporarán personas especialmente cualificadas en la materia sobre la que verse el diálogo o la asociación para la innovación, designadas por el órgano de contratación. El número de estas personas será igual o superior a un tercio de los componentes de la Mesa y participarán en las deliberaciones con voz y voto.

CAPÍTULO III Órganos consultivos

Artículo 328. Junta Consultiva de Contratación Pública del Estado.

1. La Junta Consultiva de Contratación Pública del Estado es el órgano específico de regulación y consulta en materia de contratación pública del sector público estatal, con independencia de que las entidades contratantes operen en los sectores a que se refiere la disposición adicional octava.

2. La Junta Consultiva de Contratación Pública del Estado es un órgano colegiado con composición abierta a la participación del sector privado, adscrito al Ministerio de Hacienda y Función Pública, al que serán de aplicación las disposiciones relativas a órganos colegiados de la Ley 40/2015, de 1 de octubre, de Régimen Jurídico del Sector Público.

Su composición y régimen jurídico se establecerán reglamentariamente, teniendo en cuenta que el Presidente de la Oficina Independiente de Regulación y Supervisión de la Contratación y un representante de la

Comisión Nacional de los Mercados y la Competencia formarán parte de la misma como vocales natos, con voz pero sin voto.

3. La Junta Consultiva de la Contratación Pública del Estado tiene las funciones que le atribuyen esta Ley y su desarrollo reglamentario, y, en todo caso, las que se señalan a continuación:

a) Promover la adopción de las normas o medidas de carácter general que considere procedentes para la mejora del sistema de contratación en sus aspectos administrativos, técnicos y económicos.

b) Aprobar recomendaciones generales o particulares a los órganos de contratación que serán publicadas, si de los estudios sobre contratación administrativa o de un contrato particular se dedujeran conclusiones de interés para la Administración.

c) Informar sobre las cuestiones que se sometan a su consideración y, con carácter preceptivo, sobre todas las disposiciones normativas de rango legal y reglamentario en materia de contratación pública de competencia estatal.

d) Coordinar el cumplimiento de las obligaciones de información que imponen las Directivas de Contratación.

4. Igualmente, la Junta Consultiva de Contratación Pública del Estado elaborará y remitirá a la Comisión Europea cada tres años un informe referido a todos los poderes adjudicadores estatales, autonómicos y locales que, respecto de la licitación pública y ejecución de los contratos de obras, suministros, servicios, concesión de obras y concesión de servicios que estén sujetos a regulación armonizada, comprenda, entre otras, si procede, las siguientes cuestiones:

a) La información contenida en el informe de supervisión a que se refiere el apartado 8 del artículo 332 que remita la Oficina Independiente de Regulación y Supervisión de la Contratación.

b) Información sobre el nivel de participación de las PYME en la contratación pública.

c) Un informe estadístico sobre los contratos públicos de obras, suministros y servicios no sujetos a regulación armonizada por no superar los umbrales establecidos en los artículos 20, 21 y 22, haciendo una estimación del valor agregado total de dichos contratos durante el periodo de que se trate. Esa estimación podrá basarse, en particular, en los datos disponibles en virtud de los requisitos de publicación, o bien en estimaciones realizadas a partir de muestras.

d) Información sobre cuáles son los órganos encargados de dar cumplimiento a las obligaciones asumidas en virtud del derecho de la Unión Europea en materia de la contratación pública.

e) Información sobre las iniciativas adoptadas para proporcionar orientación o ayuda gratuita en la aplicación de la normativa de la Unión Europea en materia de contratación pública o para dar respuesta a las dificultades que plantee su aplicación, así como para planificar y llevar a cabo procedimientos de contratación.

Los informes serán remitidos a la Comisión Europea en los quince días que siguen a su adopción. La Junta Consultiva hará público el contenido de los informes nacionales en el plazo de un mes a contar desde su remisión a la Comisión Europea, publicándolos en los correspondientes portales de transparencia y en la Plataforma de Contratación del Sector Público.

5. A todos los efectos, se designa a la Junta Consultiva de Contratación Pública del Estado como punto de referencia para la cooperación con la Comisión Europea en lo que se refiere a la aplicación de la legislación relativa a la contratación pública. Asimismo, se encargará de prestar asistencia recíproca y de cooperar con el resto de Estados miembros de la Unión Europea, con el fin de garantizar el intercambio de información sobre las cuestiones que se establecen en la normativa comunitaria, garantizando su confidencialidad.

6. La Junta Consultiva de Contratación Pública del Estado dispondrá de los recursos económicos y humanos suficientes y adecuados para el cumplimiento de sus funciones.

Artículo 329. Comité de cooperación en materia de contratación pública.

1. Se crea, en el seno de la Junta Consultiva de Contratación Pública del Estado, el Comité de cooperación en materia de contratación pública para asumir, en ejercicio de sus competencias, compromisos específicos en áreas de acción común de las distintas Administraciones Públicas, conforme a los principios del artículo 140 de la Ley 40/2015, de 1 de octubre, de Régimen Jurídico del Sector Público. En particular, entre otros, la cooperación tendrá por objeto:

a) Coordinar los criterios de interpretación seguidos por las Administraciones Públicas en relación con las normas de la contratación pública.

b) Elaborar la propuesta de Estrategia Nacional de Contratación Pública que se someterá a la aprobación de la Oficina de Supervisión de la Contratación, conforme al apartado 6 a) del artículo 332.

c) Proponer los criterios de selección de actuaciones de supervisión de la contratación, así como elaborar una metodología básica común para las mismas.

d) Supervisar el funcionamiento de la Plataforma de Contratación del Sector Público y del Registro Oficial de Licitadores y Empresas Clasificadas del Sector Público.

e) Analizar las cuestiones relativas a la contratación pública que resulten de interés común; y

f) Recopilar la información a la que se refieren las letras b), c), d) y e) del apartado 4 del artículo 328, a cuyo efecto podrán establecer las instrucciones necesarias, y ponerla a disposición de la Junta Consultiva de Contratación Pública del Estado.

El Comité de Cooperación en materia de contratación pública, asimismo, es el encargado de coordinar el impulso de la contratación electrónica en el ámbito del sector público y de promover el cumplimiento de los mandatos y objetivos de las directivas comunitarias en la materia.

El Comité de Cooperación es un órgano colegiado que actúa en Pleno o en Secciones. Asimismo, podrán crearse en su seno, para el adecuado desarrollo de sus funciones, los grupos de trabajo que se decida por el Pleno o por cada una de las Secciones. El Pleno del Comité de Cooperación elaborará un reglamento interno de funcionamiento.

2. Corresponden al Pleno del Comité de Cooperación el ejercicio de las funciones necesarias para el cumplimiento de los objetivos expuestos en el apartado anterior y el conocimiento de aquellos asuntos que el presidente considere en atención a su importancia,

El Pleno del Comité está presidido por el Director General del Patrimonio del Estado del Ministerio de Hacienda y Función Pública, y lo integran tanto representantes de la Administración General del Estado, como de las Comunidades y Ciudades Autónomas, así como de las organizaciones representativas de las Entidades locales, en los términos que se detallan a continuación:

a) En representación de la Administración General del Estado, se nombrarán cinco vocales: uno en representación de la Intervención General de la Administración del Estado, a propuesta de la misma; uno en representación de la Abogacía General del Estado, a propuesta de la misma; uno en representación de la Dirección General de Racionalización y Centralización de la Contratación del Ministerio de Hacienda y Función Pública, a propuesta de la misma; uno en representación de la Dirección General de Coordinación de competencias con las Comunidades Autónomas y Entidades Locales del Ministerio de Presidencia y para las Administraciones Territoriales, a propuesta de la misma; y el titular del órgano de apoyo técnico de la Junta Consultiva de Contratación Pública del Estado al que correspondan las materias referidas en el apartado 4 del artículo anterior.

Formará parte asimismo, como vocal nato, el Presidente de la Oficina Independiente de Regulación y Supervisión de la Contratación.

b) En representación de las Comunidades Autónomas y de las Ciudades Autónomas de Ceuta y Melilla, integran el Pleno, un representante designado por cada una de ellas. Uno de los representantes, según su elección, ocupará la Vicepresidencia del Pleno del Comité.

c) En representación de las Entidades Locales, un representante de la asociación o federación de Entidades Locales con mayor implantación, designado por la misma.

La secretaría recaerá en el titular de la Secretaría de la Junta Consultiva de Contratación Pública del Estado, tendrá voz, pero no así voto.

Sin perjuicio de la composición establecida anteriormente, en función de los asuntos a tratar, podrán asistir a las reuniones del Pleno los expertos o representantes de otros Ministerios, entidades u organismos que fueran convocados al efecto.

Asimismo, participarán en las sesiones del Comité de Cooperación y sus Secciones, cuando proceda, los vocales de la Oficina Independiente de Regulación y Supervisión de la Contratación, con voz y sin voto.

3. Las Secciones se encargarán de la preparación de los asuntos para su toma en consideración por el Pleno, bien por iniciativa propia, en el ámbito que les corresponde, o bien por indicación del Presidente.

El Comité de Cooperación tendrá las Secciones que se determinen reglamentariamente, contando en todo caso con las cinco siguientes:

a) Sección relativa a la regulación de la contratación, en los términos de las letras a) y b) del apartado 3 del artículo 328 de esta Ley.

b) Sección relativa a la información cuantitativa y estadística en materia de contratación pública para el cumplimiento de las obligaciones establecidas en la letra d) del apartado 3 del artículo 328 y de la obligación de información a que se refiere la letra c) del apartado 4 del artículo 328.

c) Sección relativa a la supervisión de la contratación pública para el cumplimiento de las obligaciones establecidas en los apartados 6, 8 y 9 del artículo 332.

d) Sección de contratación pública electrónica, encargada de ejecutar las competencias del Comité de Cooperación en esta materia y de la supervisión del funcionamiento de la Plataforma de Contratación del Sector Público; y

e) Sección relativa a la supervisión del funcionamiento del Registro Oficial de Licitadores y Empresas Clasificadas del Sector Público.

4. La Sección relativa a la regulación estará presidida por el titular de la Secretaría de la Junta Consultiva de Contratación Pública del Estado y ejercerá la secretaría de esta Sección el Vicesecretario de la Junta Consultiva. La Sección relativa a la supervisión estará presidida por el Vicepresidente del Comité de Cooperación en materia de contratación pública.

Cada una de las restantes Secciones del Comité estará presidida por el Subdirector General de la Dirección General del Patrimonio del Estado del Ministerio de Hacienda y Función Pública que resulte competente respecto a la materia de que se trate.

5. Cada una de las secciones estará integrada por representantes de la Administración General del Estado, de las Comunidades y Ciudades

Autónomas y, cuando proceda, de las organizaciones representativas de las Entidades Locales en los siguientes términos:

a) Por parte de la Administración General del Estado, los vocales que formen parte del Pleno del Comité en representación de la Oficina de Regulación y Supervisión de la Contratación, de la Intervención General de la Administración del Estado y de la Abogacía General del Estado; y el titular del órgano de apoyo técnico de la Junta Consultiva de Contratación Pública del Estado al que correspondan las materias referidas en el apartado 4 del artículo 328, en las Secciones que no presida; así como el Secretario de la indicada Junta Consultiva que ejercerá la secretaría de la Sección, que contará con voz y voto en la misma.

b) Por parte de las Comunidades Autónomas, tres representantes designados rotatoriamente por periodos de un año, en función del orden de creación de las mismas.

c) Además de los indicados en las letras a) y b) anteriores, el representante de la asociación o federación de Entidades Locales con mayor implantación, designado por la misma, que forme parte del Pleno, formará parte, a su vez, de las siguientes secciones: Sección relativa a la supervisión de la contratación pública, Sección relativa a la información cuantitativa y estadística y Sección de contratación pública electrónica.

d) En el caso de la Sección de contratación pública electrónica, además de los indicados en las letras a), b) y c) anteriores, se incorporarán como vocales un representante del Ministerio de Energía, Turismo y Agenda Digital y un representante del Ministerio de la Presidencia y para las Administraciones Territoriales.

Los representantes de las Comunidades Autónomas en esta Sección serán cinco, designados según lo previsto en la letra b) anterior. Tres de ellos serán designados entre las Comunidades Autónomas que hubieran firmado con la Administración General del Estado el correspondiente convenio para la utilización de los servicios que ofrece la Plataforma de Contratación del Sector Público y los dos restantes representarán al resto de las Comunidades Autónomas.

e) En el caso de la Sección que tiene por objeto la supervisión del funcionamiento del Registro Oficial de Licitadores y Empresas Clasificadas del Sector Público, los tres representantes de las Comunidades Autónomas serán designados entre las que hubieran firmado con la Administración General del Estado el correspondiente convenio de utilización de los servicios que ofrece el mencionado Registro Oficial.

La Vicepresidencia de cada Sección corresponde a uno de los representantes de las Comunidades Autónomas, elegidos entre ellos.

6. Sin perjuicio de la composición establecida anteriormente, en función de los asuntos a tratar, podrán asistir a las reuniones de cada una de las Secciones los expertos o representantes de otros Ministerios, entidades u

organismos que fueran convocados al efecto. En el caso de la Sección que tenga por objeto la información cuantitativa y estadística para el cumplimiento de las obligaciones establecidas en la letra d) del apartado 3 del artículo 328, y de la obligación de información a que se refiere la letra c) del apartado 4 del artículo 328, cuando los asuntos a tratar así lo requieran, y sean convocados al efecto, podrán asistir a sus reuniones representantes de todas las Comunidades Autónomas.

7. El funcionamiento del Comité de cooperación en materia de contratación pública será atendido con los medios personales, técnicos y presupuestarios asignados a la Junta Consultiva de Contratación Pública del Estado.

Artículo 330. Órganos consultivos en materia de contratación pública de las Comunidades Autónomas y de las Ciudades Autónomas de Ceuta y Melilla.

Los órganos consultivos en materia de contratación pública que creen las Comunidades Autónomas ejercerán su competencia en su respectivo ámbito territorial, en relación con la contratación de las Entidades que integren el sector público autonómico, y, de establecerse así en sus normas reguladoras, de las Entidades Locales incluidas en el mismo, sin perjuicio de las competencias de la Junta Consultiva de Contratación Pública del Estado.

Artículo 331. Aportación de información por las Comunidades Autónomas y de las Ciudades Autónomas de Ceuta y Melilla.

En el marco del principio de lealtad institucional que rige las relaciones entre las Administraciones Públicas contemplado con carácter básico en el artículo 3 de la Ley 40/2015, de 1 de octubre, de Régimen Jurídico del Sector Público, y con la finalidad de que la Junta Consultiva de Contratación Pública del Estado pueda cumplir con las obligaciones establecidas en el artículo 328 respecto a la Comisión Europea, las Comunidades Autónomas remitirán en formato electrónico al Comité de Cooperación regulado en el artículo 329, a través de sus órganos competentes y respecto de sus respectivos ámbitos territoriales, la siguiente documentación:

a) Un informe comprensivo de todas aquellas cuestiones mencionadas en las letras b), c), d) y e) del apartado 4 del artículo 328, con una periodicidad de –al menos– cada tres años.

b) Un informe comprensivo de las cuestiones previstas en el apartado 7 del artículo 332 con una periodicidad de –al menos– cada tres años.

La documentación remitida incluirá información referida a las Entidades Locales sitas en sus respectivos ámbitos territoriales de acuerdo con lo establecido en el artículo anterior.

Artículo 332. Oficina Independiente de Regulación y Supervisión de la Contratación.

1. Se crea la Oficina Independiente de Regulación y Supervisión de la Contratación como órgano colegiado de los previstos en el artículo 19 de Ley 40/2015, de 1 de octubre, de Régimen Jurídico del Sector Público, con la finalidad de velar por la correcta aplicación de la legislación y, en particular, promover la concurrencia y combatir las ilegalidades, en relación con la contratación pública. La Oficina actuará en el desarrollo de su actividad y el cumplimiento de sus fines con plena independencia orgánica y funcional.

Estará integrada por un presidente y cuatro vocales que no podrán solicitar ni aceptar instrucciones de ninguna entidad pública o privada.

Sin perjuicio de lo anterior, y a efectos puramente organizativos y presupuestarios, la Oficina se adscribe al Ministerio de Hacienda y Función Pública, a través de la Subsecretaría del Departamento.

La Oficina Nacional de Evaluación regulada en el artículo 333 se integrará en la Oficina Independiente de Regulación y Supervisión de la Contratación.

2. Los titulares de la presidencia y de las vocalías de la Oficina Independiente de Regulación y Supervisión de la Contratación serán funcionarios de carrera, incluidos en el ámbito de la aplicación del texto refundido del Estatuto Básico del Empleado Público, aprobado por Real Decreto Legislativo 5/2015, de 30 de octubre, pertenecientes al Subgrupo A1 del artículo 76 de dicho texto refundido, que cuenten, al menos, con 10 años de experiencia profesional en materias relacionadas con la contratación pública.

Reglamentariamente se establecerá el nivel administrativo del titular de la presidencia y demás miembros de la Oficina Independiente de Regulación y Supervisión de la Contratación, que estarán asistidos por los órganos auxiliares que correspondan a dicho nivel.

Durante el desempeño de sus cargos, estarán sujetos a la regulación prevista en los artículos 13, 14 y 15 de la Ley 3/2015, de 30 de marzo, reguladora del ejercicio del alto cargo en la Administración General del Estado.

3. El presidente y los demás miembros de la Oficina Independiente de Regulación y Supervisión de la Contratación serán designados por el Consejo de Ministros, a propuesta del Ministro de Hacienda y Función Pública, por un periodo improrrogable de seis años.

No obstante, la primera renovación de la Oficina se hará de forma parcial a los tres años del nombramiento. Antes de cumplirse el plazo indicado se determinará, mediante sorteo, los dos vocales que deban cesar. Transcurrido este plazo, quedarán en funciones en tanto no se proceda al nombramiento de su sucesor.

Los miembros de la Oficina Independiente de Regulación y Supervisión de la Contratación tendrán la condición de independientes e inamovibles durante el periodo de su mandato y solo podrán ser removidos de su puesto por las causas siguientes:

a) Por expiración de su mandato.

b) Por renuncia aceptada por el Gobierno.

c) Por pérdida de la nacionalidad española.

d) Por incumplimiento grave de sus obligaciones.

e) Por condena mediante sentencia firme a pena privativa de libertado o de inhabilitación absoluta o especial para empleo o cargo público por razón de delito.

f) Por incapacidad sobrevenida para el ejercicio de su función.

La remoción por las causas previstas, salvo expiración y renuncia, se acordará por el Gobierno previo expediente.

4. El titular de la presidencia de la Oficina Independiente de Regulación y Supervisión de la Contratación, representará al órgano colegiado y se relacionará, en su nombre, con las entidades públicas sobre las que se proyecten sus actuaciones. Igualmente se relacionará con el Ministerio de adscripción, a efectos organizativos y presupuestarios. Será vocal nato de la Junta Consultiva de Contratación Pública del Estado y del Comité de Cooperación en materia de contratación pública. En el primer caso, asistirá a sus sesiones con voz pero sin voto.

El titular de la presidencia de la Oficina remitirá a las Cortes y al Tribunal de Cuentas un informe anual sobre las actuaciones de la Oficina Independiente de Regulación y Supervisión de la Contratación y comparecerá en las Cortes para la presentación del informe anual y sus conclusiones, o cuando se solicite por las correspondientes Comisiones del Congreso o el Senado, en relación con los asuntos que formen parte de su ámbito funcional. Dicho informe será objeto de publicación dentro del mes siguiente a su remisión a las Cortes y al Tribunal de Cuentas.

Los vocales de la oficina, en la forma que determine en las normas de funcionamiento que apruebe el órgano colegiado, asumirán responsabilidades funcionales específicas en materia de supervisión, en relación con la Oficina Nacional de Evaluación y de metodología y formación. En el ejercicio de estas funciones participaran en las sesiones del Comité de Cooperación en materia de contratación pública y sus Secciones, con voz pero sin voto.

5. Como órgano de apoyo y asesoramiento a la Presidencia de la Oficina Independiente de Regulación y Supervisión de la Contratación, se podrá crear, mediante Real Decreto, un Consejo Asesor formado por académicos, profesionales y técnicos independientes de reconocido prestigio en el ámbito de la contratación de las Administraciones Públicas.

6. Corresponden a la Oficina Independiente de Regulación y Supervisión de la Contratación las siguientes funciones:

a) Coordinar la supervisión en materia de contratación de los poderes adjudicadores del conjunto del sector público.

b) Velar por la correcta aplicación de la legislación de la contratación pública a los efectos de detectar incumplimientos específicos o problemas sistémicos.

c) Velar por el estricto cumplimiento de la legislación de contratos del sector público y, de modo especial, por el respeto a los principios de publicidad y concurrencia y de las prerrogativas de la Administración en la contratación.

d) Promover la concurrencia en la contratación pública y el seguimiento de las buenas prácticas.

e) Verificar que se apliquen con la máxima amplitud las obligaciones y buenas prácticas de transparencia, en particular las relativas a los conflictos de interés, y detectar las irregularidades que se produzcan en materia de contratación.

En el caso de que la Oficina tenga conocimiento de hechos constitutivos de delito o infracción a nivel estatal, autonómico o local, dará traslado inmediato, en función de su naturaleza, a la fiscalía u órganos judiciales competentes, o a las entidades u órganos administrativos competentes, incluidos el Tribunal de Cuentas y la Comisión Nacional de los Mercados y la Competencia.

7. En ejercicio de las funciones previstas en el apartado anterior, la Oficina Independiente de Regulación y Supervisión de la Contratación:

a) Aprobará, a propuesta del Comité de Cooperación en materia de contratación pública, la Estrategia Nacional de Contratación Pública vinculante para el sector público prevista en el artículo 334, que se diseñará y ejecutará en coordinación con las Comunidades Autónomas y Entidades Locales.

b) Podrá realizar encuestas e investigaciones, para lo que tendrá acceso a los órganos y servicios de contratación, que deberán facilitar los datos, documentos o antecedentes o cualquier información que aquella les reclame, salvo que tengan carácter secreto o reservado.

c) Podrá remitir informes, a la vista del resultado de las encuestas e investigaciones y a través del Ministerio de Hacienda y Función Pública, a las Cortes Generales o, en su caso, a la Comisión Nacional de los Mercados y la Competencia.

d) Podrá aprobar instrucciones fijando las pautas de interpretación y de aplicación de la legislación de la contratación pública, así como elaborar recomendaciones generales o particulares a los órganos de contratación, si de la supervisión desplegada se dedujese la conveniencia de solventar algún problema, obstáculo o circunstancia relevante a los efectos de dar satisfacción a los fines justificadores de la creación de la Oficina. Las instrucciones y las recomendaciones serán objeto de publicación. Sin perjuicio de lo dispuesto en el artículo 6 de la Ley 40/2015, de Régimen Jurídico del Sector Público, las instrucciones de la Oficina Independiente de Regulación y Supervisión de la Contratación serán obligatorias para todos los órganos de contratación del Sector público del Estado.

e) Podrá elaborar estudios relativos a las funciones atribuidas.

8. La Oficina Independiente de Regulación y Supervisión de la Contratación elaborará un informe de supervisión que remitirá a la Junta Consultiva de Contratación Pública del Estado, que se integrará en el informe nacional a remitir a la Comisión Europea cada tres años.

Dicho informe comprenderá respecto de la licitación pública y ejecución de los contratos de obras, suministros, servicios, concesión de obras y concesión de servicios que estén sujetos a regulación armonizada, entre otras, si procede, las siguientes cuestiones:

a) Una relación de los principales incumplimientos detectados por los órganos, instituciones y poderes con competencia supervisora o jurisdiccional en materia de contratación pública.

b) Información sobre las fuentes más frecuentes de aplicación incorrecta de la legislación de contratación pública o de inseguridad jurídica.

c) Información sobre la prevención, detección y notificación adecuada de los casos de fraude, corrupción, conflicto de intereses y otras irregularidades graves en la contratación, así como sobre los problemas de colusión detectados.

9. Asimismo, la Oficina elaborará un informe anual que recogerá las conclusiones derivadas de toda la actividad de supervisión realizada por las administraciones competentes. El informe incluirá las cuestiones a las que se refiere el apartado anterior y, en particular, una relación expresiva de los principales incumplimientos constatados y de los órganos responsables de los mismos. Dicho informe será remitido por la Oficina de Supervisión a la Comisión Europea, a través de la Junta Consultiva de Contratación Pública del Estado.

Las distintas autoridades de supervisión, designadas por las administraciones competentes en sus respectivos ámbitos territoriales, y la Oficina, que consolidará toda la información, pondrán a disposición del público el resultado del proceso de supervisión, que se publicará en las correspondientes plataformas de contratación. En todo caso, el informe de la Oficina al que se refiere el inciso anterior se publicará por esta en la

Plataforma de Contratación del Sector Público dentro del mes siguiente a su remisión a la Comisión Europea.

10. La Comisión Mixta Congreso-Senado para las Relaciones con el Tribunal de Cuentas, a través de una ponencia de carácter permanente que se constituirá en los términos que dispongan los Reglamentos de las Cámaras, recibirá de la Oficina Independiente de Regulación y Supervisión de la Contratación la más amplia información para hacer posible el control y la vigilancia de la contratación pública y la participación en las iniciativas de mejora normativa que se adopten en esta materia.

11. La función de supervisión se realizará sin perjuicio de las competencias que corresponden a la Intervención General de la Administración del Estado en cuanto órgano de control de la gestión económico-financiera del sector público estatal y a las que, en su ámbito territorial, correspondan a los órganos equivalentes a nivel autonómico y local. A estos efectos, la Intervención General de la Administración del Estado, y los órganos equivalentes a nivel autonómico y local, remitirán anualmente a la Oficina Independiente de Regulación y Supervisión un informe global, que se hará público dentro del mes siguiente a su recepción, con los resultados más significativos de su actividad de control en la contratación pública.

12. Las Comunidades Autónomas podrán crear sus propias Oficinas de Supervisión de la Contratación.

13. La Oficina Independiente de Regulación y Supervisión de la Contratación, en coordinación con el Ministerio de Hacienda y Función Pública y la Junta Consultiva de Contratación Pública del Estado, colaborará con las instituciones y organismos de la Unión Europea, en especial con la Comisión Europea, en el ejercicio de las funciones de regulación y supervisión de la contratación. También podrá cooperar con las autoridades de supervisión de la contratación independientes de otros estados miembros.

Artículo 333. La Oficina Nacional de Evaluación.

1. La Oficina Nacional de Evaluación, órgano colegiado integrado en la Oficina Independiente de Regulación y Supervisión de la Contratación, tiene como finalidad analizar la sostenibilidad financiera de los contratos de concesiones de obras y contratos de concesión de servicios, sin perjuicio de lo establecido en el segundo párrafo de la letra b) del apartado 3.

2. La Oficina Nacional de Evaluación estará presidida por el Presidente de la Oficina Independiente de Regulación y Supervisión de la Contratación.

Formarán parte de la misma el Vocal de la Oficina Independiente de Regulación y Supervisión de la Contratación que se determine; y un representante con rango de Subdirector General o equivalente de la Intervención General de la Administración del Estado, de la Dirección General del Patrimonio del Estado, y de la Dirección General de Fondos Comunitarios del Ministerio de Hacienda y Función Pública. Asimismo, formará parte de la misma, dos vocales, uno nombrado a propuesta de las organizaciones empresariales representativas de los sectores afectados por la contratación administrativa, y otro, designado entre académicos, profesionales y técnicos, de reconocido conocimiento y competencia en la materia de la contratación pública, sin relación directa o indirecta con las empresas contratistas a las que se refiere el primer apartado de este artículo. Estos vocales contarán con voz pero no así con voto.

A las reuniones de la Oficina Nacional de Evaluación en que se traten informes referidos a una Comunidad Autónoma que se hubiera adherido a la Oficina Nacional de Evaluación en virtud de lo dispuesto en el apartado siguiente, asistirá un representante de la misma. En el caso de reuniones en que se traten informes de las Corporaciones Locales, asistirá a las mismas un representante de la Federación de Entidades Locales con mayor implantación, junto con un representante de la propia Corporación en el caso de que se tratara de Municipios de gran población a los que se refiere el Título X de la Ley 7/1985, de 2 de abril, Reguladora de las Bases del Régimen Local.

Mediante Orden del Ministro de Hacienda y Función Pública, a propuesta de la Oficina Independiente de Regulación y Supervisión de la Contratación, previo informe de la Comisión Delegada del Gobierno para Asuntos Económicos, se determinará la organización y funcionamiento de la misma, sin perjuicio de la utilización de medios especializados complementarios que sean aportados por los órganos representados en la Oficina Nacional de Evaluación.

Los miembros de la Oficina Nacional de Evaluación y el personal a su servicio no podrán, en el ejercicio de sus funciones, solicitar ni aceptar instrucciones de ninguna entidad pública o privada.

3. La Oficina Nacional de Evaluación, con carácter previo a la licitación de los contratos de concesión de obras y de concesión de servicios a celebrar por los poderes adjudicadores y entidades adjudicadoras, así como por otros entes, organismos y entidades dependientes de la Administración General del Estado y de las Corporaciones Locales, evacuará informe preceptivo en los siguientes casos:

a) Cuando se realicen aportaciones públicas a la construcción o a la explotación de la concesión, así como cualquier medida de apoyo a la financiación del concesionario.

b) Las concesiones de obras y concesiones de servicios en las que la tarifa sea asumida total o parcialmente por el poder adjudicador concedente, cuando el importe de las obras o los gastos de primer establecimiento superen un millón de euros.

Asimismo, informará los acuerdos de restablecimiento del equilibrio del contrato, en los casos previstos en los artículos 270.2 y 290.4 respecto de las concesiones de obras y concesiones de servicios que hayan sido informadas previamente de conformidad con las letras a) y b) anteriores o que, sin haber sido informadas, supongan la incorporación en el contrato de alguno de los elementos previstos en estas.

La Oficina Nacional de Evaluación podrá proponer, en atención a los resultados obtenidos de las actuaciones previstas en la Estrategia Nacional de Contratación Pública, la ampliación del ámbito de aplicación de este artículo a contratos distintos de los recogidos en los párrafos anteriores. La ampliación del ámbito, se aprobará mediante Orden del Ministro de Hacienda y Función Pública, a propuesta de la Oficina Independiente de Regulación y Supervisión de la Contratación, previo informe de la Comisión Delegada del Gobierno para Asuntos Económicos.

Cada Comunidad Autónoma podrá adherirse a la Oficina Nacional de Evaluación para que realice dichos informes o si hubiera creado un órgano u organismo equivalente solicitará estos informes preceptivos al mismo cuando afecte a sus contratos de concesión.

Por el Comité de Cooperación en materia de contratación pública se fijarán las directrices apropiadas para asegurar que la elaboración de los informes se realiza con criterios suficientemente homogéneos.

4. Los informes previstos en el apartado anterior evaluarán si la rentabilidad del proyecto, obtenida en función del valor de la inversión, las ayudas otorgadas, los flujos de caja esperados y la tasa de descuento establecida, es razonable en atención al riesgo de demanda que asuma el concesionario. En dicha evaluación se tendrá en cuenta la mitigación que las ayudas otorgadas puedan suponer sobre otros riesgos distintos del de demanda, que habitualmente deban ser soportados por los operadores económicos.

En los contratos de concesión de obras en los que el abono de la tarifa concesional se realice por el poder adjudicador, la Oficina evaluará previamente la transferencia del riesgo de demanda al concesionario. Si este no asume completamente dicho riesgo, el informe evaluará la razonabilidad de la rentabilidad en los términos previstos en el párrafo anterior.

En los acuerdos de restablecimiento del equilibrio del contrato, el informe evaluará si las compensaciones financieras establecidas mantienen una rentabilidad razonable según lo dispuesto en el primer párrafo de este apartado.

5. Los informes preceptivos serán evacuados en el plazo de treinta días desde la solicitud del poder adjudicador u otra entidad contratante o nueva aportación de información a que se refiere el párrafo siguiente. Este plazo

podrá reducirse a la mitad siempre que se justifique en la solicitud las razones de urgencia. Estos informes serán publicados a través de la central de información económico- financiera de las Administraciones Públicas dependiente del Ministerio de Hacienda y Función Pública y estarán disponibles para su consulta pública a través de medios electrónicos.

La entidad que formule la solicitud remitirá la información necesaria a la Oficina, quien evacuará su informe sobre la base de la información recibida. Si dicha Oficina considera que la información remitida no es suficiente, no es completa o requiriere alguna aclaración, se dirigirá al poder adjudicador peticionario para que le facilite la información requerida dentro del plazo que esta señale al efecto. La información que reciba la Oficina deberá ser tratada respetando los límites que rigen el acceso a la información confidencial.

6. Si la Administración o la entidad destinataria del informe se apartara de las recomendaciones contenidas en un informe preceptivo de la Oficina, deberá motivarlo en un informe que se incorporará al expediente del correspondiente contrato y que será objeto de publicación en su perfil de contratante y en la Plataforma de Contratación del Sector Público. En el caso de la Administración General del Estado esta publicación se hará, además, a través de la central de información económico-financiera de las Administraciones Públicas.

7. La Oficina publicará anualmente una memoria de actividad.

Artículo 334. Estrategia Nacional de Contratación Pública.

1. La Estrategia Nacional de Contratación Pública a la que se refieren el artículo 332 apartado 7 en su letra a) y el artículo 333 apartado 3, es el instrumento jurídico vinculante, aprobado por la Oficina Independiente de Regulación y Supervisión de la Contratación, que se basará en el análisis de actuaciones de contratación realizadas por todo el sector público incluyendo todos los poderes adjudicadores y entidades adjudicadoras comprendidas en el sector público estatal, autonómico o local, así como las de otros entes, organismos y entidades pertenecientes a los mismos que no tengan la naturaleza de poderes adjudicadores.

Tendrá un horizonte temporal de cuatro años y abordará, entre otros, los siguientes aspectos:

a) El análisis de los datos disponibles, en las distintas fuentes de información cualitativas y cuantitativas: plataformas de contratación nacionales, Información abierta de la Unión Europea en materia de contratación pública (TED), informes de órganos de supervisión y control y de asesoramiento legal, para elaborar un diagnóstico de la situación de la contratación pública y proponer medidas prioritarias para la corrección de las disfunciones que se identifiquen.

A tales efectos, las indicadas bases de datos nacionales y los correspondientes órganos de supervisión, control y asesoramiento deberán facilitar la información necesaria para la elaboración, aprobación y ejecución de la mencionada Estrategia.

La Comisión Nacional de los Mercados y la Competencia podrá remitir a la Oficina Independiente de Regulación y Supervisión de la Contratación sus propuestas en materia de contratación pública que afecten a la competencia, para su posible inclusión en la Estrategia Nacional de Contratación Pública.

b) La mejora de la supervisión de la contratación pública, coordinando criterios y metodologías comunes para la realización de las actuaciones de supervisión, y garantizando, en todo caso, el cumplimiento de las obligaciones de supervisión impuestas por las Directivas de contratación pública y por las instituciones comunitarias.

Contemplará, asimismo, la coherencia de las actuaciones de seguimiento precisas para garantizar la sostenibilidad financiera de los contratos previstos por el artículo 333, para lo que incluirá las estrategias y metodología adecuada para realizar la evaluación con criterios homogéneos y las reglas que deben informar los acuerdos de establecimiento del equilibrio económico de estos contratos.

c) El análisis de los mecanismos de control de legalidad ex-ante y ex-post de los procedimientos de adjudicación de contratos públicos y concesiones en todo el sector público. Se preverán actuaciones con vistas a reforzar dichos mecanismos de control entre otras, mediante la definición de objetivos y prioridades, así como la propuesta de reasignación de efectivos encargados de dichos controles. Igualmente, se analizarán los procedimientos establecidos para identificar las irregularidades en las que se pudiera incurrir y el desarrollo de las medidas correctoras que deban aplicarse por los responsables de la gestión.

d) La elaboración de manuales de buenas prácticas o guías que establezcan recomendaciones para aplicar en los procedimientos de contratación, que permitan preventivamente evitar la posible realización de malas prácticas en los mismos.

e) Promover la profesionalización en contratación pública mediante actuaciones de formación del personal del sector público, especialmente en aquellas entidades que carecen de personal especializado, mediante el diseño de un plan específico en materia de formación en contratación pública y otras actuaciones complementarias de promoción de la profesionalización en la contratación pública.

2. La Estrategia Nacional de Contratación Pública se diseñará para establecer medidas que permitan cumplir los siguientes objetivos:

a) Combatir la corrupción y las irregularidades en la aplicación de la legislación sobre contratación pública.

b) Incrementar la profesionalización de los agentes públicos que participan en los procesos de contratación.

c) Promover la eficiencia económica en los procesos de obtención de bienes, servicios y suministros para el sector público, estimulando la agregación de la demanda y la adecuada utilización de criterios de adjudicación.

d) Generalizar el uso de la contratación electrónica en todas las fases del procedimiento.

e) Utilizar las posibilidades de la contratación pública para apoyar políticas ambientales, sociales y de innovación.

f) Promover la participación de las PYME, en el mercado de la contratación pública.

3. Los funcionarios que realicen las funciones de supervisión previstas en las letras b) y c) del apartado primero de este artículo gozarán de independencia funcional respecto de los titulares de los órganos cuyos contratos supervisen.

Las autoridades, cualquiera que sea su naturaleza, los jefes o directores de oficinas públicas, los de las entidades integrantes del sector público y quienes en general, ejerzan funciones públicas o desarrollen su trabajo en dichas entidades deberán prestar a los funcionarios encargados de la supervisión de los contratos el apoyo, concurso, auxilio y colaboración que les sean precisos, facilitando la documentación e información necesaria para dicha supervisión.

4. Tras la elevación de su propuesta de Estrategia Nacional de Contratación Pública por el Comité de cooperación en materia de contratación pública y su aprobación por la Oficina Independiente de Regulación y Supervisión de la Contratación, se remitirá a la Comisión Europea. Por su parte, el Consejo de Ministros, a propuesta del Ministerio de Hacienda y Función Pública, tomará conocimiento de la misma y la elevará para conocimiento a las Cortes Generales. Transcurrido un mes desde la remisión a la Comisión Europea de la Estrategia aprobada por la Oficina Independiente de Regulación y Supervisión de la Contratación se hará público su contenido en la Plataforma de Contratación del Sector Público.

5. El Comité de cooperación en materia de contratación pública, transcurridos los dos primeros años de la aprobación de la Estrategia, hará una primera valoración de la aplicación de la misma, pudiéndose modificar o ajustar aquellos aspectos de la Estrategia que resultaran necesarios al objeto de conseguir los objetivos perseguidos por la misma. Tras ello, elevará tales modificaciones o ajustes a la Oficina Independiente de Regulación y Supervisión de la Contratación para su aprobación. Dichas modificaciones o ajustes serán objeto de publicación dentro del mes siguiente a su aprobación.

6. Finalizado el ámbito temporal de la Estrategia, el Comité de cooperación en materia de contratación pública elaborará un informe sobre los resultados de la aplicación de la misma. El informe se comunicará a la Oficina Independiente de Regulación y Supervisión de la Contratación y a la Junta Consultiva de Contratación Pública del Estado que lo remitirá a la Comisión Europea y lo pondrá en conocimiento de la Comisión Nacional de los Mercados y la Competencia, haciendo público su contenido en el plazo de un mes desde dicha remisión.

Por su parte, el Consejo de Ministros, a propuesta del Ministerio de Hacienda y Función Pública, tomará conocimiento del informe y lo elevará para conocimiento a las Cortes Generales.

El informe servirá para la definición y aprobación de una nueva Estrategia Nacional de Contratación, por el mismo procedimiento y con las mismas características y duración mencionadas en este artículo. La nueva Estrategia será aprobada en el plazo de seis meses contados desde la adopción del informe.

7. La primera Estrategia se aprobará por la Oficina Independiente de Regulación y Supervisión de la Contratación en el plazo de nueve meses desde la publicación de la presente Ley en el «Boletín Oficial del Estado.»

8. En el ámbito de las Comunidades Autónomas y de las Ciudades Autónomas de Ceuta y Melilla podrá elaborarse una estrategia de contratación pública que deberá ser coherente con la estrategia nacional de contratación.

CAPÍTULO IV Elaboración y remisión de información

Artículo 335. Remisión de contratos al Tribunal de Cuentas.

1. Dentro de los tres meses siguientes a la formalización del contrato, para el ejercicio de la función fiscalizadora, deberá remitirse al Tribunal de Cuentas u órgano externo de fiscalización de la Comunidad Autónoma una copia certificada del documento en el que se hubiere formalizado aquel, acompañada de un extracto del expediente del que se derive, siempre que el precio de adjudicación del contrato o en el caso de acuerdos marco, el valor estimado, exceda de 600.000 euros, tratándose de obras, concesiones de obras, concesiones de servicios y acuerdos marco; de 450.000 euros, tratándose de suministros; y de 150.000 euros, tratándose de servicios y de contratos administrativos especiales.

Asimismo, serán objeto de remisión al Tribunal de Cuentas u órgano externo de fiscalización de la Comunidad Autónoma la copia certificada y el extracto del expediente a los que se refiere el párrafo anterior, relativos a los contratos basados en un acuerdo marco y a los contratos específicos celebrados en el marco de un sistema dinámico de adquisición, siempre que el precio de adjudicación del contrato exceda en función de su naturaleza de las cuantías señaladas en el citado párrafo.

Además, se remitirá una relación del resto de contratos celebrados incluyendo los contratos menores, excepto aquellos que siendo su importe inferior a cinco mil euros se satisfagan a través del sistema de anticipo de caja fija u otro sistema similar para realizar pagos menores, donde se consignará la identidad del adjudicatario, el objeto del contrato y su cuantía. Dichas relaciones se ordenarán por adjudicatario. Esta remisión podrá realizarse directamente por vía electrónica por la Plataforma de Contratación donde tenga ubicado su perfil del contratante el correspondiente órgano de contratación.

2. Igualmente se comunicarán al Tribunal de Cuentas u órgano externo de fiscalización de la Comunidad Autónoma las modificaciones, prórrogas o variaciones de plazos, las variaciones de precio y el importe final, la nulidad y la extinción normal o anormal de los contratos indicados.

3. Lo dispuesto en los dos apartados anteriores se entenderá sin perjuicio de las facultades del Tribunal de Cuentas o, en su caso, de los correspondientes órganos de fiscalización externos de las Comunidades Autónomas para reclamar cuantos datos, documentos y antecedentes estime pertinentes con relación a los contratos de cualquier naturaleza y cuantía.

4. Las comunicaciones a que se refiere este artículo se efectuarán por el órgano de contratación en el ámbito de la Administración General del Estado y de entidades del sector público dependientes de ella.

5. La forma y el procedimiento para hacer efectivas las remisiones a que se refiere el presente artículo podrán determinarse por el Tribunal de Cuentas u órgano externo de fiscalización de la Comunidad Autónoma mediante las correspondientes instrucciones.

Artículo 336. Informes específicos sobre los procedimientos para la adjudicación de los contratos.

1. Los órganos de contratación redactarán un informe escrito sobre cada contrato de obras, suministros o servicios o acuerdo marco, sujetos a regulación armonizada, así como cada vez que establezcan un sistema dinámico de adquisición, que incluya al menos lo siguiente:

a) El nombre y dirección del poder adjudicador, y el objeto y precio del contrato, del acuerdo marco o del sistema dinámico de adquisición;

b) En su caso, los resultados de la selección cualitativa y/o la reducción del número de ofertas y de soluciones, de conformidad con lo establecido en la presente Ley para los procedimientos restringido, de licitación con negociación, de diálogo competitivo, y de asociación para la innovación, concretamente:

i) Los nombres de los candidatos o licitadores seleccionados y los motivos que justifican su selección,

ii) Los nombres de los candidatos o licitadores excluidos y los motivos que justifican su exclusión;

c) Los motivos por los que se hayan rechazado ofertas consideradas anormalmente bajas;

d) El nombre del adjudicatario y los motivos por los que se ha elegido su oferta, así como, si se conoce, la parte del contrato o del acuerdo marco que el adjudicatario tenga previsto subcontratar con terceros; y, en caso de que existan, y si se conocen en ese momento, los nombres de los subcontratistas del contratista principal;

e) Para los procedimientos de licitación con negociación y los procedimientos de diálogo competitivo, las circunstancias establecidas en el artículo 167 y en el apartado 3 del artículo 172 que justifiquen el recurso a estos procedimientos;

f) Por lo que respecta a los procedimientos negociados sin publicación previa, las circunstancias contempladas en el artículo 168 que justifiquen el recurso a dicho procedimiento;

g) En su caso, los motivos por los que el poder adjudicador haya decidido no adjudicar o celebrar un contrato o un acuerdo marco o haya renunciado a establecer un sistema dinámico de adquisición;

h) En su caso, los motivos por los que se han utilizado medios de comunicación distintos de los electrónicos para la presentación electrónica de ofertas;

i) En su caso, los conflictos de intereses detectados y las medidas tomadas al respecto.

j) En su caso, la medidas tomadas en el marco del artículo 70.

Dicho informe no será exigido por lo que respecta a contratos basados en acuerdos marco, cuando estos se hayan celebrado con arreglo a los apartados 3 y 4.a) del artículo 221.

En la medida en que el anuncio de formalización del contrato contenga la información requerida en el presente apartado, los poderes adjudicadores podrán hacer referencia a dicho anuncio.

2. El informe, o sus elementos principales, se remitirán a la Comisión Europea o al Comité de cooperación en materia de contratación pública regulado en el artículo 329, cuando lo soliciten.

TÍTULO II Registros Oficiales

CAPÍTULO I Registros Oficiales de Licitadores y Empresas Clasificadas

Artículo 337. Registro Oficial de Licitadores y Empresas Clasificadas

del Sector Público.

1. El Registro Oficial de Licitadores y Empresas Clasificadas del Sector Público tiene por objeto la inscripción de los datos y circunstancias que resulten relevantes para acreditar las condiciones de aptitud de los empresarios para contratar con las Administraciones Públicas y demás organismos y entidades del sector público, incluidas las facultades de sus representantes y apoderados, así como la acreditación de todo ello ante cualquier órgano de contratación del sector público.

2. El Registro Oficial de Licitadores y Empresas Clasificadas del Sector Público dependerá del Ministerio de Hacienda y Función Pública, y su llevanza corresponderá a los órganos de apoyo técnico de la Junta Consultiva de Contratación Pública del Estado.

3. Las Comunidades Autónomas que opten por no llevar el registro al que se refiere el artículo 341 podrán practicar inscripciones en el registro al que se refiere el presente artículo, en los términos establecidos en el apartado 2 del artículo 340.

4. El Registro Oficial de Licitadores y Empresas Clasificadas del Sector Público estará interconectado y será interoperable con el Registro Electrónico de Apoderamientos de la Administración General del Estado.

Los órganos de contratación consultarán el Registro Oficial de Licitadores y Empresas Clasificadas del Sector Público para verificar la inscripción de los poderes. Si los poderes no estuvieran inscritos, consultarán subsidiariamente los registros generales de apoderamientos de las Administraciones Públicas. La consulta a dichos registros se realizará a través del Registro Electrónico de Apoderamientos de la Administración General del Estado.

En caso de discrepancia entre los poderes inscritos, prevalecerá el inscrito en el Registro Oficial de Licitadores y Empresas Clasificadas del Sector Público frente a los inscritos en cualquier otro registro de apoderamientos.

Artículo 338. Inscripciones y publicaciones de oficio.

1. En el Registro Oficial de Licitadores y Empresas Clasificadas del Sector Público se harán constar de oficio los datos relativos a las clasificaciones otorgadas a los empresarios por la Junta Consultiva de Contratación Pública del Estado. Asimismo, se harán constar las otorgadas por los órganos competentes de las Comunidades Autónomas que ejerzan competencias en materia de clasificación de empresas, siempre que no resulten contradictorias con las otorgadas por la Junta Consultiva de Contratación Pública del Estado.

En los casos en que con respecto a la empresa de cuya clasificación se trate, no constasen inscritas en el Registro Oficial de Licitadores y Empresas Clasificadas del Sector Público las circunstancias a que se refieren las letras a) y c) del apartado 1 del artículo 339, se inscribirán estas de oficio, tomando como base los documentos adecuados para ello y que se hubiesen aportado al procedimiento de clasificación.

2. Se harán constar igualmente los datos relativos a las prohibiciones de contratar a las que se refiere el apartado 2 del artículo 73.

3. A efectos de poder dar cumplimiento a lo establecido en el apartado anterior, el órgano del que emane la sentencia o resolución que impone la prohibición de contratar deberá remitir de oficio testimonio de aquella o copia de esta a la Junta Consultiva de Contratación Pública del Estado, sin perjuicio de que por parte de este órgano, de tener conocimiento de su existencia y no habiendo recibido el citado testimonio de la sentencia o copia de la resolución pueda solicitarlos al órgano del que emanaron.

4. Las prohibiciones de contratar que, en función de su ámbito y del órgano que las haya declarado, deban ser inscritas en el registro de licitadores y empresas clasificadas de una Comunidad Autónoma que cuente con dicho registro, serán comunicadas al Registro Oficial de Licitadores y Empresas Clasificadas del Sector Público, por el órgano de dicha Comunidad Autónoma competente para la llevanza del registro, para su publicación de acuerdo con lo dispuesto en el artículo 345.

Artículo 339. Inscripciones a solicitud de los interesados.

1. En el Registro podrán constar, cuando así lo solicite el interesado, los siguientes datos y circunstancias relativas a los empresarios:

a) Los correspondientes a su personalidad y capacidad de obrar, en el caso de personas jurídicas.

b) Los relativos a la extensión de las facultades de los representantes o apoderados con capacidad para actuar en su nombre y obligarla contractualmente.

c) Los referentes a las autorizaciones o habilitaciones profesionales y a los demás requisitos que resulten necesarios para actuar en su sector de actividad.

d) Los datos relativos a la solvencia económica y financiera, que se reflejarán de forma independiente de la clasificación que, en su caso, tenga el empresario.

e) Cualesquiera otros datos de interés para la contratación pública que se determinen reglamentariamente.

2. Reglamentariamente se establecerán el procedimiento y requisitos para la inscripción de dichos datos y circunstancias.

Artículo 340. Competencia para la inscripción en el Registro Oficial de Licitadores y Empresas Clasificadas del Sector Público.

1. Las inscripciones de oficio en el Registro Oficial de Licitadores y Empresas Clasificadas del Sector Público indicadas en el artículo 338, con excepción de las indicadas en el apartado siguiente, serán practicadas por el órgano del Ministerio de Hacienda y Función Pública designado para su llevanza. Igualmente corresponderá a dicho órgano la adopción de los acuerdos de inscripción de los datos y circunstancias indicados en el artículo 339 derivados de las solicitudes de inscripción de los interesados que así se lo soliciten.

2. Los órganos competentes de las Comunidades Autónomas que opten por no llevar su propio Registro de licitadores y empresas clasificadas practicarán en el Registro Oficial de Licitadores y Empresas Clasificadas del Sector Público las inscripciones de oficio a las que se refieren el primer párrafo del apartado 1 del artículo 341 y el segundo inciso del primer párrafo del apartado 1 del artículo 338. Podrán practicar igualmente en el Registro las inscripciones indicadas en el apartado segundo del artículo 341 cuando se refieran a empresarios domiciliados en su ámbito territorial y así les sea solicitado por el interesado.

La práctica de inscripciones en el Registro por los órganos competentes de las Comunidades Autónomas exigirá la previa suscripción de un convenio a tal efecto con el Ministerio de Hacienda y Función Pública.

3. Todas las inscripciones practicadas en el Registro Oficial de Licitadores y Empresas Clasificadas del Sector Público tendrán, sin distinción alguna, los mismos efectos acreditativos y eficacia plena frente a todos los órganos de contratación del Sector Público.

Artículo 341. Registros de licitadores y empresas clasificadas de las Comunidades Autónomas.

1. Las Comunidades Autónomas podrán llevar sus propios Registros de licitadores y empresas clasificadas, en los que inscribirán las clasificaciones a las que se refiere el segundo párrafo del artículo 81 y, en todo caso, las prohibiciones de contratar que sean declaradas por sus órganos competentes, por los de las entidades locales de su ámbito territorial, o por los de los organismos y entidades dependientes de una u otras.

A efectos de poder dar cumplimiento a lo establecido en el párrafo anterior, el órgano del que emane la resolución que impone la prohibición de contratar deberá remitir de oficio copia de esta al órgano competente de la llevanza del registro, sin perjuicio de que por parte de este órgano, de tener conocimiento de su existencia y no habiendo recibido copia de la resolución pueda solicitarla al órgano del que emanó.

Las restantes prohibiciones de contratar que deban ser inscritas en el Registro Oficial de Licitadores y Empresas Clasificadas del Sector Público serán igualmente publicadas en los registros de licitadores y empresas clasificadas de las Comunidades Autónomas, aplicándose a tal efecto lo dispuesto en el artículo 345.

2. Podrán igualmente ser inscritos en el registro, cuando así lo solicite el interesado a la Comunidad Autónoma, los datos y circunstancias indicados en el artículo 339.

3. La inscripción en el registro de licitadores y empresas clasificadas de una Comunidad Autónoma acreditará los datos y circunstancias de los empresarios ante los órganos de contratación de la propia Comunidad Autónoma, de las entidades locales de su ámbito territorial, y de los organismos y entidades dependientes de una u otras.

Artículo 342. Voluntariedad de la inscripción.

1. Sin perjuicio de la práctica de oficio de las inscripciones obligatorias a las que se refieren el artículo 338 y el apartado 1 del artículo 341, la inscripción en los Registros de licitadores y empresas clasificadas es voluntaria para los empresarios, los cuales podrán determinar qué datos de entre los mencionados en el artículo anterior desean que se reflejen en ellos. La inscripción implicará el consentimiento del empresario para la difusión por medios electrónicos de sus datos inscritos, en los términos y con los límites y restricciones que legal o reglamentariamente se determinen.

2. Los interesados podrán en todo momento solicitar la cancelación de las inscripciones a ellos referidas, salvo en los casos y circunstancias de inscripción obligatoria.

Artículo 343. Actualización de la información registral.

1. Los empresarios inscritos en los registros de licitadores y empresas clasificadas están obligados a poner en conocimiento del registro cualquier variación que se produzca en sus datos en él reflejados, así como la supervivencia de cualquier circunstancia que determine la concurrencia de una prohibición de contratar susceptible de inscripción en dichos registros.

Sin perjuicio de lo dispuesto en la letra e) del apartado 1 del artículo 71, la omisión de esta comunicación, mediando dolo, culpa o negligencia podrá dar lugar a la suspensión de la inscripción del empresario y de sus efectos para la contratación pública, así como del derecho a la expedición de certificados del empresario, salvo en lo relativo a las inscripciones practicadas de oficio. En todo caso, la falta de actualización de los datos de un empresario que figuren inscritos en un registro de licitadores y empresas clasificadas no perjudicará a la Administración Pública, organismo o entidad que haya celebrado un contrato con el empresario con base en los datos obrantes en el registro.

2. El órgano competente de la llevanza del Registro procederá a la rectificación de oficio de los datos inscritos cuando se verifique que los datos de un asiento son incorrectos, incompletos o no actualizados.

Artículo 344. Publicidad.

1. El Registro será público y se podrá acceder de forma abierta, previa identificación de la persona que accede. Además contará con un buscador que facilite su uso.

2. Reglamentariamente se determinarán las modalidades y requisitos para la publicidad de los asientos del Registro, pudiéndose excluir mediante Orden del Ministerio de Hacienda y Función Pública la publicidad de las empresas clasificadas en los casos en que el número de empresas clasificadas en determinados grupos, subgrupos y categorías sea lo suficientemente reducido para dar lugar a un riesgo de colusión entre ellas.

Artículo 345. Colaboración entre Registros.

El Registro Oficial de Licitadores y Empresas Clasificadas del Sector Público y los Registros de licitadores y empresas clasificadas de las Comunidades Autónomas se facilitarán mutuamente la información relativa a las prohibiciones de contratar en ellos inscritas.

Mediante Orden del Ministro de Hacienda y Función Pública se establecerán el procedimiento y las especificaciones necesarias para el intercambio de dicha información por medios electrónicos.

CAPÍTULO II Registro de Contratos del Sector Público

Artículo 346. Registro de Contratos del Sector Público.

1. El Ministerio de Hacienda y Función Pública mantendrá un Registro de Contratos, en el que se inscribirán los datos básicos de los contratos adjudicados por las distintas Administraciones Públicas y demás entidades del sector público sujetas a esta Ley.

2. El Registro de Contratos del Sector Público constituye el sistema oficial central de información sobre la contratación pública en España. La información sobre la contratación pública deberá estar sistematizada siguiendo formatos y estándares abiertos adoptados a nivel internacional.

3. Los poderes adjudicadores comunicarán al Registro de Contratos del Sector Público, para su inscripción, los datos básicos de los contratos por ellos adjudicados, entre los que figurará la identidad del adjudicatario, el

importe de adjudicación de los mismos, junto con el desglose correspondiente del Impuesto sobre el Valor Añadido.

Igualmente comunicarán, en su caso, las modificaciones, prórrogas, variaciones de plazos o de precio, importe final y extinción de aquellos. El contenido y el formato de dichas comunicaciones, así como el plazo para efectuarlas, se establecerán reglamentariamente.

Se exceptuarán de la comunicación señalada en este apartado los contratos excluidos por la presente Ley y aquellos cuyo precio fuera inferior a cinco mil euros, IVA incluido, siempre que el sistema de pago utilizado por los poderes adjudicadores fuera el de anticipo de caja fija u otro sistema similar para realizar pagos menores. En el resto de contratos inferiores a cinco mil euros, deberá comunicarse el órgano de contratación, denominación u objeto del contrato, adjudicatario, número o código identificativo del contrato e importe final.

4. Las comunicaciones de datos de contratos al Registro de Contratos del Sector Público se efectuarán por medios electrónicos, informáticos o telemáticos, en la forma que determine el Ministro de Hacienda y Función Pública.

5. El Registro de Contratos del Sector Público facilitará de modo telemático el acceso a sus datos a los órganos de las Administraciones Públicas que los precisen para el ejercicio de sus competencias legalmente atribuidas.

Asimismo, de conformidad con lo establecido en la Ley 19/2013, de 9 de diciembre, de transparencia, acceso a la información pública y buen gobierno, y con las limitaciones que imponen las normas sobre protección de datos de carácter personal, facilitará el acceso público a los datos que no tengan el carácter de confidenciales y que no hayan sido previamente publicados de modo telemático y a través de Internet.

6. En los casos de Administraciones Públicas que dispongan de Registros de Contratos análogos en su ámbito de competencias, la comunicación de datos a que se refiere el apartado 3 del presente artículo podrá ser sustituida por comunicaciones entre los respectivos Registros de Contratos. El Ministerio de Hacienda y Función Pública determinará las especificaciones y requisitos para el intercambio de datos entre el Registro de Contratos del Sector Público y los demás Registros de Contratos.

7. Al objeto de garantizar la identificación única y precisa de cada contrato, las Administraciones y entidades comunicantes asignarán a cada uno de ellos un código identificador, que será único en su ámbito de competencias. El Ministerio de Hacienda y Función Pública determinará las reglas de asignación de dichos identificadores únicos que resulten necesarios para asegurar la identificación unívoca de cada contrato dentro del Registro de Contratos del Sector Público, así como para su coordinación con los demás Registros de Contratos.

8. El Gobierno elevará anualmente a las Cortes Generales un informe sobre la contratación pública en España, a partir de los datos y análisis proporcionados por el Registro de Contratos del Sector Público.

El Ministerio de Hacienda y Función Pública pondrá en conocimiento de la Comisión Nacional de los Mercados y la Competencia el informe al que se refiere el párrafo anterior, tras su elevación por el Gobierno a las Cortes Generales.

TITULO III Gestión de la publicidad contractual por medios electrónicos, informáticos y telemáticos

Artículo 347. Plataforma de Contratación del Sector Público.

1. La Dirección General del Patrimonio del Estado del Ministerio de Hacienda y Función Pública pondrá a disposición de todos los órganos de contratación del sector público una plataforma electrónica que permita la difusión a través de Internet de sus perfiles de contratante, así como prestar otros servicios complementarios asociados al tratamiento informático de estos datos.

2. Los perfiles de contratante de los órganos de contratación de todas las entidades del sector público estatal deberán alojarse de manera obligatoria en la Plataforma de Contratación del Sector Público, gestionándose y difundiéndose exclusivamente a través de la misma. En las páginas web institucionales de estos órganos se incluirá un enlace a su perfil de contratante situado en la Plataforma de Contratación del Sector Público.

3. Las Comunidades Autónomas y las Ciudades Autónomas de Ceuta y Melilla podrán establecer servicios de información similares a la Plataforma de Contratación del Sector Público en los que deberán alojar sus perfiles de contratante de manera obligatoria, tanto sus propios órganos de contratación como los de sus entes, organismos y entidades vinculados o dependientes, gestionándose y difundiéndose exclusivamente a través de los mismos y constituyendo estos servicios un punto de acceso único a los perfiles de contratante de los entes, organismos y entidades adscritos a la Comunidad Autónoma correspondiente.

Las Comunidades Autónomas y las Ciudades Autónomas que no hubieran optado por establecer sus propios servicios de información, y alojen, por tanto, sus perfiles del contratante directamente en la Plataforma de Contratación del Sector Público, podrán utilizar todos los servicios que ofrezca la misma, así como participar en su gestión en los términos y condiciones que reglamentariamente se establezcan y de acuerdo con los convenios que a tal efecto se suscriban entre el Ministerio de Hacienda y Función Pública y el órgano de Gobierno de la respectiva Comunidad Autónoma o Ciudad Autónoma.

En cualquier caso, e independientemente de la opción elegida por las Comunidades Autónomas o las Ciudades Autónomas, de entre las señaladas en los dos primeros párrafos del presente apartado, estas deberán publicar, bien directamente o por interconexión con dispositivos electrónicos de agregación de la información en el caso de que contaran con sus propios servicios de información, la convocatoria de todas las licitaciones y sus resultados en la Plataforma de Contratación del Sector Público.

En relación con la publicación a la que se refiere el párrafo anterior, bien se lleve a cabo directamente o bien por interconexión con dispositivos electrónicos de agregación de la información, en caso de una eventual discrepancia entre la información recogida en el servicio de información de la Comunidad Autónoma y la de la Plataforma de Contratación del Sector Público, prevalecerá la primera.

Los órganos de contratación de las Administraciones locales, así como los de sus entidades vinculadas o dependientes podrán optar, de forma excluyente y exclusiva, bien por alojar la publicación de sus perfiles de contratante en el servicio de información que a tal efecto estableciera la Comunidad Autónoma de su ámbito territorial, o bien por alojarlos en la Plataforma de Contratación del Sector Público.

4. La plataforma deberá contar con un sistema de sellado de tiempo que permita acreditar fehacientemente el inicio de la difusión pública de la información que se incluya en la misma.

5. La publicación de anuncios y otra información relativa a los contratos en los perfiles de contratante surtirá los efectos previstos en la presente Ley cuando los mismos estén alojados en la Plataforma de Contratación del Sector Público o en los servicios de información similares que se establezcan por las Comunidades Autónomas o las Ciudades Autónomas de Ceuta y Melilla y de conformidad con lo establecido en los apartados 2 y 3 del presente artículo, y siempre que, en este último caso, se cumpla con lo dispuesto en el párrafo tercero del citado apartado 3.

6. El acceso de los interesados a la Plataforma de Contratación del Sector Público se efectuará a través de un portal único.

7. Mediante Orden del Ministerio de Hacienda y Función Pública se definirán las especificaciones relativas a la operación y utilización de los servicios prestados por la Plataforma de Contratación del Sector Público.

8. La información se publicará en estándares abiertos y reutilizables.

Disposición adicional primera. Contratación en el extranjero.

1. Los contratos que se formalicen y ejecuten en el extranjero, sin perjuicio de tener en cuenta los principios de esta Ley para resolver las dudas y lagunas que, en su aplicación, puedan presentarse, se regirán por las siguientes normas:

a) En la Administración General del Estado, la formalización de estos contratos corresponderá al Jefe de Misión o Representación Permanente, orgánica y funcionalmente dependiente del Ministerio de Asuntos Exteriores y de Cooperación, que podrá delegarla en favor de otros órganos, funcionarios o personas particulares. Sin embargo, en el ámbito del Ministerio de Defensa, la formalización de los mismos corresponderá al titular de este Departamento, que podrá delegar esta competencia y, cuando se trate de contratos necesarios para el cumplimiento de misiones de paz en las que participen las Fuerzas y Cuerpos de Seguridad españoles, su formalización corresponderá al Ministro del Interior.

En los Organismos Autónomos, Entidades Gestoras y Servicios Comunes de la Seguridad Social la formalización de estos contratos corresponde a sus representantes legales o a las personas en quienes los mismos deleguen.

En los demás organismos y entidades sujetos a esta Ley, la formalización de los contratos corresponderá a sus representantes legales.

Los artículos 323 a 325 de la presente Ley serán de aplicación a estos contratos.

b) Sin perjuicio de los requisitos de capacidad que puedan exigir las Leyes del Estado en que se celebre el contrato, para empresas de Estados miembros de la Unión Europea o de Estados signatarios del Acuerdo sobre el Espacio Económico Europeo se estará a lo dispuesto en esta Ley.

c) El pliego de cláusulas administrativas particulares podrá ser sustituido por el propio clausulado del contrato.

d) Sin perjuicio de lo establecido para los contratos menores, los contratos podrán adjudicarse por procedimiento negociado, debiendo conseguirse, siempre que sea posible, al menos tres ofertas de empresas capaces de cumplir los mismos.

e) La formalización se llevará a cabo mediante documento fehaciente, remitiendo los datos de estos contratos al Ministerio de Hacienda y Función Pública a los efectos previstos en el artículo 346 relativo al Registro de Contratos del Sector Público, sin perjuicio de la obligación de remisión al Tribunal de Cuentas prevista en el artículo 335. En cuanto a los contratos menores se estará a lo dispuesto con carácter general para los mismos en esta Ley.

f) Al adjudicatario se le podrán exigir unas garantías análogas a las previstas en esta Ley para asegurar la ejecución del contrato, siempre que ello sea posible y adecuado a las condiciones del Estado en que se efectúa la contratación y, en su defecto, las que sean usuales y autorizadas en dicho Estado o resulten conformes con las prácticas comerciales internacionales.

En la Administración General del Estado, las garantías se constituirán en la Misión Diplomática, Representación Permanente u Oficina Consular correspondiente. En el caso de que se trate de Organismos Autónomos,

Entidades Gestoras y Servicios Comunes de la Seguridad Social y demás entidades públicas del sector público estatal, las garantías se constituirán en el propio organismo, de contar el mismo con representación en el exterior, o, en su defecto, en la Misión Diplomática, Representación Permanente u Oficina Consular correspondiente.

g) El pago del precio se condicionará a la entrega por el contratista de la prestación convenida, salvo que se oponga a ello el derecho o las costumbres del Estado, en cuyo supuesto se deberá exigir garantía que cubra el anticipo, prestada en la forma prevista en la letra e) anterior.

Excepcionalmente, por resolución motivada del órgano de contratación, y cuando las circunstancias así lo impongan, podrá eximirse de la prestación de esta garantía, siempre que ello sea conforme con las prácticas comerciales internacionales.

h) En estos contratos se procurará incluir estipulaciones tendentes a preservar los intereses de la Administración ante posibles incumplimientos del contratista y, sin perjuicio de los establecido en el apartado cuarto del presente artículo, a autorizar las modificaciones del contrato que puedan hacerse convenientes.

i) Por el órgano de contratación podrá establecerse en la documentación contractual un régimen de revisión de precios diferente al previsto con carácter general en esta Ley, atendiendo a la legislación del país en que haya de ejecutarse el contrato y a sus circunstancias socioeconómicas. En cualquier caso, el régimen de revisión de precios que se establezca se basará en parámetros objetivos y, a ser posible, públicos o, cuando menos, fácilmente medibles, pudiendo utilizarse a estos efectos los calculados por Organismos Internacionales.

2. En los contratos con empresas españolas se incluirán cláusulas de sumisión a los Tribunales españoles.

3. En los contratos con empresas extranjeras se procurará la incorporación de cláusulas de sumisión a los Tribunales españoles para resolver las discrepancias que puedan surgir. Cuando no sea posible, se procurará la incorporación de cláusulas de arbitraje. En estos contratos se podrá transigir previa autorización del Consejo de Ministros o del órgano competente de las Comunidades Autónomas y entidades locales.

4. Las reglas contenidas en este artículo no obstan para que, en los contratos sujetos a regulación armonizada que se formalicen y ejecuten en los restantes Estados miembros de la Unión Europea o en un Estado signatario del Acuerdo sobre el Espacio Económico Europeo, deban cumplirse las normas de esta Ley referentes a la publicidad comunitaria; los procedimientos de adjudicación de los contratos; régimen de modificaciones contractuales; subcontratación; control del cumplimiento de las obligaciones sociales, medioambientales y laborales aplicables; la resolución como consecuencia de una modificación esencial durante la

ejecución del contrato y a la declaración de nulidad del contrato como consecuencia de hallarse incurso el adjudicatario en causa de prohibición para contratar cuando celebró el contrato o como consecuencia de un incumplimiento grave del derecho de la Unión Europea.

5. Los contratos formalizados en el extranjero que deban ejecutarse total o parcialmente en España y que estén vinculados directamente a la realización de programas o proyectos de cooperación en materia cultural o de investigación o de cooperación al desarrollo, podrán adjudicarse por procedimiento negociado sin publicidad y con sujeción a las condiciones libremente pactadas por la Administración con el contratista extranjero, cuando la intervención de este sea absolutamente indispensable para la ejecución del proyecto o programa, por requerirlo así las condiciones de participación en los programas o proyectos de cooperación, y así se acredite en el expediente.

6. Los documentos contractuales y toda la documentación necesaria para la preparación, adjudicación y ejecución de los contratos deberá estar redactada en castellano o lengua cooficial correspondiente, a las que, en su caso, deberán traducirse desde el idioma local que corresponda. No obstante, por el órgano de contratación y bajo su responsabilidad podrán aceptarse, sin necesidad de traducción al castellano, los documentos redactados en otras lenguas. En estos casos, el Ministerio de Asuntos Exteriores y de Cooperación garantizará la disponibilidad de la traducción al castellano de los documentos redactados en lengua extranjera, a efectos de la fiscalización del contrato.

7. En los casos en los que un poder adjudicador se presente a una licitación internacional acompañado por medios propios personificados, para los que resulte obligatorio participar en el proceso de licitación en los términos definidos por el poder adjudicador, las relaciones jurídicas entre el poder adjudicador y sus medios propios se regirán por lo dispuesto en el artículo 32 de esta Ley, considerándose a todos los efectos que estas relaciones constituyen encargos a dichos medios propios personificados.

Igualmente será de aplicación lo previsto en el párrafo anterior cuando las actuaciones del poder adjudicador en el extranjero se realicen en el marco de tratados internacionales, acuerdos internacionales administrativos o acuerdos internacionales no normativos.

Disposición adicional segunda. Competencias en materia de contratación en las Entidades Locales.

1. Corresponden a los Alcaldes y a los Presidentes de las Entidades Locales las competencias como órgano de contratación respecto de los contratos de obras, de suministro, de servicios, los contratos de concesión de obras, los contratos de concesión de servicios y los contratos

administrativos especiales, cuando su valor estimado no supere el 10 por ciento de los recursos ordinarios del presupuesto ni, en cualquier caso, la cuantía de seis millones de euros, incluidos los de carácter plurianual cuando su duración no sea superior a cuatro años, eventuales prórrogas incluidas siempre que el importe acumulado de todas sus anualidades no supere ni el porcentaje indicado, referido a los recursos ordinarios del presupuesto del primer ejercicio, ni la cuantía señalada.

2. Corresponden al Pleno las competencias como órgano de contratación respecto de los contratos mencionados en el apartado anterior que celebre la Entidad Local, cuando por su valor o duración no correspondan al Alcalde o Presidente de la Entidad Local, conforme al apartado anterior. Asimismo, corresponde al Pleno la aprobación de los pliegos de cláusulas administrativas generales a los que se refiere el artículo 121 de esta Ley.

3. En los municipios de población inferior a 5.000 habitantes es igualmente competencia del Pleno autorizar la redacción y licitación de proyectos independientes relativos a cada una de las partes de una obra cuyo periodo de ejecución exceda al de un presupuesto anual, siempre que estas sean susceptibles de utilización separada en el sentido del uso general o del servicio, o puedan ser sustancialmente definidas.

4. En los municipios de gran población a que se refiere el artículo 121 de la Ley 7/1985, de 2 de abril, Reguladora de las Bases del Régimen Local, las competencias del órgano de contratación que se describen en los apartados anteriores se ejercerán por la Junta de Gobierno Local, cualquiera que sea el importe del contrato o la duración del mismo, siendo el Pleno el competente para aprobar los pliegos de cláusulas administrativas generales.

5. En las Entidades Locales será potestativa la constitución de Juntas de Contratación que actuarán como órganos de contratación en los contratos de obras que tengan por objeto trabajos de reparación simple, de conservación y de mantenimiento, en los contratos de suministro que se refieran a bienes consumibles o de fácil deterioro por el uso, y en los contratos de servicios cuando su valor estimado no supere el 10 por ciento de los recursos ordinarios de la Entidad, o cuando superen este importe las acciones estén previstas en el presupuesto del ejercicio a que corresponda y se realicen de acuerdo con lo dispuesto en las bases de ejecución de este.

Corresponde al Pleno acordar la constitución de las Juntas de Contratación y determinar su composición, debiendo formar parte de las mismas necesariamente el Secretario o el titular del órgano que tenga atribuida la función de asesoramiento jurídico de la Corporación, y el Interventor de la misma. Los límites cuantitativos, que podrán ser inferiores a los señalados en el párrafo anterior, o los referentes a las características de los contratos en los que intervendrá la Junta de Contratación como órgano de contratación, se determinarán, en los municipios de gran población por la Junta de Gobierno Local y en las restantes entidades locales, por el Pleno, a propuesta del Alcalde o del Presidente cuando sea, el órgano que tenga atribuida la competencia sobre dichos contratos, de acuerdo con el apartado 2.

En los casos de actuación de las Juntas de Contratación se prescindirá de la intervención de la Mesa de contratación.

6. En los municipios de población inferior a 5.000 habitantes las competencias en materia de contratación podrán ser ejercidas por los órganos que, con carácter de centrales de contratación, se constituyan en la forma prevista en el artículo 228 de la presente Ley, mediante acuerdos al efecto.

Asimismo podrán concertarse convenios en virtud de los cuales se encomiende la gestión del procedimiento de contratación a las Diputaciones provinciales o a las Comunidades Autónomas de carácter uniprovincial.

7. La Mesa de contratación estará presidida por un miembro de la Corporación o un funcionario de la misma, y formarán parte de ella, como vocales, el Secretario o, en su caso, el titular del órgano que tenga atribuida la función de asesoramiento jurídico, y el Interventor, o, en su caso, el titular del órgano que tenga atribuidas la función de control económico-presupuestario, así como aquellos otros que se designen por el órgano de contratación entre el personal funcionario de carrera o personal laboral al servicio de la Corporación, o miembros electos de la misma, sin que su número, en total, sea inferior a tres. Los miembros electos que, en su caso, formen parte de la Mesa de contratación no podrán suponer más de un tercio del total de miembros de la misma. Actuará como Secretario un funcionario de la Corporación.

En las Entidades locales municipales, mancomunidades y consorcios locales, podrán integrarse en la Mesa personal al servicio de las correspondientes Diputaciones Provinciales o Comunidades Autónomas uniprovinciales.

En ningún caso podrá formar parte de las Mesas de contratación ni emitir informes de valoración de las ofertas, personal eventual. Podrá formar parte de la Mesa personal funcionario interino únicamente cuando no existan funcionarios de carrera suficientemente cualificados y así se acredite en el expediente.

La composición de la Mesa se publicará en el perfil de contratante del órgano de contratación correspondiente. Se podrán constituir Mesas de Contratación permanentes.

8. El comité de expertos a que se refiere la letra a) del apartado 2 del artículo 146 de la presente Ley, para la valoración de los criterios que dependan de un juicio de valor, podrá estar integrado en las Entidades locales por cualquier personal funcionario de carrera o laboral fijo con cualificación apropiada que no haya participado en la redacción de la

documentación técnica del contrato de que se trate. En todo caso, entre este personal deberá formar parte un técnico jurista especializado en contratación pública.

9. En las entidades locales corresponde a los Alcaldes y a los Presidentes de las Entidades Locales la competencia para la celebración de los contratos privados, así como la adjudicación de concesiones sobre los bienes de las mismas y la adquisición de bienes inmuebles y derechos sujetos a la legislación patrimonial cuando el presupuesto base de licitación, en los términos definidos en el artículo 100.1, no supere el 10 por ciento de los recursos ordinarios del presupuesto ni el importe de tres millones de euros, así como la enajenación del patrimonio, cuando su valor no supere el porcentaje ni la cuantía indicados.

10. Corresponde al Pleno la competencia para celebrar contratos privados, la adjudicación de concesiones sobre los bienes de la Corporación y la adquisición de bienes inmuebles y derechos sujetos a la legislación patrimonial así como la enajenación del patrimonio cuando no estén atribuidas al Alcalde o al Presidente, y de los bienes declarados de valor histórico o artístico cualquiera que sea su valor.

11. En los municipios de gran población a que se refiere el artículo 121 de la Ley 7/1985, de 2 de abril, Reguladora de las Bases del Régimen Local, las competencias que se describen en los apartados anteriores se ejercerán por la Junta de Gobierno Local, cualquiera que sea el importe del contrato o la duración del mismo.

12. Las referencias a las Diputaciones provinciales contenidas en esta Ley también se entenderán efectuadas a los entes locales supramunicipales previstos en los correspondientes Estatutos de Autonomía con competencias en materia de asistencia y de cooperación a los municipios, y de prestación de servicios públicos locales.

Disposición adicional tercera. Normas específicas de contratación pública en las Entidades Locales.

1. Las Administraciones Públicas locales aplicarán las reglas contenidas en esta Ley, con las especialidades que se recogen en la disposición adicional anterior y en la presente.

2. Se podrán tramitar anticipadamente los contratos cuya ejecución material haya de comenzar en el ejercicio siguiente o aquellos cuya financiación dependa de un préstamo, un crédito o una subvención solicitada a otra entidad pública o privada, sometiendo la adjudicación a la condición suspensiva de la efectiva consolidación de los recursos que han de financiar el contrato correspondiente.

3. Los actos de fiscalización se ejercen por el órgano Interventor de la Entidad local. Esta fiscalización recaerá también sobre la valoración que se

incorpore al expediente de contratación sobre las repercusiones de cada nuevo contrato, excepto los contratos menores, en el cumplimiento por la Entidad local de los principios de estabilidad presupuestaria y sostenibilidad financiera que exige el artículo 7.3 de la Ley Orgánica 2/2012, de 27 de abril, de Estabilidad Presupuestaria y Sostenibilidad Financiera. El órgano interventor asistirá a la recepción material de todos los contratos, excepto los contratos menores, en ejercicio de la función de fiscalización material de las inversiones que exige el artículo 214.2.d) del Real Decreto Legislativo 2/2004, de 5 de marzo, por el que se aprueba el texto refundido de la Ley Reguladora de las Haciendas Locales. Podrá estar asistido en la recepción por un técnico especializado en el objeto del contrato, que deberá ser diferente del director de obra y del responsable del contrato. Los servicios de asistencia de las Diputaciones Provinciales asistirán a los pequeños Municipios a estos efectos y los demás previstos en la Ley.

4. En los contratos celebrados en los municipios de menos de 5.000 habitantes, la aprobación del gasto podrá ser sustituida por una certificación de existencia de crédito que se expedirá por el Secretario Interventor o, en su caso, por el Interventor de la Corporación.

5. En los contratos de concesión de obras y de servicios, el expediente acreditativo de la conveniencia y oportunidad de la medida que exige el artículo 86.1 de la Ley 7/1985, de 2 de abril, Reguladora de las Bases del Régimen Local, con el contenido reglamentariamente determinado, se tramitará conjuntamente con el estudio de viabilidad regulado en esta Ley.

6. Serán de aplicación a los contratos de obras las normas sobre supervisión de proyectos establecidas en el artículo 235. La supervisión podrá efectuarse por las oficinas o unidades competentes de la propia entidad contratante o, en el caso de municipios que carezcan de ellas, por las de la correspondiente Diputación provincial o Administración autonómica uniprovincial. En el acuerdo de aprobación de los proyectos se recogerá expresamente la referencia a la supervisión favorable del mismo.

7. En los municipios de población inferior a 5.000 habitantes, en los contratos de obras cuya financiación exceda de un presupuesto anual, podrán redactarse proyectos independientes relativos a cada una de las partes de la obra, siempre que estas sean susceptibles de utilización separada en el sentido del uso general o del servicio, o puedan ser sustancialmente definidas. La ejecución de cada uno de los proyectos podrá ser objeto de un contrato diferente, sin perjuicio de la aplicación de los artículos 99 y 101.

8. Los informes que la Ley asigna a los servicios jurídicos se evacuarán por el Secretario. Será también preceptivo el informe jurídico del Secretario en la aprobación de expedientes de contratación, modificación de contratos, revisión de precios, prórrogas, mantenimiento del equilibrio económico, interpretación y resolución de los contratos. Corresponderá también al Secretario la coordinación de las obligaciones de publicidad e información

que se establecen en la Ley 19/2013, de 9 de diciembre, de Transparencia, Acceso a la Información Pública y Buen Gobierno.

Conforme a lo dispuesto en la letra e) de la disposición adicional octava de la Ley 7/1985, de 2 de abril, Reguladoras de las Bases del Régimen Local, en los municipios acogidos al régimen regulado en su Título X, corresponderá al titular de la asesoría jurídica la emisión de los informes atribuidos al Secretario en el presente apartado. La coordinación de las obligaciones de publicidad e información antedichas corresponderá al titular del Órgano de Apoyo a la Junta de Gobierno.

9. En los contratos que tengan por objeto la adquisición de bienes inmuebles, el importe de la adquisición podrá ser objeto de un aplazamiento de hasta cuatro años, con sujeción a los trámites previstos en la normativa reguladora de las Haciendas Locales para los compromisos de gastos futuros. Este aplazamiento también podrá ser utilizado para la adquisición de títulos representativos de la titularidad del capital de entidades que formen parte del sector público de la Entidad local para su reestructuración.

10. Las Entidades Locales, sin perjuicio de la posibilidad de adherirse al sistema estatal de contratación centralizada y a las centrales de contratación de las Comunidades Autónomas y de otras Entidades Locales, tal y como prevé el apartado 3 del artículo 228, podrán adherirse también a las centrales de contratación que creen conforme a esta Ley las asociaciones de entidades locales a que se refiere la disposición adicional quinta de la Ley 7/1985, de 2 de abril, así como a las creadas por la Administración General del Estado.

11. Los Municipios de población inferior a 20.000 habitantes podrán licitar contratos no sujetos a regulación armonizada de concesión de servicios que se refieran a la gestión de dos o más servicios públicos diferentes siempre y cuando la anualidad media del contrato no supere los 200.000 euros, y el órgano de contratación justifique en el expediente de contratación esta decisión en base a la necesidad objetiva de proceder a la gestión unificada de dichos servicios. En todo caso, el pliego de cláusulas administrativas particulares precisará el ámbito funcional y territorial del contrato de concesión de servicios.

Disposición adicional cuarta. Contratos reservados.

1. Mediante Acuerdo del Consejo de Ministros o del órgano competente en el ámbito de las Comunidades Autónomas y de las Entidades Locales, se fijarán porcentajes mínimos de reserva del derecho a participar en los procedimientos de adjudicación de determinados contratos o de determinados lotes de los mismos a Centros Especiales de Empleo de iniciativa social y a empresas de inserción reguladas, respectivamente, en el texto refundido de la Ley General de derechos de las personas con

discapacidad y de su inclusión social, aprobada mediante Real Decreto Legislativo 1/2013, de 29 de noviembre, y en la Ley 44/2007, de 13 de diciembre, para la regulación del régimen de las empresas de inserción, que cumplan con los requisitos establecidos en dicha normativa para tener esta consideración, o un porcentaje mínimo de reserva de la ejecución de estos contratos en el marco de programas de empleo protegido, a condición de que el porcentaje de trabajadores con discapacidad o en situación de exclusión social de los Centros Especiales de Empleo, de las empresas de inserción o de los programas sea el previsto en su normativa de referencia y, en todo caso, al menos del 30 por 100.

En el referido Acuerdo del Consejo de Ministros o del órgano competente en el ámbito de las Comunidades Autónomas y de las Entidades Locales, se fijarán las condiciones mínimas para garantizar el cumplimiento de lo establecido en el párrafo anterior.

El Acuerdo de Consejo de Ministros a que se refiere este apartado deberá adoptarse en el plazo máximo de un año a contar desde la entrada en vigor de esta Ley. Si transcurrido este plazo el Acuerdo de Consejo de Ministros no se hubiera adoptado, los órganos de contratación del sector público estatal deberán aplicar el porcentaje mínimo de reserva de 7 por ciento, que se incrementará hasta un 10 por ciento a los cuatro años de la entrada en vigor de esta Ley, sobre el importe global de los procedimientos de adjudicación de suministros y servicios incluidos en los códigos CPV recogidos en el anexo VI celebrados en el ejercicio anterior a aquel al que se refiera la reserva, en los términos indicados en el primer párrafo de este apartado.

2. En el anuncio de licitación deberá hacerse referencia a la presente disposición.

3. En los procedimientos de contratación en los que se aplique la reserva que establece esta disposición adicional no procederá la exigencia de la garantía definitiva a que se refiere el artículo 107 de esta Ley, salvo en los casos en los que el órgano de contratación, por motivos excepcionales, lo considere necesario y así lo justifique motivadamente en el expediente.

Disposición adicional quinta. Publicación de anuncios.

1. Los anuncios de información previa, de publicación de información previa en el perfil de contratante, de licitación, de formalización, de concurso de proyectos, del resultado de concurso de proyectos, y de modificación, a que se refieren los artículos 134, 135, 154 y 186 y el apartado 3 del artículo 207, cuando vayan a ser publicados en el «Diario Oficial de la Unión Europea», incluirán la información mencionada en el Anexo III, según el formato de los formularios normalizados correspondientes, incluidos aquellos destinados a la corrección de errores.

2. Los órganos de contratación que vayan a publicar en el «Diario Oficial de la Unión Europea» un anuncio de los referidos en el apartado primero, deberán enviarlo por medios electrónicos a la Oficina de Publicaciones de la Unión Europea, la cual confirmará al órgano de contratación la recepción del mismo. Una vez publicado el anuncio en el «Diario Oficial de la Unión Europea» el órgano de contratación recibirá una notificación de la publicación que servirá de prueba de esta última. Asimismo los órganos de contratación deberán poder demostrar la fecha de envío de los anuncios a la Oficina de Publicaciones de la Unión Europea.

3. Cuando los anuncios a que se refiere el apartado primero, excepto el anuncio de modificación, se publiquen a nivel nacional, estos deberán contener, además de la información indicada en este artículo, la fecha de envío del anuncio a la Oficina de Publicaciones de la Unión Europea o de su publicación en el perfil de contratante del órgano de contratación, según proceda en cada caso.

Disposición adicional sexta. Disposiciones aplicables a las Universidades Públicas.

1. A efectos de lo establecido en el apartado 2 del artículo 80, para los contratos que adjudiquen las Universidades Públicas dependientes de las Comunidades Autónomas, surtirán efecto los acuerdos de clasificación y revisión de clasificaciones adoptados por los correspondientes órganos de la Comunidad Autónoma respectiva.

2. No será exigible la clasificación a las Universidades Públicas para ser adjudicatarias de contratos en los supuestos a que se refiere el apartado 1 del artículo 83 de la Ley Orgánica 6/2001, de 21 de diciembre, de Universidades.

Disposición adicional séptima. Bienes integrantes del Patrimonio Histórico Español.

La adquisición de bienes muebles integrantes del Patrimonio Histórico Español se regulará por su normativa específica.

Disposición adicional octava. Contratos celebrados en los sectores del agua, de la energía, de los transportes y de los servicios postales.

1. La adjudicación de los contratos de las Administraciones Públicas que tengan por objeto alguna de las actividades enumeradas en el ámbito de aplicación objetiva de la legislación vigente sobre procedimientos de contratación en los sectores del agua, la energía, los transportes y los servicios postales, se regirá por la presente Ley, resultando de aplicación la

mencionada legislación vigente únicamente para determinar qué contratos tendrán la consideración de contratos sujetos a regulación armonizada.

2. La adjudicación por las entidades del sector público que no tengan el carácter de Administraciones Públicas de contratos que tengan por objeto alguna de las actividades enumeradas en el ámbito de aplicación objetiva de la legislación vigente sobre procedimientos de contratación en los sectores del agua, la energía, los transportes y los servicios postales, se regirá por dicha legislación, salvo que una Ley sujete estos contratos al régimen previsto en la presente Ley, en cuyo caso se les aplicarán las normas previstas para los contratos sujetos a regulación armonizada.

A los contratos destinados a la realización de varias actividades en los que al menos una de ellas esté comprendida en el ámbito de la Ley sobre procedimientos de contratación en los sectores del agua, la energía, los transportes y los servicios postales, se les aplicará el régimen jurídico de la actividad a la que se destinen principalmente.

En el supuesto de que no fuera objetivamente posible determinar a qué actividad se destina principalmente el contrato, se aplicará la presente Ley.

Los contratos excluidos de la aplicación de la legislación vigente sobre procedimientos de contratación en los sectores del agua, la energía, los transportes y los servicios postales, que se celebren en los sectores del agua, la energía, los transportes y los servicios postales por las entidades del sector público que no tengan el carácter de Administraciones Públicas, se regirán por las disposiciones pertinentes de la presente Ley, sin que les sean aplicables, en ningún caso, las normas que en esta se establecen exclusivamente para los contratos sujetos a regulación armonizada.

3. La adjudicación de los contratos que celebren las entidades a que se refiere el apartado anterior, que no tengan por objeto alguna de las actividades enumeradas en el ámbito de aplicación objetiva de la legislación vigente sobre procedimientos de contratación en los sectores del agua, la energía, los transportes y los servicios postales, se regirán por lo establecido en la presente Ley, en los términos establecidos en la misma.

Disposición adicional novena. Normas especiales para la contratación del acceso a bases de datos y la suscripción a publicaciones.

1. La suscripción a revistas y otras publicaciones, cualquiera que sea su soporte, así como la contratación del acceso a la información contenida en bases de datos especializadas, y en la medida en que resulten imprescindibles, la contratación de los servicios necesarios para la suscripción o la contratación citadas anteriormente, podrán efectuarse, cualquiera que sea su cuantía siempre que no tengan el carácter de contratos sujetos a regulación armonizada, de acuerdo con las normas establecidas en

esta Ley para los contratos menores y con sujeción a las condiciones generales que apliquen los proveedores, incluyendo las referidas a las fórmulas de pago. El abono del precio, en estos casos, se hará en la forma prevista en las condiciones que rijan estos contratos, siendo admisible el pago con anterioridad a la entrega o realización de la prestación, siempre que ello responda a los usos habituales del mercado.

2. Cuando los contratos a que se refiere el apartado anterior se celebren por medios electrónicos, informáticos o telemáticos, las entidades del sector público contratantes tendrán la consideración de consumidores, a los efectos previstos en la legislación de servicios de la sociedad de la información y comercio electrónico.

Disposición adicional décima. Modificaciones de cuantías, plazos y otras derivadas de los anexos de directivas comunitarias.

Se autoriza al Consejo de Ministros a modificar, mediante Real Decreto, previa audiencia de las Comunidades Autónomas, y de acuerdo con la coyuntura económica, las cuantías que se indican en los artículos de esta Ley. Igualmente, se autoriza al Ministro de Hacienda y Función Pública a incorporar a la Ley las oportunas modificaciones derivadas de los Anexos de las directivas comunitarias que regulan la contratación pública.

Disposición adicional undécima. Actualización de cifras fijadas por la Unión Europea.

Las cifras que, en lo sucesivo, se fijen por la Comisión Europea sustituirán a las que figuran en el texto de esta Ley. El Ministerio de Hacienda y Función Pública adoptará las medidas pertinentes para asegurar su publicidad.

Disposición adicional duodécima. Cómputo de plazos.

Los plazos establecidos por días en esta Ley se entenderán referidos a días naturales, salvo que en la misma se indique expresamente que solo deben computarse los días hábiles. No obstante, si el último día del plazo fuera inhábil, este se entenderá prorrogado al primer día hábil siguiente.

Disposición adicional decimotercera. Referencias al Impuesto sobre el Valor Añadido.

Las referencias al Impuesto sobre el Valor Añadido deberán entenderse realizadas al Impuesto General Indirecto Canario o al Impuesto sobre la

Producción, los Servicios y la Importación, en los territorios en que rijan estas figuras impositivas.

Disposición adicional decimocuarta. Sustitución de letrados en las Mesas de contratación.

Para las Entidades Gestoras y Servicios Comunes de la Seguridad Social podrán establecerse reglamentariamente los supuestos en que formarán parte de la Mesa de contratación letrados habilitados específicamente para ello en sustitución de quienes tengan atribuido legal o reglamentariamente el asesoramiento jurídico del órgano de contratación.

Disposición adicional decimoquinta. Normas relativas a los medios de comunicación utilizables en los procedimientos regulados en esta Ley.

1. Las notificaciones a las que se refiere la presente Ley se podrán realizar mediante dirección electrónica habilitada o mediante comparecencia electrónica.

Los plazos a contar desde la notificación se computarán desde la fecha de envío de la misma o del aviso de notificación, si fuera mediante comparecencia electrónica, siempre que el acto objeto de notificación se haya publicado el mismo día en el Perfil de contratante del órgano de contratación. En caso contrario los plazos se computarán desde la recepción de la notificación por el interesado.

No obstante lo anterior, el requisito de publicidad en el perfil de contratante no resultará aplicable a las notificaciones practicadas con motivo del procedimiento de recurso especial por los órganos competentes para su resolución computando los plazos desde la fecha de envío de la misma o del aviso de notificación, si fuera mediante comparecencia electrónica.

2. La tramitación de los procedimientos de adjudicación de contratos regulados en la presente Ley conllevará la práctica de las notificaciones y comunicaciones derivadas de los mismos por medios exclusivamente electrónicos.

No obstante lo dispuesto en el párrafo anterior, podrá utilizarse la comunicación oral para comunicaciones distintas de las relativas a los elementos esenciales de un procedimiento de contratación, siempre que el contenido de la comunicación oral esté suficientemente documentado. A este respecto, los elementos esenciales de un procedimiento de contratación incluyen: los pliegos de la contratación, las solicitudes de participación y las ofertas. En particular, las comunicaciones orales con los licitadores que puedan incidir sustancialmente en el contenido y la evaluación de las ofertas estarán documentadas de modo suficiente y a través de los medios adecuados, tales como los archivos o resúmenes escritos o sonoros de los principales elementos de la comunicación.

3. La presentación de ofertas y solicitudes de participación se llevará a cabo utilizando medios electrónicos, de conformidad con los requisitos establecidos en la presente disposición adicional.

No obstante lo dispuesto en el párrafo anterior, los órganos de contratación no estarán obligados a exigir el empleo de medios electrónicos en el procedimiento de presentación de ofertas en los siguientes casos:

a) Cuando, debido al carácter especializado de la contratación, el uso de medios electrónicos requeriría herramientas, dispositivos o formatos de archivo específicos que no están en general disponibles o no aceptan los programas generalmente disponibles.

b) Cuando las aplicaciones que soportan formatos de archivo adecuados para la descripción de las ofertas utilizan formatos de archivo que no pueden ser procesados por otros programas abiertos o generalmente disponibles o están sujetas a un régimen de licencias de uso privativo y el órgano de contratación no pueda ofrecerlas para su descarga o utilización a distancia.

c) Cuando la utilización de medios electrónicos requiera equipos ofimáticos especializados de los que no disponen generalmente los órganos de contratación.

d) Cuando los pliegos de la contratación requieran la presentación de modelos físicos o a escala que no pueden ser transmitidos utilizando medios electrónicos.

Con respecto a los intercambios de información para los que no se utilicen medios electrónicos con arreglo al presente apartado, el envío de información se realizará por correo o por cualquier otro medio apropiado o mediante una combinación de correo o de cualquier otro medio apropiado y de medios electrónicos. En este caso, los órganos de contratación indicarán en un informe específico las razones por las que se haya considerado necesario utilizar medios distintos de los electrónicos.

4. Los órganos de contratación tampoco estarán obligados a exigir medios electrónicos en el proceso de presentación de ofertas cuando el uso de medios no electrónicos sea necesario bien por una violación de la seguridad de los antedichos medios electrónicos o para proteger información especialmente delicada que requiera un nivel tan alto de protección que no se pueda garantizar adecuadamente utilizando dispositivos y herramientas electrónicos de los que disponen en general los operadores económicos o de los que se pueda disponer a través de otros medios de acceso alternativos en el sentido expresado en el apartado 7 de la presente disposición adicional. En este caso, los órganos de contratación

indicarán en un informe específico las razones por las que se haya considerado necesario utilizar medios distintos de los electrónicos.

5. Los órganos de contratación y los servicios dependientes de los mismos velarán por que en todas las comunicaciones, intercambios de información y operaciones de almacenamiento y custodia de información se preserven la integridad de los datos y la confidencialidad de las ofertas y las solicitudes de participación. Además, deberán garantizar que el contenido de las ofertas y de las solicitudes de participación no será conocido hasta después de finalizado el plazo para su presentación y hasta el momento fijado para su apertura.

6. Para contratos públicos de obras, de concesión de obras, de servicios y concursos de proyectos, y en contratos mixtos que combinen elementos de los mismos, los órganos de contratación podrán exigir el uso de herramientas electrónicas específicas, tales como herramientas de modelado digital de la información de la construcción (BIM) o herramientas similares. En esos casos, ofrecerán medios de acceso alternativos según lo dispuesto en el apartado 7 de la presente Disposición adicional hasta el momento en que dichas herramientas estén generalmente disponibles para los operadores económicos.

7. Cuando sea necesario, los órganos de contratación podrán exigir la utilización de herramientas y dispositivos que no estén disponibles de forma general, a condición de que ofrezcan medios de acceso alternativos. Se considerará que los órganos de contratación ofrecen medios de acceso alternativos apropiados cuando:

a) ofrezcan gratuitamente un acceso completo y directo por medios electrónicos a dichas herramientas y dispositivos a partir de la fecha de publicación del anuncio correspondiente o a partir de la fecha de envío de la invitación, en su caso. El texto del anuncio o de la invitación especificará la dirección de Internet en la que puede accederse a dichas herramientas y dispositivos, o bien,

b) garanticen que los licitadores que no tienen acceso a las herramientas y dispositivos de que se trate, o que no tienen la posibilidad de obtenerlos en el plazo fijado, siempre que la falta de acceso no pueda atribuirse al licitador en cuestión, pueden tener acceso al procedimiento de contratación utilizando mecanismos de acceso provisionales disponibles gratuitamente en línea; o bien,

c) admitan un canal alternativo para la presentación electrónica de ofertas.

8. Los medios electrónicos, informáticos y telemáticos utilizables deberán cumplir, además, los requisitos establecidos en la Disposición adicional decimosexta de la presente Ley.

Disposición adicional decimosexta. Uso de medios electrónicos, informáticos y telemáticos en los procedimientos regulados en la Ley.

1. El empleo de medios electrónicos, informáticos y telemáticos en los procedimientos contemplados en esta Ley se ajustará a las normas siguientes:

a) Las herramientas y dispositivos que deban utilizarse para la comunicación por medios electrónicos, así como sus características técnicas, serán no discriminatorios, estarán disponibles de forma general y serán compatibles con los productos informáticos de uso general, y no restringirán el acceso de los operadores económicos al procedimiento de contratación.

b) La información y las especificaciones técnicas necesarias para la presentación electrónica de las ofertas, solicitudes de participación, así como de los planos y proyectos en los concursos de proyectos, incluido el cifrado y la validación de la fecha, deberán estar a disposición de todas las partes interesadas, no ser discriminatorios y ser conformes con estándares abiertos, de uso general y amplia implantación.

c) Los programas y aplicaciones necesarios para la presentación electrónica de las ofertas y solicitudes de participación deberán ser de amplio uso, fácil acceso y no discriminatorios, o deberán ponerse a disposición de los interesados por el órgano de contratación.

d) Los sistemas de comunicaciones y para el intercambio y almacenamiento de información deberán poder garantizar de forma razonable, según el estado de la técnica, la integridad de los datos transmitidos y que solo los órganos competentes, en la fecha señalada para ello, puedan tener acceso a los mismos, o que en caso de quebrantamiento de esta prohibición de acceso, la violación pueda detectarse con claridad. Estos sistemas deberán asimismo ofrecer suficiente seguridad, de acuerdo con el estado de la técnica, frente a los virus informáticos y otro tipo de programas o códigos nocivos, pudiendo establecerse reglamentariamente otras medidas que, respetando los principios de confidencialidad e integridad de las ofertas e igualdad entre los licitadores, se dirijan a minimizar su incidencia en los procedimientos.

e) Las aplicaciones que se utilicen para efectuar las comunicaciones y, notificaciones entre el órgano de contratación y el licitador o contratista deberán poder acreditar la fecha y hora de su envío o puesta a disposición y la de la recepción o acceso por el interesado, la integridad de su contenido y la identidad del remitente de la misma.

f) Los órganos de contratación deberán especificar el nivel de seguridad exigido para los medios de comunicación electrónicos utilizados en las diferentes fases de cada procedimiento de contratación que deberá ser proporcional a los riesgos asociados a los intercambios de información a realizar.

Mediante Orden del Ministerio de Hacienda y Función Pública se establecerán las condiciones de utilización de las firmas electrónicas en los procedimientos de contratación del Sector Público.

g) Las referencias de esta Ley a la presentación de documentos escritos no obstarán a la presentación de los mismos por medios electrónicos ni, en su caso, a la generación de soportes físicos electrónicos y su posterior presentación, de acuerdo con las normas fijadas en el presente artículo y en sus disposiciones de desarrollo.

h) En los procedimientos de adjudicación de contratos, el envío por medios electrónicos de las ofertas podrá hacerse en dos fases, transmitiendo primero la huella electrónica de la oferta, con cuya recepción se considerará efectuada su presentación a todos los efectos, y después la oferta propiamente dicha en un plazo máximo de 24 horas. De no efectuarse esta segunda remisión en el plazo indicado, se considerará que la oferta ha sido retirada.

Se entiende por huella electrónica de la oferta el conjunto de datos cuyo proceso de generación garantiza que se relacionan de manera inequívoca con el contenido de la oferta propiamente dicha, y que permiten detectar posibles alteraciones del contenido de esta garantizando su integridad. Las copias electrónicas de los documentos que deban incorporarse al expediente, deberán cumplir con lo establecido a tal efecto en la legislación vigente en materia de procedimiento administrativo común, surtiendo los efectos establecidos en la misma.

i) Los licitadores o candidatos que presenten sus documentos de forma electrónica podrán presentar al órgano de contratación, en soporte físico electrónico, una copia de seguridad de dichos documentos de acuerdo con los términos fijados mediante Orden del Ministro de Hacienda y Función Pública, y siempre de acuerdo con lo establecido a tal efecto por el órgano de contratación.

j) Los formatos de los documentos electrónicos que integran los expedientes de contratación deberán ajustarse a especificaciones públicamente disponibles y de uso no sujeto a restricciones, que garanticen la libre y plena accesibilidad a los mismos por el órgano de contratación, los órganos de fiscalización y control, los órganos jurisdiccionales y los interesados, durante el plazo por el que deba conservarse el expediente. En los procedimientos de adjudicación de contratos, los formatos admisibles deberán indicarse en el anuncio o en los pliegos.

k) Como requisito para la tramitación de procedimientos de adjudicación de contratos por medios electrónicos, los órganos de contratación podrán exigir a los licitadores la previa inscripción en el Registro de Licitadores que corresponda de los datos necesarios.

Cuando a la licitación se presenten empresarios extranjeros de un Estado Miembro de la Unión Europea o signatario del Espacio Económico Europeo, la acreditación de su capacidad, solvencia y ausencia de prohibiciones de contratar se podrá realizar bien mediante consulta en la correspondiente lista oficial de empresarios autorizados para contratar establecida por un Estado Miembro de la Unión Europea, o bien mediante la aportación de la documentación acreditativa de los citados extremos, que deberá presentar, en este último caso, en el plazo concedido para la presentación de la garantía definitiva.

2. Mediante Orden del Ministerio de Hacienda y Función Pública se definirán las especificaciones técnicas para la utilización de medios electrónicos en los procedimientos de contratación del Sector Público.

Disposición adicional decimoséptima. Requisitos específicos relativos a las herramientas y los dispositivos de recepción electrónica de documentos.

Las herramientas y los dispositivos de recepción electrónica de las ofertas, de las solicitudes de participación, así como de los planos y proyectos en los concursos de proyectos y de cuanta documentación deba presentarse ante el órgano de contratación deberán garantizar, como mínimo y por los medios técnicos y procedimientos adecuados, que:

a) Pueda determinarse con precisión la hora y la fecha exactas de la recepción de las ofertas, de las solicitudes de participación, de la documentación asociada a estas y las del envío de los planos y proyectos.

b) Pueda garantizarse razonablemente que nadie tenga acceso a los datos y documentos transmitidos a tenor de los presentes requisitos antes de que finalicen los plazos especificados.

c) Únicamente las personas autorizadas puedan fijar o modificar las fechas de apertura de los datos y documentos recibidos.

d) En las diferentes fases del procedimiento de contratación o del concurso de proyectos, solo las personas autorizadas puedan acceder a la totalidad o a parte de los datos y documentos presentados.

e) Solo las personas autorizadas puedan dar acceso a los datos y documentos transmitidos, y solo después de la fecha especificada.

f) Los datos y documentos recibidos y abiertos en aplicación de los presentes requisitos solo sean accesibles a las personas autorizadas a tener conocimiento de los mismos.

g) En caso de que se infrinjan o se intenten infringir las prohibiciones o condiciones de acceso a que se refieren las letras b) a f) anteriores, pueda garantizarse razonablemente que las infracciones o tentativas sean claramente detectables.

Disposición adicional decimoctava. Garantía de accesibilidad para personas con discapacidad.

En el ámbito de la contratación pública, la determinación de los medios de comunicación admisibles, el diseño de los elementos instrumentales y la implantación de los trámites procedimentales, deberán realizarse teniendo en cuenta criterios de accesibilidad universal y de diseño universal o diseño para todas las personas, tal y como son definidos estos términos en el Real Decreto Legislativo 1/2013, de 29 de noviembre, por el que se aprueba el texto refundido de la Ley General de derechos de las personas con discapacidad y de su inclusión social.

Disposición adicional decimonovena. Conciertos para la prestación de asistencia sanitaria celebrados por la Mutualidad General de Funcionarios Civiles del Estado, la Mutualidad General Judicial y el Instituto Social de las Fuerzas Armadas.

1. Los conciertos que tengan por objeto la prestación de servicios de asistencia sanitaria y que, para el desarrollo de su acción protectora, celebren la Mutualidad General de Funcionarios Civiles del Estado, la Mutualidad General Judicial y el Instituto Social de las Fuerzas Armadas con entidades públicas, entidades aseguradoras, sociedades médicas y otras entidades o empresas, cualquiera que sea su importe y modalidad, tendrán la naturaleza de contratos de concesión de servicios regulándose por la normativa especial de cada mutualidad y, en todo lo no previsto por la misma, por la legislación de contratos del sector público.

2. En todo caso, las referidas entidades darán a conocer su intención de celebrar los mencionados conciertos mediante un anuncio de información previa en el que figurará el contenido recogido en el anexo III. B. Sección 3 de la presente Ley, que deberá publicarse en su perfil de contratante y en el «Diario Oficial de la Unión Europea».

Asimismo, les será de aplicación lo señalado en el artículo 154 y en el Capítulo V del Título I del Libro Primero de la presente Ley, referidos respectivamente a la publicación del anuncio de formalización y al recurso especial en materia de contratación.

Disposición adicional vigésima. Reglas especiales sobre competencia para adquirir equipos y sistemas para el tratamiento de la información y de las comunicaciones.

No obstante lo señalado en el artículo 230, la competencia para adquirir equipos y sistemas para el tratamiento de la información y elementos complementarios o auxiliares que no hayan sido declarados de adquisición centralizada corresponderá al Ministro de Defensa, y a los órganos de contratación de la Agencia Estatal de Administración Tributaria y de las Entidades Gestoras y Servicios Comunes de la Seguridad Social en el ámbito de sus respectivas competencias.

Disposición adicional vigésima primera. Contratos de suministro con empresas extranjeras.

Los contratos de suministro que se celebren con empresas extranjeras, cuando su objeto se fabrique o proceda de fuera del territorio nacional, así como los contratos de suministros que, con estas empresas, celebre el Ministerio de Defensa y que deban ser ejecutados fuera del territorio nacional, se regirán por la presente Ley, sin perjuicio de lo que se convenga entre las partes de acuerdo con las normas y usos vigentes en el comercio internacional.

Disposición adicional vigésima segunda. Adjudicación de contratos de concesión de obras y de concesión de servicios a sociedades de economía mixta.

1. Las concesiones de obras y de servicios podrán adjudicarse directamente a una sociedad de economía mixta en la que concurra mayoritariamente capital público con capital privado, siempre que la elección del socio privado se haya efectuado de conformidad con las normas establecidas en esta Ley para la adjudicación del contrato cuya ejecución constituya su objeto, y siempre que no se introduzcan modificaciones en el objeto y las condiciones del contrato que se tuvieron en cuenta en la selección del socio privado.

La modificación de los contratos de concesión de obras o de concesión de servicios que se adjudiquen directamente según lo establecido en el párrafo anterior, únicamente se podrá realizar de conformidad con lo establecido en la Subsección 4.ª de la Sección 3.ª del Capítulo I del Título I del Libro Segundo, relativa a la modificación de los contratos.

2. En el caso en que la sociedad de economía mixta pretendiera acceder como concesionaria a otros contratos distintos de los referidos en el apartado 1 anterior, deberá concurrir al correspondiente procedimiento de licitación de conformidad con lo establecido en la presente Ley.

3. Sin perjuicio de la posibilidad de utilizar medios de financiación tales como emisión de obligaciones, empréstitos o créditos participativos, las sociedades de economía mixta constituidas para la ejecución de un contrato de concesión de obras o de concesión de servicios, podrán:

a) Acudir a ampliaciones de capital, siempre que la nueva estructura del mismo no modifique las condiciones esenciales de la adjudicación salvo que hubiera estado prevista en el contrato.

b) Titulizar los derechos de cobro que ostenten frente a la entidad adjudicadora del contrato cuya ejecución se le encomiende, previa autorización del órgano de contratación, cumpliendo los requisitos previstos en la normativa sobre mercado de valores.

Disposición adicional vigésima tercera. Coordinación entre los órganos de resolución de recursos especiales en materia de contratación.

Los diferentes órganos de recurso que sean creados acordarán las fórmulas de coordinación y colaboración más adecuadas para favorecer la coherencia de sus pronunciamientos y para la unificación de su doctrina en relación con las cuestiones que sean sometidas a su conocimiento. Dichos órganos podrán además proponer los ajustes normativos y recomendaciones que resulten pertinentes para un mejor funcionamiento de los mecanismos de recurso previstos en la normativa sobre contratos públicos.

Disposición adicional vigésima cuarta. Régimen jurídico de la «Empresa de Transformación Agraria, S. A., S. M. E., M. P.» (TRAGSA), y de su filial «Tecnologías y Servicios Agrarios, S. A., S. M. E., M. P.» (TRAGSATEC).

1. La «Empresa de Transformación Agraria, S. A., S. M. E., M. P.» (TRAGSA), y su filial «Tecnologías y Servicios Agrarios, S. A., S. M. E., M. P.» (TRAGSATEC), tienen por función entre otras, la prestación de servicios esenciales en materia de desarrollo rural, conservación del medioambiente, adaptación y mantenimiento de aplicaciones informáticas, control sanitario animal, atención a emergencias, y otros ámbitos conexos, con arreglo a lo establecido en esta disposición.

2. TRAGSA y su filial TRAGSATEC tendrán la consideración de medios propios personificados y servicios técnicos de la Administración General del Estado, de las Comunidades Autónomas, de las Ciudades Autónomas de Ceuta y Melilla, de los Cabildos y Consejos Insulares, de las Diputaciones Forales del País Vasco, de las Diputaciones Provinciales y de las entidades del sector público dependientes de cualesquiera de ellas que tengan la condición de poderes adjudicadores, siempre que se cumplan los requisitos establecidos en el punto 2° de la letra d) del apartado 2 del artículo 32, y en las letras a) y b) del apartado 4 del mismo artículo, y estarán obligadas a realizar, con carácter exclusivo, los trabajos que estos les

encomienden en las materias señaladas en los apartados 4 y 5, dando una especial prioridad a aquellos que sean urgentes o que se ordenen como consecuencia de las situaciones de emergencia que se declaren. De acuerdo con esta obligación, los bienes y efectivos de TRAGSA y su filial TRAGSATEC podrán incluirse en los planes y dispositivos de protección civil y de emergencias.

Las relaciones de TRAGSA y su filial TRAGSATEC con los poderes adjudicadores de los que son medios propios instrumentales y servicios técnicos tienen naturaleza instrumental y no contractual, articulándose a través de encargos de los previstos en el artículo 32 de esta Ley, por lo que, a todos los efectos, son de carácter interno, dependiente y subordinado.

La comunicación efectuada por uno de estos poderes adjudicadores encargando una actuación a alguna de las sociedades del grupo supondrá la orden para iniciarla, sin perjuicio de la observancia de lo establecido en el artículo 32.6.b).

Asimismo, TRAGSA y su filial TRAGSATEC tendrán la consideración de medios propios personificados y servicios técnicos de las entidades pertenecientes al sector público que no tengan la consideración de poder adjudicador y podrán recibir sus encargos, siempre y cuando se cumplan los requisitos que establece el artículo 33.

3. El capital social de TRAGSA será íntegramente de titularidad pública.

Las Comunidades Autónomas, las Ciudades Autónomas de Ceuta y Melilla, los Cabildos y Consejos Insulares, las Diputaciones Forales del País Vasco y las Diputaciones provinciales deberán participar en el capital de esta sociedad mediante la adquisición de acciones cuya enajenación será autorizada por el Ministerio de Hacienda y Función Pública a iniciativa del Ministerio de Agricultura y Pesca, Alimentación y Medio Ambiente. Las Comunidades Autónomas y las demás entidades a que se refiere este artículo solo podrán enajenar sus participaciones a favor de la Administración General del Estado o de organismos de derecho público vinculados o dependientes de aquella.

4. TRAGSA y su filial TRAGSATEC prestarán, por encargo de las entidades del sector público de los que son medios propios personificados, las siguientes funciones:

a) La realización de todo tipo de actuaciones, obras, trabajos y prestación de servicios agrícolas, ganaderos, forestales, de desarrollo rural, de conservación y protección del medio natural y medioambiental, de acuicultura y de pesca, así como los necesarios para el mejor uso y gestión de los recursos naturales. Igualmente podrán llevar a cabo la realización de todo tipo de actuaciones para la mejora de los servicios y recursos públicos, siempre y cuando no impliquen el ejercicio de autoridad inherente a los poderes públicos incluida la ejecución de obras de conservación o enriquecimiento del Patrimonio Histórico Español en el medio rural, al amparo de lo establecido en el artículo 68 de la Ley 16/1985, de 25 de junio, del Patrimonio Histórico Español.

b) La actividad agrícola, ganadera, animal, forestal y de acuicultura y la comercialización de sus productos, la administración y la gestión de fincas, montes, centros agrarios, forestales, medioambientales o de conservación de la naturaleza, así como de espacios y de recursos naturales.

c) La promoción, investigación, desarrollo, innovación, y adaptación de nuevas técnicas, equipos y sistemas de carácter agrario, forestal, medioambiental, de acuicultura y pesca, de protección de la naturaleza y para el uso sostenible de sus recursos.

d) La fabricación y comercialización de bienes muebles para el cumplimiento de sus funciones.

e) La prevención y lucha contra las plagas y enfermedades vegetales y animales y contra los incendios forestales, así como la realización de obras y tareas de apoyo técnico de carácter urgente.

f) La financiación, en los términos que se establezcan reglamentariamente, de la construcción o de la explotación de infraestructuras agrarias, medioambientales, y de equipamientos de núcleos rurales, del desarrollo de sistemas informáticos, sistemas de información frente a emergencias y otros análogos, así como la constitución de sociedades y la participación en otras ya constituidas, que tengan fines relacionados con el objeto social de la empresa.

g) La planificación, organización, investigación, desarrollo, innovación, gestión, administración y supervisión de cualquier tipo de servicios ganaderos, veterinarios, de seguridad y sanidad animal y alimentaria.

h) La recogida, transporte, almacenamiento, transformación, valorización, gestión y eliminación de productos, subproductos y residuos de origen animal, vegetal y mineral.

i) El mantenimiento, el desarrollo, la innovación y la adaptación de equipos y sistemas informáticos que den soporte a las diferentes administraciones.

j) La realización de tareas para las que se le requiera por la vía de la urgencia o de emergencia, o actividades complementarias o accesorias a las citadas anteriormente.

TRAGSA y su filial TRAGSATEC también estarán obligadas a satisfacer las necesidades de las entidades del sector público de las que son medios propios personificados en la consecución de sus objetivos de interés público mediante la realización, por encargo de los mismos, de la planificación, organización, investigación, desarrollo, innovación, gestión, administración y supervisión de cualquier tipo de asistencias y servicios técnicos en los ámbitos de actuación señalados en el apartado anterior, o mediante la adaptación y aplicación de la experiencia y conocimientos desarrollados en dichos ámbitos a otros sectores de la actividad administrativa.

Asimismo, TRAGSA y su filial TRAGSATEC estarán obligadas a participar y actuar, por encargo de las entidades del sector público de las que son medios propios personificados, en tareas de emergencia y protección civil de todo tipo, en especial, la intervención en catástrofes medioambientales o en crisis o necesidades de carácter agrario, pecuario o ambiental; a desarrollar tareas de prevención de riesgos y emergencias de todo tipo; y a realizar actividades de formación e información pública en supuestos de interés público y, en especial, para la prevención de riesgos, catástrofes o emergencias.

5. TRAGSA y su filial TRAGSATEC podrán realizar actuaciones de apoyo y servicio institucional a la cooperación española en el ámbito internacional.

6. TRAGSA y su filial TRAGSATEC no podrán participar en los procedimientos para la adjudicación de contratos convocados por las entidades del sector público de las que sea medio propio personificado. No obstante, cuando no concurra ningún licitador podrá encargarse a estas sociedades la ejecución de la actividad objeto de licitación pública.

7. El importe de las obras, trabajos, proyectos, estudios y suministros realizados por TRAGSA y por su filial TRAGSATEC se determinará aplicando a las unidades directamente ejecutadas por el medio propio las tarifas correspondientes y, en la forma que reglamentariamente se determine, atendiendo al coste efectivo soportado por el medio propio para las actividades objeto del encargo que se subcontraten con empresarios particulares.

Dichas tarifas se calcularán de manera que representen los costes reales de realización y su aplicación a las unidades producidas servirá de justificante de la inversión o de los servicios realizados directamente por el medio propio.

La elaboración y aprobación de las tarifas se realizará por las Administraciones de las que el grupo es medio propio personificado, con arreglo al procedimiento establecido reglamentariamente.

8. A los efectos de la aplicación de la presente Ley, TRAGSA y su filial TRAGSATEC tendrán la consideración de poderes adjudicadores de los previstos en el apartado 3 del artículo 3 de la presente Ley.

Disposición adicional vigésima quinta. Protección de datos de carácter personal.

1. Los contratos regulados en la presente Ley que impliquen el tratamiento de datos de carácter personal deberán respetar en su integridad

la Ley Orgánica 15/1999, de 13 de diciembre, de Protección de Datos de Carácter Personal, y su normativa de desarrollo.

2. Para el caso de que la contratación implique el acceso del contratista a datos de carácter personal de cuyo tratamiento sea responsable la entidad contratante, aquel tendrá la consideración de encargado del tratamiento.

En este supuesto, el acceso a esos datos no se considerará comunicación de datos, cuando se cumpla lo previsto en el artículo 12.2 y 3 de la Ley Orgánica 15/1999, de 13 de diciembre. En todo caso, las previsiones del artículo 12.2 de dicha Ley deberán de constar por escrito.

Cuando finalice la prestación contractual los datos de carácter personal deberán ser destruidos o devueltos a la entidad contratante responsable, o al encargado de tratamiento que esta hubiese designado.

El tercero encargado del tratamiento conservará debidamente bloqueados los datos en tanto pudieran derivarse responsabilidades de su relación con la entidad responsable del tratamiento.

3. En el caso de que un tercero trate datos personales por cuenta del contratista, encargado del tratamiento, deberán de cumplirse los siguientes requisitos:

a) Que dicho tratamiento se haya especificado en el contrato firmado por la entidad contratante y el contratista.

b) Que el tratamiento de datos de carácter personal se ajuste a las instrucciones del responsable del tratamiento.

c) Que el contratista encargado del tratamiento y el tercero formalicen el contrato en los términos previstos en el artículo 12.2 de la Ley Orgánica 15/1999, de 13 de diciembre.

En estos casos, el tercero tendrá también la consideración de encargado del tratamiento.

Disposición adicional vigésima sexta. Agrupaciones europeas de cooperación territorial.

Las Agrupaciones europeas de cooperación territorial reguladas en el Reglamento (CE) número 1082/2006 del Parlamento Europeo y del Consejo, de 5 de julio de 2006, cuando tengan su domicilio social en España, ajustarán la preparación y adjudicación de sus contratos a las normas establecidas en esta Ley para los poderes adjudicadores.

Disposición adicional vigésima séptima. Adquisición Centralizada de medicamentos, productos y servicios sanitarios con miras al Sistema Nacional de Salud.

1. Mediante Orden del Ministerio de Sanidad, Servicios Sociales e Igualdad, previo informe favorable de la Dirección General de

Racionalización y Centralización de la Contratación del Ministerio de Hacienda y Función Pública, se podrá declarar de adquisición centralizada los suministros de medicamentos y productos sanitarios, así como los servicios sanitarios, que se contraten en el ámbito estatal por los diferentes órganos y organismos. Esta contratación deberá efectuarse a través del Ministerio de Sanidad, Servicios Sociales e Igualdad. La financiación de los correspondientes contratos correrá a cargo del organismo o entidad peticionarios. Las competencias que el artículo 229 atribuye a la Junta de Contratación Centralizada del Ministerio de Hacienda y Función Pública corresponderán en relación al suministro de medicamentos, productos sanitarios y servicios sanitarios al Ministerio de Sanidad, Servicios Sociales e Igualdad.

Las Comunidades Autónomas y las entidades locales, así como las entidades y organismos dependientes de ellas e integradas en el Sistema Nacional de Salud, podrán adherirse al sistema de adquisición centralizada estatal de medicamentos, productos y servicios sanitarios, para la totalidad o solo para determinadas categorías de ellos. La adhesión requerirá la conclusión del correspondiente acuerdo con el Ministerio de Sanidad, Servicios Sociales e Igualdad.

2. Los órganos de contratación de la Administración General del Estado, de las Comunidades Autónomas y de las entidades locales, así como las entidades y organismos dependientes de ellas e integradas en el Sistema Nacional de Salud, podrán concluir de forma conjunta acuerdos marco de los previstos en el artículo 219, con uno o varios empresarios con el fin de fijar las condiciones a que habrán de ajustarse los contratos a que se refiere el apartado primero de esta disposición que pretendan adjudicar durante un período determinado, siempre que el recurso a estos instrumentos no se efectúe de forma abusiva o de modo que la competencia se vea obstaculizada, restringida o falseada.

3. A los efectos previstos en esta disposición adicional, el Ministerio de Sanidad, Servicios Sociales e Igualdad podrá, a través de la Secretaría General de Sanidad y Consumo, encomendar al Instituto Nacional de Gestión Sanitaria la materialización y conclusión de los procedimientos de adquisición centralizada, con miras al Sistema Nacional de Salud, para todos o algunos de los medicamentos, productos y servicios sanitarios.

4. No serán de aplicación las medidas establecidas en los artículos 9 y 10, párrafo tercero, del Real Decreto-ley 8/2010, de 20 de mayo, por el que se adoptan medidas extraordinarias para la reducción del déficit público, a los contratos derivados de adquisición de medicamentos promovidos al amparo de lo previsto en esta disposición adicional siempre que los ahorros que resulten de la compra centralizada sean superiores a las deducciones fijadas en dichos artículos del Real Decreto-ley 8/2010, de 20 de mayo.

Disposición adicional vigésima octava. Responsabilidad de las autoridades y del personal al servicio de las Administraciones Públicas.

1. La responsabilidad patrimonial de las autoridades y del personal al servicio de las Administraciones Públicas derivada de sus actuaciones en materia de contratación pública, tanto por daños causados a particulares como a la propia Administración, se exigirá con arreglo a lo dispuesto en la Ley 40/2015, de 1 de octubre, del Régimen Jurídico del Sector Público, así como en la normativa reglamentaria de desarrollo de la misma.

2. La infracción o aplicación indebida de los preceptos contenidos en la presente Ley por parte del personal al servicio de las Administraciones Públicas dará lugar a responsabilidad disciplinaria, que se exigirá conforme a la normativa específica en la materia.

Disposición adicional vigésima novena. Régimen de los órganos competentes para resolver los recursos de la Administración General del Estado y Entidades Contratantes adscritas a ella.

1. A medida que el número de asuntos sometidos al conocimiento y resolución del Tribunal Administrativo Central de Recursos Contractuales lo exija se podrán constituir Tribunales Administrativos Territoriales de Recursos Contractuales con sede en cada una de las capitales de Comunidad Autónoma.

Estos Tribunales tendrán competencia exclusiva para la resolución de los recursos a que se refiere el artículo 44 de la presente Ley, interpuestos contra los actos de la Administración territorial del Estado o de los Organismos y Entidades dependientes del mismo que tengan competencia en todo o parte del territorio de la correspondiente Comunidad Autónoma.

El nombramiento del Presidente y los vocales de estos Tribunales se hará en los mismos términos y requisitos previstos para el del Tribunal Administrativo Central de Recursos Contractuales, si bien solo se le exigirán diez años de antigüedad.

2. Reglamentariamente se incrementará el número de vocales que hayan de integrar los Tribunales Territoriales a medida que lo requiera el volumen de asuntos sometidos a su conocimiento.

La primera renovación de los Tribunales se hará de forma parcial a los tres años del nombramiento. A este respecto, antes de cumplirse el plazo indicado se determinará, mediante sorteo, los que deban cesar.

En cualquier caso, cesado un vocal, este continuará en el ejercicio de sus funciones hasta que tome posesión de su cargo el que lo haya de sustituir.

Disposición adicional trigésima. Autorización del Consejo de Ministros en concesiones de autopistas de competencia estatal.

Será necesaria la autorización del Consejo de Ministros para la celebración, y, en su caso, modificación y resolución de los contratos de concesión de autopistas de competencia estatal.

Disposición adicional trigésima primera. Formalización conjunta de acuerdos marco para la contratación de servicios que faciliten la intermediación laboral.

La Dirección General del Servicio Público de Empleo Estatal y los órganos de contratación competentes de las Comunidades Autónomas, así como de las entidades y organismos dependientes de ellas e integrados en el Sistema Nacional de Empleo, podrán concluir de forma conjunta acuerdos marco con uno o varios empresarios con el fin de fijar las condiciones a que habrán de ajustarse todos los contratos de servicios de características homogéneas definidos en los convenios a que se refiere el párrafo siguiente para facilitar a los Servicios Públicos de Empleo la intermediación laboral y que se pretendan adjudicar durante un período determinado, siempre que el recurso a estos instrumentos no se efectúe de forma abusiva o de modo que la competencia se vea obstaculizada, restringida o falseada.

Esta conclusión conjunta de acuerdos marco se realizará con arreglo a lo dispuesto en la Sección 2.ª del Capítulo II del Título I del Libro Segundo de la presente Ley y previa adopción del correspondiente convenio entre el Servicio Público de Empleo Estatal y las Comunidades Autónomas o las entidades y organismos dependientes de ellas e integrados en el Sistema Nacional de Empleo.

No podrán ser objeto de estos contratos marco las actuaciones de intermediación laboral que puedan preverse en los procedimientos de selección de personal laboral temporal por parte de las Administraciones Públicas, debiendo realizarse dicha intermediación exclusivamente y de manera directa por los correspondientes servicios públicos de empleo.

Disposición adicional trigésima segunda. Obligación de presentación de facturas en un registro administrativo e identificación de órganos.

1. El contratista tendrá la obligación de presentar la factura que haya expedido por los servicios prestados o bienes entregados ante el correspondiente registro administrativo a efectos de su remisión al órgano administrativo o unidad a quien corresponda la tramitación de la misma.

2. En los pliegos de cláusulas administrativas para la preparación de los contratos que se aprueben a partir de la entrada en vigor de la presente

disposición, se incluirá la identificación del órgano administrativo con competencias en materia de contabilidad pública, así como la identificación del órgano de contratación y del destinatario, que deberán constar en la factura correspondiente.

3. Antes del 30 de junio de 2018, por el Ministerio de Hacienda y Función Pública, se pondrá a disposición de los operadores económicos y particulares un Registro Electrónico Único que, entre otras funcionalidades, permitirá acreditar la fecha en que se presenten facturas por los subcontratistas al contratista principal y traslade dichas facturas al destinatario de las mismas conforme a la configuración para recibir las facturas electrónicas que consignen en el directorio de empresas.

Disposición adicional trigésima tercera. Contratos de suministros y servicios en función de las necesidades.

En los contratos de suministros y de servicios que tramiten las Administraciones Públicas y demás entidades del sector público con presupuesto limitativo, en los cuales el empresario se obligue a entregar una pluralidad de bienes o a ejecutar el servicio de forma sucesiva y por precio unitario, sin que el número total de entregas o prestaciones incluidas en el objeto del contrato se defina con exactitud al tiempo de celebrar este, por estar subordinadas las mismas a las necesidades de la Administración, deberá aprobarse un presupuesto máximo.

En el caso de que, dentro de la vigencia del contrato, las necesidades reales fuesen superiores a las estimadas inicialmente, deberá tramitarse la correspondiente modificación. A tales efectos, habrá de preverse en la documentación que rija la licitación la posibilidad de que pueda modificarse el contrato como consecuencia de tal circunstancia, en los términos previstos en el artículo 204 de esta Ley. La citada modificación deberá tramitarse antes de que se agote el presupuesto máximo inicialmente aprobado, reservándose a tal fin el crédito necesario para cubrir el importe máximo de las nuevas necesidades.

Disposición adicional trigésima cuarta. Referencias a contratos de gestión de servicios públicos.

Las referencias existentes en la legislación vigente al contrato de gestión de servicios públicos se entenderán realizadas tras la entrada en vigor de la presente Ley al contrato de concesión de servicios, en la medida en que se adecuen a lo regulado para dicho contrato en la presente Ley.

Disposición adicional trigésima quinta. Publicación de datos en e-Certis e informe sobre la dirección del Registro Oficial de Licitadores y Empresas Clasificadas del Sector Público.

La Junta Consultiva de Contratación Pública del Estado, a través de sus órganos de apoyo técnico, publicará y mantendrá actualizado en el depósito de certificados en línea e-Certis, la relación de bases de datos que contengan información relevante para la acreditación de las condiciones de solvencia y aptitud de los empresarios españoles a efectos de la contratación pública.

El Registro Oficial de Licitadores y Empresas Clasificadas del Sector Público constituirá la base de datos primaria de la información a la que se refiere el párrafo anterior.

La Junta Consultiva de Contratación Pública del Estado, asimismo, informará a la Comisión Europea y a los demás estados miembros de la dirección del citado registro, al que deberán remitirse las solicitudes de consulta por los poderes adjudicadores de los demás estados miembros, así como de cualquier otra información relativa al mismo.

Disposición adicional trigésima sexta. Convocatoria de la licitación de contratos de concesión de servicios especiales del anexo IV.

Los órganos de contratación que celebren contratos de concesiones de servicios especiales del anexo IV utilizarán como medio de convocatoria de licitación un anuncio de información previa que deberá tener el contenido establecido en el anexo III. B. Sección 3.

Estos anuncios se publicarán en el «Diario Oficial de la Unión Europea» y en el perfil de contratante.

Disposición adicional trigésima séptima. Contratos declarados secretos o reservados.

A los contratos declarados secretos o reservados de conformidad con la Ley 9/1968, de 5 de abril, sobre secretos oficiales, se les aplicará dicha norma y, en defecto de lo establecido en la misma, se regirán por lo dispuesto en la presente Ley.

Disposición adicional trigésima octava. No incremento de gastos.

Las medidas incluidas en esta norma no podrán suponer incremento de dotaciones, ni de retribuciones, ni de otros gastos de personal salvo los gastos derivados de las funciones atribuidas en esta Ley a la Junta Consultiva de Contratación Pública del Estado y a la Oficina Independiente de Regulación y Supervisión de la Contratación.

Disposición adicional trigésima novena. Régimen de contratación de Puertos del Estado y de las Autoridades Portuarias.

El régimen jurídico de los contratos que celebren Puertos del Estado y las Autoridades Portuarias será el establecido en esta Ley para las entidades del sector público que, siendo poderes adjudicadores, no tienen la consideración de Administración Pública.

Disposición adicional cuadragésima. Operadores públicos del sector de las telecomunicaciones.

En los supuestos de ejecución directa por la Administración Pública de prestaciones en el área de las telecomunicaciones a través de medios propios personificados, en orden a la valoración del cumplimiento del requisito contemplado en el artículo 32.2.b), se procederá a detraer del volumen global de negocios del ente destinatario del encargo las cantidades correspondientes a la actividad realizada como consecuencia del cumplimiento de las obligaciones impuestas por razones de interés general en su condición de operador público por la Ley 9/2014, de 9 de mayo, General de Telecomunicaciones, y normativa de desarrollo.

En todo caso el medio propio del que pretenda valerse una Administración Pública, cuando esta última ostente un control análogo sobre el primero al que ejercería sobre sus propios servicios, deberá realizar la parte esencial de su actividad para esta Administración Pública.

Disposición adicional cuadragésima primera. Normas específicas de contratación pública de servicios de arquitectura, ingeniería, consultoría y urbanismo.

Se reconoce la naturaleza de prestaciones de carácter intelectual a los servicios de arquitectura, ingeniería, consultoría y urbanismo, con los efectos que se derivan de las previsiones contenidas en esta Ley.

Disposición adicional cuadragésima segunda. En relación con la actividad comercial del Museo Nacional del Prado y del Museo Nacional Centro de Arte Reina Sofía.

En los contratos relacionados con la actividad comercial, a los que se refieren el artículo 16.2 de la Ley 46/2003, de 25 de noviembre, reguladora del Museo Nacional del Prado, y el artículo 18.2 de la Ley 34/2011, de 4 de octubre, reguladora del Museo Nacional Centro de Arte Reina Sofía, estas entidades seguirán aplicando las normas previstas para los contratos de poderes adjudicadores que no tengan la naturaleza de Administraciones Públicas. Estos contratos no tendrán carácter de contratos administrativos.

Disposición adicional cuadragésima tercera. Naturaleza jurídica de las contraprestaciones económicas por la explotación de obras públicas o la prestación de servicios públicos en régimen de Derecho privado.

Las contraprestaciones económicas establecidas coactivamente que se perciban por la explotación de obras públicas o la prestación de servicios públicos, de forma directa mediante personificación privada o gestión indirecta, tendrán la condición de prestaciones patrimoniales de carácter público no tributario conforme a lo previsto en el artículo 31.3 de la Constitución.

En concreto, tendrán tal consideración aquellas exigidas por la explotación de obras o la prestación de servicios, en régimen de concesión, mediante sociedades de economía mixta, entidades públicas empresariales, sociedades de capital íntegramente público y demás fórmulas de derecho privado.

Disposición adicional cuadragésima cuarta. Régimen de contratación de los órganos constitucionales del Estado y de los órganos legislativos y de control autonómicos.

Los órganos competentes del Congreso de los Diputados, del Senado, del Consejo General del Poder Judicial, del Tribunal Constitucional, del Tribunal de Cuentas, del Defensor del Pueblo, de las Asambleas Legislativas de las Comunidades Autónomas y de las instituciones análogas al Tribunal de Cuentas y al Defensor del Pueblo ajustarán su contratación a las normas establecidas en esta Ley para las Administraciones Públicas.

Asimismo, los órganos competentes de las Cortes Generales establecerán, en su caso, el órgano que deba conocer en su ámbito de contratación, del recurso especial regulado en el Capítulo V del Título I del Libro I de esta Ley, respetando las condiciones de cualificación, independencia e inamovilidad previstas en el artículo 45 de la presente Ley.

Disposición adicional cuadragésima quinta. Remisión de contratos de concesión de obras y de concesión de servicios al Comité Técnico de Cuentas Nacionales.

El Comité Técnico de Cuentas Nacionales creado por la Disposición adicional primera de la Ley Orgánica 6/2013, de 14 de noviembre, de creación de la Autoridad Independiente de Responsabilidad Fiscal, emitirá un informe sobre los efectos de la celebración del contrato en las cuentas económicas de la Administración contratante, en relación con los contratos de concesión de obras o de concesión de servicios adjudicados en los ámbitos del sector público autonómico y local, cuyo valor estimado sea igual o superior a doce millones de euros, o en cuya financiación se prevea cualquier forma de ayuda o aportación estatal, o el otorgamiento de préstamos o anticipos. A tales efectos estos contratos deberán remitirse al citado Comité Técnico de Cuentas Nacionales.

Disposición adicional cuadragésima sexta. Remisión de información relativa a contratación del Sector Público Autonómico y Local al Comité Técnico de Cuentas Nacionales.

En el ámbito de los sectores públicos autonómico y local, deberán remitirse al Comité Técnico de Cuentas Nacionales citado en la Disposición adicional anterior, todos los contratos de concesión de obras o de concesión de servicios adjudicados en sus respectivos ámbitos, cuyo valor estimado sea igual o superior a doce millones de euros, o en cuya financiación se prevea cualquier forma de ayuda o aportación estatal, o el otorgamiento de préstamos o anticipos.

El Comité Técnico de Cuentas Nacionales emitirá en relación con los mismos un informe sobre los efectos de la celebración del contrato en las cuentas económicas de la Administración contratante.

Disposición adicional cuadragésima séptima. Principios aplicables a los contratos de concesión de servicios del anexo IV y a los contratos de servicios de carácter social, sanitario o educativo del anexo IV.

Sin perjuicio de la aplicación de las disposiciones de esta Ley y, entre otras, de las relativas al establecimiento de las prescripciones técnicas, de las condiciones mínimas de solvencia, de los criterios de adjudicación y de las condiciones especiales de ejecución, en los procedimientos de licitación de contratos de concesión de los servicios que figuran en el anexo IV y de contratos de carácter social, sanitario o educativo también del anexo IV, los órganos de contratación velarán en todas sus fases por la necesidad de garantizar la calidad, la continuidad, la accesibilidad, la asequibilidad, la disponibilidad y la exhaustividad de los servicios; las necesidades específicas de las distintas categorías de usuarios, incluidos los grupos desfavorecidos y vulnerables; la implicación de los usuarios de los servicios; y la innovación en la prestación del servicio.

Asimismo, al establecer los criterios de adjudicación de los contratos a que se refiere esta disposición adicional, el órgano de contratación podrá referirlos a aspectos tales como: la experiencia del personal adscrito al contrato en la prestación de servicios dirigidos a sectores especialmente desfavorecidos o en la prestación de servicios de similar naturaleza en los términos establecidos en el artículo 145; la reinversión de los beneficios obtenidos en la mejora de los servicios que presta; el establecimiento de mecanismos de participación de los usuarios y de información y orientación de los mismos.

Disposición adicional cuadragésima octava. Reserva de ciertos contratos de servicios sociales, culturales y de salud a determinadas organizaciones.

1. Sin perjuicio de lo establecido en la Disposición adicional cuarta, los órganos de contratación de los poderes adjudicadores podrán reservar a determinadas organizaciones el derecho a participar en los procedimientos de licitación de los contratos de servicios de carácter social, cultural y de salud que enumera el Anexo IV bajo los códigos CPV 75121000-0, 75122000-7, 75123000-4, 79622000-0, 79624000-4, 79625000-1, 80110000-8, 80300000-7, 80420000-4, 80430000-7, 80511000-9, 80520000-5, 80590000-6, desde 85000000-9 hasta 85323000-9, 92500000-6, 92600000-7, 98133000-4 y 98133110-8.

2. Las organizaciones a que se refiere el apartado 1 deberán cumplir todas y cada una de las condiciones siguientes:

a) Que su objetivo sea la realización de una misión de servicio público vinculada a la prestación de los servicios contemplados en el apartado primero.

b) Que los beneficios se reinviertan con el fin de alcanzar el objetivo de la organización; o en caso de que se distribuyan o redistribuyan beneficios, la distribución o redistribución deberá realizarse con arreglo a criterios de participación.

c) Que las estructuras de dirección o propiedad de la organización que ejecute el contrato se basen en la propiedad de los empleados, o en principios de participación, o exijan la participación activa de los empleados, los usuarios o las partes interesadas.

d) Que el poder adjudicador de que se trate no haya adjudicado a la organización un contrato para los servicios en cuestión con arreglo al presente artículo en los tres años precedentes.

3. La duración máxima del contrato que se adjudique de acuerdo con lo dispuesto en esta disposición adicional no excederá de tres años.

4. En el anuncio que sirva de medio de convocatoria de la licitación se hará referencia a la presente Disposición adicional.

Disposición adicional cuadragésima novena. Legislación de las Comunidades Autónomas relativa a instrumentos no contractuales para la prestación de servicios públicos de carácter social.

Lo establecido en esta Ley no obsta para que las Comunidades Autónomas, en el ejercicio de las competencias que tienen atribuidas, legislen articulando instrumentos no contractuales para la prestación de servicios públicos destinados a satisfacer necesidades de carácter social.

Disposición adicional quincuagésima. Paraísos Fiscales.

1. El Gobierno deberá actualizar la lista de países y territorios que tengan la calificación de paraíso fiscal de conformidad con lo señalado en la disposición adicional primera de la Ley 36/2006, de 29 de noviembre, de medidas para la prevención del fraude fiscal. Dicha actualización se realizará una vez que se hayan publicado las listas de jurisdicciones no cooperativas que se están preparando por la OCDE y la Unión Europea para que puedan ser tenidos en cuenta los resultados obtenidos.

2. El Gobierno deberá modificar antes del 31 de diciembre de 2017 el artículo 13 del Reglamento del Impuesto sobre Sociedades, aprobado por Real Decreto 634/2015, de 10 de julio en relación con la información país por país que deben suministrar determinadas entidades cuando el importe neto de la cifra de negocios del grupo sea al menos de 750 millones de euros. Esta modificación debe permitir ajustarse plenamente al marco establecido en el ámbito internacional así como utilizar de modo más eficiente los recursos públicos y reducir la carga administrativa que recae sobre los grupos de empresas multinacionales, al permitir a otras entidades distintas de la matriz última presentar el informe país por país.

No obstante, se mantendrán las obligaciones ya establecidas para estos grupos multinacionales de suministrar datos relativos a ingresos, resultados, impuestos, activos o plantilla desglosados por cada país o jurisdicción. Los grupos multinacionales del sector bancario y de las industrias extractivas deberán hacer públicos los datos relativos a esta información país por país que así se requiera en la normativa internacional.

Disposición adicional quincuagésima primera. Pagos directos a los subcontratistas.

1. Sin perjuicio de lo previsto en los artículos 216 y 217 y siempre que se cumplan las condiciones establecidas en el artículo 215, el órgano de contratación podrá prever en los pliegos de cláusulas administrativas, se realicen pagos directos a los subcontratistas.

2. El subcontratista que cuente con la conformidad para percibir pagos directos podrá ceder sus derechos de cobro conforme a lo previsto en el artículo 200.

3. Los pagos efectuados a favor del subcontratista se entenderán realizados por cuenta del contratista principal, manteniendo en relación con la Administración contratante la misma naturaleza de abonos a buena cuenta que la de las certificaciones de obra.

4. En ningún caso será imputable a la Administración el retraso en el pago derivado de la falta de conformidad del contratista principal a la factura presentada por el subcontratista.

5. Se autoriza al Ministro de Hacienda y Función Pública para desarrollar, en el ámbito del sector público estatal, las previsiones contenidas en los apartados anteriores relativas a las características de la documentación que debe aportarse, el régimen de notificaciones, y el de certificaciones, operativa contable y facturación.

Disposición adicional quincuagésima segunda. Referencias en la Ley a las Ciudades Autónomas de Ceuta y Melilla.

Cuando en esta Ley un artículo haga referencia a las Comunidades Autónomas también se entenderá referido a las Ciudades Autónomas de Ceuta y Melilla, cuando conforme a sus Estatutos de Autonomía estas Ciudades Autónomas tengan competencia en las materias que regule el referido precepto.

Disposición adicional quincuagésima tercera. Servicio público de noticias de titularidad estatal.

1. El servicio público de noticias de titularidad estatal, encomendado a la sociedad mercantil estatal Agencia EFE, S. A. U., es un servicio de interés económico general que tiene como misión la recogida, elaboración y distribución de noticias y de información general y especializada en todos los soportes de forma imparcial, independiente y objetiva, con el fin de garantizar las necesidades de información de la sociedad española y de fomentar la proyección exterior de España.

2. La función de servicio público comprende la cobertura de los eventos y acontecimientos de especial interés para España, y en particular, de las actividades de la Familia Real, la Jefatura del Estado, los miembros del Gobierno y las altas instituciones del Estado; la cobertura informativa en todas las Comunidades y Ciudades Autónomas; la prestación de servicios informativos a la Administración del Estado; la difusión de la imagen de España y de su diversidad cultural y el intercambio informativo entre

España y el resto del mundo, con especial atención a los ámbitos prioritarios para la acción exterior española.

3. La compensación anual por el cumplimiento de las obligaciones de servicio público se efectuará con arreglo al método del coste evitado neto y no podrá superar en el ejercicio presupuestario lo necesario para cubrir el coste neto de la ejecución de las obligaciones de servicio público. El importe del coste neto se actualizará anualmente, será revisado por la Comisión de Control del SIEG, que encargará a un auditor o empresa auditora independiente la tarea de fiscalización, revisión y control del SIEG.

4. El Gobierno, a propuesta del Ministerio de la Presidencia y para las Administraciones Territoriales, informará a las Cortes Generales, y dictará las disposiciones necesarias para el desarrollo y ejecución de esta disposición y, en particular, para establecer las obligaciones asociadas a la función de servicio público y las modalidades para el cálculo de la correspondiente compensación.

Disposición transitoria primera. Expedientes iniciados y contratos adjudicados con anterioridad a la entrada en vigor de esta Ley.

1. Los expedientes de contratación iniciados antes de la entrada en vigor de esta Ley se regirán por la normativa anterior. A estos efectos se entenderá que los expedientes de contratación han sido iniciados si se hubiera publicado la correspondiente convocatoria del procedimiento de adjudicación del contrato. En el caso de procedimientos negociados sin publicidad, para determinar el momento de iniciación se tomará en cuenta la fecha de aprobación de los pliegos.

2. Los contratos administrativos adjudicados con anterioridad a la entrada en vigor de la presente Ley se regirán, en cuanto a sus efectos, cumplimiento y extinción, incluida su modificación, duración y régimen de prórrogas, por la normativa anterior.

3. La presente Ley será de aplicación a los acuerdos de rescate y a los encargos que se realicen con posterioridad a su entrada en vigor. Deberá entenderse que un encargo se ha realizado cuando haya sido objeto de la correspondiente formalización documental.

4. Las revisiones de oficio y los procedimientos de recurso iniciados al amparo de los artículos 34 y 40, respectivamente, del texto refundido de la Ley de Contratos del Sector Público, aprobado mediante Real Decreto Legislativo 3/2011, de 14 de noviembre, seguirán tramitándose hasta su resolución con arreglo al mismo.

En los expedientes de contratación iniciados antes de la entrada en vigor de esta Ley podrá interponerse el recurso previsto en el artículo 44 contra actos susceptibles de ser recurridos en esta vía, siempre que se hayan dictado con posterioridad a su entrada en vigor.

5. Los contratos basados en acuerdos marco o en sistemas dinámicos de adquisición se regirán por la normativa aplicable a estos.

6. Los pliegos de cláusulas administrativas generales que a la entrada en vigor de la presente Ley ya se encontraran aprobados por las Comunidades Autónomas, dispondrán de un plazo de seis meses para su adaptación a lo previsto en el apartado 2 del artículo 121.

Disposición transitoria segunda. Determinación de cuantías por los departamentos ministeriales respecto de las entidades que tengan la consideración de poder adjudicador y que estén adscritos a los primeros.

Hasta el momento en que los Secretarios de Estado, o en su defecto, los titulares de los departamentos ministeriales fijen la cuantía para la autorización establecida en el apartado 5 del artículo 324 será de aplicación la cantidad, calculada de conformidad con el artículo 101, de 900.000 euros.

Disposición transitoria tercera. Inscripción en el Registro de Licitadores en el procedimiento abierto simplificado del artículo 159.

Hasta que transcurran seis meses de la entrada en vigor de la presente Ley y resulte exigible, por tanto, la obligación establecida para el procedimiento abierto simplificado en la letra a) del apartado 4 del artículo 159, de estar inscrito en el Registro Oficial de Licitadores y Empresas Clasificadas o registro equivalente, la acreditación de la capacidad, solvencia y ausencia de prohibiciones de contratar se realizará en la forma establecida con carácter general.

Disposición transitoria cuarta. Estatutos de los medios propios personificados.

Hasta que transcurran seis meses de la entrada en vigor de la presente Ley y resulte exigible, por tanto, las obligaciones establecidas en el artículo 32.2.d) respecto al contenido de los estatutos de las entidades que ostenten la condición de medio propio personificado, estas seguirán actuando con sus estatutos vigentes siempre y cuando cumplan con lo establecido en las letras a), b) y c) del apartado 2 del artículo 32.

Disposición transitoria quinta. Instrucciones internas de contratación.

Los entes a los que se refiere el Título Tercero deberán adaptar sus instrucciones internas de contratación a lo establecido en los artículos 318 y

321 en el plazo máximo de cuatro meses desde la entrada en vigor de la presente Ley. Hasta entonces, seguirán contratando de conformidad con sus instrucciones vigentes, siempre que no contradigan lo establecido en los citados artículos.

Disposición derogatoria. Derogación normativa.

Queda derogado el texto refundido de la Ley de Contratos del Sector Público aprobado por Real Decreto Legislativo 3/2011 de 14 de noviembre, así como cuantas disposiciones de igual o inferior rango se opongan a lo dispuesto en la presente Ley.

Disposición final primera. Títulos competenciales.

1. El artículo 27 se dicta al amparo de la regla 6.ª del artículo 149.1 de la Constitución, que atribuye al Estado la competencia sobre «legislación procesal, sin perjuicio de las necesarias especialidades que en este orden se deriven de las particularidades del derecho sustantivo de las Comunidades Autónomas».

2. Los artículos que se indican a continuación se dictan al amparo de las competencias exclusivas que corresponden al Estado para dictar la legislación civil y mercantil en virtud de lo dispuesto en el artículo 149.1.6.ª y 8.ª de la Constitución, artículo 271.1, artículo 272.1 y 2, artículo 273.1, artículo 274, artículo 275 y artículo 276.

3. El apartado 3 del artículo 347 constituye legislación básica y se dicta al amparo del artículo 149.1.18 de la Constitución en materia de «bases del régimen jurídico de las Administraciones Públicas». Por su parte, los restantes artículos de la presente Ley constituyen legislación básica dictada al amparo del artículo 149.1.18.ª de la Constitución en materia de legislación básica sobre contratos y concesiones administrativas y, en consecuencia, son de aplicación general a todas las Administraciones Públicas y organismos y entidades dependientes de ellas.

No obstante, no tendrán carácter básico los siguientes artículos o partes de los mismos: letra a) del apartado 1 del artículo 21; letra a) del apartado 1 del artículo 22; artículo 30; la letra c) del apartado 5 del artículo 32; artículo 45 y 46.1 a 46.3; artículo 69.3; artículo 71.1.f); artículo 76; artículo 83; artículo 95; artículo 104; artículo 105; párrafo segundo del apartado 1 del artículo 107; segundo párrafo del apartado 3 y apartado 5 del artículo 116; artículo 118.2, letras a) y c) del apartado 2 del artículo 119; letra h) del artículo 120.1; apartado 1 del artículo 121; apartados 5, 6 y 7 del artículo 122; artículo 123 y 124; cuarto párrafo del apartado 4 del artículo 149; artículo 153; apartado 2 del artículo 154; artículo 191.2; artículo 192.2 y 3; artículo 193.2 a 5; artículo 194; apartados 2 y 5 del artículo 212; apartado 8 del artículo 215; artículo 228; apartados 1, 2, 5, el párrafo segundo del apartado 6, y apartados 7 y 8 del artículo 229; artículo 230; apartados 1.e) y 4 del artículo 232; artículo 234; artículo 235; artículo 236; artículo 237; artículo 238.2; artículo 240; apartado 1 del artículo 241; el apartado 4, salvo la previsión de la letra b) del primer párrafo y el segundo párrafo, y 5 del artículo 242; artículo 243; artículo 253; artículo 256; artículo 260; apartados 2 y 3 del artículo 263; artículo 266; apartado 5 del artículo 267; artículo 268; artículo 272.6; artículo 273.2; artículo 294.b; artículo 298; apartados 2 y 3 del artículo 300; artículo 302; artículo 303; artículo 304; artículo 305; apartados 2 y 3 del artículo 307; apartados 2 y 3 del artículo 313; apartados 3, 4, 5 y 6 del artículo 314; artículo 315; artículo 323; artículo 324; artículo 325; artículos 326 y 327; artículo 328, salvo el apartado 4; artículo 335.4; apartados 1, 2 y 7 del artículo 347; letra a) y segundo párrafo de la letra f) del apartado 1 de la disposición adicional primera; el párrafo tercero, apartado 1 de la disposición adicional cuarta; disposición adicional decimocuarta; disposición adicional décimo novena; disposición adicional vigésima; disposición adicional vigésimo cuarta; disposición adicional vigésimo novena; disposición adicional trigésima; disposición transitoria primera; disposición final séptima; y disposición final octava.

A los mismos efectos previstos en el párrafo anterior tendrán la consideración de mínimas las exigencias que para los contratos menores se establecen en el artículo 118.1 y tendrán la consideración de máximos los siguientes porcentajes, cuantías o plazos:

El porcentaje del 3 por 100 del artículo 106.2.

El porcentaje del 5 por 100 del artículo 107.1 y 2.

Las cuantías del artículo 131.4.

Los plazos de un mes establecidos en los apartados 2 y 4 del artículo 210.

4. Las previsiones de esta Ley serán de aplicación a las Comunidades Autónomas de acuerdo con lo establecido en los apartados 1, 2 y 3 anteriores, sin perjuicio de las posiciones singulares que en materia de sistema institucional, y en lo que respecta a las competencias exclusivas y compartidas, en materia de función pública y de auto organización, en cada caso resulten de aplicación en virtud de lo dispuesto en la Constitución Española y en los Estatutos de Autonomía.

Disposición final segunda. Comunidad Foral de Navarra.

En virtud de su régimen foral, la aplicación a la Comunidad Foral de Navarra de lo dispuesto en esta Ley se llevará a cabo sin perjuicio de lo dispuesto en la Ley Orgánica 13/1982, de 10 de agosto, de Reintegración y Amejoramiento del Régimen Foral de Navarra.

Disposición final tercera. Comunidad Autónoma del País Vasco.

En virtud de su régimen foral, la aplicación a la Comunidad Autónoma del País Vasco de lo dispuesto en esta Ley se entenderá sin perjuicio de lo dispuesto en la Ley 12/2002, de 23 de mayo, por la que se aprueba el Concierto Económico Vasco de la Comunidad Autónoma del País Vasco.

Disposición final cuarta. Normas aplicables a los procedimientos regulados en esta Ley y a los medios propios personificados.

1. Los procedimientos regulados en esta Ley se regirán, en primer término, por los preceptos contenidos en ella y en sus normas de desarrollo y, subsidiariamente, por los establecidos en la Ley 39/2015, de 1 de octubre, del Procedimiento Administrativo Común de las Administraciones Públicas, y en sus normas complementarias.

2. En todo caso, en los procedimientos iniciados a solicitud de un interesado para los que no se establezca específicamente otra cosa y que tengan por objeto o se refieran a la reclamación de cantidades, al ejercicio de prerrogativas administrativas o a cualquier otra cuestión relativa a la ejecución, cumplimiento o extinción de un contrato administrativo, una vez transcurrido el plazo previsto para su resolución sin haberse notificado esta, el interesado podrá considerar desestimada su solicitud por silencio administrativo, sin perjuicio de la subsistencia de la obligación de resolver.

3. En relación con el régimen jurídico de los medios propios personificados, en lo no previsto en la presente Ley, resultará de aplicación lo establecido en la Ley 40/2015, de 1 de octubre, de Régimen Jurídico del Sector Público.

Disposición final quinta. Incorporación de derecho comunitario.

Mediante la presente Ley se incorpora al ordenamiento jurídico la Directiva 2014/24/UE, del Parlamento Europeo y del Consejo, de 26 de febrero de 2014, sobre contratación pública y por la que se deroga la Directiva 2004/18/CE; así como la Directiva 2014/23/UE, del Parlamento Europeo y del Consejo, de 26 de febrero de 2014, relativa a la adjudicación de contratos de concesión, sin perjuicio de lo incorporado respecto a esta última Directiva a través de la Ley sobre procedimientos de contratación en los sectores del agua, la energía, los transportes y los servicios postales.

Disposición final sexta. Habilitación normativa en materia de uso de medios electrónicos, informáticos o telemáticos, y uso de factura electrónica.

1. Se autoriza al Ministro de Hacienda y Función Pública para aprobar, previo dictamen del Consejo de Estado, las normas de desarrollo de la disposición adicional decimosexta que puedan ser necesarias para hacer plenamente efectivo el uso de medios electrónicos, informáticos o telemáticos en los procedimientos regulados en esta Ley.

2. Igualmente, el Ministro de Hacienda y Función Pública, mediante Orden, definirá las especificaciones técnicas de las comunicaciones de datos que deban efectuarse en cumplimiento de la presente Ley y establecerá los modelos que deban utilizarse.

3. El Consejo de Ministros, a propuesta de los Ministros de Hacienda y Función Pública y de Energía, Turismo y Agenda Digital, adoptará las medidas necesarias para facilitar la emisión de facturas electrónicas por las personas y entidades que contraten con el sector público estatal, garantizando la gratuidad de los servicios de apoyo que se establezcan para las empresas cuya cifra de negocios en el año inmediatamente anterior y para el conjunto de sus actividades sea inferior al umbral que se fije en la Orden a que se refiere el párrafo anterior.

Disposición final séptima. Fomento de la celebración de negocios y contratos en materia de Investigación, Desarrollo e Innovación.

Mediante Acuerdo de Ministros podrán reservarse fondos destinados a la financiación de negocios y contratos relacionados con el ámbito de la Investigación, el Desarrollo y la Innovación a los que se refiere el artículo 8.

Disposición final octava. Desarrollo reglamentario.

El Gobierno, en el ámbito de sus competencias, podrá dictar cuantas disposiciones sean necesarias para el desarrollo y aplicación de lo establecido en esta Ley.

Disposición final novena. Modificación de la Ley 8/1989, de 13 de abril, del régimen jurídico de las tasas y los precios públicos.

Se añade una nueva letra c) al artículo 2 de la Ley 8/1989, de 13 de abril, del régimen jurídico de las tasas y los precios públicos, con la siguiente redacción:

«c) Las tarifas que abonen los usuarios por la utilización de la obra o por la prestación del servicio a los concesionarios de obras y de servicios conforme a la legislación de contratos del sector público, que son prestaciones patrimoniales de carácter público no tributarias.»

Disposición final décima. Modificación de la Ley 37/1992, de 28 de diciembre, del Impuesto sobre el Valor Añadido.

Se introducen las siguientes modificaciones en la Ley 37/1992, de 28 de diciembre, del Impuesto sobre el Valor Añadido:

Uno. Se modifica el número 8.º del artículo 7, que queda redactado de la siguiente forma:

«8.º A) Las entregas de bienes y prestaciones de servicios realizadas directamente por las Administraciones Públicas, así como las entidades a las que se refieren los apartados C) y D) de este número, sin contraprestación o mediante contraprestación de naturaleza tributaria.

B) A estos efectos se considerarán Administraciones Públicas:

a) La Administración General del Estado, las Administraciones de las Comunidades Autónomas y las Entidades que integran la Administración Local.

b) Las Entidades Gestoras y los Servicios Comunes de la Seguridad Social.

c) Los Organismos Autónomos, las Universidades Públicas y las Agencias Estatales.

d) Cualesquiera entidad de derecho público con personalidad jurídica propia, dependiente de las anteriores que, con independencia funcional o con una especial autonomía reconocida por la Ley tengan atribuidas funciones de regulación o control de carácter externo sobre un determinado sector o actividad.

No tendrán la consideración de Administraciones Públicas las entidades públicas empresariales estatales y los organismos asimilados dependientes de las Comunidades Autónomas y Entidades locales.

C) No estarán sujetos al Impuesto los servicios prestados en virtud de los encargos ejecutados por los entes, organismos y entidades del sector público que ostenten, de conformidad con lo establecido en el artículo 32 de la Ley de Contratos del Sector Público, la condición de medio propio personificado del poder adjudicador que haya ordenado el encargo, en los términos establecidos en el referido artículo 32.

D) Asimismo, no estarán sujetos al Impuesto los servicios prestados por cualesquiera entes, organismos o entidades del sector público, en los términos a que se refiere el artículo 3.1 de la Ley de Contratos del Sector Público, a favor de las Administraciones Públicas de la que dependan o de otra íntegramente dependiente de estas, cuando dichas Administraciones Públicas ostenten la titularidad íntegra de los mismos.

E) La no consideración como operaciones sujetas al impuesto que establecen los dos apartados C) y D) anteriores será igualmente aplicable a los servicios prestados entre las entidades a las que se refieren los mismos, íntegramente dependientes de la misma Administración Pública.

F) En todo caso, estarán sujetas al Impuesto las entregas de bienes y prestaciones de servicios que las Administraciones, entes, organismos y entidades del sector público realicen en el ejercicio de las actividades que a continuación se relacionan:

a´) Telecomunicaciones.

b´) Distribución de agua, gas, calor, frío, energía eléctrica y demás modalidades de energía.

c´) Transportes de personas y bienes.

d´) Servicios portuarios y aeroportuarios y explotación de infraestructuras ferroviarias incluyendo, a estos efectos, las concesiones y autorizaciones exceptuadas de la no sujeción del Impuesto por el número 9.º siguiente.

e´) Obtención, fabricación o transformación de productos para su transmisión posterior.

f´) Intervención sobre productos agropecuarios dirigida a la regulación del mercado de estos productos.

g´) Explotación de ferias y de exposiciones de carácter comercial.

h´) Almacenaje y depósito.

i´) Las de oficinas comerciales de publicidad.

j´) Explotación de cantinas y comedores de empresas, economatos, cooperativas y establecimientos similares.

k´) Las de agencias de viajes.

l´) Las comerciales o mercantiles de los Entes públicos de radio y televisión, incluidas las relativas a la cesión del uso de sus instalaciones.

m´) Las de matadero.»

Dos. Se modifica el número 3.º del apartado Dos del artículo 78, que queda redactado de la siguiente forma:

«78. Dos.3.º Las subvenciones vinculadas directamente al precio de las operaciones sujetas al Impuesto.

Se considerarán vinculadas directamente al precio de las operaciones sujetas al Impuesto las subvenciones establecidas en función del número de unidades entregadas o del volumen de los servicios prestados cuando se determinen con anterioridad a la realización de la operación.

No obstante, no se considerarán subvenciones vinculadas al precio ni integran en ningún caso el importe de la contraprestación a que se refiere el apartado Uno del presente artículo, las aportaciones dinerarias, sea cual sea su denominación, que las Administraciones Públicas realicen para financiar:

a) La gestión de servicios públicos o de fomento de la cultura en los que no exista una distorsión significativa de la competencia, sea cual sea su forma de gestión.

b) Actividades de interés general cuando sus destinatarios no sean identificables y no satisfagan contraprestación alguna.»

Tres. Se modifica el apartado Cinco del artículo 93 que queda redactado de la siguiente forma:

«93. Cinco. Los sujetos pasivos que realicen conjuntamente operaciones sujetas al Impuesto y operaciones no sujetas por aplicación de lo establecido en el artículo 7.8.º de esta Ley podrán deducir las cuotas soportadas por la adquisición de bienes y servicios destinados de forma simultánea a la realización de unas y otras operaciones en función de un criterio razonable y homogéneo de imputación de las cuotas correspondientes a los bienes y servicios utilizados para el desarrollo de las operaciones sujetas al Impuesto, incluyéndose, a estos efectos, las operaciones a que se refiere el artículo 94.Uno.2.º de esta Ley. Este criterio deberá ser mantenido en el tiempo salvo que por causas razonables haya de procederse a su modificación.

A estos efectos, podrá atenderse a la proporción que represente el importe total, excluido el Impuesto sobre el Valor Añadido, determinado para cada año natural, de las entregas de bienes y prestaciones de servicios de las operaciones sujetas al Impuesto, respecto del total de ingresos que obtenga el sujeto pasivo en cada año natural por el conjunto de su actividad.

El cálculo resultante de la aplicación de dicho criterio se podrá determinar provisionalmente atendiendo a los datos del año natural precedente, sin perjuicio de la regularización que proceda a final de cada año.

No obstante lo anterior, no serán deducibles en proporción alguna las cuotas soportadas o satisfechas por las adquisiciones o importaciones de bienes o servicios destinados, exclusivamente, a la realización de las operaciones no sujetas a que se refiere el artículo 7.8.º de esta Ley.

Las deducciones establecidas en este apartado se ajustarán también a las condiciones y requisitos previstos en el Capítulo I del Título VIII de esta Ley y, en particular, los que se refieren a la regla de prorrata.

Lo previsto en este apartado no será de aplicación a las actividades de gestión de servicios públicos en las condiciones señaladas en la letra a) del artículo 78.Dos.3.º de esta Ley.»

Cuatro. Se suprime el número 4.º del apartado Tres del artículo 78.

Disposición final undécima. Modificación de la Disposición adicional primera de la Ley 58/2003, de 17 de diciembre, General Tributaria.

La Disposición adicional primera de la Ley 58/2003, de 17 de diciembre, General Tributaria, queda redactada en los siguientes términos:

«**Disposición adicional primera. Prestaciones patrimoniales de carácter público.**

1. Son prestaciones patrimoniales de carácter público aquellas a las que se refiere el artículo 31.3 de la Constitución que se exigen con carácter coactivo.

2. Las prestaciones patrimoniales de carácter público citadas en el apartado anterior podrán tener carácter tributario o no tributario.

Tendrán la consideración de tributarias las prestaciones mencionadas en el apartado 1 que tengan la consideración de tasas, contribuciones especiales e impuestos a las que se refiere el artículo 2 de esta Ley.

Serán prestaciones patrimoniales de carácter público no tributario las demás prestaciones que exigidas coactivamente respondan a fines de interés general.

En particular, se considerarán prestaciones patrimoniales de carácter público no tributarias aquellas que teniendo tal consideración se exijan por prestación de un servicio gestionado de forma directa mediante personificación privada o mediante gestión indirecta.

En concreto, tendrán tal consideración aquellas exigidas por la explotación de obras o la prestación de servicios, en régimen de concesión o sociedades de economía mixta, entidades públicas empresariales, sociedades de capital íntegramente público y demás fórmulas de Derecho privado.»

Disposición final duodécima. Modificación del texto refundido de la Ley Reguladora de las Haciendas Locales, aprobado mediante Real Decreto Legislativo 2/2004, de 5 de marzo.

Se modifica el texto refundido de la Ley Reguladora de las Haciendas Locales, aprobado mediante Real Decreto Legislativo 2/2004, de 5 de marzo, añadiéndose un nuevo apartado 6 al artículo 20, en los siguientes términos:

«6. Las contraprestaciones económicas establecidas coactivamente que se perciban por la prestación de los servicios públicos a que se refiere el apartado 4 de este artículo, realizada de forma directa mediante personificación privada o mediante gestión indirecta, tendrán la condición de prestaciones patrimoniales de carácter público no tributario conforme a lo previsto en el artículo 31.3 de la Constitución.

En concreto, tendrán tal consideración aquellas exigidas por la explotación de obras o la prestación de servicios, en régimen de concesión, sociedades de economía mixta, entidades públicas empresariales, sociedades de capital íntegramente público y demás fórmulas de Derecho privado.

Sin perjuicio de lo establecido en el artículo 103 de la Ley de Contratos del Sector Público, las contraprestaciones económicas a que se refiere este apartado se regularán mediante ordenanza. Durante el procedimiento de aprobación de dicha ordenanza las entidades locales solicitarán informe preceptivo de aquellas Administraciones Públicas a las que el ordenamiento jurídico les atribuyera alguna facultad de intervención sobre las mismas.»

Disposición final decimotercera. Modificación de la Ley 37/2007, de 16 de noviembre, sobre reutilización de la información del sector público.

Se modifica la Ley 37/2007, de 16 de noviembre, sobre reutilización de la información del sector público en los siguientes términos:

Uno. El artículo 2 queda redactado como sigue:

«Artículo 2. Ámbito subjetivo de aplicación.

1. La presente Ley se aplica al sector público que comprende:

a) La Administración General del Estado.

b) Las Administraciones de las Comunidades Autónomas.

c) Las Entidades que integran la Administración Local.

d) El sector público institucional.

2. El sector público institucional se integra por:

a) Cualesquiera organismos públicos y entidades de derecho público vinculados o dependientes de las Administraciones Públicas.

b) Las entidades de derecho privado vinculadas o dependientes de las Administraciones Públicas que quedarán sujetas a lo dispuesto en las normas de esta Ley que específicamente se refieran a las mismas, y en todo caso, cuando ejerzan potestades administrativas.

c) Las Universidades públicas que se regirán por su normativa específica y supletoriamente por las previsiones de la presente Ley.

3. Tienen la consideración de Administraciones Públicas la Administración General del Estado, las Administraciones de las Comunidades Autónomas, las Entidades que integran la Administración Local, así como los organismos públicos y entidades de derecho público previstos en la letra a) del apartado 2.»

Dos. Se modifica el artículo 3.2 que queda redactado como sigue:

«La presente Ley se aplicará a los documentos elaborados o custodiados por las Administraciones y organismos del sector público.»

Tres. Se modifica el artículo 7.1 en los siguientes términos:

«Podrá aplicarse una tarifa por el suministro de documentos para su reutilización en las condiciones previstas en la normativa estatal vigente o, en su caso, en la normativa que resulte de aplicación en el ámbito autonómico o local, limitándose la misma a los costes marginales en que se incurra para su reproducción, puesta a disposición y difusión.

En caso de que una Administración u organismo del sector público reutilice los documentos como base para actividades comerciales ajenas a las funciones propias que tenga atribuidas, deberán aplicarse a la entrega de documentos para dichas actividades las mismas tasas o precios públicos y condiciones que se apliquen a los demás usuarios.»

Cuatro. Se modifica el artículo 7.6, que queda redactado como sigue:

«Las Administraciones y organismos del sector público publicarán por medios electrónicos, siempre que sea posible y apropiado, las tarifas fijadas para la reutilización de documentos que estén en poder de organismos del sector público, así como las condiciones aplicables y el importe real de los mismos, incluida la base de cálculo utilizada.

En el resto de los casos en que se aplique una tarifa, el organismo del sector público de que se trate indicará por adelantado qué factores se tendrán en cuenta para el cálculo de la misma. Cuando se solicite, dicho organismo también indicará cómo se ha calculado esa tarifa en relación con la solicitud de reutilización concreta.»

Disposición final decimocuarta. Modificación del texto refundido de la Ley General de derechos de las personas con discapacidad y de su inclusión social, aprobado mediante Real Decreto Legislativo 1/2013, de 29 de noviembre.

Se añade un apartado 4 al artículo 43 del texto refundido de la Ley General de derechos de las personas con discapacidad y de su inclusión social, aprobado por Real Decreto Legislativo 1/2013, de 29 de noviembre:

«4. Tendrán la consideración de Centros Especiales de Empleo de iniciativa social aquellos que cumpliendo los requisitos que se establecen en los apartados 1.º y 2.º de este artículo son promovidos y participados en más de un 50 por ciento, directa o indirectamente, por una o varias entidades, ya sean públicas o privadas, que no tengan ánimo de lucro o que tengan reconocido su carácter social en sus Estatutos, ya sean asociaciones, fundaciones, corporaciones de derecho público, cooperativas de iniciativa social u otras entidades de la economía social, así como también aquellos cuya titularidad corresponde a sociedades mercantiles en las que la mayoría de su capital social sea propiedad de alguna de las entidades señaladas anteriormente, ya sea de forma directa o bien indirecta a través del concepto de sociedad dominante regulado en el artículo 42 del Código de Comercio, y siempre que en todos los casos en sus Estatutos o en acuerdo social se obliguen a la reinversión íntegra de sus beneficios para creación de oportunidades de empleo para personas con discapacidad y la mejora continua de su competitividad y de su actividad de economía social, teniendo en todo caso la facultad de optar por reinvertirlos en el propio centro especial de empleo o en otros centros especiales de empleo de iniciativa social.»

Disposición final decimoquinta. Modificación de la Ley 40/2015, de 1 de octubre, de Régimen Jurídico del Sector Público.

Se modifica la Ley 40/2015, de 1 de octubre, de Régimen Jurídico del Sector Público, que queda redactada como sigue:

Uno. El segundo párrafo del apartado 1 del artículo 82, que queda redactado en los siguientes términos:

«La integración y gestión de dicho Inventario y su publicación dependerá de la Intervención General de la Administración del Estado.»

Dos. El último párrafo del apartado 2 del artículo 84, que queda redactado en los siguientes términos:

«Lo dispuesto en este apartado no será de aplicación a la participación del Estado en organismos internacionales o entidades de ámbito supranacional, ni a la participación en los organismos de normalización y acreditación nacionales o en sociedades creadas al amparo de la Ley 27/1984, de 26 de julio, sobre reconversión y reindustrialización.»

Disposición final decimosexta. Entrada en vigor.

La presente Ley entrará en vigor a los cuatro meses de su publicación en el «Boletín Oficial del Estado».

No obstante, la letra a) del apartado 4 del artículo 159 y la letra d) del apartado 2 del artículo 32, lo harán a los diez meses de la citada publicación; y los artículos 328 a 334, así como la disposición final décima, que lo harán al día siguiente de la referida publicación.

El tercer párrafo del apartado 1 del artículo 150 entrará en vigor en el momento en que lo haga la disposición reglamentaria a la que se refiere el mismo.

Por tanto,

Mando a todos los españoles, particulares y autoridades, que guarden y hagan guardar esta ley.

Madrid, 8 de noviembre de 2017.

FELIPE R.

El Presidente del Gobierno,
MARIANO RAJOY BREY

ANEXO I

Trabajos contemplados en el artículo 13

En caso de diferentes interpretaciones entre CPV y NACE, se aplicará la nomenclatura CPV.

Division	Grupo	Clase	NACE Rev.2 (1) Descripción	Construcción Observaciones	Código CPV
			Sección F		
45			Construcción.	Esta división comprende: – las construcciones nuevas, obras de restauración y reparaciones corrientes.	45000000
	45,1		Preparación de obras.		45100000
		45,11	Demolición de inmuebles; movimientos de tierras.	Esta clase comprende: – la demolición y el derribo de edificios y otras estructuras, – la limpieza de escombros, – los trabajos de movimiento de tierras: excavación, rellenado y nivelación de emplazamientos de obras, excavación de zanjas, despeje de rocas, voladuras, etc., – la preparación de explotaciones mineras: – obras subterráneas, despeje de montera y otras actividades de preparación de minas. Esta clase comprende también: – el drenaje de emplazamientos de obras, – el drenaje de terrenos agrícolas y forestales.	45110000
		45,12	Perforaciones y sondeos.	Esta clase comprende: – las perforaciones, sondeos y muestreos con fines de construcción, geofísicos, geológicos u otros. Esta clase no comprende: – la perforación de pozos de producción de petróleo y gas natural (véase 11.20), – la perforación de pozos hidráulicos (véase 45.25), – la excavación de pozos de minas (véase 45.25), – la prospección de yacimientos de petróleo y gas natural y los estudios geofísicos, geológicos o sísmicos (véase 74.20).	45120000
	45,2		Construcción general de inmuebles y obras de ingeniería civil.		45200000

NACE Rev.2 (1)				Código CPV
Sección F			Construcción	
			Descripción — Observaciones	
División	Grupo	Clase		

			Descripción	Observaciones	Código CPV
		45,21	Construccion general de edificios y obras singulares de ingeniería civil (puentes, túneles, etc.).	Esta clase comprende: – la construcción de todo tipo de edificios, la construcción de obras de ingeniería civil: – puentes (incluidos los de carreteras elevadas), viaductos, túneles y pasos subterráneos, – redes de energía, comunicación y conducción de larga distancia, – instalaciones urbanas de tuberías, redes de energía y de comunicaciones, – obras urbanas anejas, – el montaje in situ de construcciones prefabricadas. Esta clase no comprende: – los servicios relacionados con la extracción de gas y de petróleo (véase 11.20), – el montaje de construcciones prefabricadas completas a partir de piezas de producción propia que no sean de hormigón (véanse las divisiones 20, 26 y 28), – la construcción de equipamientos de estadios, piscinas, gimnasios, pistas de tenis, campos de golf y otras instalaciones deportivas, excluidos sus edificios (véase 45.23), – las instalaciones de edificios y obras (véase 45.3), – el acabado de edificios y obras (véase 45.4), – las actividades de arquitectura e ingeniería (véase 74.20), – la dirección de obras de construcción (véase 74.20).	45210000 Excepto: – 45213316 45220000 45231000 45232000
		45,22	Construcción de cubiertas y estructuras de cerramiento.	Esta clase comprende: – la construcción de tejados, – la cubierta de tejados, – la impermeabilización de edificios y balcones.	45261000
		45,23	Construcción de autopistas, carreteras, campos de aterrizaje, vías férreas y centros deportivos.	Esta clase comprende: – la construcción de autopistas, calles, carreteras y otras vías de circulación de vehículos y peatones, – la construcción de vías férreas, – la construcción de pistas de aterrizaje, – la construcción de equipamientos de estadios, piscinas, gimnasios, pistas de tenis, campos de golf y otras instalaciones	45212212 y DA03 45230000 Excepto: – 45231000 – 45232000 –

			deportiva, excluidos sus edificios, – la pintura de señales en carreteras y aparcamientos. Esta clase no comprende: – el movimiento de tierras previo (véase 45.11).		45234115
		45,24	Obras hidráulicas.	Esta clase comprende: – la construcción de: – vías navegables, instalaciones portuarias y fluviales, puertos deportivos, esclusas, etc., – presas y diques, – dragados, – obras subterráneas.	45240000
		45,25	Otros trabajos de construcción especializados.	Esta clase comprende: – las actividades de construcción que se especialicen en un aspecto común a diferentes tipos de estructura y que requieran aptitudes o materiales específicos, – obras de cimentación, incluida la hinca de pilotes, – construcción y perforación de pozos hidráulicos, excavación de pozos de minas, – montaje de piezas de acero que no sean de producción propia, – curvado del acero, – colocación de ladrillos y piedra, – montaje y desmantelamiento de andamios y plataformas de trabajo, incluido su alquiler, – montaje de chimeneas y hornos industriales. Esta clase no comprende: – el alquiler de andamios sin montaje ni desmantelamiento (véase 71.32).	45250000 45262000
	45,3		Instalación de edificios y obras.		45300000
		45,31	Instalación eléctrica.	Esta clase comprende: la instalación en edificios y otras obras de construcción de: – cables y material eléctrico, – sistemas de telecomunicación, – instalaciones de calefacción eléctrica, – antenas de viviendas, – alarmas contra incendios, – sistemas de alarma de protección contra robos,	45213316 45310000 Excepto: – 45316000

				– ascensores y escaleras mecánicas, – pararrayos, etc.	
		45,32	Trabajos de aislamiento.	Esta clase comprende: – la instalación en edificios y otras obras de construcción de aislamiento térmico, acústico o antivibratorio. Esta clase no comprende: – la impermeabilización de edificios y balcones (véase 45.22).	45320000
		45,33	Fontanería.	Esta clase comprende: – la instalación en edificios y otras obras de construcción de: – fontanería y sanitarios, – aparatos de gas, – aparatos y conducciones de calefacción, ventilación, refrigeración o aire acondicionado, – la instalación de extintores automáticos de incendios. Esta clase no comprende: – la instalación y reparación de instalaciones de calefacción eléctrica (véase 45.31).	45330000
		45,34	Otras instalaciones de edificios y obras.	Esta clase comprende: – la instalación de sistemas de iluminación y señalización de carreteras, puertos y aeropuertos, – la instalación en edificios y otras obras de construcción de aparatos y dispositivos no clasificados en otra parte.	45234115 45316000 45340000
	45,4		Acabado de edificios y obras.		45400000
		45,41	Revocamiento.	Esta clase comprende: – la aplicación, en edificios y otras obras de construcción, de yeso y estuco interior y exterior, incluidos los materiales de listado correspondientes.	45410000
		45,42	Instalaciones de carpintería	Esta clase comprende: la instalación de puertas, ventanas y marcos, cocinas equipadas, escaleras, mobiliario de trabajo y similares de madera u otros materiales, que no sean de producción propia, – acabados interiores, como techos, revestimientos de madera para paredes, tabiques móviles, etc.	45420000

			NACE Rev.2 (1)		Código CPV
Sección F			**Construcción**		
			Descripción	Observaciones	
División	Grupo	Clase			
				Esta clase no comprende: – los revestimientos de parqué y otras maderas para suelos (véase 45.43).	
		45,43	Revestimiento de suelos y paredes.	Esta clase comprende: – la colocación en edificios y otras obras de construcción de: – revestimientos de cerámica, hormigón o piedra tallada para paredes y suelos, – revestimientos de parqué y otras maderas para suelos y revestimientos de moqueta y linóleo para suelos, – incluidos el caucho o los materiales plásticos, – revestimientos de terrazo, mármol, granito o pizarra para paredes y suelos, – papeles pintados.	45430000
		45,44	Pintura y acristalamiento.	Esta clase comprende: – la pintura interior y exterior de edificios, – la pintura de obras de ingeniería civil, – la instalación de cristales, espejos, etc. Esta clase no comprende: – la instalación de ventanas (véase 45.42).	45440000
		45,45	Otros acabados de edificios y obras.	Esta clase comprende: – la instalación de piscinas particulares, – la limpieza al vapor, con chorro de arena o similares, del exterior de los edificios, – otras obras de acabado de edificios no citadas en otra parte. Esta clase no comprende: – la limpieza interior de edificios y obras (véase 74.70).	45212212 y DA04 45450000
	45,5		Alquiler de equipo de construcción o demolición dotado de operario.		45500000
		45,50	Alquiler de equipo de construcción o demolición dotado de operario.	Esta clase no comprende: – el alquiler de equipo y maquinaria de construcción o demolición desprovisto de operario (véase 71.32).	45500000

(1) Reglamento (CEE) n.º 1893/2006, del Parlamento Europeo y del Consejo, de 20 de diciembre de 2006, que establece la clasificación europea de actividades económicas.

ANEXO II

Lista de productos contemplados en el artículo 21.1.a) en lo que se
refiere a los contratos de suministros adjudicados por los órganos
de contratación del sector de la defensa

Capítulo 25:   Sal, azufre; tierras y piedras; yesos, cales y cementos.

Capítulo 26:   Minerales, escorias y cenizas.

Capítulo 27:   Combustibles minerales, aceites minerales y productos de su destilación; materias
                 bituminosas, ceras minerales.
                 excepto:
                 ex ex 27.10: carburantes especiales.

Capítulo 28:   Productos químicos inorgánicos; compuestos inorgánicos u orgánicos de los metales
                 preciosos, de los elementos radiactivos, de los metales de las tierras raras o de isótopos.
                 excepto:.
                 ex ex 28.09: explosivos.
                 ex ex 28.13: explosivos.
                 ex ex 28.14: gases lacrimógenos.
                 ex ex 28.28: explosivos.
                 ex ex 28.32: explosivos.
                 ex ex 28.39: explosivos.
                 ex ex 28.50: productos toxicológicos.
                 ex ex 28.51: productos toxicológicos.
                 ex ex 28.54: explosivos.

Capítulo 29:   Productos químicos orgánicos.
                 excepto:
                 ex ex 29.03: explosivos.
                 ex ex 29.04: explosivos.
                 ex ex 29.07: explosivos.
                 ex ex 29.08: explosivos.
                 ex ex 29.11: explosivos.
                 ex ex 29.12: explosivos.
                 ex ex 29.13: productos toxicológicos.
                 ex ex 29.14: productos toxicológicos.
                 ex ex 29.15: productos toxicológicos.
                 ex ex 29.21: productos toxicológicos.
                 ex ex 29.22: productos toxicológicos.
                 ex ex 29.23: productos toxicológicos.
                 ex ex 29.26: explosivos.
                 ex ex 29.27: productos toxicológicos.
                 ex ex 29.29: explosivos.

Capítulo 30:   Productos farmacéuticos.

Capítulo 31:   Abonos.

Capítulo 32:   Extractos curtientes o tintóreos; taninos y sus derivados; pigmentos y demás materias
                 colorantes; pinturas y barnices; másticques; tintas.

Capítulo 33:   Aceites esenciales y resinoides; preparaciones de perfumería, de tocador o de
                 cosmética.

Capítulo 34:   Jabones, operadores de superficie orgánicos, preparaciones para lavar, preparaciones lubricantes, ceras artificiales, ceras preparadas, productos de limpieza, velas y artículos similares, pastas para modelar, ceras para odontología y preparaciones para odontología a base de yeso.

Capítulo 35:   Materias albuminóideas; colas; enzimas.

Capítulo 37:   Productos fotográficos o cinematográficos.

Capítulo 38:   Productos diversos de las industrias químicas
excepto:
ex ex 38.19: productos toxicológicos.

Capítulo 39:   Materias plásticas, éteres y esteres de la celulosa, resinas artificiales y manufacturas de estas materias.
excepto:
ex ex 39.03: explosivos.

Capítulo 40:   Caucho natural o sintético, caucho facticio y manufacturas de caucho.
excepto:
ex ex 40.11: neumáticos para automóviles.

Capítulo 41:   Pieles (excepto la peletería) y cueros.

Capítulo 42:   Manufacturas de cuero, artículos de guarnicionería o de talabartería; artículos de viaje, bolsos de mano y continentes similares; manufacturas de tripa.

Capítulo 43:   Peletería y confecciones de peletería; peletería artificial o facticia.

Capítulo 44:   Madera, carbón vegetal y manufacturas de madera.

Capítulo 45:   Corcho y sus manufacturas.

Capítulo 46:   Manufacturas de espartería o de cestería.

Capítulo 47:   Materias destinadas a la fabricación de papel.

Capítulo 48:   Papel y cartón; manufacturas de pasta de celulosa, de papel o de cartón.

Capítulo 49:   Artículos de librería y productos de las artes gráficas.

Capítulo 65:   Sombreros y demás tocados, y sus partes.

Capítulo 66:   Paraguas, quitasoles, bastones, látigos, fustas y sus partes.

Capítulo 67:   Plumas y plumón preparados y artículos de plumas o plumón; flores artificiales; manufacturas de cabello.

Capítulo 68:   Manufacturas de piedra, yeso fraguable, cemento, amianto (asbesto), mica o materias análogas.

Capítulo 69:   Productos cerámicos.

Capítulo 70:   Vidrio y sus manufacturas.

Capítulo 71:   Perlas finas, piedras preciosas o semipreciosas, metales preciosos, chapados de metal precioso (plaqué) y manufacturas de estas materias; bisutería.

Capítulo 73:   Fundición, hierro y acero.

Capítulo 74:   Cobre.

Capítulo 75:   Níquel.

Capítulo 76:	Aluminio.

Capítulo 77: Magnesio, berilio.

Capítulo 78: Plomo.

Capítulo 79: Cinc.

Capítulo 80: Estaño.

Capítulo 81: Otros metales comunes.

Capítulo 82: Herramientas, artículos de cuchillería y cubiertos de mesa, de metal común..
excepto:
ex ex 82.05: herramientas.
ex ex 82.07: piezas de herramientas.

Capítulo 83: Manufacturas diversas de metal común.

Capítulo 84: Calderas, máquinas, aparatos y artefactos mecánicos.
excepto:
ex ex 84.06: motores.
ex ex 84.08: los demás propulsores.
ex ex 84.45: máquinas.
ex ex 84.53: máquinas automáticas de tratamiento de la información.
ex ex 84.55: piezas del n.º 84.53.
ex ex 84.59: reactores nucleares.

Capítulo 85: Máquinas y aparatos eléctricos y objetos que sirvan para usos electrotécnicos.
excepto:
ex ex 85.13: telecomunicaciones.
ex ex 85.15: aparatos de transmisión.

Capítulo 86: Vehículos y material para vías férreas, aparatos de señalización no eléctricos para vías de comunicación.
excepto:.
ex ex 86.02: locomotoras blindadas.
ex ex 86.03: las demás locomotoras blindadas.
ex ex 86.05: vagones blindados.
ex ex 86.06: vagones taller.
ex ex 86.07: vagones.

Capítulo 87: Vehículos automóviles, tractores, velocípedos y demás vehículos terrestres.
excepto:.
ex ex 87.08: tanques y demás vehículos automóviles blindados.
ex ex 87.01: tractores.
ex ex 87.02: vehículos militares.
ex ex 87.03: vehículos para reparaciones.
ex ex 87.09: motocicletas.
ex ex 87.14: remolques.

Capítulo 89: Navegación marítima y fluvial.
excepto:.
ex ex 89.01A: barcos de guerra.

Capítulo 90: Instrumentos y aparatos de óptica, fotografía ó cinematografía, de medida, control o de precisión; instrumentos y aparatos medicoquirúrgicos.
excepto:
ex ex 90.05: binoculares.
ex ex 90.13: instrumentos diversos, láser.
ex ex 90.14: telémetros.

414

ex ex 90.28: instrumentos de medida eléctricos o electrónicos.
ex ex 90.11: microscopios.
ex ex 90.17: instrumentos médicos.
ex ex 90.18: aparatos para mecanoterapia.
ex ex 90.19: aparatos para ortopedia.
ex ex 90.20: aparatos de rayos X.

Capítulo 91:   Fabricación de relojes.

Capítulo 92:   Instrumentos musicales, aparatos de grabación o reproducción de sonido, aparatos de grabación o reproducción de imágenes y sonido en televisión, y las partes y accesorios de estos aparatos.

Capítulo 94:   Muebles; mobiliario medicoquirúrgico; artículos de cama y similares
excepto:
ex ex 94.01A: asientos para aeronaves.

Capítulo 95:   Materias para tallar o moldear, trabajadas (incluidas las manufacturas).

Capítulo 96:   Manufacturas de cepillería, brochas y pinceles, escobas, borlas, tamices, cedazos y cribas.

Capítulo 98:   Mercancías y productos diversos.

ANEXO III

Información que debe figurar en los anuncios

A) Información que debe figurar en los anuncios de publicación de un anuncio de información previa en un perfil de contratante, de información previa, de licitación, de formalización y de modificación de contratos de obras, suministros y servicios.

Sección 1. Información que debe figurar en los anuncios de la publicación de un anuncio de información previa en un perfil de contratante:

1. Nombre, número de identificación, dirección, incluido código NUTS, número de teléfono y de fax, y dirección electrónica y de internet del poder adjudicador y, en caso de ser diferente, del servicio del que pueda obtenerse información complementaria.

2. Tipo de poder adjudicador y principal actividad ejercida.

3. Cuando proceda, indicación de que el poder adjudicador es una central de compras, o de que se va a utilizar, o se puede utilizar, alguna otra forma de contratación conjunta.

4. Códigos CPV.

5. Dirección de internet del «perfil de contratante» (URL).

6. Fecha de envío del anuncio relativo a la publicación de un anuncio de información previa en el perfil de contratante.

Sección 2. Información que debe figurar en los anuncios de información previa cuando no proceda la aplicación de la sección 3 siguiente:

1. Nombre, número de identificación, dirección, incluido código NUTS, número de teléfono y de fax, y dirección electrónica y de internet del poder adjudicador y, en caso de ser diferente, del servicio del que pueda obtenerse información complementaria.

2. Dirección electrónica o de internet en la que estarán disponibles los pliegos de la contratación para un acceso libre, directo, completo y gratuito.

Cuando no se disponga de un acceso libre, directo, completo y gratuito por los motivos contemplados en el artículo 138, una indicación sobre el modo de acceso a los pliegos de la contratación.

3. Tipo de poder adjudicador y principal actividad ejercida.

4. Cuando proceda, indicación de que el poder adjudicador es una central de compras, o de que se va a utilizar, o se puede utilizar, alguna otra forma de contratación conjunta.

5. Códigos CPV cuando la concesión esté dividida en lotes, esta información se facilitará para cada lote.

6. Código NUTS del emplazamiento principal de las obras, en el caso de los contratos de obras, o código NUTS del lugar principal de entrega o de ejecución en los contratos de suministro y de servicios. Cuando la concesión esté dividida en lotes, esta información se facilitará para cada lote.

7. Breve descripción de la contratación: naturaleza y alcance de las obras, naturaleza y cantidad o valor de los suministros, naturaleza y alcance de los servicios.

8. Cuando este anuncio no se utilice como medio de convocatoria de licitación, las fechas estimadas para la publicación de uno o varios anuncios de licitación con respecto al contrato o los contratos a los que se refiera este anuncio de información previa.

9. Fecha de envío del anuncio.

10. Si procede, otras informaciones.

11. Indicación de si el ACP es aplicable al contrato.

Sección 3. Información que debe figurar en los anuncios de información previa de servicios especiales del Anexo IV:

416

1. Nombre, número de identificación (cuando esté previsto en la legislación nacional), dirección, incluido código NUTS, dirección electrónica y de internet del poder adjudicador.

2. Breve descripción del contrato de que se trate, incluidos el valor estimado total del contrato y los números de referencia a la nomenclatura CPV.

3. En la medida en que ya se conozcan:

a) Código NUTS del emplazamiento principal de las obras, en el caso de las obras, o código NUTS del lugar principal de entrega o de ejecución en el caso de los suministros y los servicios;

b) Calendario de entrega de los bienes, la realización de las obras o la prestación de los servicios y duración del contrato;

c) Condiciones para la participación, y, en concreto:

Cuando proceda, indicación de si el contrato público está restringido a talleres protegidos o si se prevé que sea ejecutado únicamente en el marco de programas de empleo protegido,

Cuando proceda, indicar si con arreglo a disposiciones legales, reglamentarias o administrativas, se reserva la prestación del servicio a una determinada profesión;

d) Breve descripción de las características principales del procedimiento de adjudicación que se va a aplicar.

Sección 4. Información que debe figurar en los anuncios de licitación cuando no proceda la aplicación de la sección 5 siguiente:

1. Nombre, número de identificación, dirección, incluido código NUTS, número de teléfono y de fax, y dirección electrónica y de internet del poder adjudicador y, en caso de ser diferente, del servicio del que pueda obtenerse información complementaria.

2. Dirección electrónica o de internet en la que estarán disponibles los pliegos de la contratación para un acceso libre, directo, completo y gratuito.

Cuando no se disponga de un acceso libre, directo, completo y gratuito por los motivos contemplados en el artículo 138, una indicación sobre el modo de acceso a los pliegos de la contratación.

3. Tipo de poder adjudicador y principal actividad ejercida.

4. Cuando proceda, indicación de que el poder adjudicador es una central de compras, o de que se va a utilizar alguna otra forma de contratación conjunta.

5. Códigos CPV cuando la concesión esté dividida en lotes, esta información se facilitará para cada lote.

6. Código NUTS del emplazamiento principal de las obras, en el caso de los contratos de obras, o código NUTS del lugar principal de entrega o de ejecución en los contratos de suministro y de servicios. Cuando la concesión esté dividida en lotes, esta información se facilitará para cada lote.

7. Descripción de la licitación: naturaleza y alcance de las obras, naturaleza y cantidad o valor de los suministros, naturaleza y alcance de los servicios. Si el contrato está dividido en lotes, esta información se facilitará para cada lote. Si procede, descripción de posibles variantes.

8. Orden de magnitud total estimado del contrato o los contratos: cuando los contratos estén divididos en lotes, esta información se facilitará para cada lote.

9. Admisión o prohibición de variantes.

10. Calendario para la entrega de los suministros o las obras o para la prestación de los servicios y, en la medida de lo posible, duración del contrato.

a) Cuando se utilice un acuerdo marco, indicación de su duración prevista, justificando, en su caso, toda duración superior a cuatro años; en la medida de lo posible, indicación del valor o del orden de magnitud y de la frecuencia de los contratos que se van a adjudicar, el número y, cuando proceda, número máximo propuesto de operadores económicos que van a participar.

b) En el caso de un sistema dinámico de adquisición, indicación de la duración prevista del sistema; en la medida de lo posible, indicación del valor o del orden de magnitud y de la frecuencia de los contratos que se van a adjudicar.

11. Condiciones de participación, entre ellas:

a) Cuando proceda, indicación de si el contrato público está restringido a talleres protegidos o si se prevé que sea ejecutado únicamente en el marco de programas de empleo protegido;

b) Cuando proceda, indicación de si las disposiciones legales, reglamentarias y administrativas reservan la prestación del servicio a una profesión determinada; referencia a dicha disposición legal, reglamentaria o administrativa;

c) Enumeración y breve descripción de los criterios relativos a la situación personal de los operadores económicos que pueden dar lugar a su exclusión, así como de los criterios de selección; niveles mínimos aceptables; indicación de la información exigida (declaraciones de los interesados, documentación).

12. Tipo de procedimiento de adjudicación; cuando proceda, motivos para la utilización de un procedimiento acelerado (en los procedimientos abiertos, restringidos o de licitación con negociación).

13. Si procede, indicación de si:

a) Se aplica un acuerdo marco;

b) Se aplica un sistema dinámico de adquisición;

c) Se utiliza una subasta electrónica (en los procedimientos abiertos, restringidos o de licitación con negociación).

14. Cuando el contrato vaya a subdividirse en lotes, indicación de la posibilidad de presentar ofertas para uno de los lotes, para varios, o para todos ellos; indicación de si el número de lotes que podrá adjudicarse a cada licitador estará limitado. Cuando el contrato no esté subdividido en lotes, indicación de las razones para ello, salvo que esta información se facilite en el informe específico.

15. En el caso de los procedimientos restringidos, de licitación con negociación, de diálogo competitivo o de asociación para la innovación, cuando se haga uso de la facultad de reducir el número de candidatos a los que se invitará a presentar ofertas, a negociar o a participar en el diálogo: número mínimo y, en su caso, máximo propuesto de candidatos y criterios objetivos que se utilizarán para elegir a los candidatos en cuestión.

16. Para el procedimiento de licitación con negociación, el diálogo competitivo o la asociación para la innovación, se indicará, si procede, que se recurrirá a un procedimiento que se desarrollará en fases sucesivas con el fin de reducir progresivamente el número de ofertas que haya que negociar o de soluciones que deban examinarse.

17. Si procede, condiciones particulares a las que está sometida la ejecución del contrato.

18. Criterios que se utilizarán para adjudicar el contrato o los contratos. Excepto en el supuesto en que la mejor oferta se determine sobre la base del precio exclusivamente, se indicarán los criterios que determinen esta, de conformidad con el artículo 145, así como su ponderación, cuando dichos criterios no figuren en el pliego de condiciones o, en caso de diálogo competitivo, en el documento descriptivo.

19. Plazo para la recepción de ofertas (procedimientos abiertos) o solicitudes de participación (procedimientos restringidos, procedimientos de licitación con negociación, sistemas dinámicos de adquisición, diálogos competitivos y asociaciones para la innovación).

20. Dirección a la que deberán transmitirse las ofertas o solicitudes de participación.

21. Cuando se trate de procedimientos abiertos:

a) Plazo durante el cual el licitador estará obligado a mantener su oferta;

b) Fecha, hora y lugar de la apertura de las plicas;

c) Personas autorizadas a asistir a dicha apertura.

22. Lengua o lenguas en las que deberán redactarse las ofertas o las solicitudes de participación.

23. Si procede, indicación de si:

a) Se aceptará la presentación electrónica de ofertas o de solicitudes de participación;

b) Se utilizarán pedidos electrónicos;

c) Se aceptará facturación electrónica;

d) Se utilizará el pago electrónico.

24. Información sobre si el contrato está relacionado con un proyecto o programa financiado con fondos de la Unión.

25. Nombre y dirección del órgano competente en los procedimientos de recurso y, en su caso, de mediación. Indicación de los plazos de presentación de recursos o, en caso necesario, el nombre, la dirección, los números de teléfono y de fax y la dirección electrónica del servicio del que pueda obtenerse dicha información.

26. Fechas y referencias de publicaciones anteriores en el «Diario Oficial de la Unión Europea» relevantes para el contrato o los contratos que se den a conocer en el anuncio.

27. En el caso de los contratos periódicos, calendario estimado para la publicación de ulteriores anuncios.

28. Fecha de envío del anuncio.

29. Indicación de si el ACP es aplicable al contrato.

30. Si procede, otras informaciones.

Sección 5. Información que debe figurar en los anuncios de licitación relativos a contratos de servicios especiales del Anexo IV:

1. Nombre, número de identificación, dirección, incluido código NUTS, dirección electrónica y de internet del poder adjudicador.

2. Código NUTS del emplazamiento principal de las obras, en el caso de los contratos de obras, o código NUTS del lugar principal de entrega o de ejecución, en los contratos de suministro y de servicios.

3. Breve descripción del contrato de que se trate, incluidos los números de referencia a la nomenclatura CPV.

4. Condiciones para la participación, y, en concreto:

– Cuando proceda, indicación de si el contrato público está restringido a talleres protegidos o si se prevé que sea ejecutado únicamente en el marco de programas de empleo protegido,

– Cuando proceda, indicar si con arreglo a disposiciones legales, reglamentarias o administrativas, se reserva la prestación del servicio a una determinada profesión.

5. Plazo(s) para ponerse en contacto con el poder adjudicador, con vistas a participar.

6. Breve descripción de las características principales del procedimiento de adjudicación que se va a aplicar.

Sección 6. Información que debe figurar en los anuncios de formalización de contratos cuando no proceda la aplicación de la sección 7 siguiente:

1. Nombre, número de identificación, dirección, incluido código NUTS, número de teléfono y de fax, y dirección electrónica y de internet del poder adjudicador y, en caso de ser diferente, del servicio del que pueda obtenerse información complementaria.

2. Tipo de poder adjudicador y principal actividad ejercida.

3. Cuando proceda, indicación de si el poder adjudicador es una central de compras o de si se va a utilizar alguna otra forma de contratación conjunta.

4. Códigos CPV.

5. Código NUTS del emplazamiento principal de las obras, en el caso de los contratos de obras, o código NUTS del lugar principal de entrega o de ejecución, en los contratos de suministro y de servicios.

6. Descripción de la licitación: naturaleza y alcance de las obras, naturaleza y cantidad o valor de los suministros, naturaleza y alcance de los servicios. Si el contrato está dividido en lotes, esta información se facilitará para cada lote. Si procede, descripción de posibles variantes.

7. Tipo de procedimiento de adjudicación; en caso de que se haya utilizado un procedimiento negociado sin publicación previa, se deberá justificar esta elección.

8. Si procede, indicación de si:

a) Se aplicó un acuerdo marco;

b) Se aplicó un sistema dinámico de adquisición.

9. Criterios previstos en el artículo 145 que se utilizaron para la adjudicación del contrato o los contratos. Cuando proceda, indicación de si se utilizó una subasta electrónica (en los procedimientos abiertos, restringidos o de licitación con negociación).

10. Fecha de la adjudicación del contrato o contratos o del acuerdo o acuerdos marco tras la decisión de concesión o celebración.

11. Número de ofertas recibidas con respecto a cada adjudicación, y, en concreto:

a) El número de ofertas recibidas de operadores económicos que sean pequeñas y medianas empresas;

b) Número de ofertas recibidas de otro Estado miembro o de un tercer país;

c) Número de ofertas recibidas por vía electrónica.

12. Para cada adjudicación, nombre, NIF, dirección, incluido código NUTS, número de teléfono y de fax, dirección electrónica y de internet del licitador o licitadores seleccionados, especificando:

a) Si el licitador adjudicatario es una pequeña y mediana empresa;

b) Si el contrato se ha adjudicado a una agrupación de empresas.

13. Valor de la oferta u ofertas seleccionadas o valores de las ofertas de mayor y de menor coste tomadas en consideración para la adjudicación o las adjudicaciones de contratos.

14. Cuando proceda, para cada adjudicación, valor y proporción de los contratos que se prevea subcontratar a terceros.

15. Información sobre si el contrato está relacionado con un proyecto o programa financiado con fondos de la Unión.

16. Nombre y dirección del órgano responsable de los procedimientos de recurso y, en su caso, de mediación. Indicación del plazo de presentación de recursos o, en caso necesario, el nombre, la dirección, los números de teléfono y de fax y la dirección electrónica del servicio del que pueda obtenerse dicha información.

17. Fechas y referencias de publicaciones anteriores en el «Diario Oficial de la Unión Europea» relevantes para el contrato o los contratos que se den a conocer en el anuncio.

18. Fecha de envío del anuncio.

19. Si procede, otras informaciones.

Sección 7. Información que debe figurar en el anuncio de formalización de los contratos de servicios sociales y otros servicios específicos:

1. Nombre, número de identificación (cuando esté previsto en la legislación nacional), dirección, incluido código NUTS, dirección electrónica y de internet del poder adjudicador.

2. Breve descripción del contrato de que se trate, incluidos el número o números de referencia de la nomenclatura CPV.

3. Código NUTS del emplazamiento principal de las obras, en el caso de los contratos de obras, o código NUTS del lugar principal de entrega o ejecución, en los contratos de suministro y de servicios.

4. Número de ofertas recibidas.

5. Precio o gama de precios (mínimo/máximo) pagados.

6. Para cada adjudicación, nombre y dirección, incluido código NUTS, NIF, dirección electrónica y de internet del operador u operadores económicos adjudicatarios.

7. Si procede, otras informaciones.

Sección 8. Información que debe figurar en los anuncios de concursos de proyectos:

1. Nombre, número de identificación, dirección, incluido código NUTS, número de teléfono y de fax, y dirección electrónica y de internet del poder adjudicador y, en caso de ser diferente, del servicio del que pueda obtenerse información complementaria.

2. Dirección electrónica o de internet en la que estarán disponibles los pliegos de la contratación para un acceso libre, directo, completo y gratuito.

Cuando no se disponga de un acceso libre, directo, completo y gratuito por los motivos contemplados en el artículo 138, una indicación sobre el modo de acceso a los pliegos de la contratación.

3. Tipo de poder adjudicador y principal actividad ejercida.

4. Cuando proceda, indicación de si el poder adjudicador es una central de compras o de si se va a utilizar alguna otra forma de contratación conjunta.

5. Códigos CPV cuando la concesión esté dividida en lotes, esta información se facilitará para cada lote.

6. Descripción de las principales características del proyecto.

7. Si procede, número e importe de los premios.

8. Tipo de concurso (abierto o restringido).

9. Cuando se trate de concursos abiertos, plazo para la presentación de proyectos.

10. Cuando se trate de concursos restringidos:

a) Número de participantes considerado;

b) Nombres de los participantes ya seleccionados, en su caso;

c) Criterios de selección de los participantes;

d) Plazo para las solicitudes de participación.

11. En su caso, indicación de si la participación está restringida a una profesión específica.

12. Criterios que se aplicarán para valorar los proyectos.

13. Indicación de si la decisión del jurado es vinculante para el poder adjudicador.

14. Si procede, posibles pagos a todos los participantes.

15. Se indicará si los contratos subsiguientes al concurso serán o no adjudicados al ganador o a los ganadores de dicho concurso.

16. Fecha de envío del anuncio.

17. Si procede, otras informaciones.

Sección 9. Información que debe figurar en los anuncios sobre los resultados de un concurso de proyectos:

1. Nombre, número de identificación, dirección, incluido código NUTS, número de teléfono y de fax, y dirección electrónica y de internet del poder adjudicador y, en caso de ser diferente, del servicio del que pueda obtenerse información complementaria.

2. Tipo de poder adjudicador y principal actividad ejercida.

3. Cuando proceda, indicación de si el poder adjudicador es una central de compras o de si se va a utilizar alguna otra forma de contratación conjunta.

4. Códigos CPV.

5. Descripción de las principales características del proyecto.

6. Importe de los premios.

7. Tipo de concurso (abierto o restringido).

8. Criterios que se aplicaron para valorar los proyectos.

9. Fecha de la decisión del jurado.

10. Número de participantes.

a) Número de participantes que sean PYME.

b) Número de participantes extranjeros.

11. Nombre, dirección, incluido código NUTS, NIF, número de teléfono y de fax, y dirección electrónica y de internet del ganador o los ganadores del concurso e indicación de si se trata de pequeñas y medianas empresas.

12. Información sobre si el concurso de proyectos está relacionado con un proyecto o programa financiado con fondos de la Unión Europea.

13. Fechas y referencias de publicaciones anteriores en el «Diario Oficial de la Unión Europea» relevantes para el proyecto o los proyectos que se den a conocer en el anuncio.

14. Fecha de envío del anuncio.

15. Si procede, otras informaciones.

Sección 10. Información que debe figurar en los anuncios de modificación de un contrato durante su vigencia:

1. Nombre, número de identificación, dirección, incluido código NUTS, número de teléfono y de fax, y dirección electrónica y de internet del poder adjudicador y, en caso de ser diferente, del servicio del que pueda obtenerse información complementaria.

2. Códigos CPV.

3. Código NUTS del emplazamiento principal de las obras, en el caso de los contratos de obras, o código NUTS del lugar principal de entrega o de ejecución en los contratos de suministro y de servicios.

4. Descripción de la contratación antes y después de la modificación: naturaleza y alcance de las obras, naturaleza y cantidad o valor de los suministros, naturaleza y alcance de los servicios.

5. Cuando proceda, incremento de precio causado por la modificación.

6. Descripción de las circunstancias que han hecho necesaria la modificación.

7. Fecha de adjudicación del contrato.

8. Cuando proceda, nombre y dirección, incluido código NUTS, NIF, número de teléfono y fax, dirección electrónica y de internet del nuevo operador u operadores económicos.

9. Información sobre si el contrato está relacionado con un proyecto o programa financiado con fondos de la Unión.

10. Nombre y dirección del organismo de supervisión y del órgano responsable de los procedimientos de recurso y, en su caso, de mediación. Indicación del plazo de presentación de recursos o, en caso necesario, el nombre, la dirección, los números de teléfono y de fax y la dirección electrónica del servicio del que pueda obtenerse dicha información.

11. Fechas y referencias de publicaciones anteriores en el «Diario Oficial de la Unión Europea» relevantes para el contrato o los contratos que se den a conocer en el anuncio.

12. Fecha de envío del anuncio.

13. Si procede, otras informaciones.

B) Información que debe figurar en los anuncios de licitación, formalización y modificación de contratos de concesión de obras y concesión de servicios.

Sección 1. Información que debe figurar en los anuncios de licitación de los contratos de concesión de obras y de concesión de servicios:

1. Nombre, número de identificación (cuando esté previsto en la legislación nacional), dirección (incluido el código NUTS), número de teléfono y de fax, y dirección electrónica y de internet del poder adjudicador o de la entidad adjudicadora y, en caso de ser diferente, del servicio del que pueda obtenerse información complementaria.

2. Tipo de poder adjudicador o entidad adjudicadora y principal actividad desarrollada.

3. Si las solicitudes van a ir acompañadas de ofertas, dirección electrónica y de internet donde pueden consultarse con un acceso directo, completo, gratuito y sin restricciones, los documentos de concesión. Cuando no se disponga de un acceso directo, completo, gratuito y sin restricciones en los casos contemplados en el artículo 138, una indicación sobre el modo de consulta de la documentación de la contratación.

4. Descripción de la concesión: naturaleza y magnitud de las obras, naturaleza y magnitud de los servicios, orden de magnitud o valor indicativo y, si es posible, duración del contrato. Cuando la concesión esté dividida en lotes, esta información se facilitará para cada lote. Si procede, descripción de posibles variantes.

5. Número(s) de referencia de la nomenclatura del CPV. Cuando la concesión esté dividida en lotes, esta información se facilitará para cada lote.

6. Código NUTS del emplazamiento principal de las obras, en el caso de concesiones de obras, o del lugar principal de prestación, tratándose de concesiones de servicios; cuando la concesión esté dividida en lotes, esta información se facilitará para cada lote.

7. Condiciones de participación, entre ellas:

a) Si procede, indicación de si la concesión está restringida a talleres protegidos o si su ejecución está restringida al marco de programas de protección de empleo;

b) Si procede, indicación de si la prestación del servicio está reservada, con arreglo a disposiciones legales, reglamentarias y administrativas, a una determinada profesión; referencia de dicha disposición legal, reglamentaria o administrativa;

c) Lista y descripción breve de los criterios de selección, si procede; nivel o niveles mínimos que pueden exigirse; indicación de la información exigida (declaraciones de los interesados, documentación).

8. Fecha límite de presentación de las solicitudes o de recepción de las ofertas.

9. Criterios que se aplicarán en la adjudicación de la concesión, cuando no aparezcan en otros documentos relativos a la concesión.

10. Fecha de envío del anuncio.

11. Nombre y dirección del órgano competente para los procedimientos de recurso y, si procede, de mediación. Indicación precisa del plazo de presentación de recursos o, en caso necesario, el nombre, dirección, números de teléfono y de fax y dirección electrónica del servicio del que pueda obtenerse dicha información.

12. Si procede, condiciones particulares a las que está sometida la ejecución de la concesión.

13. Dirección a la que deban enviarse las solicitudes de participación o las ofertas.

14. Si procede, indicación de las condiciones y requisitos relativos al uso de medios electrónicos de comunicación.

15. Información de si la concesión guarda relación con un proyecto o programa financiado por la Unión Europea.

16. Para las concesiones de obras, indicar si la concesión está cubierta por el ACP.

Sección 2. Información que debe figurar en los anuncios de formalización de los contratos de concesión de obras y de concesión de servicios cuando no proceda la aplicación de la sección 5 siguiente:

1. Nombre, número de identificación, dirección (incluido el código NUTS) y, si procede, número de teléfono y de fax, y dirección electrónica y de internet del poder adjudicador o de la entidad adjudicadora y, en caso de ser diferente, del servicio del que pueda obtenerse información complementaria.

2. Tipo de poder adjudicador o entidad adjudicadora y principal actividad desarrollada.

3. Códigos CPV.

4. Código NUTS del emplazamiento principal de las obras, en el caso de concesiones de obras, o del lugar principal de prestación, tratándose de concesiones de servicios.

5. Descripción de la concesión: naturaleza y magnitud de las obras, naturaleza y magnitud de los servicios, duración del contrato. Cuando la concesión esté dividida en lotes, esta información se facilitará para cada lote. Si procede, descripción de posibles variantes.

6. Descripción del procedimiento de adjudicación utilizado; en caso de adjudicación sin publicación previa, justificación de la misma.

7. Criterios previstos en el artículo 145 que se utilizarán para la adjudicación de la concesión o concesiones.

8. Fecha de la decisión o decisiones de adjudicación de las concesiones.

9. Número de ofertas recibidas para cada adjudicación, especificando:

a) El número de ofertas recibidas de operadores económicos que son pequeñas y medianas empresas;

b) El número de ofertas recibidas del extranjero;

c) El número de ofertas recibidas por vía electrónica.

10. Para cada adjudicación, nombre, dirección (incluido el código NUTS), NIF, y, si procede, número de teléfono y de fax, y dirección electrónica y de internet del licitador o licitadores seleccionados, especificando:

a) Si el licitador adjudicatario es una pequeña y mediana empresa;

b) Si la concesión se ha adjudicado a un consorcio.

11. Valor y principales condiciones económicas de la concesión adjudicada, en particular:

a) Honorarios, precios y multas de haberlas;

b) Primas y pagos de haberlos;

c) Cualesquiera otros detalles pertinentes para el valor de la concesión conforme a lo establecido en el apartado 3 del artículo 101.

12. Información de si la concesión guarda relación con un proyecto o programa financiado por fondos de la Unión.

13. Nombre y dirección del órgano responsable de los procedimientos de recurso y, si procede, de mediación. Indicación precisa del plazo de presentación de recursos o, en caso necesario, el nombre, dirección, números de teléfono y de fax y dirección electrónica del servicio del que pueda obtenerse dicha información.

14. Fechas y referencias de anteriores publicaciones en el «Diario Oficial de la Unión Europea» que guarden relación con la concesión o concesiones objeto del anuncio.

15. Fecha de envío del anuncio.

16. Método utilizado para calcular el valor estimado de la concesión, si no se especifica en otros documentos relativos a la concesión de conformidad con el artículo 101.

17. Si procede, otras informaciones.

Sección 3. Información que debe figurar en los anuncios de información previa de concesiones de servicios especiales del anexo IV:

1. Nombre, número de identificación, dirección (incluido el código NUTS), número de teléfono y de fax, y dirección electrónica y de internet del poder adjudicador o la entidad adjudicadora y, en caso de ser diferente, del servicio del que pueda obtenerse información complementaria.

2. Si procede, dirección electrónica o de internet donde estarán disponibles las especificaciones y posibles documentos adicionales.

3. Tipo de poder adjudicador o entidad adjudicadora y principal actividad desarrollada.

4. Códigos CPV; cuando la concesión esté dividida en lotes, esta información se facilitará para cada lote.

5. Código NUTS del emplazamiento principal de realización o prestación de las concesiones de servicios.

6. Descripción de los servicios, orden indicativo de magnitud o valor.

7. Condiciones de participación.

8. Si procede, plazo(s) para ponerse en contacto con el poder adjudicador o la entidad adjudicadora, con vistas a participar.

9. Si procede, descripción breve de las principales características del procedimiento de adjudicación.

10. Si procede, otras informaciones.

Sección 4. Información que debe figurar en los anuncios de modificación de los contratos de concesión de obras y de concesión de servicios:

1. Nombre, número de identificación (cuando esté previsto en la legislación nacional), dirección (incluido el código NUTS), número de teléfono y de fax, y dirección electrónica y de internet del poder adjudicador o de la entidad adjudicadora y, en caso de ser diferente, del servicio del que pueda obtenerse información complementaria.

2. Códigos CPV.

3. Código NUTS del emplazamiento principal de las obras, tratándose de concesiones de obras, o código NUTS del lugar principal de prestación, tratándose de concesiones de servicios.

4. Descripción de la concesión antes y después de la modificación: naturaleza y magnitud de las obras, naturaleza y magnitud de los servicios.

5. Si procede, modificación del valor de la concesión, incluido el incremento de honorarios o precios causado por la modificación.

6. Descripción de las circunstancias que han hecho necesaria la modificación.

7. Fecha de adjudicación de la concesión.

8. Si procede, nombre y dirección (incluido el código NUTS), NIF, número de teléfono y de fax y dirección electrónica y de internet del nuevo operador u operadores económicos.

9. Información de si la concesión guarda relación con un proyecto o programa financiado por fondos de la Unión.

10. Nombre y dirección del órgano responsable de los procedimientos de recurso y, si procede, de mediación. Indicación precisa del plazo de presentación de recursos o, en caso necesario, el nombre, dirección, números de teléfono y de fax y dirección electrónica del servicio del que pueda obtenerse dicha información.

11. Fechas y referencias de anteriores publicaciones en el «Diario Oficial de la Unión Europea» que guarden relación con la concesión o concesiones objeto del anuncio.

12. Fecha de envío del anuncio.

13. Si procede, otras informaciones.

Sección 5. Información que debe figurar en los anuncios de formalización de concesiones de servicios sociales del Anexo IV:

1. Nombre, número de identificación (cuando esté previsto en la legislación nacional), dirección (incluido el código NUTS), si procede, número de teléfono y de fax, y dirección electrónica y de internet del poder adjudicador o de la entidad adjudicadora y, en caso de ser diferente, del servicio del que pueda obtenerse información complementaria.

2. Tipo de poder adjudicador o entidad adjudicadora y principal actividad desarrollada.

3. Códigos CPV; cuando la concesión esté dividida en lotes, esta información se facilitará para cada lote.

4. Indicación resumida del objeto de la concesión.

5. Número de ofertas recibidas.

6. Valor de la oferta adjudicada, incluidos honorarios y precios.

7. Nombre y dirección (incluido el código NUTS), número de teléfono y de fax, dirección electrónica y de internet del licitador o licitadores seleccionados.

8. Si procede, otras informaciones.

ANEXO IV

Servicios especiales a que se refieren los artículos 22.1.C), 135.5 Y la
disposición adicional trigésima sexta

Código CPV	Descripción
75200000-8; 75231200-6; 75231240-8; 79611000-0; 79622000-0 [Servicios de suministro de personal doméstico] 79624000-4 [Servicios de suministro de personal de enfermería] y 79625000-1 [Servicios de suministro de personal médico] de 85000000-9 a 85323000-9; 98133100-5, 98133000-4; 98200000-5; 98500000-8 [Casas particulares con personas empleadas] y 98513000-2 a 98514000-9 [Servicios de mano de obra para particulares, Servicios de personal de agencia para particulares, Servicios de personal administrativo para particulares, Personal temporal para particulares, Servicios de ayuda en tareas domésticas y Servicios domésticos].	Servicios sociales y de salud y servicios conexos.
85321000-5 y 85322000-2, 75000000-6 [Servicios de administración pública, defensa y servicios de seguridad social], 75121000-0, 75122000-7, 75124000-1; de 79995000-5 a 79995200-7; de 80000000-4 Servicios educativos y de formación a 80660000-8; de 92000000-1 a 92342200-2; de 92360000-2 a 92700000-8; 79950000-8 [Servicios de organización de exposiciones, ferias y congresos], 79951000-5 [Servicios de organización de seminarios], 79952000-2 [Servicios de eventos], 79952100-3 [Servicios de organización de eventos culturales], 79953000-9 [Servicios de organización de festivales], 79954000-6 [Servicios de organización de fiestas], 79955000-3 [Servicios de organización de desfiles de modas], 79956000-0 [Servicios de organización de ferias y exposiciones].	Servicios administrativos sociales, educativos, sanitarios y culturales.
75300000-9.	Servicios de seguridad social de afiliación obligatoria.
75310000-2, 75311000-9, 75312000-6, 75313000-3, 75313100-4, 75314000-0, 75320000-5, 75330000-8, 75340000-1.	Servicios de prestaciones sociales.
98000000-3; 98120000-0; 98132000-7; 98133110-8 y 98130000-3.	Otros servicios comunitarios, sociales y personales, incluidos los servicios prestados por sindicatos, organizaciones políticas, asociaciones juveniles y otros servicios prestados por asociaciones.
98131000-0.	Servicios religiosos.
55100000-1 a 55410000-7; 55521000-8 a 55521200-0 [55521000-8 Servicios de suministro de comidas para hogares, 55521100-9 Servicios de entrega de	Servicios de hostelería y restaurante.

Código CPV	Descripción

comidas a domicilio, 55521200-0 Servicios de entrega de comidas].

55520000-1 Servicios de suministro de comidas desde el exterior, 55522000-5 Servicios de suministro de comidas para empresas de transporte, 55523000-2 Servicios de suministro de comidas para otras empresas e instituciones, 55524000-9 Servicios de suministro de comidas para escuelas.

55510000-8 Servicios de cantina, 55511000-5 Servicios de cantina y otros servicios de cafetería para clientela restringida, 55512000-2 Servicios de gestión de cantina, 55523100-3 Servicios de comidas para escuelas.

79100000-5 a 79140000-7; 75231100-5.	Servicios jurídicos distintos de los referidos en el artículo 19.2.d).
75100000-7 a 75120000-3; 75123000-4; 75125000-8 a 75131000-3.	Otros servicios administrativos y servicios gubernamentales.
75200000-8 a 75231000-4.	Prestación de servicios para la comunidad.
75231210-9 a 75231230-5; 75240000-0 a 75252000-7; 794300000-7; 98113100-9.	Servicios relacionados con las prisiones, servicios de seguridad pública y servicios de salvamento distintos de los referidos en el artículo 19.2.f).
79700000-1 a 79721000-4 [Servicios de investigación y seguridad, Servicios de seguridad, Servicios de vigilancia de sistemas de alarma, Servicios de vigilancia, Servicios relacionados con el sistema de localización, Servicios de búsqueda de prófugos, Servicios de patrullas, Servicios de expedición de distintivos de identificación, Servicios de investigación y Servicios de agencia de detectives] 79722000-1 [Servicios de grafología], 79723000-8 [Servicios de análisis de residuos].	Servicios de investigación y seguridad.
98900000-2 [Servicios prestados por organizaciones y entidades extraterritoriales] y 98910000-5 [Servicios específicos de organizaciones y entidades extraterritoriales].	Servicios internacionales.
64000000-6 [Servicios de correos y telecomunicaciones], 64100000-7 [Servicios postales y de correo rápido], 64110000-0 [Servicios postales], 64111000-7 [Servicios postales relacionados con periódicos y revistas], 64112000-4 [Servicios postales relacionados con cartas], 64113000-1 [Servicios postales relacionados con paquetes], 64114000-8 [Servicios de ventanilla de correos], 64115000-5 [Alquiler de apartados de correos], 64116000-2 [Servicios de lista de correos], 64122000-7 [Servicios de correo interno].	Servicios de correos.
50116510-9 [Servicios de recauchutado de neumáticos], 71550000-8 [Servicios de herrería].	Servicios diversos.

427

ANEXO V

Listado de convenios internacionales en el ámbito social y medioambiental a que se refiere el artículo 201

– Convenio OIT n.º 87, sobre la libertad sindical y la protección del derecho de sindicación,

– Convenio OIT n.º 98, sobre el derecho de sindicación y de negociación colectiva,

– Convenio OIT n.º 29, sobre el trabajo forzoso,

– Convenio OIT n.º 105, sobre la abolición del trabajo forzoso,

– Convenio OIT n.º 138, sobre la edad mínima,

– Convenio OIT n.º 111, sobre la discriminación (empleo y ocupación),

– Convenio OIT n.º 100, sobre igualdad de remuneración,

– Convenio OIT n.º 182, sobre las peores formas de trabajo infantil,

– Convenio de Viena para la protección de la capa de ozono y su Protocolo de Montreal relativo a las sustancias que agotan la capa de ozono,

– Convenio para el control de la eliminación y el transporte transfronterizo de residuos peligrosos (Convenio de Basilea),

– Convenio de Estocolmo sobre contaminantes orgánicos persistentes (COP),

– Convenio de Rotterdam sobre el procedimiento de consentimiento fundamentado previo aplicable a ciertos plaguicidas y productos químicos peligrosos objeto de comercio internacional (PNUMA/FAO) (Convenio PIC), Rotterdam, 10 de septiembre de 1998, y sus tres Protocolos regionales.

ANEXO VI

Códigos CPV de los servicios y suministros a los que se refiere la disposición adicional cuarta relativa a los contratos reservados

Servicios de limpieza:

90610000-6, 90611000-3, 77211500-7, 77310000-6, 77311000-3, 77313000-7, 77314000-4, 90917000-8, 77211400-6, 90910000-9, 90911300-9, 90919200-4, 90690000-0.

Servicio de recogida y reciclaje:

90511300-5, 90511400-6, 90531000-8.

Servicios forestales:

77200000-2, 77231000-8, 77231800-6, 77312000-0, 77312100-1, 79930000-2.

Servicios de lavandería:

98311100-7, 98311200-8, 98312100-4, 98314000-7, 98315000-4, 98311000-6.

Servicio de hostelería y catering:

79952000-2, 55130000-0, 79952100-3, 55120000-7, 79950000-8, 55512000-2, 55330000-2, 55400000-4, 55410000-7.

Servicios de transporte:

60112000-6.

Servicios de imprenta:

79824000-6, 79821000-5, 79820000-8, 79800000-2, 79810000-5, 79823000-9, 79971000-1, 79971200-3, 79971100-2.

Servicios sociales:

85320000-8, 85312000-9, 85300000-2, 85310000-5.

Servicios de almacenamiento y reparto:

63100000-0, 63120000-6, 63121100-4.

Servicios de hospedaje y turismo rural:

63500000-4, 75125000-8.

Servicios de trabajos administrativos:

92500000-6, 92510000-9, 92511000-6, 92512000-3, 79500000-9, 98341120-2, 98341130-5, 79511000-9, 92520000-2, 92521000-9, 92521100-0, 72312000-5.

Servicios de gestión y trabajos auxiliares:

45233294-6, 45316000-5, 79993100-2, 79993000-1.

Servicios de correo y publicidad:

79571000-7, 79340000-9, 79341000-6, 64121100-1, 64121200-2, 79520000-5, 79920000-9, 79921000-6.

Servicios de mantenimiento y reparación:

45422000-1, 45420000-7, 50850000-8, 45262500-6, 45262520-2, 50000000-5, 71314100-3, 45330000-9, 45442100-8, 50232200-2, 45262680-1, 45259000-7, 50115000-4.

Producción y venta de plantas de temporada, de compost, de planta y arbusto, de mobiliario de jardín…

03121100-6, 03451300-9, 39142000-9, 03110000-5.

Producción y venta de jabones de mano:

33711900-6, 33741100-7, 39831700-3.

Producción y venta de herramientas de cocina de madera:

39220000-0, 44410000-7, 39221100-8, 39221180-2, 39141000-2.

Producción y venta de mobiliario de carpintería:

39100000-3, 03419100-1, 37800000-6, 37810000-9.

Venta y distribución:

30199000-0, 39000000-2.

Artículos para eventos:

18530000-3.

Regalos y obsequios de empresa:

39516000-2, 39295500-1, 39561140-5, 39200000-4, 39290000-1, 39170000-4, 44111300-4, 39298900-6, 44812400-9.

ÍNDICE ANALÍTICO

ACUERDOS MARCO
Importe del contrato: artículo 76.8
Funcionalidad y límites: artículo 219
Procedimiento de celebración de acuerdos marco: artículo 220
Adjudicación de contratos basados en un acuerdo marco: artículo 221
Modificación de los acuerdos marco y de los contratos basados en un acuerdo marco: artículo 222

ADJUDICACIÓN DEFINITIVA
Normas generales: artículos 131 a 155
Clasificación de las ofertas y adjudicación: artÍculo 150
Resolución y notificación: artículo 151

ADMINISTRACIÓN GENERAL DEL ESTADO
Administración Pública: artículo 3

ÁMBITO OBJETIVO DE LA LCSP
Contratos del sector público: artículos 12 a 18 y 24
Contratos privados: artículo 26
Contratos administrativos: artículo 25
Contratos sujetos a regulación armonizada: artículos19 a 23
Negocios y contratos excluidos: artículos 4 a 11

ÁMBITO SUBJETIVO DE LA LCSP:
Ámbito subjetivo: artículo 3

ANUNCIO DE LICITACIÓN
Artículo 135
ARBITRAJE Y CONCILIACIÓN
Excluidos de la Ley: artículo 11.3

ASOCIACIÓN PARA LA INNOVACIÓN
Artículos 177 a 182

CAPACIDAD PARA CONTRATAR
Personas jurídicas: artículo 66.
Empresas comunitarias: artículo 67.
Empresas no comunitarias: artículo 68.
Uniones de empresarios: artículo 69.
Condiciones especiales de compatibilidad: artículo 70.

CENTRALES DE CONTRATACIÓN
Funcionalidad y principios de actuación: artículo 227
Creación por Comunidades Autónomas u

Entidades Locales: artículo 228
Contratación centralizada estatal: artículos 229 y 230

CESIÓN DE CONTRATOS
Requisitos: artículo 214

CICLO DE VIDA DEL CONTRATO
Artículo 148

CLASIFICACIÓN
Exigencia y efectos de la clasificación: artículo 77
Exención de la exigencia de clasificación: artículo 78
Criterios aplicables y condiciones para la clasificación: artículo 79
Acuerdos o decisiones de clasificación: competencia, eficacia, recurso y clasificaciones divergentes: artículo 80
Inscripción registral de la clasificación: artículo 81
Plazo de vigencia y revisión de las clasificaciones: artículo 82
Comprobación de los elementos de la clasificación: artículo 83

COMUNICACIÓN A LOS CANDIDATOS Y A LOS LICITADORES
Artículo 155

CONCURSOS DE PROYECTOS
Ámbito de aplicación: artículo 183
Bases del concurso: artículo 184
Participantes: artículo 185
Publicidad: artículo 186
Jurado y decisión del concurso: artículo 187

CONDICIONES ESPECIALES DE EJECUCIÓN DEL CONTRATO
Condiciones especiales de ejecución del contrato de carácter social, ético, medioambiental o de otro orden: artículo 202

CONFIDENCIALIDAD
Obligación de la Administración: artículo 133

CONSORCIOS
Sector público: artículo 3.1.*e)*
Competencias en materia de contratación en las Entidades Locales: D.A.2ª
CONTENIDO MÍNIMO:
Artículo 35

CONTRATOS ADMINISTRATIVOS
Artículo 25

**CONTRATACIÓN EN EL
EXTRANJERO**
Régimen aplicable: D. A. 1ª

**CONTRATO DE CONCESIÓN DE
OBRAS PÚBLICAS**
Estudio de viabilidad: artículo 247
Anteproyecto de construcción y explotación
de las obras: artículo 248
Proyecto de las obras y replanteo de este:
artículo 249
Pliegos de cláusulas administrativas
particulares: artículo 250
Efectos, cumplimiento y extinción de las
concesiones
Efectos, cumplimiento y extinción: artículo
251
Construcción de las obras objeto de
concesión
Modalidades de ejecución de las obras:
artículo 252
Responsabilidad en la ejecución de las obras
por terceros: artículo 253
Principio de riesgo y ventura en la ejecución
de las obras: artículo 254
Modificación del proyecto: artículo 255
Comprobación de las obras: artículo 256
Derechos del concesionario: artículo 257
Obligaciones del concesionario: artículo 258
Uso y conservación de las obras: artículo 259
Zonas complementarias de explotación
comercial: artículo 260
Prerrogativas y derechos de la administración:
artículo 261
Modificación de las obras: artículo 262
Secuestro o intervención de la concesión:
artículo 263
Penalidades por incumplimiento del
concesionario: artículo 264
Financiación de las obras: artículo 265
Aportaciones públicas a la construcción y
garantías a la financiación: artículo 266
Retribución por la utilización de las obras:
artículo 267
Aportaciones públicas a la explotación:
artículo 268
Obras diferenciadas: artículo 269
Mantenimiento del equilibrio económico del
contrato: artículo 270
Emisión de obligaciones y otros títulos:
artículo 271
Incorporación a títulos negociables de los
derechos de crédito del concesionario: artículo
272
Objeto de la hipoteca de la concesión y
pignoración de derechos: artículo 273

Derechos del acreedor hipotecario: artículo
274
Ejecución de la hipoteca: artículo 275
Derechos de titulares de cargas inscritas o
anotadas sobre la concesión para el caso de
resolución concesional artículo 276
Créditos participativos: artículo 277
Prórroga del plazo de las concesiones y
extinción de la concesión por transcurso del
plazo: artículo 278
Causas de resolución: artículo 279
Efectos de la resolución: artículo 280
Nuevo proceso de adjudicación en concesión
de obras en los casos en los que la resolución
obedezca a causas no imputables a la
administración: artículo 281
Determinación del tipo de licitación de la
concesión de obras en los casos en los que la
resolución obedezca a causas no imputables a
la administración: artículo 282
Destino de las obras a la extinción de la
concesión: artículo 283

**CONTRATO DE CONCESIÓN DE
SERVICIOS PÚBLICOS**
Calificación: artículos 12 y 15
Ámbito del contrato de concesión de
servicios: artículo 284
Pliegos y anteproyecto de obra y explotación:
artículo 285
Efectos, cumplimiento y extinción: artículo
286
Ejecución del contrato de concesión de
servicios: artículo 287
Obligaciones generales: artículo 288
Prestaciones económicas: artículo 289
Modificación del contrato y mantenimiento de
su equilibrio económico: artículo 290
Reversión: artículo 291
Falta de entrega de contraprestaciones
económicas y medios auxiliares: artículo 292
Incumplimiento del concesionario: artículo
293
Causas de resolución: artículo 294
Efectos de la resolución: artículo 295
Subcontratación: artículo 296
Regulación supletoria: artículo 297

CONTRATOS MENORES
Expediente de contratación: artículo 118

CONTRATOS MIXTOS
Calificación: artículo 18

CONTRATO DE OBRAS
Calificación: artículo 12 y 13
Proyecto de obras: artículo 231
Clasificación de las obras: artículo 232
Contenido de los proyectos y responsabilidad

derivada de su elaboración: artículo 233
Presentación del proyecto por el empresario:
artículo 234
Supervisión de proyectos: artículo 235
Replanteo del proyecto: artículo 236
Comprobación del replanteo: artículo 237
Ejecución de las obras y responsabilidad del
contratista: artículo 238
Fuerza mayor: artículo 239
Certificaciones y abonos a cuenta: artículo 240
Obras a tanto alzado y obras con precio
cerrado: artículo 241
Modificación del contrato de obras: artículo
242
Recepción y plazo de garantía: artículo 243
Responsabilidad por vicios ocultos artículo
244
Causas de resolución: artículo 245
Efectos de la resolución: artículo 246

CONTRATO DE SERVICIOS
Contenido y límites: artículo 308
Determinación del precio: artículo 309
Régimen de contratación para actividades
docentes: artículo 310
Ejecución, responsabilidad del contratista y
cumplimiento de los contratos de servicios:
artículo 311
Especialidades de los contratos de servicios
que conlleven prestaciones directas a favor de
la ciudadanía: artículo 312
Causas y efectos de la resolución: artículo 313
Subsanación de errores y corrección de
deficiencias: artículo 314
Indemnizaciones por desviaciones en la
ejecución de obras y responsabilidad por
defectos o errores del proyecto: artículo 315

CONTRATO DE SUMINISTRO
Arrendamiento: artículo 298
Contratos de fabricación: artículo 299
Entrega y recepción: artículo 300
Pago del precio: artículo 301
Pago en metálico y en otros bienes: artículo
302
Facultades de la administración en el proceso
de fabricación: artículo 303
Gastos de entrega y recepción: artículo 304
Vicios o defectos durante el plazo de garantía:
artículo 305
Causas de resolución: artículo 306
Efectos de la resolución: artículo 307

CONTRATOS PRIVADOS
Art. 26

CONTRATOS RESERVADOS
Por razones sociales: D. A. 4ª
Regulación: D.A. 37ª

**CONTRATOS SUJETOS A
REGULACIÓN ARMONIZADA**
Artículos 19 a 23

CONVENIOS DE COLABORACIÓN
Negocios excluídos: artículo 6
Potestad de auto organización y sistemas de
cooperación pública vertical y horizontal:
artículo 31

CORRUPCIÓN
Artículo 64

CRITERIOS DE ADJUDICACIÓN
Requisitos y clases de criterios de adjudicación
del contrato: artículo 145
Aplicación de los criterios de adjudicación:
artículo 146

CRITERIOS DE DESEMPATE
Artículo 147

CUMPLIMIENTO DEL CONTRATO
Artículo 210
DAÑOS Y PERJUICIOS
Artículo 194: daños y perjuicios
Artículo 196: indemnización.

DECLARACIÓN RESPONSABLE
Declaración responsable y otra
documentación: artículo 141

DEMORA EN LA EJECUCIÓN
Artículo 193

**DESISTIMIENTO DEL
PROCEDIMIENTO DE
ADJUDICACIÓN**
Requisitos: artículo 152

DIÁLOGO COMPETITIVO
Artículos 172 a 176

EMERGENCIA
Tramitación: artículo 120

ENCOMIENDAS DE GESTIÓN
Negocios excluídos: artículo 6

**ENTIDADES GESTORAS Y
SERVICIOS COMUNES DE LA
SEGURIDAD SOCIAL**
Administración Pública: artículo 3.1.b)

ENTIDADES LOCALES
Normativa aplicable: D. A. 2ª y 3ª
Sector público: artículo 3.1.*a)*

ENTIDADES PÚBLICAS EMPRESARIALES
Sector público: artículo 3.1.*g)*

ENTIDADES DEL SECTOR PÚBLICO QUE NO SON PODERES ADJUDICADORES.
Artículos 321 y 322.

EXPEDIENTE DE CONTRATACIÓN.
Iniciación y contenido: artículo 116
Aprobación: artículo 117

EXTINCIÓN
Artículo 209

FACTURA ELECTRÓNICA
Presentación: D. F. 32ª

FORMALIZACIÓN DEL CONTRATO
Formalización de los contratos: artículo 153
Anuncio de formalización de los contratos: artículo 154

FRACCIONAMIENTO DEL OBJETO DEL CONTRATO
Artículo 99

FUERZA MAYOR
Artículo 239
GARANTÍA DEFINITIVA
Artículos 107 a 114.

GARANTÍA PROVISIONAL
Exigencia y régimen: artículo 106

IMPUESTO SOBRE EL VALOR AÑADIDO
Referencias: D. A. 13ª

INCUMPLIMIENTO PARCIAL O CUMPLIMIENTO DEFECTUOSO
Artículo 192

INFORMES
Informes específicos sobre los procedimientos para la adjudicación de los contratos: artículo 336.

INSTRUCCIONES INTERNAS DE CONTRATACIÓN
D. T. 5ª

JUNTA CONSULTIVA DE CONTRATACIÓN ADMINISTRATIVA
Artículo 328

JURISDICCIÓN COMPETENTE
En general: artículo 27

LIBERTAD DE PACTOS
Límites: artículo 34

LIBRE COMPETENCIA
Principio de la contratación: artículos 1 y 132
LOTES
Artículo 99

LUGAR DE CELEBRACIÓN DEL CONTRATO
Contratación en el extranjero: D. A. 1ª

MESAS DE CONTRATACIÓN
Regulación y composición: artículo 326

MODIFICACIÓN DE LOS CONTRATOS
Potestad de modificación del contrato: artículo 203.
Modificaciones previstas en el pliego de cláusulas administrativas particulares: artículo 204.
Modificaciones no previstas en el pliego de cláusulas administrativas particulares: Prestaciones adicionales, circunstancias imprevisibles y modificaciones no sustanciales: artículo 205.
Obligatoriedad de las modificaciones del contrato: artículo 206.
Especialidades procedimentales: artículo 207.

NECESIDAD DEL CONTRATO
Necesidad e idoneidad del contrato y eficiencia en la contratación: artículo 28

NEGOCIOS Y CONTRATOS EXCLUIDOS
Artículos 4 a 11
NULIDAD DE LOS CONTRATOS
Causas de nulidad de derecho administrativo: artículo 39
Efectos de la declaración de nulidad y efectos en supuestos de anulabilidad: artículo 42

OBLIGACIONES EN MATERIA DE MEDIOAMBIENTE, SOCIAL O LABORAL
Artículo 201

OBJETO DEL CONTRATO
Artículo 99

OFERTAS ANORMALMENTE BAJAS
Artículo 149

ÓRGANOS CONSTITUCIONALES
Régimen de contratación de los órganos constitucionales del Estado y de los órganos legislativos y de control autonómicos: DA. 44ª

ÓRGANOS DE CONTRATACIÓN
Competencia para contratar: artículo 61
Responsable del contrato: artículo 62
Perfil de contratante: artículo 63
Desconcentración: artículo 325
Órganos estatales: artículo 323
Autorización para contratar: artículo 324
En las Entidades locales: D. A. 2ª

ÓRGANOS DE ASISTENCIA
Mesas de contratación: artículo 326
Mesa especial del diálogo competitivo o del procedimiento de asociación para la innovación: artículo 327

ÓRGANOS CONSULTIVOS
Junta Consultiva de Contratación Pública del Estado: artículo 328
Comité de cooperación en materia de contratación pública: artículo 329
Órganos consultivos en materia de contratación pública de las Comunidades Autónomas y de las Ciudades Autónomas de Ceuta y Melilla: artículo 330
Aportación de información por las Comunidades Autónomas y de las Ciudades Autónomas de Ceuta y Melilla: artículo 331
Oficina Independiente de Regulación y Supervisión de la Contratación: artículo 332
La Oficina Nacional de Evaluación: artículo 333
Estrategia Nacional de Contratación Pública: artículo 334

PENALIDADES
Artículo 194

PERFECCIÓN:
Artículo 36

PERFIL DE CONTRATANTE
Artículo 63

PLATAFORMA DE CONTRATACIÓN DEL ESTADO
Artículo 347

PLAZO DE DURACIÓN DE LOS CONTRATOS
En general: artículo 29
Contenido mínimo del contrato: artículo 35

PLAZOS
Regla de cómputo: D. A. 12ª

PLIEGO DE CLÁUSULAS ADMINISTRATIVAS GENERALES
Artículo 121

PLIEGO DE CLÁUSULAS ADMINISTRATIVAS PARTICULARES
Artículo 122

PLIEGO DE PRESCRIPCIONES TÉCNICAS GENERALES
Artículo 123

PLIEGO DE PRESCRIPCIONES TÉCNICAS PARTICULARES
Pliego de prescripciones técnicas particulares: artículo 124.
Definición de determinadas prescripciones técnicas: artículo 125
Reglas para el establecimiento de prescripciones técnicas: artículo 126
Etiquetas: artículo 127.
Informes de pruebas, certificación y otros medios de prueba: artículo 128.
Información sobre las obligaciones relativas a la fiscalidad, protección del medio ambiente, empleo y condiciones laborales y de contratar a un porcentaje específico de personas con discapacidad: artículo 129.
Información sobre las condiciones de subrogación en contratos de trabajo: artículo 130.

PODERES ADJUDICADORES
Poderes adjudicadores que no sean Administración Pública: artículos 316 a 320.

PRECIO DEL CONTRATO
Precio cierto: artículo 102
Pago del precio: artículo 198
Suministros: pago del precio: artículo 301
Suministros: pago en metálico y en otros bienes: artículo 302
Servicios: determinación del precio: artículo 309

PRERROGATIVAS
Enumeración: artículo 190
Procedimiento de ejercicio: artículo 191

PRESUPUESTO DEL CONTRATO
Presupuesto base de licitación: artículo 100
Valor estimado: artículo 101
Precio: 102

PRINCIPIOS DE LA CONTRATACIÓN PÚBLICA
Principios de igualdad, transparencia y libre competencia: artículos 1 y 132

PROCEDIMIENTO DE ADJUDICACIÓN
Artículo 131

PROCEDIMIENTO ABIERTO
Artículos 156 a 159

PROCEDIMIENTO CON NEGOCIACIÓN
Artículos 166 a 171

PROCEDIMIENTO PARA HACER EFECTIVAS DEUDAS DE LA ADMINISTRACIÓN
Artículo 199

PROCEDIMIENTO RESTRINGIDO
Artículos 160 a 165

PROHIBICIONES DE CONTRATAR
Prohibiciones de contratar: artículo 71
Apreciación de la prohibición de contratar.
Competencia y procedimiento: artículo 72
Efectos de la declaración de la prohibición de contratar: artículo 73
Prueba de la no concurrencia de una prohibición de contratar: artículo 85

PROPOSICIONES
Plazos de presentación de las solicitudes de participación y de las proposiciones: artículo 136
Información a interesados: artículo 138
Proposiciones de los interesados artículo 139
Presentación de la documentación acreditativa del cumplimiento de los requisitos previos: artículo 140

PRÓRROGAS
Artículo 29

PROTECCIÓN DE DATOS DE CARÁCTER PERSONAL
Contratos que implican el tratamiento de tales datos: D. A. 25ª

PUBLICIDAD DE LAS LICITACIONES
Artículo 134 Anuncio de información previa

PUBLICACIÓN DE ANUNCIOS.
D. A. 5ª

RACIONALIZACIÓN TÉCNICA DE LA CONTRATACIÓN
Sistemas de racionalización de la contratación de las Administraciones Públicas: artículo 218

RIESGO Y VENTURA
Artículo 197

SISTEMAS DINÁMICOS DE ADQUISICIÓN
Delimitación: artículo 223

Implementación: artículo 224
Incorporación de empresas al sistema: artículo 225
Adjudicación de los contratos específicos en el marco de un sistema dinámico de adquisición: artículo 226

RECEPCIÓN DEL CONTRATO
Cumplimiento de los contratos y recepción de la prestación: artículo 210
Obras: recepción y plazo de garantía: artículo 243
Suministros: entrega y recepción: artículo 300

RECURSO ESPECIAL EN MATERIA DE CONTRATACIÓN
Artículos 44 a 60

RÉGIMEN DE INVALIDEZ
Supuestos: artículo 38
Causas de nulidad de Derecho administrativo: artículo 39
Causas de anulabilidad de Derecho administrativo: artículo 40
Revisión de oficio: artículo 41
Efectos de la declaración de nulidad y efectos es supuestos de anulabilidad: artículo 42
Causas de invalidez de Derecho civil: artículo 43

REGISTRO DE CONTRATOS DEL SECTOR PÚBLICO
Implantación: artículo 346

REGISTRO OFICIAL DE LICITADORES Y EMPRESAS CLASIFICADAS
Registro Oficial de Licitadores y Empresas Clasificadas del Sector Público: artículo 337
Inscripciones y publicaciones de oficio: artículo 338
Inscripciones a solicitud de los interesados: artículo 339
Competencia para la inscripción en el Registro Oficial de Licitadores y Empresas Clasificadas del Sector Público: artículo 340
Registros de licitadores y empresas clasificadas de las Comunidades Autónomas: artículo 341
Voluntariedad de la inscripción: artículo 342
Actualización de la información registral: artículo 343
Publicidad: artículo 344
Colaboración entre Registros: artículo 345

RESOLUCIÓN DE LOS CONTRATOS
Demora: artículo 195
Causas generales: artículo 211

Aplicación de las causas de resolución: artículo 212
Efectos de la resolución: artículo 213

RESPONSABILIDAD DE AUTORIDADES Y PERSONAL
Patrimonial y disciplinaria: D. A. 28ª

RESPONSABLE DEL CONTRATO
Definición: artículo 62

REVISIÓN DE OFICIO
Artículo 41

REVISIÓN DE PRECIOS
Artículos 103 a 105

SECTOR PÚBLICO
Artículo 3

SISTEMAS DINÁMICOS DE ADQUISICIÓN
Delimitación: artículo 223
Implementación: artículo 224
Incorporación de empresas al sistema: artículo 225
Adjudicación de los contratos específicos en el marco de un sistema dinámico de adquisición: artículo 226

SOCIEDAD DE ECONOMÍA MIXTA
D. A. 22ª

SOLVENCIA
Exigencia de solvencia: artículo 74
Integración de la solvencia con medios externos: artículo 75.
Concreción de las condiciones de solvencia: artículo 76
Medios de acreditar la solvencia: artículo 86.
Solvencia económica y financiera: artículo 87.
Solvencia técnica en los contratos de obras: artículo 88.
Solvencia técnica en los contratos de suministro: artículo 89.
Solvencia técnica o profesional en los contratos de servicios: artículo 90.
Solvencia técnica o profesional en los restantes contratos: artículo 91.
Concreción de los requisitos y criterios de solvencia: artículo 92
Acreditación del cumplimiento de las normas de garantía de la calidad: artículo 93.
Acreditación del cumplimiento de las normas de gestión medioambiental: artículo 94.
Documentación e información complementaria: artículo 95.

SUBASTA ELECTRÓNICA
Artículo 143

SUBCONTRATACIÓN
Requisitos: artículo 215
Pago a subcontratistas: artículos 216 y D. A. 51ª
Comprobación de los pagos a los subcontratistas y suministradores: artículo 217

SUCESIÓN EN EL PROCEDIMIENTO
Requisitos: artículo 144

SUSPENSIÓN
Requisitos: artículo 208

TRAGSA
Régimen general: D. A. 23ª

TRAMITACIÓN DE EMERGENCIA
Tramitación del expediente: artículo 120

TRAMITACIÓN URGENTE
Tramitación del expediente: artículo 119
Reducción de plazos en caso de tramitación urgente: artículo 137

TRANSMISIÓN DE DERECHOS DE COBRO
Requisitos: artículo 200

TRIBUNAL DE CUENTAS
Remisión de contratos: artículo 335

UNIONES TEMPORALES DE EMPRESAS
Artículo 69

UNIVERSIDADES
Disposiciones aplicables: D. A. 6ª
Sector público: artículo 3.

VALOR ESTIMADO DEL CONTRATO
Cálculo: artículo 101

VARIANTES O MEJORAS
Admisibilidad: artículo142

39035973R00241

Printed in Great Britain
by Amazon